Civilisation britannique

British Civilization

Langues pour tous

ANGLAIS Langue générale

- ☐ Pour s'initier avec un « tout en un » :
  - **40 leçons pour parler anglais** (CD)
- ☐ Pour se perfectionner et connaître l'environnement :
  - **Se perfectionner en anglais** (CD)
  - **L'anglais au quotidien • L'américain au quotidien**
- ☐ Pour se débrouiller rapidement :
  - **L'anglais tout de suite !** (CD)
- ☐ Pour s'initier à l'anglais avant la 6e :
  - **L'anglais pour les 3-6 ans** (CD)
  - **L'anglais pour les 5-8 ans** (CD)
  - **40 leçons Juniors (8-11 ans)** (CD)
- ☐ Pour évaluer et améliorer votre niveau :
  - **200 tests d'anglais**
  - **200 tests de vocabulaire**
  - **500 tests de prononciations**
- ☐ Pour s'aider d'ouvrages de référence :
  - **Vrais et faux amis en anglais**
  - **Vocabulaire anglais**
  - **Conjugaison anglaise**
  - **Mots croisés en anglais**
  - **Grammaire anglaise**
  - **Correspondance pratique pour tous**
  - **Les Vins, Bières et Spiritueux du monde de A à Z**
  - **Dictionnaire de l'environnement et du développement durable**
  - **100 tests express anglais**
  - **Dictionnaire bilingue de l'argot d'aujourd'hui**
  - **L'anglais sans fautes**
  - **Vocabulaire anglais**
- ☐ Pour prendre contact avec des œuvres en version originale :
  - **Série bilingue** :

■ *À thème :*
- **L'humour anglo-saxon**
- **300 blagues US/GB**
- **Histoires diaboliques**
- **Histoires de fantômes**
- **Histoires fantastiques**

■ *Auteurs britanniques :*

Carroll (L.)	Joyce (J.)
Churchill (W.)	Kinsella (S.)
Cleland (J.)	Kipling (R.)
Dickens (Ch.)	McCall Smith (A.)
Doyle (C.)	Mansfield (K.)
Fleming (I.)	Maugham (S.)
French (N.)	Nouvelles US/GB 1 et 2
Greene (G.)	Stevenson (R.L.)
Jerome (J.K.)	Wilde (O.)

■ *Auteurs américains :*

Bradbury (R.)	King (S.)
Chandler (R.)	London (J.)
Fitzgerald (F.S.)	Poe (E.)
Hammet (D.)	Twain (M.)
Highsmith (P.)	Weisberger (L.)
Hitchcock (A.)	

Également :

ALLEMAND - ARABE - CHINOIS - CORÉEN - ESPAGNOL - FRANÇAIS - GREC - HÉBREU - ITALIEN - JAPONAIS
LATIN - NÉERLANDAIS - OCCITAN - POLONAIS - PORTUGAIS - RUSSE - TCHÈQUE - TURC - VIETNAMIEN

Civilisation britannique

British Civilization

bilingue – bilingual

par

Sarah Pickard

Maître de Conférences en civilisation britannique
Université Sorbonne Nouvelle-Paris 3
Membre de CREC/CREW (EA 4399)
Institut du Monde Anglophone

Édition 2019

POCKET

Ce livre a été réalisé avec la précieuse collaboration de
Laurent Crusson et Franck Bourcereau,
un immense merci à eux.

pour Noé, Flora et Sebastian

Du même auteur

- Sarah Pickard, *Les Anglais*, Paris, Cavalier Bleu, 2007.
- Sarah Pickard, *Les Phénomènes sociaux en Grande-Bretagne aujourd'hui*, Paris, Ellipses, 2009.
- Sarah Pickard, *Politics, Protest and Young People*, London, Palgrave Macmillan, 2018.
- Sarah Pickard (ed.), *Higher Education in the UK and the US*, Leiden/Boston, Brill, 2014.
- Sarah Pickard (ed.), *Anti-Social Behaviour in Britain: Victorian and Contemporary Perspectives*, Basingstoke, Palgrave Macmillan, 2014.
- Sarah Pickard and Judith Bessant (eds.), *Young People Re-Generating Politics in Times of Crises*, London, Palgrave Macmillan, 2017.

MIXTE
Papier issu de sources responsables
FSC® C003309

Pocket, une marque d'Univers Poche, est un éditeur qui s'engage pour la préservation de l'environnement et qui utilise du papier fabriqué à partir de bois provenant de forêts gérées de manière responsable.

Composition : Peter Vogelpoel

Dépôt légal : novembre 2018
ISBN 978-2-266-29559-8

SOMMAIRE

1. The United Kingdom · *Le Royaume-Uni* 14

A. Four nations in one 14
Quatre nations en une

B. Flags 18
Les drapeaux

C. National days and celebrations 22
Les fêtes nationales

2. Physical geography · *La géographie physique* 26

A. Terrain 28
Le relief

B. Natural resources, land use and ports 32
Les ressources naturelles, l'utilisation du sol, les ports

C. Climate 34
Le climat

3. Population · *La population* 38

A. Regional distribution 42
La distribution régionale

B. London 46
Londres

C. An ageing society 48
Une société vieillissante

D. Population statistics 54
Des statistiques sur la population

E. Immigration 56
Immigration

F. A multicultural society 60
Une société multiculturelle

G. A multifaith society 66
Une société multiconfessionnelle

H. Languages 72
Les langues

4. The Constitution · *La constitution* 74

A. Principles of the Constitution 74
Les principes de la constitution

B. Branches of power 76
La distribution des pouvoirs

C. Sources of the Constitution 78
Les sources de la constitution

D. Constitutional reform 1997-2010 94
Les réformes constitutionnelles 1997-2010

E. Constitutional reform since 2010 98
Les réformes constitutionnelles depuis 2010

F. Potential for constitutional reform 100
Réformes constitutionnelles potentielles

5. The monarchy · *La monarchie* 104

A. Roles of the monarchy 106
Les rôles de la monarchie

B. The royal family's finances 112
Les revenus de la famille royale

C. Succession to the throne 114
La succession au trône

D. The National Anthem 118
L'hymne national

6. The legislative power · *Le pouvoir législatif* 120

A. Parliament 122
Le Parlement

B. The Houses of Parliament 126
Les Chambres du Parlement

C. The House of Commons 128
La Chambre des communes

D. The House of Lords 136
La Chambre des lords

E. Lawmaking 144
Le vote des projets de loi

7. The executive power · *Le pouvoir executif* 148

A. The Government 150
Le gouvernement

B. The Cabinet 152
Le Cabinet

C. The Prime Minister 156
Le Premier ministre

8. The electoral system · *Le système électoral* 164

A. General elections 166
Les élections législatives

B. Regional elections: Wales 180
Les élections régionales : pays de Galles

C. Regional elections: Scotland ... 182
Les élections régionales : Écosse
D. Regional elections: Northern Ireland ... 184
Les élections régionales : Irlande du Nord
E. Regional elections: London ... 188
Les élections régionales : Londres

9. Political parties • *Les partis politiques* ... 190
A. The Conservative Party ... 194
Le Parti conservateur
B. The Labour Party ... 208
Le Parti travailliste
C. The Liberal Democrats ... 222
Le Parti libéral-démocrate
D. UKIP ... 226
UKIP
E. Nationalist parties ... 230
Les partis nationalistes
F. Other political parties ... 232
Les autres partis politiques

10. Devolution of power • *La décentralisation du pouvoir* ... 234
A. Scotland and Wales ... 234
L'Écosse et le pays de Galles
B. Northern Ireland ... 244
Irlande du Nord
C. London ... 260
Londres

11. The UK and Europe • *Le Royaume-Uni et l'Europe* ... 262

12. The British Commonwealth • *Le Commonwealth* ... 278

13. Health and welfare • *La protection sociale et l'État-providence* ... 288
A. The Thatcher and Major years ... 296
Les années Thatcher et Major
B. The New Labour years ... 300
Les années des néo-travaillistes
C. The Coalition and Conservative years ... 306
Les annees de coalition et des conservateurs

14. Education · *L'éducation* 310

A. State schooling today 314
L'école publique aujourd'hui

B. Independent – public schools 324
Les écoles privées

C. School examinations 326
Les examens scolaires

D. Higher education 330
L'enseignement supérieur

15. The work environment · *Le monde du travail* 338

A. Employment and unemployment 344
L'emploi et le chômage

B. Trade unions 348
Les syndicats

16. The media · *Les médias* 358

A. The press 360
La presse

B. Radio 364
La radio

C. Television 366
La télévision

17. Recent general elections · *Les élections récentes* 368

A. The 2010 general election 368
Les éléctions de 2010

B. The 2015 general election 372
Les élections de 2015

C. The 2017 general election 376
Les élections de 2017

18. Timeline 1945-2019 · *Chronologie 1945-2019* 381

19. Glossary English-French · *Glossaire anglais-français* 391

20. Index 433

TABLES AND FIGURES

Tableaux et figures

Table 1A Population, UK 38
Tableau 1B Population, Royaume-Uni 39
Table 2A Population, English regions 42
Tableau 2B Populations des régions anglaises 43
Table 3A Demographic statistics, England and Wales 54
Tableau 3B Données démographiques, Angleterre et pays de Galles 55
Table 4A Ethnic groups, England and Wales 62
Tableau 4B Groupes ethniques, Angleterre et pays de Galles 63
Table 5A Religious affiliation, England and Wales, 2011 70
Tableau 5B Appartenance religieuse en Angleterre et au pays de Galles, 2011 71
Table 6 Monarchs of the UK since 1066 116
Table 7 Monarchs since 1837 117
Table 8A How a bill becomes a law 146
Tableau 8B Comment un projet de loi devient loi 147
Table 9 Prime Ministers and Governments since 1902 162
Table 10 Dates of general elections, 1900-2017 174
Table 11 General election results, 1945-2015 175
Table 12 General election results, UK, 2017 179
Table 13 Leaders of the Conservative Party 206
Table 14 Leaders of the Labour Party 207
Table 15 Members of the Commonwealth 284
Table 16 Unemployment rates since 1940, UK 346
Table 17 Private and public employment, UK 347
Table 18 Trade union membership, UK, since 1900 356
Table 19 Density of union membership in total labour force, (%), UK, since 1901 357
Table 20 National daily newspaper circulation, weekdays, UK 362
Table 21 National newspaper circulation, Sundays, UK 363

Figure 1 Palace of Westminster 120
Figure 2 La Chambre des communes 121
Figure 3 Theresa May 148
Figure 4 10 Downing Street 149

Cet ouvrage bilingue (anglais-français) aborde les principaux aspects de la civilisation britannique. Il est divisé en chapitres sur les fondements géographiques et historiques, la population, la constitution, la monarchie, les institutions politiques, les élections, les partis politiques, les référendums, l'éducation, le service national de santé, l'État-providence, le monde du travail, les syndicats, les médias, l'Europe, le Commonwealth.

Il est conçu pour répondre de manière précise et exhaustive aux questions historiques et d'actualité traitées par les étudiants en licence et master LLCE d'anglais ou de LEA, les élèves des classes préparatoires, ainsi que les candidats aux concours d'enseignement.

Il s'adresse également à un public plus large : tous ceux et celles qui désirent connaître dans le détail les institutions britanniques. Quel que soit leur niveau en anglais, ils trouveront l'information recherchée, grâce à la présentation bilingue (anglais/français), de chacun des chapitres.

Le lecteur trouvera 17 chapitres thématiques, 21 tableaux, une chronologie précise de 1945 à 2017, un glossaire détaillé anglais/français et un index complet.

Cette édition totalement remise à jour comprend des données du recensement de 2011, les résultats du référendum en Écosse de 2014, les résultats des élections législatives de 2017 et les résultats du référendum sur l'Union européenne (Brexit) de 2016.

Civilisation britannique/British Civilization peut se lire séquentiellement, afin d'acquérir une vue d'ensemble. Il peut aussi être consulté sélectivement pour se renseigner spécifiquement sur tel ou tel sujet (la population, la constitution, le Parlement, la monarchie, le système scolaire, le système national de santé, les médias, les relations entre le Royaume-Uni et l'Union européenne, etc.).

1 THE UNITED KINGDOM
A. Four nations in one

The United Kingdom is situated in North-West Europe; it is separated from **mainland Europe** by the **North Sea** and the **English Channel**. It is made up of four nations: England, Wales (formal name: Principality of Wales), Scotland and Northern Ireland, sometimes erroneously called **Ulster** (formal name: Province of Northern Ireland), as well as many off-lying islands from the Shetlands (North of mainland Scotland) to the Scillies (off the West coast of Cornwall, in the South West of England).

The United Kingdom's full official name is the 'United Kingdom of Great Britain and Northern Ireland.' For convenience, the term 'the United Kingdom' is more usually used. The abbreviation for the United Kingdom is the 'UK'. (Note, we say 'the United Kingdom' and 'the UK' always with the definite article, but there is no hyphen). The capital cities of the nations making up the United Kingdom are London for England, Cardiff for Wales, Edinburgh for Scotland and Belfast for Northern Ireland. The **Republic of Ireland** (Eire), whose capital is Dublin, is not a part of the United Kingdom (see Chapter 10).

Great Britain comprises only the island of England, Wales and Scotland. The terms 'Great Britain' or 'Britain' are sometimes used erroneously to refer to the 'United Kingdom'. They are not the same because Great Britain does not include Northern Ireland. The abbreviation for Great Britain is 'GB'. (Note we do <u>not</u> say '<u>the</u> GB' and there is <u>no</u> hyphen in Great Britain).

The United Kingdom does not include the **Channel Islands** (Jersey, Guernsey, Alderney, Sark, etc.) or the Isle of Man. These are separate direct dependencies of the British **Crown**. They have a degree of political autonomy and their own taxation systems.

Le Royaume-Uni est situé au nord-ouest de l'Europe, séparé du continent par la mer du Nord et la Manche. Il est composé de quatre nations, l'Angleterre, le pays de Galles, l'Écosse et l'Irlande du Nord, et de nombreuses îles, depuis l'archipel des Shetlands (au nord de l'Écosse) jusqu'aux îles Sorlingues (au large de la côte occidentale de la Cornouaille, au sud-ouest du pays).

Le nom officiel du pays est « le Royaume-Uni de Grande-Bretagne et d'Irlande du Nord » ; par commodité, on utilise en général « Royaume-Uni ». L'abréviation pour le Royaume-Uni est « RU » (attention, en anglais, on dit « le Royaume-Uni » toujours avec un article défini et sans trait d'union). Les capitales des nations composant le Royaume-Uni sont Londres pour l'Angleterre, Cardiff pour le pays de Galles, Edimbourg pour l'Écosse et Belfast pour l'Irlande du Nord. La République d'Irlande (Eire), dont la capitale est Dublin, n'appartient pas au Royaume-Uni (voir le chapitre 10).

La Grande-Bretagne comprend seulement l'île de l'Angleterre, le pays de Galles et l'Écosse. On utilise parfois à tort le terme « Grande-Bretagne » pour désigner le « Royaume-Uni » mais ils ne sont pas identiques, car la Grande-Bretagne ne comprend pas l'Irlande du Nord (attention, en anglais, on n'utilise pas d'article défini devant Grande-Bretagne et il n'y a pas de trait d'union). L'abréviation pour Grande-Bretagne est « GB ».

Le Royaume-Uni n'inclut pas les îles anglo-normandes (Jersey, Guernesey, Aurigny, Sercq, etc.) ni l'île de Man. Ce sont des dépendances directes de la couronne britannique. Elles jouissent d'une certaine autonomie politique et disposent de leurs propres systèmes fiscaux.

A. Four nations in one

The term the **British Isles** refers to the main islands of Great Britain and Ireland along with several island groups, namely, the **Channel Islands** (situated in the **English Channel**), the Hebrides (Western Scotland), the Orkney Islands (Northern Scotland), the Shetland Islands (Northern Scotland), the Isle of Man (in the Irish Sea) and the Isle of Wight (in the **English Channel**). Altogether, there are about 5,000 islands in the British Isles archipelago, including numerous tiny islets.

England became a unified entity in the mid-tenth century. Wales, a separate kingdom, was conquered by the English in 1282, but full **parliamentary** union did not take place until 1536.

England and Scotland were united under one **monarch** in 1603 and they agreed to permanent **parliamentary** union as 'Great Britain' created by the ***Act of Union*** of 1707.

The legislative union of Great Britain and Ireland was implemented in 1801, when the name the 'United Kingdom of Great Britain and Ireland' was adopted. The ***Anglo-Irish Treaty*** of 1921 formalized a partition of Ireland, with six Northern Irish counties remaining part of the United Kingdom as Northern Ireland. In this way, five years after Irish independence in 1922, the current name of the country: the 'United Kingdom of Great Britain and Northern Ireland' was adopted.

For more information on Wales, Scotland and Northern Ireland regarding decentralization of power (including the 2014 referendum in Scotland), see Chapter 10 on Devolution.

Le terme « îles britanniques » désigne les deux îles les plus grandes – Grande-Bretagne et Irlande – ainsi que les îles anglo-normandes, les Hébrides (à l'ouest de l'Écosse), les Orcades (au nord de l'Écosse), les îles Shetland (au nord de l'Écosse), l'île de Man (en mer d'Irlande) et l'île de Wight (dans la Manche). L'archipel des îles britanniques compte près de 5 000 îles, dont de nombreux îlots minuscules.

L'Angleterre a été unifiée vers le milieu du Xe siècle. Le royaume de Galles fut conquis par les Anglais en 1282, mais ce n'est qu'en 1536 que l'union parlementaire se réalisa.

L'Angleterre et l'Écosse furent unies par un seul et unique roi en 1603 et elles s'accordèrent sur une union parlementaire appelée « Grande-Bretagne » créée par l'*Acte d'union* de 1707.

Quant à l'union législative de la Grande-Bretagne et de l'Irlande, elle intervint en 1801 ; c'est alors que le nom de « Royaume-Uni de Grande-Bretagne et d'Irlande » fut adopté. Le *Traité anglo-irlandais* de 1921 formalisa la partition de l'Irlande avec l'indépendance irlandaise en 1922. Les six comtés au nord restant dans le Royaume-Uni formant dès lors l'Irlande du Nord : d'où le nom actuel du pays adopté en 1927 : le « Royaume-Uni de Grande-Bretagne et d'Irlande du Nord ».

Pour plus d'informations sur le pays de Galles, l'Écosse, l'Irlande du Nord et la décentralisation du pouvoir (y compris le référendum en Écosse sur l'indépendance en 2014), voir le chapitre 10.

B. Flags (see inside front cover)

Each nation that makes up the United Kingdom has its own national **flag** (see inside front cover).

The English **flag** is the red upright cross of St. George (patron saint of England) on a white background.
The Welsh **flag** is a red dragon on a white and green background.
The Scottish **flag** is the white diagonal cross (Saltire) of St. Andrew (patron saint of Scotland) on a blue background.

The patron saint of Ireland (as a whole) is St. Patrick and its **flag** is red diagonal cross on a white background. But the **flag** of Northern Ireland is a red upright cross on a white background. It should be noted that this **flag** is closely associated with the Protestant community of Northern Ireland and is unpopular with some sections of the Catholic community. However, today the official **flag** of Northern Ireland is the **Union Jack**, which is unpopular with some Republicans (see Chapter 10).

These national **flags** are relatively seldom seen, except during international sporting events.

The national **flag** of the United Kingdom is called the **Union Flag** or the **Union Jack.** It is a 'union' of the English, Scottish and **Irish** patron saints' **flags**, so it is red, white and blue: it has a blue background with a red cross edged in white superimposed on a diagonal red cross, which is superimposed on a diagonal white cross. The Welsh **flag** is not included in the **Union Jack** because when the first version of the **flag** appeared Wales was already united with England. Each nation's cross (excluding the Welsh one) can be recognized within the **Union Jack.** It is thought that 'Jack' comes from the term jack: a small **flag** flown at the bow of a ship indicating the vessel's nationality.

Chaque nation que forme le Royaume-Uni a son propre drapeau (voir deuxième de couverture).

Celui des Anglais est la croix droite rouge de Saint Georges (saint patron de l'Angleterre) sur fond blanc.
Sur le drapeau gallois figure un dragon rouge sur fond blanc et vert.
Le drapeau écossais représente la croix diagonale blanche de Saint-André (saint patron de l'Écosse) sur fond bleu.

Celui d'Irlande (dans son ensemble) est la croix diagonale rouge de Saint-Patrick (saint patron de l'Irlande) sur fond blanc. Mais le drapeau de l'Irlande du Nord a une croix droite rouge sur un fond blanc. Il faut noter que ce drapeau est intimement lié à la communauté protestante d'Irlande du Nord et particulièrement peu apprécié de certains catholiques. Cependant, le drapeau officiel de l'Irlande du Nord est aujourd'hui l'*Union Jack*, qui n'est pas apprécié par certains républicains (voir le chapitre 10).

On voit assez rarement ces drapeaux nationaux, hormis dans les compétitions sportives internationales.

Le drapeau national du Royaume-Uni s'appelle le « drapeau de l'Union » – l'*Union Jack* ; c'est une « union » des drapeaux anglais, écossais et irlandais, d'où ses couleurs rouge, blanc et bleu. Sur fond bleu, il y a une croix droite rouge bordée de blanc sur une croix diagonale rouge. Mais le drapeau gallois n'apparaît pas dans l'*Union Jack* parce que l'Angleterre et le pays de Galles étaient déjà unis lors de la première création du drapeau national. La croix de chaque nation (à l'exception de la croix galloise) peut ainsi être distinguée sur l'*Union Jack*. On attribue l'origine du nom « *Jack* » au pavillon, petit drapeau flottant à la proue des navires indiquant leur nationalité.

The first **Union Flag** dates back to the beginning of the 17th century. When King James VI of Scotland (1567-1625) **ascended** to the English throne in 1603 (he thereby became King James I of England and Ireland), the national **flags** of England and Scotland continued to be used on land. However, in 1606, it was decided to put the red St. George's cross and the blue St. Andrew's cross together, to form a **flag** to be flown at sea.

This **flag** was used until 1801 when Ireland became united officially with England, under the reign of King George III (1738-1820 [king 1760-1820]). The **Irish** emblem, the cross of St. Patrick, was thus added to the **Union Jack** to form the present **flag.**

The flag of each nation (except for the Welsh one) can be seen in the Union Jack. It should be flown with the broader white diagonal line (of the Scottish Cross) at the top and to the left, although it is often inaccurately reproduced. If the **flag** is deliberately flown upside down (with the broader white stripe at the bottom), it indicates distress, for example, a ship stranded at sea.

The colours and design of the **Union Jack** form the basis of various **flags** of **British Commonwealth** countries and their constituent states or provinces, as well as British overseas territories. Indeed, a small **Union Jack** features in the top left corner of the national **flags** of Australia, Fiji, New Zealand, etc. (see inside cover).

The **Union Jack** is flown all over the world by representatives of the United Kingdom. Most British people use the name **Union Jack** (rather than **Union Flag**) for this important British symbol of patriotism.

Le premier drapeau de l'Union remonte au début du XVIIe siècle. Quand le roi d'Écosse Jacques VI (1567-1625) accéda au trône anglais en 1603 (devenant ainsi Jacques Ier roi d'Angleterre et d'Irlande), les drapeaux nationaux d'Angleterre et d'Écosse continuèrent d'être utilisés à terre. Par contre, dès 1606, on décida de rassembler la croix rouge de Saint Georges et la croix blanche de Saint André pour former le pavillon naval national.

Ce drapeau fut utilisé jusqu'en 1801, quand l'Irlande fut officiellement unie à l'Angleterre, sous le règne du roi Georges III (1738-1820 [roi de 1760 à 1820]). L'emblème irlandais, la croix de Saint-Patrick, fut ainsi ajouté à l'*Union Jack* pour donner le drapeau actuel.

La croix de chaque nation (à l'exception de la croix galloise) peut ainsi être distinguée sur l'*Union Jack*. Celui-ci doit flotter avec la bande blanche diagonale plus large (de la croix écossaise) en haut à gauche. Mais il est souvent mal reproduit. Lorsque le drapeau est porté volontairement à l'envers, cela signifie la détresse, par exemple pour un navire en grande difficulté.

Les couleurs et la composition de l'*Union Jack* servent de base aux drapeaux de différents pays du Commonwealth ou à leurs provinces, ainsi qu'aux territoires britanniques d'outre-mer. Un petit *Union Jack* figure notamment au coin supérieur gauche des drapeaux de l'Australie, des Fidji, de la Nouvelle- Zélande, etc. (voir deuxième de couverture).

L'*Union Jack* flotte dans le monde entier grâce aux représentants du Royaume-Uni. La plupart des citoyens britanniques emploient le terme *Union Jack* (plutôt que drapeau de l'Union) pour ce symbole important du patriotisme britannique.

National days are not celebrated in the United Kingdom to the same extent as in other countries like France and the United States of America (USA).

England's national day is the 23 April in honour of St. George the country's patron saint. A story from the sixth century relates how St. George, a Christian martyr, rescued a fair maiden by slaying a terrifying fire-breathing dragon. He is thought to have died in 303 AD. English knights who fought beneath the red cross of **St. George** shouted his name as a battle cry during the Hundred Years' War (1337-1453) between England and France. St. George is mentioned in this context in William Shakespeare's play *Henry V* (1599), in the following lines (Act 3, Scene 1, 1ines 25-34):

And you, good yeoman,
Whose limbs were made in England; show us here
The mettle of your pasture: let us swear,
That you are worth your breeding – which I doubt not:
For there is none of you so mean and base,
That hath not noble lustre in your eyes.
I see you stand like greyhounds in the slips,
Straining upon the start. The game's afoot:
Follow your spirit; and, upon this charge,
Cry, 'God for Harry, England, and Saint George!'

Very few people celebrate St. George's Day and it is not a public holiday in England.

The national flower of England is the rose, which dates back to the Wars of the Roses (1445-1485), i.e. the **civil wars** between the royal house of Lancaster (whose emblem was the red rose) and the royal house of York (whose emblem was a white rose).

Les fêtes nationales ne sont pas aussi célébrées au Royaume-Uni que dans d'autres pays comme la France ou les États-Unis.

La fête nationale anglaise a lieu le 23 avril en l'honneur de Saint Georges, saint patron national. Une histoire datant du VIe siècle raconte que Saint Georges, martyr chrétien, sauva une jolie demoiselle en transperçant un terrible dragon cracheur de feu. On pense qu'il est mort vers 303 après JC. Des chevaliers anglais qui combattaient sous l'insigne de la croix de Saint Georges hurlaient son nom comme cri de guerre pendant la guerre de Cent ans (1337-1453) entre l'Angleterre et la France. C'est dans ce même contexte qu'il est fait allusion à Saint Georges dans l'acte III, scène 1, vers 25-34, d'*Henri V* (1599), la pièce de Shakespeare :

Et vous, braves campagnards
dont les membres furent façonnés en Angleterre, montrez-nous ici
la vertu de votre terroir ; jurons ensemble
que vous êtes dignes de votre cru, ce dont je ne doute :
car il n'est pas un de vous, si humble et grossier soit-il,
qui n'ait dans les yeux un noble éclat.
Je vous vois là comme des lévriers en laisse,
tendus vers le départ. Le gibier est levé ;
suivez votre ardeur ; tout en chargeant,
criez : « Dieu soit avec Harry, l'Angleterre et Saint Georges ! »

La fête de Saint Georges n'est ni vraiment célébrée ni chômée ; le 23 avril n'est pas un jour férié en Angleterre.

La fleur nationale de l'Angleterre est la rose depuis la guerre des Deux-Roses (1445-1485), c'est-à-dire la guerre civile qui opposa la maison royale de Lancastre (dont l'emblème est la rose rouge) à celle de York (dont l'emblème est la rose blanche).

Wales's national day, St. David's Day, falls on the 1 March. St. **David** (c.520-589 AD) (*Dewi Sant* in Welsh) was a missionary in Wales and SW England. He was the founder and first Abbot of Menevia (now called St. David's), in the Welsh **county** of Pembrokeshire and he founded 12 monasteries in the region. St. David's Day is celebrated by the wearing of the traditional emblems and national flowers of Wales: **leeks** and **daffodils.**

Scotland's national day is St. Andrew's Day on the 30 November. **St. Andrew** was one of Jesus Christ's twelve apostles and it is said that during the 4th century, some of his bones were brought to the town now called St. Andrews, in Fife. The X-shaped diagonal cross on which St. Andrew is said to have been crucified has been Scotland's national flag since medieval times. St. Andrew's Day is not really celebrated by the Scots. However, Burns Night on the 25 January, which marks the anniversary of the birth of the Scottish poet, Robert Burns (1759-1796) and Hogmanay, New Year's Eve (31 December) are very much celebrated in Scotland. The thistle is Scotland's national flower. This prickly-leafed purple flower was used in the 15th century as a symbol of defence.

Ireland as a whole celebrates St. Patrick's Day on the 17 March, which is an official public holiday there. St. Patrick (c.389-461 AD) was a British missionary who played an important role in the spread of Christianity throughout Ireland; he reorganized the Church there too. Therefore, he is known as the 'Apostle of Ireland'. St. Patrick's Day is marked by the wearing of **shamrocks** (a small three-leafed plant similar to clover) the national badge and national flower of Ireland. These are said to have been used to illustrate the doctrine of the Holy Trinity.

The **rose**, the **thistle** and the **shamrock** are displayed beneath the shield on the Royal Coat of Arms.

La fête nationale du pays de Galles, la Saint-David (*Dewi Sant* en gallois), tombe le 1er mars, mais ce n'est pas un jour férié. David (c. 520-589) était missionnaire au pays au Galles et dans le sud-ouest de l'Angleterre. Il fut le fondateur et le premier évêque de l'abbaye de Menevia (aujourd'hui appelé Saint-David) dans le comté gallois du Pembrokeshire et il fonda douze monastères dans la région. La Saint-David est célébrée par le port des symboles nationaux gallois : le poireau et la jonquille.

La fête nationale écossaise est la Saint-André, le 30 novembre ; elle non plus n'est pas un jour férié. André était un des douze apôtres de Jésus et on dit que certains de ses os furent apportés au IVe siècle dans la ville appelée aujourd'hui St-Andrews, dans la région de Fife. La croix en X sur laquelle Saint André aurait été crucifié est le drapeau national écossais depuis le Moyen Âge. La Saint-André n'est pas vraiment célébrée par les Écossais. Cependant, la nuit de Burns, le 25 janvier, qui marque l'anniversaire de la naissance du poète écossais Robert Burns (1759-1796), ainsi que la Saint-Sylvestre (31 décembre) le sont beaucoup plus. Le chardon est la fleur nationale écossaise. Cette plante violette aux feuilles épineuses était utilisée au XVe siècle comme symbole de défense.

L'Irlande fête la Saint-Patrick le 17 mars, et c'est un jour férié. Patrick (c. 389-461) était un missionnaire anglais qui joua un rôle important dans la christianisation de l'Irlande et il a réorganisé l'Église : c'est pourquoi on l'appelle « l'apôtre de l'Irlande ». La Saint-Patrick est marquée par le port du trèfle (petite fleur trilobée), emblème national de l'Irlande. On dit qu'ils ont été utilisés pour illustrer la doctrine de la Sainte-Trinité.

La rose, le chardon et le trèfle figurent sous le blason des armoiries de la famille royale.

2 PHYSICAL GEOGRAPHY

The United Kingdom is situated in Western Europe, North-West of France between the Atlantic Ocean (to the West) and the **North Sea** (to the North and East). It is separated from **mainland Europe** by the **English Channel** to the South-East.

The precise geographic co-ordinates of the centre of the United Kingdom are 54°02'N, 2°46'W, grid reference SD4901460926.

The British Isles stand on the westernmost edge of the continental shelf. They are made up of two main islands Great Britain and Ireland (only Northern Ireland belongs to the United Kingdom: see Chapter 1), several smaller islands including the Orkney Islands, the Shetland Islands (both Northern Scotland), the Hebrides (Western Scotland), the **Channel Islands** (**English Channel**), the Isle of Wight (**English Channel**) and the Isle of Man (Irish Sea), as well as several hundred small islands.

The total surface area of the United Kingdom is 94,060 sq. miles (243,610 km^2) of which land represents 98.6% and water 1.4%.

The highest point of the United Kingdom is the peak of Ben Nevis at 4,409 ft (1,344 m) in the Grampian Mountains, Western Scotland. The lowest point is The Fens, which is 1,500 sq. miles (3,900 km^2) of marshland reclaimed during the 17th and 19th centuries around The Wash, in the East of England. It is –13 ft (–4 m) below sea level.

The main rivers of the United Kingdom are the **Thames** (London), the Severn, the Humber, the Tees, the Tyne, the Tweed, the Avon, the Exe and the Mersey.

Le Royaume-Uni est situé en Europe occidentale, au nord-ouest de la France, entre l'océan Atlantique (à l'ouest) et la mer du Nord (au nord et à l'est). Il est séparé du continent européen par la Manche au sud-est.

Le centre géographique du Royaume-Uni a pour coordonnées précises 54°02'N, 2°46'O.

Les îles britanniques se situent sur la bordure la plus occidentale de la plaque continentale. Elles sont constituées des deux grandes îles que sont la Grande-Bretagne et l'Irlande (la partie nord, appartenant seule au Royaume-Uni : voir le chapitre 1), de quelques îles plus petites dont les Orcades et les îles Shetland (au nord de l'Écosse), les Hébrides (à l'ouest de l'Écosse), les îles anglo-normandes (Manche), l'île de Wight (Manche), et de l'île de Man (mer d'Irlande), ainsi que des centaines de petites îles.

La superficie totale du Royaume-Uni est de 243 610 km², dont 98,6 % de terre ferme et 1,4 % d'eau.

Le point le plus élevé du Royaume-Uni est le mont Ben Nevis culminant à 1 344 m (4 409 pieds) dans les monts Grampians, à l'ouest de l'Écosse. Le point le plus bas se situe dans les Fens, marais de 3 900 km² conquis sur la mer entre le XVIIe et le XIXe siècle dans le golfe du Wash, à l'est de l'Angleterre ; on s'y trouve à 4 m (13 pieds) en dessous du niveau de la mer.

Les principaux fleuves du Royaume-Uni sont la Tamise (Londres), la Severn, la Humber, la Tees, la Tyne, la Tweed, l'Avon, l'Exe et la Mersey.

A. Terrain

The terrain of the United Kingdom is mostly rugged hills with some low mountains that level to rolling plains in East and South-East. Complex folding, lava outpourings, volcanic eruptions and upheavals, glacial planing and changes of sea level have all left their mark on the landscape.

The coastline of the United Kingdom is heavily indented with no place situated more than 78 miles (125 km) from tidal waters.

England

The main upland area in England is the Cumbrian Mountains in the Lake District (The Lakes) of North-West England. This region contains the highest peak in England: Scafell Pike at 3,209 ft (978 m) above sea level, as well as Helvellyn at 3,117 ft (950 m) above sea level. Among the other main upland areas is the Pennine Chain (The Pennines, The Pennine Hills), a range of hills that form the 'spine' or 'backbone' of England; the highest peak being Cross Fell at 2,930 ft (893 m) above sea level. There is also Exmoor, a **moorland** area (a granite plateau) in South-West England in West Somerset and North Devon.

Lowland areas are mainly chalk downlands. For example, the North Downs at 876 ft (267 m), a range of chalk hills in Southern England, in Kent and Surrey; the South Downs, a chalk ridge along the South coast of England through Hampshire and Sussex and the Hampshire Downs, in Southern England near the **English Channel**, as well as the Fens in the East of England (see above).

Le relief du Royaume-Uni est constitué essentiellement de collines accidentées et de petites montagnes qui s'abaissent sur des plaines onduleuses à l'est et au sud-est. Des plis complexes, des effusions de lave, des éruptions volcaniques et des soulèvements, l'érosion glaciaire et les variations du niveau de la mer ont tous laissé des traces sur le paysage.

La côte du Royaume-Uni est particulièrement découpée, aucun endroit ne se situant à plus de 125 km (78 miles) de la mer.

L'Angleterre

Les monts Cumbrians, dans la région des lacs, au nord-ouest de l'Angleterre, est la région la plus élevée d'Angleterre. S'y trouve le point le plus haut d'Angleterre : le pic Scafell, qui culmine à 978 m (3 209 pieds) au-dessus du niveau de la mer et le mont Helvellyn à 950 m (3 117 pieds). Parmi les autres régions élevées, la chaîne Pennine (appelée aussi les Pennines, ou les montagnes Pennines) forme la « colonne vertébrale » de l'Angleterre : son point le plus élevé, Cross Fell, atteint 893 m (2 930 pieds) au-dessus du niveau de la mer. Il y a également Exmoor, zone de tourbières (plateau granitique) au sud-ouest de l'Angleterre dans l'ouest du Somerset et le nord du Devon.

Les zones les plus basses sont essentiellement des régions calcaires : les North Downs, 267 m (876 pieds), collines de craie au sud de l'Angleterre dans le Kent et le Surrey ; les South Downs, chaîne calcaire le long de la côte sud de l'Angleterre à travers les comtés du Hampshire et du Sussex, les vallées du Hampshire au sud de l'Angleterre près de la Manche, de même que les Fens à l'est de l'Angleterre (voir plus haut).

Wales

Wales is predominantly hilly and mountainous. The mountain group Snowdonia, situated in the Snowdonia National Park in Gwynedd, North-West Wales, contains the highest peak in Wales, Mount Snowdon (*Yr Wyddfa* in Welsh) at 3,560 ft (1,085 m) above sea level.

Scotland

Scotland is hilly and mountainous too, its landscape being marked by numerous deep glacial valleys dominated by mountains, for example, the Grampian Mountains in Central Scotland with Ben Nevis at 4,409 ft (1,344 m) above sea level, which is the highest peak in the United Kingdom. There are three topological regions: the Northern Highlands, the Central Highlands and the Southern Uplands. There are five main ski resorts in Scotland: the Nevis Range, Glencoe, Glenshee, the Lecht and the Cairngorm Mountains. Scotland is famous for its glens (long, narrow and deep valleys) and its lochs (long and narrow bays or arms of sea stretching inland), including the famous Loch Ness.

Northern Ireland

Northern Ireland is mainly made up of low-lying plateaus and hills with the Mourne Mountains in the South-East, where Slieve Donard at 2,780 ft (850 m) the highest peak of Northern Ireland can be found. Lough Neagh is situated in the centre of Northern Ireland and it is the United Kingdom's largest lake measuring 151 sq. miles (392 sq. km). The most famous geological feature of Northern Ireland is the Giant's Causeway, a rocky promontory (headland) on the Northern coast. It consists of thousands of polygonal columns of basalt, reaching to more than 39 ft (12 m) in height. It is thought to have formed when an ancient lava flow cooled and solidified. Its name is derived from a local legend that the formation was built by giants as part of a roadway to Scotland.

Le pays de Galles

Le pays de Galles est essentiellement vallonné et montagneux. La chaîne des Snowdon, située dans le parc national de Snowdon à Gwynedd, dans le Nord-Ouest du pays, contient le plus haut point du pays de Galles, le mont Snowdon (*Yr Wyddfa* en gallois), culminant à 1 085m (3 560 pieds) au-dessus du niveau de la mer.

L'Écosse

L'Écosse est également escarpée, ses paysages étant marqués par de nombreuses vallées glaciaires profondes dominées par des montagnes, par exemple, les monts Grampians au centre de l'Écosse avec le Ben Nevis à 1 344 m (4409 pieds) au-dessus du niveau de la mer, point le plus haut du Royaume-Uni. Il y a trois régions topologiques : les Northern Highlands, les Central Highlands et les Southern Uplands. L'Écosse compte cinq stations de ski : le Nevis Range, Glencoe, Glenshee, le Lecht et les monts Cairngorm. L'Écosse est connue pour ses « *glens* » (longues vallées étroites et encaissées) et ses « *lochs* » (longues baies étroites ou bras de mer entrant à l'intérieur des terres), y compris le Loch Ness.

L'Irlande du Nord

L'Irlande du Nord est constituée essentiellement de plateaux et collines avec les monts Mourne au sud-est, où se trouve Slieve Donard 850 m (2 780 pieds), le sommet le plus élevé de l'Irlande du Nord. Le Lac Neagh situé au centre est le lac le plus grand du Royaume-Uni, s'étendant sur 392 km^2. Le trait physique le plus célèbre de l'Irlande du Nord est la Chaussée des Géants, promontoire rocheux (cap) sur la côte nord. Il s'agit de milliers de colonnes polygonales de basalte, atteignant parfois plus de 12 m (39 pieds) de hauteur. On pense qu'elle s'est formée quand une ancienne coulée de lave s'est solidifiée. Son nom vient d'une légende locale qui raconte qu'elle serait due à des géants ayant construit un début de route vers l'Écosse.

B. Natural resources, land use and ports

Natural resources

The United Kingdom has various natural mineral resources including coal (the North, South Wales), petroleum (North Sea), natural gas (North Sea), tin, iron ore (Cumbria, Staffordshire, and Lancashire), salt, lead and silica. The richest soils are in East Anglia where much of the land is arable.

Agricultural land use, England

Grasses and rough grazing: 37%.
Crops and bare fallow: 30%.
Other agricultural: 5%.
Forestry and Woodland: 8.6%.
Developed land: 9.9%.
Water: 2.6%
Other green spaces: 6.9%.

Source: Defra – Department for the Environment, Food and Rural Affairs.

Ports and harbours

The coastline of Great Britain measures 11,073 miles (17,820 km) according to Ordnance Survey. More than 300 ports and harbours punctuate the indented shores, the major ones deal with both trade (goods) and travel (passengers).
The main ports and harbours in the United Kingdom include:
In England: Bristol, Dover, Falmouth, Felixstowe, Grimsby, Hull, Liverpool, London, Plymouth, Portsmouth, Southampton, Tees and Tyne.
In Wales: Cardiff and Swansea. In Scotland: Aberdeen, Clyde, Glasgow, Grangemouth, Leith, Peterhead, Scapa Flow, Sullom Voe.
In Northern Ireland: Belfast.

The **Channel Tunnel** (**Eurotunnel**) was opened by Queen Elizabeth II and the French President François Mitterrand in 1994. Since November 2007, the Eurostar train terminus in London is St Pancras and no longer Waterloo.

Les ressources naturelles

Le Royaume-Uni a des ressources naturelles très variées, dont du charbon (au nord et au sud du pays de Galles), du pétrole (mer du Nord), du gaz naturel (mer du Nord), de l'étain, du minerai de fer (Cumbria, Staffordshire et Lancashire), du sel, du plomb et de la silice. Les sols les plus riches se trouvent en East Anglia, où la majorité de la terre est cultivée.

L'usage du sol en agriculture, Angleterre

Prairies, herbages, pâturages : 37 %.
Cultures, jachère, terres arables : 30 %.
Autres espaces d'agriculture : 5 %.
Bois et forêts : 8,6 %.
Développé : 9,9 %.
Eau : 2,6 %.
Autres espaces verts : 6,9 %.

Source : ministère de l'Agriculture et de l'environnement.

Les ports

Les côtes de la Grande-Bretagne s'étendent sur 17 820 km, selon *Ordnance Survey* (équivalent britannique de l'IGN français). Il y a plus de 300 ports sur cette côte découpée. Les plus grands sont voués à la fois au commerce (marchandises) et aux voyages (passagers).
Les principaux ports du Royaume-Uni sont les suivants : en Angleterre, Bristol, Douvres, Falmouth, Felixstowe, Grimsby, Hull, Liverpool, Londres, Plymouth, Portsmouth, Southampton, Tees et Tyne. Au pays de Galles : Cardiff, Swansea. En Écosse : Aberdeen, Clyde, Glasgow, Grangemouth, Leith, Peterhead, Scapa Flow. En Irlande du Nord : Belfast.

Le tunnel sous la Manche a été inauguré par Élisabeth II et François Mitterrand en 1994. En 2007, le terminus de l'Eurostar à Londres a été déplacé de Waterloo à Saint-Pancras.

C. Climate

England has a mild (temperate) climate, rarely experiencing extremes of cold or heat. The temperature seldom goes below 23° Fahrenheit (F) (-5° Celsius (C)) or above 77°F (25°C). This is partially due to the North Atlantic drift, which makes the seas surrounding England relatively warm. Hence, the country experiences a small temperature range, with January being the coldest month and July the hottest month.

The warmest and sunniest regions are around the coasts of Cornwall in the South-West, where many places have an annual average of 1,750 hours of sunshine. The dullest are the mountainous areas, with annual average totals of less than 1,000 hours of sunshine. Mean daily sunshine figures reach a maximum in May or June and are at their lowest in December.

Rainfall levels vary widely throughout England. The Lake District, in the north west, is the wettest part of the country with average annual totals exceeding 78.7 inches (2,000 mm), similar to the Western Highlands of Scotland. The Pennines and **moors** of South-West England are nearly as wet. Conversely, all of East Anglia, much of the Midlands, Eastern and North-Eastern England, as well as parts of the South-East receive less than 27.5 inches (700 mm) a year, on average.

Precipitation hardly varies during the year, averaging annually in total about 30 inches (760 mm) in most of England. In London, the average is 23 inches (584 mm) per year. According to the official Meteorological Office (the Met Office), it rains one day in three and precipitation is heaviest during the October-November period. South-Eastern England is sheltered from the Atlantic Ocean to the West and so is one of the driest parts of the country.

L'Angleterre a un climat doux (tempéré) et connaît peu de températures extrêmes, froides comme chaudes. La température passe rarement en-dessous des – 5° Celsius (C) (23° Fahrenheit (F)) ou au-dessus des 25°C (77°F). Ceci s'explique partiellement par la dérive nord atlantique, qui rend les eaux entourant l'Angleterre relativement douces. C'est pourquoi le pays connaît une faible amplitude thermique ; janvier est le mois le plus froid de l'année, juillet le mois le plus chaud.

Les régions les plus chaudes et ensoleillées se situent près des côtes de Cornouailles, dans le sud-ouest, où beaucoup de lieux ont une moyenne de 1 750 heures de soleil par an. Les moins ensoleillées sont les régions montagneuses, avec un ensoleillement moyen de moins de 1 000 heures par an. L'ensoleillement quotidien moyen atteint un maximum en mai ou juin et tombe à son niveau le plus bas en décembre.

Le niveau des précipitations varie beaucoup dans toute l'Angleterre. La Région des Lacs, au nord-ouest, est la partie la plus arrosée du pays avec une moyenne annuelle de plus de 2 000 mm, autant que les Highlands de l'ouest, en Écosse. Les Pennines et les marais du sud-ouest de l'Angleterre connaissent des précipitations équivalentes. À l'inverse, l'East Anglia, la plus grande partie des Midlands, l'est et le nord-est de l'Angleterre, ainsi qu'une partie du sud-est reçoivent moins de 700 mm par an en moyenne.

Les précipitations varient peu pendant l'année, atteignant en moyenne au total environ 760 mm dans la plus grande partie de l'Angleterre. La moyenne annuelle à Londres est de 584 mm. Selon le Bureau national de la météorologie, il pleut un jour sur trois, et il pleut le plus en octobre-novembre. Le sud-est de l'Angleterre est abrité de l'océan Atlantique à l'ouest et de ce fait est l'une des régions les plus sèches du pays.

Like the climate of the rest of Great Britain, that of **Scotland** is subject to the moderating influences of the surrounding seas. As a result of these effects, extreme seasonal variations are rare and temperate winters and cool summers are the outstanding climatic features. Low temperatures, however, are common during the winter season in the mountainous districts of the interior. In the Western coastal region, which is subject to the moderating effects of the Gulf Stream, conditions are somewhat milder than in the East.

The average January and July temperatures for the city of Edinburgh are 38°F (3.5°C) and 58°F (14.5°C), respectively. Annual precipitation is 44 inches (1,117 mm), which is marked by regional variations; it ranges from about 150 inches (3,810 mm) annually in the Western Highlands to about 25 inches (635 mm) annually in certain Eastern areas.

The climate of **Wales** is also mostly moist and mild. The average daytime temperature in January is 42°F (5.6°C) and in July it is 60°F (15.6°C). Average annual rainfall for Wales is 42 inches (1,066 mm) and it varies according to altitude, ranging from about 30 inches (762 mm) in certain coastal regions, to more than 100 inches (2,540 mm) in Snowdonia, one of the wettest parts of the United Kingdom.

The climate of **Northern Ireland** is mild and damp throughout the year. The prevailing Westerly winds from the Gulf Stream are largely responsible for the lack of extreme summer heat and winter cold. The average annual temperature is approximately 50°F (10°C); temperatures average about 58°F (14.4°C) in July and about 40°F (4.4°C) in January. Rainfall is distributed evenly during the year. The annual precipitation frequently exceeds 40 inches (1,016 mm) in the North and it is about 30 inches (760 mm) in the South.

À l'instar du climat du reste de la Grande-Bretagne, celui de l'Écosse bénéficie des influences modératrices des mers avoisinantes. Il se caractérise ainsi par une faible amplitude thermique saisonnière, des températures basses sont cependant fréquentes pendant l'hiver dans les districts montagneux de l'intérieur. Sur la côte occidentale, sujette aux influences modératrices du *Gulf Stream*, les conditions sont un peu plus favorables qu'à l'est.

Les températures moyennes de janvier et juillet pour la ville d'Edimbourg sont de 3,5°C et 14,5°C. Les précipitations annuelles atteignent 1 117 mm, mais avec de fortes variations d'une région à l'autre, allant de 3 810 mm dans les Highlands de l'ouest contre 635 mm annuels dans certaines régions de l'Est.

Le climat du pays de Galles est également en général doux et humide. La moyenne des températures en journée en janvier atteint 5,6°C et en juillet, 15,6°C. Les précipitations annuelles atteignent 1 066 mm mais varient en fonction de l'altitude, de 762 mm dans certaines régions côtières, à plus de 2 540 mm dans le massif de Snowdon, une des régions du Royaume-Uni où il pleut le plus.

Le climat de l'Irlande du Nord est doux et humide dans l'ensemble. Les vents dominants d'ouest venant du *Gulf Stream* expliquent en grande partie l'absence de fortes chaleurs l'été et de grands froids l'hiver. Le niveau annuel des températures avoisine les 10°C, les moyennes mensuelles allant de 14,4°C en juillet à 4,4°C en janvier. Les précipitations sont régulières sur l'ensemble de l'année. Le niveau annuel de pluie dépasse fréquemment 1 016 mm dans le nord et est d'environ 760 mm dans le sud.

3 POPULATION

Mid-2017, the estimated resident population of the United Kingdom was 66.04 million, according to the Office for National Statistics (ONS).

Table 1A. Population, UK

Nation	Pop. estimate	% Total UK pop.	Pop. density per km^2
England	55.62 m	84.3	424
Wales	3.13 m	4.7	150
Scotland	5.42 m	8.2	69
Northern Ireland	1.87 m	2.8	137
United Kingdom	66.04 m	100.0	271

Source: Office for National Statistics (ONS), 2018.

Most inhabitants of the United Kingdom live in England (84.3%), which has an average population density of approximately 424 persons per square kilometre. 8.2% of the population lives in Scotland, which is the least densely populated part of the UK, with on average 69 persons per square kilometre. Wales is home to almost 5% of the population and nearly 3% of people living in the United Kingdom is settled in Northern Ireland.

The most densely populated **local authority**, mid-2016, was Islington, North London (15,524 persons per km^2). Conversely, the least densely populated **local authority** was the Highlands in Scotland (9 persons per km^2)

Au milieu de l'année 2017, la population du Royaume-Uni était de 66,04 millions d'habitants (selon le Bureau des Statistiques Nationales).

Tableau 1B. Population, Royaume-Uni

Nation	Population estimée à	Part dans la population totale (en %)	Densité de population (hab/km²)
Angleterre	55,62 m	84,3	424
Pays de Galles	3,13 m	4,7	150
Écosse	5,42 m	8,2	69
Irlande du Nord	1,87 m	2,8	137
Royaume-Uni	66,04 m	100	271

Source : ONS (Bureau des Statistiques Nationales), 2018.

La majeure partie des habitants du Royaume-Uni réside en Angleterre (84,3 %), où la densité de la population s'élève en moyenne à 424 hab./km^2. 8,2 % de la population vit en Écosse, qui est la partie du Royaume-Uni la moins densément peuplée avec une moyenne de 69 hab./km^2. Le pays de Galles compte presque 5 % de la population ; environ 3 % des personnes vivant au Royaume-Uni résident en Irlande du Nord.

Mi-2016, l'autorité locale la plus densément peuplée était Islington, au nord de Londres (15 524 hab./km^2). L'autorité locale la moins densément peuplée était les Highlands, en Écosse (9 hab./km^2).

3 POPULATION

The population of the United Kingdom grew by over 15 million people between 1951 (when it was 50.2 million) to mid-2017 when it was 66.04 million. It is projected to grow to 74 million by 2039.

The population of the UK topped 60 million for the first time mid-2006, which represented an increase of more than one million inhabitants since the 2001 national census. The last national census took place in 2011.

THE NATIONAL CENSUS

The national **Census of Population** is normally held on one particular day every ten years, the last one took place on just one day: 27 March 2011. The **Census** is a count of all people and **households** in the United Kingdom. It provides statistical information for the country as a whole, down to small areas 'enabling the planning and funding of public services, including education, health and transport' (ONS). Results also interest researchers and businesses.
The national Census of England and Wales is conducted by the **Office for National Statistics** (**ONS**), in Scotland it is carried out by the National Records of Scotland (NRS), whereas in Northern Ireland it is the responsibility of the Northern Ireland Statistics and Research Agency (NISRA).

According to the 2001 and 2011 national censuses, the population of England and Wales rose considerably during the first decade of the twenty-first century. The population of England and Wales was 56.1 million in 2011. That means that the number of inhabitants in England and Wales (not the UK altogether) increased by more 3 million people (7%) between 2001 and 2011.

The British population can be divided into the following age groups: 0-14 (17%), 15-64 (66%), 65+ (17%).

La population du Royaume-Uni a augmenté de plus 15 millions de personnes entre 1951 et 2017, passant de 50,2 millions à 66,04 millions. Selon les prévisions, elle sera de 74 millions en 2039.

La population du Royaume-Uni a dépassé les 60 millions pour la première fois en 2006, soit une augmentation de plus d'un million d'habitants depuis le recensement de 2001. Le dernier recensement a eu lieu en 2011.

LE RECENSEMENT NATIONAL

Le recensement de la population se tient normalement un jour précis tous les dix ans, le dernier ayant eu lieu en un seul jour : le 27 mars 2011. Le recensement est un comptage de toutes les personnes et ménages du Royaume-Uni. Il fournit des informations statistiques sur tout le territoire y compris les plus petites zones de peuplement, « permettant la planification et le financement des services publics, dont l'éducation, la santé et les transports » (ONS). Les résultats sont également utiles pour les chercheurs et les entreprises.
Le recensement national de l'Angleterre et du pays de Galles est mené par le bureau des statistiques nationales (Office for National Statistics, ONS). En Écosse il est réalisé par le bureau de la documentation nationale écossaise, tandis qu'en l'Irlande du Nord il relève de la responsabilité de son agence des statistiques et de la recherche.

Selon les recensements de 2001 et 2011, la population de l'Angleterre et du pays de Galles a augmenté considérablement pendant la première décennie du XXIe siècle. Elle était de 56,1 millions en 2011. C'est-à-dire que le nombre d'habitants en Angleterre et au pays de Galles (et non pas au Royaume-Uni dans son ensemble) a augmenté de plus de 3 millions de personnes (7 %) entre 2001 et 2011.

On peut diviser la population britannique en trois catégories d'âge distinctes : les moins de 14 ans (17 %), les 15-64 ans (66 %), les 65 ans et plus (17 %).

A. Regional distribution

England is divided into 9 official regions: (1) North East, (2) North West, (3) Yorkshire and The Humber, (4) East Midlands, (5) West Midlands, (6) East of England, (7) London, (8) South East and (9) South West.

The most populated English regions are the South East and London. These two parts of the country house nearly one third of the entire population of England.

Table 2A. Population, English regions, mid-2016

Region	Population	% population England
1 North East	2,637,000	04.77
2 North West	7,224,000	13.06
3 Yorkshire and The Humber	5,425,000	9.82
4 East Midlands	4,725,000	8.55
5 West Midlands	5,811,000	10.50
6 East of England	6,129,000	11.09
7 London	8,770,000	15.90
8 South East	9,030,000	16.33
9 South West	5,517,000	09.98
ENGLAND	**55,268,000**	**100.00**

Source: Office for National Statistics (ONS), 2018 (https://www.ons.gov.uk).

The number of people living in the South of England grew considerably over the three decades 1981-2011. Northern England experienced massive depopulation from 1981 to 2001 (the North-South drift), then its population started to increase. According to the national Census 2011, since the start of the twenty-first century, all English regions have grown. The regions with the highest growth from 2001 to 2011 were the South West,

L'Angleterre est divisée en 9 régions officielles : (1) Nord-Est, (2) Nord-Ouest, (3) Yorkshire et Humber, (4) Midlands de l'Est, (5) Midlands de l'Ouest, (6) Est, (7) Londres, (8) Sud-Est, et (9) Sud-Ouest.

Les régions les plus peuplées d'Angleterre sont le Sud-Est et Londres. Cette partie du pays rassemble près d'un tiers de la population totale.

Tableau 2B. Populations des régions anglaises, mi-2016

Région	Population	Part dans la population anglaise (en %)
1 Nord-Est	2637000	04,77
2 Nord-Ouest	7224000	13,06
3 Yorkshire et Humber	5425000	9,82
4 Midlands de l'Est	4725000	8,55
5 Midlands de l'Ouest	5811000	10,50
6 Est d'Angleterre	6129000	11,09
7 Londres	8770000	15,90
8 Sud-Est	9030000	16,33
9 Sud-Ouest	5517000	09,98
Angleterre	**55268000**	**100,00**

Source: Office for National Statistics (ONS), 2018 (https://www.ons.gov.uk).

Le nombre de personnes résidant dans le Sud de l'Angleterre a considérablement augmenté pendant les trois décennies de 1981 à 2011. Le Nord de l'Angleterre a subi une dépopulation massive de 1981 à 2001 (le glissement du Nord vers le Sud) ensuite sa population a commencé à s'accroître. Selon le recensement de 2011, toutes les régions ont vu leur population augmenter depuis le début du XXIe siècle. Les régions avec la plus forte croissance

the South East, the East of England and London. Changes to population sizes present serious challenges for regions regarding **housing** (over-crowding, high house prices, land use, etc.) and public spending (schools, hospitals, etc.).

entre 2001 et 2011 sont le Sud-Ouest, l'Est et Londres. Ces variations démographiques créent de nombreux enjeux pour les régions concernant le logement (surpopulation, prix de l'immobilier élevés, utilisation du foncier) et les dépenses publiques (écoles, hôpitaux, etc.).

B. London

London is the capital of the United Kingdom and it is by far the most populated city, with over 8.17 million inhabitants in **Greater London**, in 2011, according to the national Census and 8.78 million mid-2016 (ONS).

The populations of other major cities, in 2011, were as follows: Birmingham: 1,073,045, Leeds: 751,485, Glasgow: 593,060, Sheffield: 552,698, Bradford: 522,452, Manchester: 503,127, Edinburgh: 477,940 and Liverpool: 466,415.

It should be noted that wealthy people tend to live in the suburbs of towns and cities (partly due to the better quality of life), whilst poorer people tend to inhabit **inner city** (urban) areas, which are more crowded.

London is the most ethnically diverse area of the country. It has the greatest proportion of ethnic minority groups and the lowest proportion of white ethnic groups. In 2011, approximately 79.2% of the population of London was white, according to the national census. Approximately 37% of Londoners (people living in London) were born in a foreign country, the top three being India, Poland and Pakistan.

London is also the most diverse region in the country regarding religion. In 2011, it had the highest proportion of people identifying themselves as Muslim, Buddhist, Hindu or Jewish, according to the national census. That year, over 20% of Londoners identified with a religion other than Christianity. The capital also had the biggest proportion of Muslims: approximately 12.5% of the London population, as self-declared in the 2011 census.

Londres, capitale du Royaume-Uni, est de loin la ville la plus peuplée avec plus de 8,17 millions d'habitants dans le Grand Londres, en 2011, selon le recensement, et de 8,76 millions au milieu de l'année 2016.

Les populations d'autres grandes agglomérations en 2011 sont les suivantes : Birmingham, 1 073 045, Leeds, 751 485, Glasgow, 593 060, Sheffield, 552 698, Bradford, 522 452, Manchester, 503 127, Edinburgh, 477 940 et Liverpool, 466 415.

Il faut noter que les populations aisées ont tendance à vivre dans les banlieues urbaines (en partie en raison de leur cadre de vie plus agréable) et les ménages moins fortunés dans les centres-villes qui sont davantage surpeuplés.

Londres est la région la plus diverse en termes d'ethnies. Cette ville a la plus grande proportion de groupes de minorités ethniques et la plus petite proportion d'habitants blancs. En 2011, 79,2 % de la population londonienne était blanche, selon le recensement. Environ 37 % des londoniens sont nés à l'étranger, notamment en Inde, en Pologne et au Pakistan.

En même temps, Londres est la région qui présente la plus grande diversité religieuse. En 2011, la capitale avait la plus grande proportion d'habitants se disant musulman, bouddhiste, hindou ou juif. La même année, plus de 20 % des londoniens s'identifiaient avec une religion autre que le christianisme. Selon le recensement de 2011, la capitale compte la plus grande proportion de musulmans : environ 12,5 % de la population de Londres.

C. An ageing society

The 20th century witnessed two **baby booms**: one just after World War II and a greater one in the 1960s, which peaked in 1964. These spurts can be partially explained by the creation of the **Welfare State** at the end of World War II that offered universal free health care. Thus, the cost of bringing up children (partly thanks to free health care and State **benefits**) was reduced and the **infant mortality rate** (the proportion of children born per year dying before their first birthday) decreased. In 2015, the **infant mortality rate** stood at 3.7 deaths/1,000 live births (3.7‰) (2,578 infant deaths).

However, **population growth** levelled off at the end of the 20th century. This can be partially explained by the contraceptive pill being made available on the NHS in 1961, the *Abortion Act* 1967, combined with many other complex social and economic factors. These include more women studying in higher education and working in the labour force, increasing importance of a career, higher childcare costs, a greater rate of relationship breakdowns, as well as housing and economic problems.

The **total fertility rate** (**TFR**) is the number of live births per 1,000 women, per year. It reached a peak in 1964 and then fluctuated during the rest of the 20th century, before reaching a record low in 2001. From 2002 to 2008, it went up and then remained stable between 2009 and 2012. Since then, it has been decreasing, mainly due to economic issues. In 2017, the TFR stood at 17.6 births/1,000 women (17.6‰), so 1.76 children per woman (compared to 2.8 in 1964 and 1.63 in 2001). In 2015, the TFR for women living in the UK was 1.75 for women born in the UK and 2.06 for women born outside the UK.

The rate of **teenage pregnancy** (births to girls under the age of 18) has been decreasing a lot since 1997, but it remains the highest in Western Europe. In 2007, the rate of conceptions among under-18-year-olds stood at 41.6 per 1,000 conceptions (41.6‰),

Le XXe siècle a connu deux explosions démographiques : une à la fin de la Seconde Guerre mondiale et une plus grande pendant les années 1960, qui atteint son plus haut niveau en 1964. Ces fortes hausses s'expliquent en partie par la création de l'État-providence, qui met en place, à la fin de la Seconde Guerre mondiale, une couverture maladie universelle et gratuite. Ce système permit de réduire les frais financiers liés à l'éducation des enfants et contribua à la chute de la mortalité infantile (proportion d'enfants décédés avant leur premier anniversaire). En 2015, le taux de mortalité infantile était de 3,7 décès pour mille naissances (3,7 ‰)(2,578 décès).

La croissance démographique a toutefois beaucoup ralenti à la fin du XXe siècle; ce phénomène s'explique en partie par l'arrivée en 1961 de la pilule contraceptive remboursée par la sécurité sociale et la loi sur l'avortement de 1967, ainsi que d'autres facteurs socio-économiques complexes. Parmi ceux-ci figurent : plus de femmes dans l'enseignement supérieur et plus actives, des frais de garde d'enfant plus élevés, un taux plus élevé de séparations et de divorces, ainsi que puis des problèmes liés à la situation économique et au logement.

Le taux de fertilité est le nombre de naissances viables sur un an pour mille habitants. Il atteint son plus haut niveau en 1964 puis a chuté tout au long du XXe siècle, avant d'atteindre son plus bas historique en 2001. Il a augmenté de 2002 à 2008, puis s'est stabilisé entre 2009 et 2012. Depuis il est à la baisse, principalement en raison des problèmes économiques. Selon l'ONS, le taux de fertilité se situait en 2017 à 17,6 ‰ (1.76 %), c'est-à-dire 1,76 enfants par femme (comparé à 2,8 en 1964 et 1,63 en 2001). En 2015, le taux de fertilité des femmes habitant au Royaume-Uni était de 1,75 pour les femmes nées dans le pays et de 2,06 pour les femmes nées à l'étranger.

Le taux de conception (TC) chez les mineures (les filles de moins de 18 ans) au Royaume-Uni baisse depuis 1997, mais reste le plus élevé de l'Europe de l'Ouest. En 2007, la proportion de

i.e. 4.16%. In 2016, it stood at 1.89%. That year, there were officially 18,076 conceptions among girls under 18 and 2,821 among girls under 16 years old.

Some women have been deliberating delaying childbearing, or starting a second family later on in life. The average age of women giving birth has been increasing since the mid-1970s. At the birth of a child in 2017, mothers were on average 30.5 years old (up from 26.4 years in 1975) and fathers 33.3 years of age. The average age of first-time mothers was 28.8 years in 2016. That year, 84% of babies were registered by parents who were married, in a civil partnership or cohabiting. The proportion of childless 45-year-old women (those without children) was 21% in 2015.

Life expectancy has been increasing rapidly in recent decades. This progress is partly due to improvements in health care and living standards. Furthermore, there have not been any events like those of World Wars I and II influencing **life expectancy**. In 2016, the average **life expectancy** was 82.9 years for women, 79.2 years for men. The lowest life expectancy is in Glasgow and the highest in the City of London.

The UK's ethnic minorities have on average a much younger age profile than the white population. Thus, the average age for the white population is higher than for ethnic minorities.

Due to the decline in the **fertility rate** and the increase in **life expectancy**, the UK has an ageing population. In 2001, for the first time, the number of people over 60 in the UK exceeded the number of children under 16.

The population aged over-65 is increasing, while the proportion aged under 16 is decreasing. This means that more and more British people are **senior citizens** (**OAPs**) and fewer and fewer are workers. This has important long-term implications, in

conceptions chez les moins de 18 ans était de 41,6 pour 1000 conceptions (41,6 ‰), soit 4,16 %. En 2016, il était de 1,89 % avec 18076 conceptions chez les filles de moins de 18 ans et 2821 chez les filles de moins de 16 ans.

Certaines femmes choisissent de retarder leur première grossesse, ou bien construisent une deuxième famille plus tard dans la vie. L'âge moyen des femmes donnant naissance à un enfant a augmenté depuis les années 1970, et se situe à 30,5 ans en 2017 (et à 33,3 ans pour les pères). L'âge moyen des mères à la naissance du premier enfant était de 28,8 ans en 2016. Cette année-là, 84 % des bébés sont nés chez un couple marié, pacsés ou vivant en concubinage. La proportion de femmes de 45 ans sans enfant était de plus de 21 % en 2015.

L'espérance de vie a augmenté rapidement au cours des dernières décennies, grâce aux progrès de la médecine et à la hausse du niveau de vie. Cette évolution résulte aussi de l'absence d'événements tels que les deux guerres mondiales. En 2016, l'espérance de vie était de 82,9 ans pour les femmes, 79,2 ans pour les hommes. L'espérance de vie la plus basse est à Glasgow et la plus élevée est à la City de Londres.

L'âge moyen au sein des minorités ethniques au Royaume-Uni est moins élevé que celui de la population blanche. Ainsi, l'âge moyen de la population blanche est plus élevé que celui au sein des minorités ethniques.

En raison du déclin du taux de fécondité et de la progression de l'espérance de vie, le Royaume-Uni connaît un vieillissement de sa population. En 2001, pour la première fois, les personnes de plus de 60 ans étaient plus nombreuses que les jeunes de moins de 16 ans.

Cela signifie que de plus en plus de Britanniques sont des retraités, et de moins en moins sont des actifs, ce qui a des conséquences importantes à long terme, notamment pour l'équilibre budgétaire

particular concerning the economics of **social security** (health-care, **pensions**, etc.).

There has been a big increase in the number of the very elderly: 'the oldest old' with 1.5 million people over 85, in 2015, compared with 0.2 million in 1951. Thus, those aged 85 and over now represent over 2.3% of the total population of the United Kingdom.

There are more than 14,000 people aged over 100 in the UK.

du système de protection sociale (Service national de santé, financement des retraites, etc.).

Il y a eu une forte augmentation du nombre de personnes très âgées. En 2015, 1,5 millions de personnes étaient âgées de plus de 85 ans ; alors qu'elles n'étaient que 200 000 en 1951. Ainsi, les plus de 85 ans représentent aujourd'hui plus de 2,3 % de la population totale.

Il y a plus de 14 000 centenaires au Royaume-Uni.

D. Population statistics

Table 3A. Demographic statistics, England and Wales

1 Number of live births	679,106 (England and Wales) 755,066 (United kingdom)
2 Total fertility rate (TFR)	1.76 children per woman
3 Average age of first time mothers at childbirth	28.8 years
4 Average age of all mothers at childbirth	30.5 years
5 Average age of all fathers at childbirth	33.3 years
6 Infant mortality rate (stillbirths)	3.8 deaths/1,000 live births (3.7‰)
7 Births outside marriage	47.6%
8 Births to a mother born outside UK	28,2%
9 Teenage pregnancy rate	1.89%
10 Conception rate for women aged 40+	4.1%
11 Childless women aged and over 45	17%
12 Average age at marriage (heterosexual/ opposite sex)	Women: 34.6 years Men: 37.0 years
13 Average age at marriage (homosexual/ same sex)	Women: 36.9 years Men: 39.5 years
14 Average age of population	Women: 40 years Men: 38 years
15 Life expectancy at birth (UK)	Women: 82.9 years Men: 79.2 years
16 Population under 16 years	18.9%
17 Population over 50 years	34% (23.82 m)
18 Population over 65 years	18% (10.8 m)
19 Population over 85 years	2.5% (1.5 m)
20 Population over 100 years	14,570

Source: Office for National Statistics (ONS), 2018.

Most statistics are for 2017.

Tableau 3B. Données démographiques, Angleterre et pays de Galles

1	Nombre de naissances viables	679 106 (Angleterre et pays de Galles) ; 755 066 (Royaume-Uni)
2	Indice synthétique de fécondité	1,76 enfants/femme
3	Âge moyen de la mère à la naissance du premier enfant	28,8 ans
4	Âge moyen de la mère à la naissance	30,5 ans
5	Âge moyen du père à la naissance	33,3 ans
6	Taux de mortalité infantile	3,8 décès pour 1 000 naissances (3,7 ‰)
7	Naissances hors mariage	47,6 %
8	Naissances de mères nées en dehors du RU	28,2 %
9	Conceptions chez des mères mineures	1,89 %
10	Proportion de conceptions chez des femmes de 40 ans et plus	4.1 %
11	Proportion des femmes de 45 ans et plus sans enfants	17 %
12	Âge moyen au mariage hétérosexuel	Femmes : 34,6 ans Hommes : 37,0 ans
13	Âge moyen au mariage homosexuel	Femmes : 36,9 ans Hommes : 39,5 ans
14	Âge moyen de la population	Femmes : 40 ans hommes : 38 ans
15	Espérance de vie à la naissance	Femmes : 82,9 ans Hommes : 79,2 ans
16	Part des moins de 16 ans	18,9 % de la population
17	Part des plus de 50 ans	34 % de la population
18	Part des plus de 65 ans	18 % de la population
19	Part des plus de 85 ans	2,5 % de la population
20	Population de plus de 100 ans	14 570

Source : ONS (Bureau des Statistiques Nationales), 2018.

La majorité des statistiques datent de l'année 2017.

E. Immigration

During the 18th century, Protestants from Scotland and England settled in Northern Ireland, hence the Protestant majority in Northern Ireland. Conversely, in the 19th century many Irish people moved to Scotland, which accounts for the large Catholic community there now. Thereby, in England, millions of inhabitants are descendants of those who migrated from Wales, Scotland and Ireland. In the 20th century, immigrants came from Eastern and central Europe, especially Jews escaping Nazism and later East Europeans fleeing from Communist regimes.

There are also millions of people living in the UK who came from former overseas colonies and their descendants. Immigration into the UK reached a peak at the end of the 1950s, when there were many largely unskilled jobs to fill. It consisted primarily of immigrants from Commonwealth countries:

- West Indians from the Caribbean;
- Black Africans from East Africa and West Africa;
- Indians, Pakistanis and Bangladeshis from the South Asian sub-continent: i.e. India before Independence in 1947. This group or community is sometimes called Asian Britons.

Of the usually resident population in the UK, around 14% (9.2 million) were born abroad (5% in the EU and 9% outside the EU) and 9% (6 million) had non-British nationality in 2016. Poland is the most common non-UK country of birth (an estimated 1 million residents) followed by India, Pakistan, Republic of Ireland and Romania. Polish is the most common non-British nationality in the UK, followed by Indian, Irish, Romanian and Italian.

In 2016, the top ten countries of origin of new immigrants to the UK were India, Poland, Pakistan, Ireland, Germany, South Africa, United States, Nigeria, Bangladesh and Sri Lanka.

Au XVIIIe siècle, des protestants d'Écosse et d'Angleterre se sont installés en Irlande du Nord, ce qui explique la présence d'une majorité protestante en Irlande du Nord. À l'inverse, au XIXe siècle, beaucoup d'Irlandais ont émigré en Écosse, et ont renforcé sa forte communauté catholique. En Angleterre, des millions de personnes descendent de personnes qui sont donc venues du pays de Galles, d'Écosse ou d'Irlande. Au XXe siècle, des immigrants Européens, essentiellement originaires d'Europe centrale et orientale, sont arrivés pour fuir le nazisme puis les régimes communistes.

Il y a aussi des millions de personnes venues des anciennes colonies d'outre-mer et leurs descendants. L'immigration a atteint un sommet à la fin des années 1950 quand l'économie britannique eut besoin de main d'œuvre pour des travaux principalement peu qualifiés. Il s'agissait majoritairement d'immigrants venant du Commonwealth :

- des Antillais venant des Caraïbes ;
- des Noirs africains (d'Afrique de l'Est et de l'Ouest) ;
- des Indiens, des Pakistanais et des Bangladais du sous-continent indien : l'ancien Empire des Indes avant l'indépendance.

Parmi la population du Royaume-Uni, environ 14 % (9,2 millions) sont nés à l'étranger (5 % dans l'Union européenne, 9 % en dehors de l'Union européenne) et 9 % (6 millions) n'avaient pas la nationalité britannique en 2016. La Pologne est le pays de naissance le plus fréquent chez les personnes qui ne sont pas nées au Royaume-Uni (environ 1 million de résidents) suivi de l'Inde, le Pakistan, la République d'Irlande et la Roumanie. La nationalité polonaise est la nationalité la plus représentée après la nationalité britannique, viennent ensuite des nationalités indiennes, irlandaise, roumaine et italienne.

En 2016, les dix pays qui ont fourni le plus d'immigrants étaient : l'Inde, la Pologne, le Pakistan, l'Irlande, l'Allemagne, l'Afrique du Sud, les États-Unis, la Nigeria, le Bangladesh et le Sri Lanka.

Today, among the overseas-born resident population the UK, the main reason for migration is to accompany/join a family member, followed by work-related reasons (economic migrants) and there are also students.

In the 21st century, there have been fluctuating numbers of **asylum seekers**, also called **political refugees**. There were 30,603 asylum applications in 2016, mainly from Iran, Pakistan, Iraq, Afghanistan and Bangladesh.

Net migration (the difference between people coming to the UK for more than a year, and the number of people leaving the UK for a year or more) to the UK was 248,000 in 2016.

De nos jours, les immigrants viennent surtout avec/pour rejoindre leur famille, pour travailler ou pour étudier.

Au cours du XXIe siècle, le nombre de demandeurs d'asile ou les réfugiés politiques a fluctué. En 2016, il y avait 30 603 demandes d'asile, surtout d'Iran, du Pakistan, d'Iraq, d'Afghanistan et du Bengladesh.

La migration nette (la différence entre l'immigration et l'émigration) vers le RU était de 248 600 en 2016.

F. A multicultural society

The 1991 national census was the first to ask non-mandatory questions about ethnic groups and skin colours. The census now collates a host of related information. Most of the population chooses to answer the questions that can seem discriminatory in other countries. In the United Kingdom, the data is supposed to enable the better provision of public services and tailored aid.

According to the most recent national Census, in 2011, 14% of the UK's usual resident population was non-white. In 2001, it was 8.7%. More than half of those people who said they were not white were born in the UK. The main ethnic group in England and Wales was '**White**'. It accounted for 48.2 million people, representing 86% of the usual resident population, compared to 91.3% in 2001 and 94.1% in 1991. Next, 7.5% of the population said it was '**Asian/Asian British**'; then 3.3% self-declared it was '**Black/African/Caribbean/Black British**'. Lastly, 2.2% of the population said it had '**Mixed or Multiple Ethnic Groups**', whereas 1% was in another ethnic group.

Minority ethnic groups are more likely to live in England than in Wales or Scotland. Most non-white inhabitants live in urban areas. Half live in the South East of England, with more than 50% of black British citizens and 40% of Indian-origin people living in London, the most ethnically diverse area. There are concentrations of Asians in the Midlands (Leicester) and West Yorkshire (Bradford), which has a big Pakistani community.

Asian households tend to be larger than those from other ethnic groups. This is partially due to extended families living together and higher fertility rates. Minority ethnic groups have a younger age structure than the white population, mainly due to higher fertility rates and the fact that most of those who immigrate to the UK are young men. People from minority ethnic groups are more likely to live in low-income **households**.

Le recensement de 1991 fut le premier à poser des questions facultatives sur le groupe ethnique et la couleur de peau. Le recensement présente une large palette de questions, qui pourraient sembler discriminatoires dans certains pays, mais auxquelles la population britannique répond de son plein gré. Les données sont censées faciliter l'accès aux services publiques et à l'aide personnalisée.

Selon le dernier recensement, en 2011, 14 % de la population résidente habituelle n'était pas « **Blanc** », comparé à 8.7 % en 2001. Plus de la moitié de ces personnes sont nées au RU. Le principal groupe ethnique était « Blanc », et regroupait environ 48,2 million de personnes, soit 86 % de la population, contre 91,3 % en 2001 et 94,1 % en 1991. 7,5 % de la population se définissait comme « **Indo-pakistanais** » ; puis 3,3 % s'était déclaré « **Noir/Africain/Antillais/Noir britannique** ». Enfin, 2,2 % de la population avait indiqué « **Métisse ou origines ethniques multiples** », tandis que 1 % se disait dans un autre groupe ethnique.

Les minorités ethniques vivent plutôt en Angleterre qu'au pays de Galles ou en Écosse. La plupart des personnes de couleur vivent en zone urbaine. La moitié vit au Sud-Est, 50 % des citoyens britanniques noirs et 40 % de ceux qui ont des origines indiennes vivent à Londres, ville où la diversité ethnique est la plus grande. Les personnes d'origine indo-pakistanaise sont également concentrées dans les Midlands (Leicester) et le West Yorkshire (Bradford), qui a une forte communauté pakistanaise.

Les ménages indo-pakistanais tendent à être plus nombreux que ceux des autres groupes ethniques. Ceci est dû en partie au fait que certains vivent dans le cadre de familles élargies ou étendues (sous le même toit) et ont en général plus d'enfants. Les groupes ethniques minoritaires ont une structure par âge plus jeune que la population blanche, en partie en raison des taux de fécondité plus élevés et du fait que la plupart de ceux qui immigrent sont des jeunes hommes. Les ménages des minorités ethniques ont souvent des revenus faibles.

Table 4A. Ethnic groups, England and Wales

Ethnic groups	% of total population of England and Wales
1 **White**	**86.0**
2 **Mixed/Multiple ethnic groups**	**2.2**
3 **Asian or Asian British**	**7.5**
· including **Indian** (from the South Asian sub-continent)	2.5
· including **Pakistani** (from the South Asian sub-continent)	2.0
· including **Bangladeshi** (from the South Asian sub-continent)	0.8
· including **Chinese** (from China and other South-East Asian countries)	0.7
· including **other Asian**	1.5
4 **Black or Black British**	**3.3**
· including **Black Caribbean (West Indians)** (from the Caribbean)	1.8
· including Black Africans (from Africa)	1.1
· including **other Black**	0.5
5 **Other** (including people from Europe, especially central and eastern Europe. People who ticked this box, did not tick the 'White' box)	**1.0**
TOTAL	**100**

Source: *Census 2011*, Office for National Statistics (ONS).

Tableau 4B. Groupes ethniques, Angleterre et pays de Galles

Groupe ethnique	% de la population de l'Angleterre et du pays de Galles
1 **Blanc/Caucasien**	**86,0**
2 **Métis/Origines ethniques multiples**	**2,2**
3 **Indo-pakistanais** (né ou non au RU)	**7,5**
· dont **indien** (originaire du sous-continent indien)	2,5
· dont **pakistanais** (originaire du sous-continent indien)	2,0
· dont **bangladais** (originaire du sous-continent indien)	0,8
· dont **asiatique** (originaire de Chine ou des autres pays d'Asie du Sud-Est)	0,7
· dont autre asiatique	1,5
4 **Noir** (né ou non au RU)	**3,3**
· dont **noir africain** (originaire du continent africain)	1,8
· dont **antillais noir** (originaire des Caraïbes)	1,1
· dont autre **noir**	0,5
5 **Autre** (dont les personnes originaires d'Europe, en particulier du centre et de l'Est. Les personnes interrogées n'ayant pas coché la case Blanc)	**1,0**
TOTAL	**100**

Source : *Recensement 2011*, Bureau des Statistiques Nationales.

Multiculturalism

In an ideal multicultural society, people from a variety of ethnic and religious origins live together harmoniously, side by side, in a society that accepts differences and allows people to maintain their cultural heritage. Ethnic and religious minorities are not expected to assimilate into the main population, on the contrary, differences are respected, valued and celebrated. Institutionally, this means public service documents are translated into several languages, there are interpreters at the Social services, while schoolchildren and employees can display religious symbols.

Originally, **multiculturalism** was a way of showing respect to immigrants from the West Indies, India and other former colonies who moved to the United Kingdom at the end of the 1950s and during the 1960s. **Multiculturalism** was very popular when New Labour was first in government from 1997 onwards. However, it became less popular politically during Tony Blair's last term of office and declined further when David Cameron was Prime Minister (2010-2016).

The turning point came on 7 July 2005 (7/7), due to the **terrorist** attacks on London's **public transport**, in which over 50 people were killed and many were injured. The Muslim suicide bombers were born and raised in England. This created official doubts about whether the government's policy of **multiculturalism** had fragmented certain parts of society, led to ghettos and contributed to religious or political **radicalization**.

David Cameron made a key speech on the government's plans to address home-grown extremism and radicalization in July 2015. He declared 'We believe in respecting different faiths, but also expecting those faiths to support the British way of life.' It is part of an ongoing debate on '**Britishness**' and the national identity.

Multiculturalisme

Dans une société multiculturelle idéale, des individus de diverses origines ethniques et religieuses vivent harmonieusement, côte à côte, tout en conservant leur culture d'origine, dans une société qui accepte et respecte les différences. Selon la loi, les minorités ethniques et religieuses ne sont pas obligées de s'assimiler à la population majoritaire. Au contraire, les différences sont respectées, célébrées et fêtées. Ainsi, les documents officiels des services publics sont traduits en plusieurs langues et il y a des interprètes dans les services sociaux. Les élèves des écoles publiques et les travailleurs peuvent afficher des signes extérieurs de religion, etc.

Au départ, le multiculturalisme était une manière de montrer du respect envers les immigrés des Caraïbes, de l'Inde et des autres anciennes colonies venus à la fin des années 1950 et pendant les années 1960. Le multiculturalisme a été très populaire quand les néo-travaillistes sont arrivés au pouvoir en 1997. Cependant, ce modèle a été critiqué pendant le dernier mandat de Tony Blair et encore plus quand David Cameron a été Premier ministre (2010-2016).

Le tournant fut les attentats terroristes à Londres dans les transports en commun, le 7 juillet 2005. Plus de 50 personnes sont mortes et de nombreuses autres blessées. Les auteurs de ces attentats suicidaires étaient des musulmans qui sont nés et ont grandi en Angleterre. A suivi une remise en question gouvernementale sur le multiculturalisme, qui pourrait fragmenter la société et créer des ghettos ou la radicalisation religieuse et politique.

David Cameron a prononcé un discours clé, en juillet 2015, sur les tactiques de son gouvernement pour traiter de l'extrémisme et la radicalisation des personnes nées au RU. Il a déclaré : « Nous croyons qu'il faut respecter les fois religieuses différentes, mais celles-ci doivent soutenir la vie britannique. » Ceci s'inscrit dans un débat plus large sur l'identité britannique et la britannicité.

G. A multifaith society

The United Kingdom is increasingly a multi-ethnic society, which means that it is more and more a multi-faith country too.

A majority of people consider themselves to be **Christians** following **Christianity**. These are divided into **Protestants**, made up mainly of the **Church of England** (**C of E**) (Anglicans) headed by the **monarch** and a small minority of **Roman Catholics. Catholicism** is the fastest growing religion, mainly due to immigration from eastern Europe. The main Christian churches in the UK are:

- The **Church of England** (Protestant – Anglican);
- The **Church of Scotland** (Protestant);
- **Free Churches**, i.e. Dissenters or non-conformists: Methodists, Baptists, United Reform Church (Protestant);
- The **Roman Catholic Church.**

Muslims (Islam) form the largest non-Christian community (mostly from Pakistan and Bangladesh), other common religious followers in the United Kingdom are **Hindus** (Hinduism), **Sikhs** (Sikhism), **Jews** (Judaism) and Buddhists (Buddhism).

There are some religious extremists called **fundamentalists**, whereas some people claim to be a member of a particular religious group, whilst not actively practising that religion. Conversely, other people declare they adhere to no religious denomination in particular. Furthermore, it should not be forgotten that some people claim to have no religious faith at all. These include atheists (who reject belief in God or gods) and agnostics (who hold that knowledge of a God or gods is impossible).

Le Royaume-Uni est une société de plus en plus multiethnique et donc de plus en plus une société multiconfessionnelle.

Une grande majorité de personnes se considère comme chrétienne, adhérant au christianisme. Ils sont divisés entre protestants, surtout membres de l'Église d'Angleterre (église anglicane) dirigée par le roi/la reine, et une petite minorité de catholiques. Le catholicisme est la religion qui connaît la plus forte croissance, en raison de l'immigration des pays de l'Europe de l'Est. Les principales Églises chrétiennes du Royaume-Uni sont :

- l'Église d'Angleterre (protestante – anglicane) ;
- l'Église d'Écosse (protestante) ;
- les Églises protestantes libres c'est-à-dire dissidentes ou non-conformistes (méthodiste, baptiste, Église unie de la Réforme) ;
- L'Église catholique romaine.

Les musulmans (Islam) font partie de la communauté religieuse non-chrétienne la plus importante (la plus grande partie venant du Pakistan et du Bangladesh). Les autres religions répandues au Royaume-Uni sont pratiquées par les hindous (hindouisme), les sikhs (religion sikh), les juifs (judaïsme) et les bouddhistes (bouddhisme).

Certaines personnes sont des extrémistes religieux : des intégristes. À l'inverse, certains disent appartenir à telle ou telle religion, mais sans la pratiquer (les non-pratiquants). D'autres enfin déclarent qu'ils n'adhèrent à aucune confession religieuse particulière. De plus, il ne faut pas oublier que certaines personnes disent n'avoir aucune foi religieuse : les athées (qui rejettent la croyance en un ou plusieurs dieux) ou les agnostiques (qui pensent que toute connaissance d'un ou plusieurs dieux est impossible).

Christianity is the religion with the most followers in England and Wales, according to the 2011 Census. Answers to the 2011 Census reveal a significant shift in religious affiliation since 2001. There was a sharp decrease in the proportion of the population who identify as Christian. The percentage went from 71.7% in 2001 to 59.3% in 2011. Conversely, there were increases in the other religious affiliations. For example, the percentage of Muslims went from 3% in 2001 to 4.8% in 2011. London is the most diverse region in terms of religious affiliation with over a fifth of the population identifying with a religion other than Christianity.

Moreover, the proportion of the population stating no religious affiliation at all changed considerably during the decade between the two censuses. In 2001, it was 14.1% compared to 25.1% in 2011.

According to 2009 official statistics, the proportion of people reporting having a religion who stated that they actively practised it varied according to the religion: 80% of Muslims, 70% of Hindus, 66% of Sikhs, 66% of Buddhists and 32% of Christians.

The drop in the number of Christians and the increase in the number of atheists may be partially attributable to the conservative attitudes of the established church – the Church of England that is opposed to same-sex marriage and has only recently agreed to women Bishops.

Evolutions in religious beliefs of the UK raise important questions regarding the public funding of faith schools and religious organizations, the representation of different religious groups in positions of authority and the presence of bishops in the House of Lords.

Le christianisme est la religion la plus répandue en Angleterre et au pays de Galles, selon le recensement de 2011. Les réponses à ce recensement révèlent un changement important dans les affiliations religieuses depuis 2001. On observe une chute très nette de la proportion des personnes qui se définissent comme chrétiennes. Le pourcentage est passé de 71,1 % en 2001 à 59,3 % en 2011. En revanche, on observe une augmentation des affiliations aux autres religions. Par exemple, le pourcentage de musulmans est passé de 3 % en 2001 à 4,8 % en 2011. Londres est la région avec la plus grande diversité en termes d'affiliation religieuse – plus de 20 % de la population se déclare d'une religion autre que le christianisme.

Par ailleurs, la proportion de la population répondant qu'elle n'a aucune affiliation religieuse a changé considérablement durant la décennie entre les deux recensements. En 2001, il était de 14,1 %, comparé à 25,1 % en 2011.

Selon les statistiques officielles de 2009, la proportion des personnes déclarant avoir une religion qui la pratiquent activement varie selon la religion : 80 % des musulmans, 70 % des hindous, 66 % des sikhs et 66 % des bouddhistes et 32 % des chrétiens.

La chute du nombre de chrétiens et la montée du nombre d'athées peut être expliquée en partie par les attitudes conservatrices de l'église établie – l'Église d'Angleterre qui s'oppose au mariage homosexuel et jusque récemment à la nomination d'évêques femmes.

Ce changement soulève d'importantes questions quant au financement public des écoles confessionnelles, des organismes religieux, ainsi que la présence d'évêques à la Chambre des lords.

In the 2001 and 2011 censuses there were voluntary questions about religion and so the population could indicate their religious affiliation (if they had one).

Table 5A. Religious affiliation, England and Wales, 2011

Religion	Number in pop. (millions)	% of pop.
Christian	33.7	59.3
Muslim	2.7	4.8
Hindu	0.8	1.5
Sikh	0.4	0.8
Jewish	0.2	0.5
Buddhist	0.2	0.4
Other religion	0.2	0.4
Total all religions	38.2	67.7
None	14.1	25.1
Not stated	3.8	7.2
Base	**56.1**	**100**

People were asked: 'What is your religion' and could tick one of the following boxes: 'None; Christian; Buddhist; Hindu; Jewish; Muslim; Sikh; Any other religion, please write in'.

Source: Office for National Statistics (ONS), *Census* 2011 (https://www.ons.gov.uk/census/2011census).

Les recensements de 2001 et 2011 comportaient des questions facultatives sur la religion ; ainsi la population pouvait indiquer son éventuelle appartenance religieuse.

Tableau 5B. Appartenance religieuse en Angleterre et au pays de Galles, 2011

Religion	Nombre dans la pop. (millions)	Part dans la pop. totale (en %)
Chrétien	33,7	59,3
Musulman	2,7	4,8
Hindou	0,8	1,5
Sikh	0,4	0,8
Juif	0,2	0,5
Bouddhiste	0,2	0,4
Autres religions	0,2	0,4
Total des religions	38,2	67,7
Sans religion	14,1	25,1
Non précisé	3,8	7,2
Total	**56,1**	**100**

La question posée était « quelle est votre religion » et les personnes interrogées pouvaient cocher l'une des cases suivantes : « aucune ; chrétienne ; bouddhiste ; hindoue ; juive ; islam ; sikh ; pour toute autre religion, inscrivez-la s'il vous plaît ».

Source : Bureau des Statistiques Nationales, *Recensement* 2011 (https://www.ons.gov.uk/census/2011census).

H. Languages

English is the United Kingdom's official language.

However, about 25% of the population of Wales speak **Welsh** (a **Celtic** language from the Indo-European family) and it is the first language of 20% of the Welsh. Welsh speakers live especially in the rural West and North-West of Wales. In the whole of Wales, public notices are in both English and Welsh. Welsh is taught in most schools and there is a Welsh TV channel. There is also vibrant nationalist support of Wales and the Welsh language, which is represented in the **House of Commons** by the nationalist **political party Plaid Cymru** (Welsh for 'the Party of Wales').

Gaelic (the language of the Celts in Scotland and Ireland) is spoken by about 60,000 people in Scotland (about 1.2% of the population) especially in the Western Highlands, where it is the mother tongue of a very small percentage of inhabitants. The number of people able to communicate in Gaelic is rapidly decreasing and it is in danger of dying out.

A wide variety of other languages are spoken by Asian Britons, including **Bengali** (the official language of Bangladesh), **Gujarati** (the state language of Gujarat), **Hindi** (a language or group of dialects of North central India), **Punjabi** (the state language of the Punjab, NW India) and **Urdu** (an official language of Pakistan also spoken in India).

Other prominent minority languages spoken in the United Kingdom include **Arabic** and **Chinese**. It is said that over 300 different languages are spoken in London.

L'anglais est la langue officielle du Royaume-Uni.

Cependant, à peu près 25 % de la population du pays de Galles parle gallois (langue celtique appartenant à la famille indo-européenne) ; c'est même la première langue de 20 % des Gallois. Ceux-ci vivent plus spécialement dans l'Ouest et le Nord-Ouest, parties rurales du pays de Galles. Tous les textes officiels sont rédigés à la fois en anglais et en gallois. Le gallois est enseigné dans la plupart des écoles et il existe une chaîne télévisée galloise. Il y a aussi un fervent courant nationaliste du pays de Galles et de la langue galloise, représenté à la Chambre des communes par le Parti nationaliste *Plaid Cymru* (« Parti du pays de Galles » en langue galloise).

Le gaélique (langue des Celtes d'Écosse et d'Irlande du Nord) est parlé par à peu près 60 000 personnes en Écosse (environ 1,2 % de la population), et particulièrement dans les Highlands de l'ouest, où c'est la langue maternelle d'un petit pourcentage d'habitants. Le nombre de personnes connaissant le gaélique est en baisse rapide et la langue est menacée d'extinction.

Beaucoup d'autres langues sont parlées par les Britanniques indo-pakistanais, dont le bengali (langue officielle du Bangladesh), le gujarati (langue officielle de l'État du Gujarat), le hindi (langue ou groupe de dialectes de l'Inde du centre-nord, le punjabi (langue officielle de l'État du Panjab, au nord-ouest de l'Inde) et l'urdu (une des langues officielles du Pakistan, également parlée en Inde).

Des langues d'autres minorités notables sont parlées au Royaume-Uni, notamment l'arabe et le chinois. On dit que plus de 300 langues différentes sont parlées à Londres.

4 THE CONSTITUTION
A. Principles of the Constitution

There are two major principles or pillars of the United Kingdom's **constitution**: the **rule of law** and **parliamentary sovereignty**.

The **Rule of Law** is the restriction of power by well-defined and established **laws.** All men and women are equal before the law regardless of their position, including the **Monarch**, the **Prime Minister** and **MPs**. No man or woman can be punished unless he or she has broken the **law**.

The **rule of law** also holds that the government can and should be legally limited in its powers and that its authority depends on enforcing those limitations.

The **Sovereignty of Parliament** means that **Parliament** (consisting of **elected** representatives in the **House of Commons**, unelected members of the **House of Lords** and the **monarch** via **Royal Assent**) is the supreme power of the State. It is not the **monarchy** alone, despite the fact that British people are subjects of the **Crown. Parliament** has legal supremacy to pass **laws: statute law**, which prevails over all other forms of law. The **courts** of justice enforce the **laws** passed by **Parliament**.

However, the **sovereignty** of the British **Parliament** is affected by the fact that the United Kingdom became a member of the **European Economic Community** (**EEC**) on 1 January 1973 (which became the European Union in 1993) and by the **enactment of devolution** of power to Wales, Scotland and Northern Ireland, as well as London in 1999 (see Chapters 10 and 11).

Les deux piliers ou principes majeurs de la constitution du Royaume-Uni sont l'état de droit (ou la primauté du droit), et la souveraineté du Parlement.

L'**état de droit** est l'encadrement du pouvoir par des lois bien définies et établies. Tous les hommes et femmes sont égaux devant la loi, indépendamment de leur statut, y compris le monarque, le Premier ministre et les députés. Nul ne peut être puni à moins d'avoir enfreint la loi.

L'état de droit implique aussi que les pouvoirs du gouvernement peuvent et doivent être limités par la loi et que l'autorité de celui-ci dépend de son respect de ces mêmes dispositions.

La **souveraineté du Parlement** signifie que le Parlement (composé des députés élus de la Chambre des communes, des membres non élus de la Chambre des lords et du Monarque par le biais de l'assentiment royal) est le pouvoir suprême dans l'État, et non pas seulement la monarchie, bien que les Britanniques soient sujets de la Couronne. Le Parlement a la suprématie légale pour voter les lois, lesquelles prévalent sur toute autre source de loi. Les tribunaux appliquent les lois votées par le Parlement.

Cependant, l'entrée du Royaume-Uni dans la Communauté économique européenne (CEE) en 1973 (qui devient l'Union européenne en 1993) et la décentralisation d'une partie de ses prérogatives en 1999 (vers le pays de Galles, l'Écosse et l'Irlande du Nord, ainsi que Londres) ont entamé une partie de la souveraineté du Parlement (voir les chapitres 10 et 11).

There are three branches of power in the United Kingdom.

The **Legislative branch**: the **Legislature.**
The **Executive branch**: the **Executive.**
The **Judicial branch**: the **Judiciary.**

LEGISLATIVE POWER = PARLIAMENT =
House of Commons + House of Lords + Monarch

The **legislature** is the body of persons vested with power to make, amend (change) and **repeal laws.**

EXECUTIVE POWER = THE ADMINISTRATION =
Government + Cabinet + Prime Minister

The **Executive** means the branch of power responsible for carrying out (executing, implementing) **laws** and **decrees**, etc.

JUDICIAL POWER = THE LAW =
Courts + Supreme Court (Justices)

The **judiciary** comprises the judicial authorities concerned with the administration and dispensing of justice.

In order to make the Judiciary independent of the Legislature and the Executive, the ***Constitutional Reform Act***, 2005, removed the **Law Lords** acting as a court of appeal from the **House of Lords** in 2009 and the new **Supreme Court** opened in London with 12 **Justices.** The Supreme Court is the final court of appeal in the UK.

Within this new constitutional environment, Parliament creates the laws, the Government and public bodies use the laws and the Courts of law monitor the application of the laws.

Il existe trois branches de pouvoir au Royaume-Uni :

Le pouvoir législatif : le corps législatif.
Le pouvoir exécutif : l'exécutif.
Le pouvoir judiciaire : la justice.

LE POUVOIR LÉGISLATIF = LE PARLEMENT =
La Chambre des communes + la Chambre des lords
+ le Roi (monarque)

Le corps législatif rassemble les personnes ayant le pouvoir de faire, amender (modifier) et abroger les lois.

LE POUVOIR EXÉCUTIF = L'ADMINISTRATION =
Gouvernement + Cabinet + Premier ministre

C'est le pouvoir responsable de la mise en application des lois et des décrets ; autrement dit, c'est l'administration.

LE POUVOIR JUDICIAIRE = LA LOI =
Les tribunaux + la Cour suprême (juges)

Il s'agit des autorités judiciaires chargées de gérer et de dispenser la loi.

Afin de séparer le pouvoir judiciaire des pouvoirs législatif et exécutif, la ***Loi sur la réforme constitutionnelle***, votée en 2005, a mis un terme au rôle ancien des lords juges de la Chambre des lords à la fin de 2009. La loi a créé une toute nouvelle Cour suprême composée de 12 juges. Il s'agit de la dernière cour d'appel au Royaume-Uni.

Au sein de ce nouvel environnement constitutionnel, le parlement crée les lois, le gouvernement et les services publics utilisent les lois et les cours de justice (tribunaux) surveillent l'application des lois.

C. Sources of the Constitution

The political system of the United Kingdom is a **Constitutional Monarchy** (also called a **parliamentary monarchy** or **limited monarchy**). That is to say, there is a partnership between the **Crown** and **Parliament**, as opposed to an absolute monarchy. The **monarchy** governs according to the **constitution** that limits and defines the powers of the **sovereign.** This system was established when the **monarchy** was restored after the **interregnum** of 1649-1660.

The United Kingdom does not have a written **constitution** in the form of one document that codifies all the fundamental rules, principles and practices regarding the way in which the country is governed, as well as the rights and duties of its citizens. In this way, the United Kingdom is unusual, as most democratic countries in the world do have a written **constitution** (other very rare exceptions being Israel and New Zealand).

Instead, in the United Kingdom some of these rules are laid out in various legal texts (**statutes, Acts of Parliament, laws**) going back over centuries. The others remain unwritten in the form of **common law, customs** and **conventions** (see below).

As the **constitution** is not all gathered together in a single authoritative **statement** and is not even all written down, we often say that it is unwritten or **uncodified.**

In this way, all the elements that make up the **uncodified constitution** can be readily modified by **Act of Parliament**, or by general agreement (for conventions). The **constitution** is therefore said to be flexible and evolutionary, changing over many centuries to suit circumstances. Some people consider the flexibility of the **constitution** to be a good characteristic, allowing it to adapt easily to modern times; others believe that the **constitution** is thus open to abuse by governments with large majorities and to fashion bringing about ill-thought out laws.

Le système politique du Royaume-Uni est une monarchie constitutionnelle (appelée également monarchie parlementaire, ou bien monarchie tempérée). C'est-à-dire qu'il existe un contrat entre la Couronne et le Parlement (à l'opposé d'une monarchie absolue). Le souverain gouverne en fonction de la constitution, qui limite et définit ses prérogatives. Ce système a été mis en place quand la monarchie a été rétablie après l'Interrègne de 1649 à 1660.

Le Royaume-Uni n'a pas de constitution écrite rassemblant en un seul document toutes les lois fondamentales, principes et pratiques de gouvernement, ainsi que les droits et devoirs des citoyens. En ce sens, le Royaume-Uni fait figure d'exception, puisque la plupart des grandes démocraties ont une constitution écrite (Israël et la Nouvelle-Zélande étant d'autres exceptions très rares).

En lieu et place d'une constitution écrite, au Royaume-Uni, certaines lois sont contenues dans différents textes à valeur légale (lois écrites, lois parlementaires, lois) remontant à plusieurs siècles. Les autres ne sont pas écrites, telles que le droit coutumier, les coutumes et les conventions (voir plus bas).

Puisque la constitution n'est pas rassemblée dans un seul texte faisant autorité, et n'est même pas intégralement écrite, on parle souvent de constitution non écrite ou non codifiée.

De ce fait, toute partie de cette constitution non codifiée peut être modifiée par un acte du Parlement (pour une loi) ou par un accord général (pour une convention) ; la constitution, souple et évolutive, a changé au fil des siècles pour s'adapter aux circonstances. Certains experts considèrent que cette souplesse est un atout, permettant de l'adapter facilement à l'époque contemporaine ; d'autres pensent que la constitution favorise les abus de gouvernements disposant d'une large majorité et permet ainsi l'adoption de lois écrites dans la précipitation.

Below are most of the wide range of sources that make up the United Kingdom's **uncodified constitution**:

1. Statute Law;
2. Common Law and Case Law;
3. Conventions and Customs;
4. European Union Law;
5. Authoritative Works.

1. Statute law

Statute law is comprised of various written **Acts of Parliament** (**statutes** or **laws**), i.e. legislation laid down by **Parliament** and enforced by **courts**. These **laws** include the following pieces of legislation:

a. The ***Magna Carta*** (Latin for 'Great Charter') had the official seal of King John of England (1167-1216) put on it (against his will), at Runnymede, in 1215. It lays out the rights and liberties of **sovereigns**, noblemen along with ordinary men and women (**commoners**). It was the first time that defined limitations to royal rights were established in written **law**. Abuses by King John caused a revolt of the nobles who compelled him to execute the ***Magna Carta***. The monarch's exploitation of the tax system and financial privileges were also curbed by the document. Thus, with the ***Magna Carta***, King John placed himself and England's future sovereigns and magistrates (lawmakers) within the **rule of law**.

b. The ***Petition of Rights*** (1628) was issued by **Parliament**. It stipulates that there would be no taxation without the consent of the **House of Commons**. King Charles I (1600-1649) was obliged to allow the petition to become **law**.

Voici ci-dessous, les sources principales de la constitution non codifiée du Royaume-Uni :

1. Les Lois votées par le Parlement (le Droit écrit) ;
2. Le Droit coutumier et la Jurisprudence ;
3. Les Conventions et Coutumes ;
4. La réglementation de l'Union européenne ;
5. Les ouvrages faisant autorité.

1. Lois votées par le Parlement (le Droit écrit)

Le Parlement rédige et vote les lois, tandis que les tribunaux et les cours de justice font respecter les lois. Parmi les lois parlementaires figurent les textes législatifs suivants :

a. La *Grande Charte* (en latin *Magna Carta*) a reçu le sceau officiel du roi Jean (1167-1216) à Runnymede en 1215. Elle délimite les droits et libertés du souverain, des nobles et des roturiers. C'est la première fois que des limites au pouvoir royal ont été couchées par écrit sous forme de loi. Les abus du roi Jean avaient provoqué la révolte des nobles, qui le forcèrent à mettre en application cette *Grande Charte*. Le texte réduit également les prérogatives royales en matière d'impôts et de privilèges financiers. Avec la *Grande Charte*, le roi se plaçait, lui, ainsi que ses successeurs et tous les magistrats, sous l'état de droit.

b. La *Pétition des droits* fut promulguée par le Parlement en 1628. Elle stipule qu'il ne peut y avoir de levée d'impôt sans l'accord de la Chambre des communes. Le roi Charles Ier (1600-1649) fut contraint de donner à cette pétition force de loi.

c. The ***Habeas Corpus Act*** (1679) forbids arbitrary **arrests** and detentions. It also requires that a prisoner be brought before a **judge** and/or **jury** and that evidence be presented showing why he or she is 'properly detained'. **Habeas Corpus** was an ancient **common law** writ issued by a **judge**, demanding that a prisoner be brought to **court**. **Parliament** passed the ***Habeas Corpus Act*** in 1679, bowing to public pressure. This was prompted by King Charles II's (1630-1685) abusive detention of persons in **jail** without legal authority, i.e. without charges being pressed, the right to a demand **trial**, or the right to be set free.

d. The ***Bill of Rights Act*** (1689) does not deal with the **civil rights** of individuals, but rather it defines relations between the **Crown** and **Parliament**. It was a sort of contract that set out strict limits on the use of **Royal prerogatives** by the **sovereign**. The Act thus put an end to the '**Divine Right of Kings**', i.e. the concept that the **monarchy**'s power comes from God. The ***Bill of Rights Act*** also re-established the authority of **Parliament** over the **sovereign**. It made **kings** and **queens** subject to **laws** passed by **Parliament**, obliging them 'to govern the people of this kingdom according to the **statutes** in **Parliament** agreed on and the **laws** and **customs** of the same'. Consequently, the **Crown** is no longer able to **enact laws**, raise taxes, or keep an army without **Parliament**'s consent. The ***Bill of Rights*** was part of the '**Glorious Revolution**', 1688-1689, also known as the 'Bloodless Revolution' as no blood was spilt during the repudiation of the governing regime. It resulted in King James II (1633-1701) being ousted due to his arbitrary rule and the establishment by **Parliament** of William III (1650-1702) ('William of Orange') and Mary II (1662-1694) as joint **monarchs**, in co-regency from 1688 to 1702.

c. La *Loi sur l'Habeas Corpus* (1679) interdit les arrestations et détentions arbitraires. Elle exige qu'un prisonnier soit présenté devant un juge et/ou un jury et que des preuves soient fournies pour justifier sa détention. L'*Habeas corpus* est une ancienne assignation en justice de droit coutumier publiée par un juge, qui rend obligatoire la présentation d'un prisonnier devant un tribunal. Le Parlement lui a donné force de loi en 1679 sous la pression populaire ; les sujets étaient excédés par les détentions sans raison légale (c'est-à-dire sans accusation ni possibilité d'être jugé ou libéré) pratiquées de manière abusive par leur roi Charles II (1630-1685).

d. La *Déclaration des droits* (1689) ne porte pas sur les droits individuels et civils mais définit les relations entre la Couronne et le Parlement. C'est une sorte de contrat qui fixe de manière précise les limites à l'exercice des prérogatives royales. Cette loi mit un terme à la « monarchie de droit divin », c'est-à-dire à l'idée selon laquelle le pouvoir du roi lui vient de Dieu. La *Déclaration des droits* rétablit également l'autorité du Parlement sur le souverain. Elle fait du roi et de la reine des objets des lois votées par le Parlement, les contraignant à « gouverner les sujets de ce royaume conformément aux lois votées par le Parlement et toutes lois et coutumes de la sorte ». En conséquence, la Couronne n'a plus le pouvoir de promulguer des lois, lever des impôts ou d'avoir une armée sans l'accord du Parlement. La *Déclaration des droits* est née de la « Glorieuse Révolution » (également appelée littéralement en anglais « Révolution sans sang » puisque le changement de régime n'a donné lieu à aucune effusion de sang). Celle-ci aboutit à la destitution du roi Jacques II – détesté pour son exercice arbitraire du pouvoir – au profit de Guillaume III d'Orange (1650-1702) et de Marie II (1662-1694), appelés par le Parlement à gouverner comme co-monarques (1688-1702).

e. The *Act of Settlement* (1701) includes many important constitutional provisions, especially the succession to the throne. It made **illegal** the succession of illegitimate, adopted or Catholic persons. Thus, the **monarch** had to be a Protestant. It also stipulated the importance of **primo- geniture** regarding the succession and inheritance rights: a first born son is given priority over older sisters.

The Act was the only substantial piece of anti-Catholic legislation remaining on the United Kingdom's **statute** books. After the adoption of the ***European Convention on Human Rights*** as part of British **law** in 2000, it was argued that the discrimination against women (due to **primogeniture**), Roman Catholics and those born out of wedlock meant that the rules of succession stipulated in the *Act of Settlement* were **illegal**. These aspects of the *Act of Settlement* were annulled and withdrawn in 2011 by the Conservative-Liberal Democrat Coalition Government.

f. The *Act of Union*, 1707, which joined England and Wales with Scotland to form Great Britain.

g. The *Reform Acts* (1832), (1867), (1884), also known as *Representation of the People Acts*, deal with **parliamentary** reform. In particular, they changed voting rights, extending them to previously **disenfranchised** citizens. Thus, **Parliament** gradually became more representative of the country's citizens. The *Representation of the People Act*, 1918, **enfranchised** all men over 21 and property-owning women over 30. The *Equal Franchise Act*, 1928, gave the **vote** to all women over 21. Lastly, the *Representation of the People Act*, 1969, lowered the age of suffrage to 18, which is where it still stands today.

e. L'*Acte d'établissement* (1701) contient beaucoup de dispositions constitutionnelles, en particulier sur la question de la succession au trône. Il interdisait la succession à des personnes de naissance illégitime, adoptées ou de religion catholique. Le roi devait donc être protestant. Il stipulait aussi l'importance de la primogéniture en ce qui définit les droits du premier enfant mâle né dans une famille.

Cette loi était la seule disposition anticatholique d'importance qui perdurait dans le corpus législatif du Royaume-Uni. Depuis l'adoption de la *Convention européenne des droits de l'Homme* au sein de la législation britannique en 2000, certains critiques soulignaient l'illégalité des règles de succession de l'*Acte d'établissement*, du fait même de cette discrimination envers les femmes (en raison de la primogéniture mâle), les catholiques et les personnes nées hors mariage. Ces dispositions de l'*Acte d'établissement* ont été annulées en 2011 par le gouvernement de Coalition entre les conservateurs et les libéraux démocrates.

f. L'*Acte d'union* de 1707 unit l'Écosse à l'Angleterre et au pays de Galles et crée la Grande-Bretagne.

g. Les *Lois de réforme* de 1832, 1867 et 1884, également appelées *Lois de représentation du peuple*, ont réformé le système parlementaire. En particulier, elles ont étendu le droit de vote à des citoyens qui en étaient auparavant privés. Ainsi, le Parlement devint progressivement plus représentatif des citoyens du pays. La *Loi de représentation des citoyens* de 1918 ouvrit le droit de vote à tous les hommes de plus de 21 ans et aux femmes propriétaires de plus de 30 ans. La *Loi d'égale franchise* de 1928 étendit le droit de vote à toutes les femmes de plus de 21 ans. Enfin, la *Loi de représentation* de 1969 abaissa l'âge minimum à 18 ans, qui demeure l'âge légal aujourd'hui.

h. The *Parliament Act* (1911) dramatically cut the power of the **House of Lords** and asserted the legislative supremacy of the **House of Commons.** The **Lords** (**peers**) are no longer allowed to block the passage of '**money bills**' and their delaying powers on all other legislation are now restricted. Furthermore, the act reduced the maximum length of time between two **general elections** from seven to five years.

2. Common Law and Case Law

Common law and **case law** are established by custom and judicial precedent and are enforced by **courts.** Thus, a judicial decision that has been reached during one particular case will then serve as an authority to future similar cases. Despite not being written down, **common law** and **case law** have 'the binding force of **precedent**'. **Precedent** can change the **law**, but may be overruled by a superior (or sometimes equal) **court**, or changed by legislation. **Common law** includes the limits of **royal prerogative**, for example, **appointments**, **dissolution** of **Parliament**, pardons (the **royal pardon**) and reprieves (postponement or remission of punishment).

3. Conventions and Customs

Conventions and **customs** are also laid down by **precedent** and to a lesser extent by constitutional texts. They are traditional practices that are so long established and so universal that they have acquired the force of **law**. However, **conventions** and **customs** are not **laws**, so in theory they have no legal value. They are only enforced by expectations and convenience. Many conventions and **customs** are linked to the **Crown**, for example, the **sovereign** will always give **Royal Assent** to a **bill** that has successfully passed through **Parliament.** Others are linked to **Parliament**, for example, that Ministers are individually and collectively responsible to **Parliament.**

h. La *Loi parlementaire* de 1911 réduisit considérablement le pouvoir de la Chambre des lords et assura la suprématie législative de la Chambre des communes. Les Lords perdirent leur droit de véto sur les lois de finance et leur pouvoir de retarder tous les autres textes fut également réduit. Par ailleurs, la loi limita le temps maximum entre deux élections législatives à 5 ans, contre 7 auparavant.

2. Le Droit coutumier et la Jurisprudence

La jurisprudence établie par la coutume et les précédents judiciaires est mise en application par les tribunaux. Ainsi, une décision judiciaire prise à partir d'un cas particulier constitue un précédent pour les cas futurs de même ordre. Bien que non écrit, le droit coutumier a « la force requérante du précédent ». Un précédent peut modifier la loi, mais peut aussi être cassé par un tribunal de juridiction supérieure ou bien encore par la loi. Le droit coutumier comprend des limites aux prérogatives royales, notamment en ce qui concerne les nominations, le droit de dissoudre le Parlement ou le droit de grâce royale et les commutations de peine.

3. Les Conventions et Coutumes

Les conventions et coutumes sont aussi établies par les précédents et dans une moindre mesure par les textes constitutionnels. Certaines pratiques traditionnelles sont établies depuis si longtemps et de portée si générale qu'elles ont acquis force de loi. Cependant, les coutumes et les conventions ne sont pas des lois et n'ont aucune valeur légale. Elles sont seulement appliquées en vertu des attentes et de leur commodité. Beaucoup de coutumes et conventions sont relatives à la Couronne ; par exemple, le Souverain donne toujours son accord à une loi votée par le Parlement. D'autres sont relatives au Parlement, comme le fait que les ministres soient individuellement et collectivement responsables devant le Parlement.

4. European Union Law

On 1 January 1973, the United Kingdom joined the EEC, now the **European Union** (EU). The ***European Communities Act***, 1972, stipulates that European **law** takes precedence over all domestic sources of **law**. Thus, **laws** and trade agreements established by the **EU** are legally binding within the United Kingdom. So the United Kingdom has to abide by European legal texts but it opts out of certain measures. The United Kingdom also follows case **law** stemming from the **European Court of Justice** (**ECJ**).

Since signing the ***Treaty on European Union*** (**TEU**) also known as the ***Maastricht Treaty***, in 1992, the United Kingdom has co-operated even more closely with its European partners in political, economic and legal affairs. This evolution has greatly affected people's rights in the United Kingdom, especially in the areas of employment.

The ***European Convention on Human Rights*** was adopted via the ***Human Rights Act***, 1998, and became law in the United Kingdom in October 2000. If a legal decision made in the United Kingdom is thought to break the rules of the ***European Convention on Human Rights***, the case can be referred to the **European Court of Human Rights** (**ECHR**) in Strasbourg, France, for a ruling to be made, which may overrule British law. The ***Human Rights Act***, 1998, has been controversial in the United Kingdom. On the one hand, it guarantees some rights that people in the United Kingdom did not have previously, including certain rights to privacy. On the other hand, it has very definitely reduced the power of the United Kingdom's central government (see Chapter 11).

The result of the referendum (held on 23 June 2016) on leaving the EU – Brexit – means that the UK Parliament might vote to amend or annul certain EU legislation that is applicable in the UK.

4. La réglementation de la Cour de justice de l'Union européenne

Le 1er janvier 1973, le Royaume-Uni a intégré la CEE, aujourd'hui appelé l'Union européenne. Le *Traité sur les communautés européennes* de 1972 précise que les directives européennes prévalent sur tout texte de loi national. Aussi la réglementation établie par l'Union européenne s'applique-t-elle au Royaume-Uni, qui refuse certaines mesures. De même, ce dernier respecte la jurisprudence de la Cour de justice de l'Union européenne.

Depuis la signature du *Traité sur l'Union européenne*, également connu sous le nom de *Traité de Maastricht*, en 1992, le Royaume-Uni coopère de façon plus étroite avec ses partenaires européens en matière politique, économique et juridique. Cette évolution a beaucoup influencé les droits des personnes au Royaume-Uni, en particulier dans le domaine de l'emploi.

La *Convention européenne des droits de l'Homme* a acquis force de loi au Royaume-Uni par la *Loi sur les droits de l'Homme* de 1998, qui est entrée en vigueur en octobre 2000. Si l'on pense qu'une décision juridique prise au Royaume-Uni n'est pas conforme aux principes de la *Convention européenne des droits de l'Homme*, le cas peut être porté devant la Cour européenne des droits de l'Homme (CEDH), à Strasbourg, pour jugement, lequel prévaudra sur la loi britannique. La *Loi sur les droits de l'Homme* de 1998 a provoqué de vifs débats au Royaume-Uni : si elle garantit certains droits, dont les personnes résidant au Royaume-Uni ne disposaient pas auparavant, y compris certains droits relatifs à la vie privée, elle a également considérablement réduit le pouvoir du gouvernement central du Royaume-Uni (voir le chapitre 11).

Le résultat du référendum (du 23 juin 2016) sur la sortie du Royaume-Uni de l'UE pourrait conduire le Parlement britannique à voter la modification ou l'annulation de certaines lois issues de l'UE en application au RU.

5. Authoritative works

Attention is also paid to the opinions expressed by specialists in certain classic writings on the **constitution.** Such authoritative works include the following:

- *The English Constitution*, 1867, by **Walter BAGEHOT** (1826-1877), an English economist and journalist, as well as an editor of *The Economist* magazine (1860-1877).
- *Introduction to the Study of the Law of the Constitution*, 1885, by **Albert Venn DICEY** (1835-1922).
- *Treatise on the Law, Privileges, Proceedings and Usage of Parliament*, 1844, by **Thomas Erskine MAY** (1815-1886).

CHECK AND BALANCES

The UK has various **checks and balances** to prevent 'an **elective dictatorship**' (executive dominance).

- The **courts**: judicial review is a powerful check on the **Executive**.
- The official **Opposition**: **MP**s in the **Opposition** can **vote** against a **bill**, but if the government has a large **majority** any **Opposition** (from within or outside the party in power) will be ineffective.
- The media: journalists can point out problems and influence public opinion, although they cannot do much to stop a government which thinks it has the people's favour.
- Party discipline: political party members can express approval or disapproval of a particular **policy** and this might have an influence.
- **General elections** allow the electorate to express opinions and get rid of unpopular governments.
- European **law**, the **European Court of Justice**, the Council of Europe and the **European Court of Human Rights**. (This will change with Brexit.)

However, there is no official constitutional check on **Parliament**.

---

5. Les ouvrages faisant autorité

On accorde également une certaine importance aux opinions que certains spécialistes ont formulées dans des ouvrages constitutionnels ayant valeur de classiques. Par exemple :

- *La Constitution anglaise*, (1867), de Walter BAGEHOT (1826-1877), économiste et journaliste anglais, rédacteur en chef de *The Economist*.
- *Introduction à l'étude de la loi constitutionnelle,* 1885, d'Albert Venn DICEY (1835-1922).
- *Traité des lois, privilèges, procédés et usages du Parlement*, 1844, de Thomas Erskine MAY (1815-1886).

POUVOIRS ET CONTRE-POUVOIRS

Divers moyens existent pour éviter les abus du pouvoir, y compris « la dictature élue » (un Exécutif très puissant).

- Les tribunaux : le contrôle judiciaire est un frein à la puissance du pouvoir exécutif.
- L'opposition officielle : les députés de l'opposition peuvent voter contre une loi ; mais en cas de majorité parlementaire très large, aucune opposition (qu'elle vienne de l'intérieur ou de l'extérieur du parti au pouvoir) n'est efficace.
- Les médias : les journalistes peuvent souligner certains problèmes et influencer l'opinion publique, mais ils ne peuvent pas faire grand-chose contre un gouvernement qui pense bénéficier du soutien populaire.
- La discipline de parti : les membres d'un parti peuvent exprimer leur approbation ou désapprobation d'une politique particulière, ceci pouvant avoir une certaine influence.
- Les élections législatives permettent aux électeurs d'exprimer leur opinion et de se débarrasser des gouvernements impopulaires.
- La réglementation de l'Union européenne et de la Cour européenne de justice, les textes du Conseil de l'Europe et la Cour européenne des droits de l'homme (ce qui va changer avec le Brexit).

Cependant, il n'y a aucun contrôle constitutionnel officiel du Parlement.

The British political system of a **constitutional monarchy** has been a source of admiration over the years. It was considered to combine tradition, stability, authority, flexibility and adaptability. The very fact that it had lasted so long was proof for its defenders of the system's appropriateness and efficiency. Moreover, in more than 300 years, the United Kingdom has not experienced bloody revolution or **civil war.**

In 2015, the UK celebrated the 800th anniversary of the ***Magna Carta*** that altered the balance of power between the governors and the governed. One of the key constitutional principles, which emerged from the ***Magna Carta*** was that the King and by extension the government must behave in accordance with the law and that no one is above the law.

However, in October 1976 Lord Hailsham declared that the United Kingdom had 'moved towards a totalitarianism which [could] only be altered by a systematic and radical overhaul of our **constitution**'. He went as far as to say that the British system of government was an '**elective dictatorship**' and called for change.

Since towards the end of the twentieth century, there has been growing disapproval of the United Kingdom's constitutional environment. Criticism has focused on several points:

First, governments with large majorities in the **House of Commons** can be over-powerful and thus able to pass radical, rushed or legislation.

Second, there are a lack of restraining **parliamentary checks and balances.**

Third, the **House of Lords** is unelected and unrepresentative.

Le système politique britannique de monarchie constitutionnelle suscite l'admiration depuis bien des années. On l'a vu comme un modèle capable de concilier tradition, stabilité, autorité, flexibilité, souplesse et adaptabilité. Pour ses partisans, le simple fait qu'il ait duré aussi longtemps est une preuve de sa justesse et de son efficacité. En outre, le Royaume-Uni n'a connu en plus de 300 ans aucune révolution sanglante ou guerre civile.

En 2015, le pays a fêté le 500e anniversaire de la *Grande Charte* qui a changé l'équilibre des pouvoirs entre les gouvernants et les gouvernés. Un des principes constitutionnels clés qui émerge de la charte est que le roi, et par extension le gouvernement, doit respecter la loi et que personne n'est au-dessus de la loi.

Toutefois, en octobre 1976, Lord Hailsham déclara que la nation du Royaume-Uni « s'était dirigée vers une forme de totalitarisme qui pouvait seulement être corrigée par une révision systématique et radicale de notre constitution ». Il alla jusqu'à dire que le système anglais de gouvernement était une « dictature élue » et appela au changement.

Depuis la fin du XXe siècle, on a constaté une montée des critiques visant l'environnement constitutionnel. Celles-ci portent sur plusieurs points :

D'abord, la puissance excessive des gouvernements lorsqu'ils disposent d'une majorité importante à la Chambre des communes leur permet de voter des lois radicales, précipitées ou mauvaises.

En second lieu, il existe une faiblesse des contre-pouvoirs parlementaires.

Enfin, les membres de la Chambre des lords ne sont pas élus et ne sont pas représentatifs de la population.

D. Constitutional reform 1997-2010

In 1988, a constitutional reform pressure group was created called **Charter88** made up of many Liberals and **Social Democrats**, following the re-election of the **Conservative Party** led by Margaret Thatcher. **Charter88** called for a new constitutional and electoral settlement. In particular, it claimed for a **Bill of Rights** enshrining **civil liberties**, an **electoral system** based on **Proportional Representation** (**PR**), reform of the **House of Lords**, independence of the **Judiciary**, equitable distribution of power between local, regional and national government (**devolution**), freedom of information, as well as a written **constitution** anchored in the idea of universal citizenship incorporating the aforementioned reforms. (**Charter88** merged with another pressure group to form Unlock Democracy in 2007).

The **Labour Party**'s 1997 **general election manifesto** proposed sweeping constitutional change. Following their **landslide victory**, Tony Blair became **Prime Minister** and he swiftly introduced a number of major constitutional **bills** into **Parliament**. The **Labour Party** had a very big majority in the **House of Commons**, therefore these bills became law and another series of changes were made in 2005-2006.

1. ***The Human Rights Act***, 1998, which came into force in 2000. It allows people in the UK to enforce in their own courts the ***European Convention on Human Rights***.
2. ***The Scotland Act***, 1998, which set up a Scottish Parliament in Holyrood, Edinburgh with tax varying powers.
3. ***The Government of Wales Act***, 1998, which established a National Assembly for Wales in Cardiff.
4. ***The Northern Ireland (Elections) Act***, 1998, which set up the Northern Ireland Assembly in Belfast (Stormont).

En 1988, naquit un groupe de pression appelé « *Charte88* », composé principalement de libéraux et de sociaux-démocrates, à la suite de la réélection des conservateurs avec Margaret Thatcher à la tête du gouvernement. *Charter88* réclamait une refonte de la constitution. Le collectif demandait en particulier une loi protégeant les droits relatifs aux libertés individuelles ; un mode de scrutin fondé sur la représentation proportionnelle ; une réforme de la Chambre des lords ; l'indépendance de la Justice ; une distribution équitable du pouvoir entre les gouvernements locaux, régionaux et national ; la liberté de l'information ; et enfin une constitution écrite, ancrée sur l'idée d'une citoyenneté universelle incorporant les précédentes réformes. (*Charter88* a fusionné avec un autre groupe de pression en 2007 pour former *Unlock Democracy*).

Le programme du Parti travailliste pour les élections législatives de 1997 proposait des changements constitutionnels radicaux. À la suite de leur victoire écrasante, un grand nombre de projets de loi ont rapidement vu le jour. En raison notamment de la forte majorité travailliste à la Chambre des communes ces projets de loi sont devenus des lois. Une seconde série de modifications sont introduites en 2005-2006.

1. La *Loi sur les droits de l'Homme*, votée en 1998, a acquis force de loi en 2000. Elle autorise les personnes résidant au Royaume-Uni à appliquer dans leurs propres tribunaux la *Convention européenne des droits de l'homme*.
2. La *Loi sur l'Écosse*, votée en 1998, instaure un Parlement écossais avec des prérogatives fiscales, à Holyrood, à Edimbourg.
3. La *Loi sur le gouvernement du pays de Galles*, votée la même année, instaure une Assemblée nationale du pays de Galles, à Cardiff.
4. La *Loi sur l'Irlande du Nord (élections)*, votée en 1998, instaure l'Assemblée d'Irlande du Nord à Stormont, à Belfast.

5. The *House of Lords Act*, 1999 dramatically reduced the number of **hereditary peers** in the **House of Lords** to 92 in an attempt to make the **Upper House** less undemocratic. However, it remains that none of the members of the **House of Lords** are elected. Debates on further changes to the House of Lords are ongoing, but are far from being settled (see Chapter 6).

6. The ***Freedom of Information Act***, 2000 became effective on 1 January 2005. It enables people (individuals, politicians, journalists) to have greater access to information held by the government and public bodies, thus increasing transparency and making politicians more accountable.

7. The ***Political Parties, Elections and Referendums Act***, 2000 created the Electoral Commission and legislated on political party legislation. The law introduced tighter rules regarding donations to political parties and donors. It also toughened regulations on party expenditure during electoral and referendum campaigns.

8. The ***Constitutional Reform Act***, 2005 changed the powers of the House of Lords. First, the roles of the **Lord Chancellor** were reduced. Above all, at the end of 2009, the **Law Lords** were removed from the **House of Lords** where they acted as a court of appeal. A new **Supreme Court** was created in London where 12 **Justices** now sit. This was done in order to create more separation of powers between the three branches of power.

9. The ***Government of Wales Act***, 2006 allowed more powers to be devolved from Westminster to the **Assembly for Wales**, but did not turn it into a full parliament.

10. The ***Constitutional Reform and Governance Act***, 2010 (April) reformed the **Royal Prerogative**.

5. La *Loi sur la Chambre des lords*, votée en 1999, réduit à 92 le nombre de pairs héréditaires à la Chambre des lords, afin de démocratiser la chambre haute. Il n'en demeure pas moins qu'aucun de ses membres n'est élu. Des discussions sur ce sujet continuent, mais ne semblent pas près d'aboutir.

6. La *Loi sur la liberté de l'information* votée en 2000 est entrée en vigueur le 1er janvier 2005. Elle permet à la population d'accéder aux informations détenues par le gouvernement et les organismes publics, afin d'augmenter la transparence et de rendre les hommes politiques plus responsables.

7. La *Loi sur les partis politiques, les élections et les referenda* votée en 2000 a créé la Commission électorale et réglemente le financement des partis politiques. La loi introduit des règles plus strictes sur les dons aux partis et les donateurs. Elle a également rendu plus strictes les règles sur les dépenses des partis lors des campagnes électorales et des référendums.

8. La *Loi sur la réforme constitutionnelle*, votée en 2005, a changé les pouvoirs de la Chambre des lords. D'abord, le pouvoir du président de la chambre a été réduit à la fin de 2009. Mais surtout, les lords juges constituant une cour d'appel dans la Chambre des lords ont été supprimés en 2009. Ainsi une nouvelle Cour Suprême à Londres s'est ouverte avec 12 juges. Cette modification importante a augmenté la séparation des pouvoirs entre les trois branches du pouvoir.

9. La *Loi sur le gouvernement du pays de Galles*, votée en 2006, donne plus de pouvoir à l'Assemblée du pays de Galles à Cardiff, mais elle ne l'a pas transformée en parlement.

10. La *Loi sur les réformes constitutionnelles et sur la gouvernance* (2010) a reformé les prérogatives du monarque.

E. Constitutional reform since 2010

Constitutional change featured heavily in the May 2010 ***Coalition Agreement***, which included the following:

1. The ***Fixed-term Parliaments Act***, 2011 introduced five year gaps between general elections (although Parliament can vote in favour of an early general election, as in 2017).
2. The ***European Union Act***, 2011 introduced the requirement that if any amendments are made to the *Treaty on the Functioning of the European Union* or the *Treaty on European Union*, a referendum must be held in the United Kingdom before the amendments can be applied to the United Kingdom. This will change with Brexit.
3. The ***Succession to the Crown Act***, 2013 stopped **primogeniture** concerning accession to the throne.

In May 2011, there was a referendum on the electoral system used in general elections. The British population decided on whether to abandon **FPTP** (see Chapter 8) in favour of the **Alternative Vote** (**AV**) electoral system, a form of **Proportional Representation** (**PR**) for **general elections**. The result of the referendum was a resolute 'no' (68%). This was to the despair of **Liberal Democrat** leader Nick Clegg, whose party would have benefitted from a reformed electoral system.

The **Liberal Democrats** also wanted a fully elected upper chamber to make it more democratic and representative. As part of the ***Coalition Agreement***, plans were launched 'for a wholly or mainly elected upper chamber on the basis of proportional representation'. But the ***House of Lords Reform Bill*** was withdrawn, mainly due to **Conservative** opposition. As a result, the Lib Dems withdrew their support for Conservative-inspired boundary changes for general elections.

E. Les réformes constitutionnelles depuis 2010

Les modifications constitutionnelles tenaient une place clé dans l'*Accord du gouvernement de coalition* de mai 2010, y compris les suivantes :

1. La *Loi sur les Parlements fixes*, 2011, a instauré une période fixe de cinq ans entre chaque élection législative (le Parlement peut néanmoins voter en faveur d'une élection anticipée, comme en 2017).

2. La *Loi sur l'Union européenne*, 2011, a rendu obligatoire la tenue d'un référendum au Royaume-Uni en cas d'amendement apporté au *Traité sur l'union européenne*, avant que l'amendement puisse être appliqué au Royaume-Uni. Ceci va changer en raison du Brexit.

3. La *Loi sur la succession au trône*, 2013, a mis fin à la primogéniture.

En mai 2011, un referendum sur le mode de scrutin aux élections législatives a été organisé. La population britannique s'est exprimée sur une proposition de l'abandon du système en place, en faveur d'une représentation proportionnelle. Les Britanniques ont rejeté massivement à 68 % ce projet, au grand désespoir des libéraux-démocrates qui auraient profité d'un mode de scrutin modifié.

Les libéraux-démocrates voulaient également une seconde chambre du Parlement entièrement élue, afin de la rendre plus démocratique et représentative. L'accord du gouvernement de coalition prévoyait un projet relatif à la composition de la seconde chambre qui aurait été entièrement ou majoritairement élue au scrutin proportionnel. Cependant, le *Projet de loi sur la réforme de la Chambre des lords* a été retiré, principalement en raison de l'opposition des conservateurs. En conséquence, les libéraux-démocrates ont annulé leur soutien au changement du découpage des circonscriptions pour les élections législatives initié par les conservateurs.

The leader of the **Scottish National Party** (SNP) and First Minister of the Scottish Parliament Alex Salmond and David Cameron agreed in 2012 there would be a referendum in Scotland (but not in England) on 18 September 2014. There was a very high turnout (84.6%); 55.3% voted 'no', whereas 45.7% voted 'yes' to the question 'Should Scotland be an independent country?' The future of the Union was in the balance and it highlighted the need for a new constitutional convention or constitutional settlement, including further devolution of power.

The Scottish independence referendum in 2014 renewed calls in England for '**English Votes for English Laws**' (EVEL). This would entail only Westminster MPs representing English constituencies being able to vote on legislation pertaining exclusively to England, thus preventing MPs from Scotland, Wales and Northern Ireland from doing so.

On 23 June 2016, 52% of the population voted for the UK to leave the EU (Brexit). The withdrawal raises major constitutional changes. There have been renewed calls for a second referendum on Scottish independence because most Scots voted to remain in the EU. Sinn Féin in Northern Ireland would like a referendum on the independence of NI from the UK and the unification of NI with the Irish Republic. As the UK withdraws from the EU under Theresa May the constitutional future of the UK is at stake. Moreover, there are increasing calls for another referendum in UK on the outcome of negotiations with the EU.

The Conservative Government wants to repeal the *European Communities Act* 1972 in order to end the legislation that gives European Union law supremacy in Britain. The *European Union (withdrawal) Bill* 2017-2019 (dubbed the 'Great Repeal Act') will involve major constitutional changes.

En 2012, Alex Salmond, chef du Parti national écossais, a annoncé un référendum, approuvé par David Cameron, en Écosse (mais pas en Angleterre) sur l'indépendance de l'Écosse le 18 septembre 2014. Le taux de participation a été très élevé (84,6 %) ; 55,3 % a voté « non », tandis que 45,7 % a voté « oui » à l'indépendance de l'Écosse. L'avenir du Royaume-Uni en tant qu'union était en jeu et le referendum a souligné l'importance du besoin d'une remise en question de l'environnement constitutionnel.

Le référendum sur l'indépendance en Écosse a renouvelé des appels en Angleterre pour « les voix anglaises pour les lois anglaises ». Il s'agirait de réserver aux députés des circonscriptions anglaises aux Communes le droit de voter des lois concernant uniquement l'Angleterre. Les députés des circonscriptions en Écosse, pays de Galles et l'Irlande du Nord seraient exclus de ce type de vote.

Le 23 juin 2016, 52 % de la population participant au scrutin a voté dans un référendum en faveur de la sortie du Royaume-Uni de l'Union européenne (le Brexit). Ce vote donne lieu à des questions constitutionnelles majeures. Les demandes d'un deuxième référendum en Écosse sur son indépendance du RU se sont redoublées car la nation a voté majoritairement en faveur du maintien dans l'UE. Le parti politique républicain *Sinn Féin* en Irlande du Nord souhaite un référendum sur l'indépendance de l'Irlande du Nord du RU et sa réunification avec son voisin du Sud, la République d'Irlande. Au cours de la sortie du RU de l'UE sous Theresa May, l'avenir constitutionnel du pays est en jeu. Par ailleurs, il y a de plus en plus d'appels à un nouveau référendum au Royaume-Uni sur les résultats des négociations avec l'UE.

Le gouvernement conservateur souhaite annuler le *Traité sur les communautés européennes* de 1972, afin de mettre fin à la suprématie légale de la législation issue de l'Union européenne (sur la législation britannique). Le *projet de loi sur le retrait britannique*

Many Conservatives would like to see the withdrawal of the UK from the ***European Convention on Human Rights***.

There are louder and louder calls for the number of pairs in the **House of Lords** to be reduced. At the moment, there are over 800 members of the House of Lords. A more radical alternative would be to have an entirely or partially elected second chamber.

Last, the Conservative government plans to reduce the number of MPs from 650 to 600 following recommendations from the Boundary Commission.

It remains that the UK does not have a written constitution, an elected Head of State or an elected second chamber.

de l'Union européenne, 2017-2019, va déclencher de nombreux changements constitutionnels importants.

De nombreux conservateurs aimeraient voir le RU se retirer de la *Convention européenne sur les droits de l'homme*.

Il y a de plus en plus d'appels à réduire le nombre de pairs à la Chambre des lords où siègent plus de 800 membres. Une alternative plus radicale serait de la remplacer par une deuxième chambre entièrement ou partiellement élue.

Enfin, le gouvernement conservateur a l'intention de réduire le nombre de députés à la Chambre des communes de 650 à 600, à la suite des recommandations de la Commission parlementaire chargée de réviser le découpage des circonscriptions électorales.

Le Royaume-Uni n'a toujours pas de constitution écrite, n'a pas de chef d'État élu et n'a pas une deuxième chambre élue.

5 THE MONARCHY

The **monarchy** is the oldest institution of government in the UK. However, since the **Glorious Revolution** of 1688-1689, the executive powers of the **Crown** have gradually been transferred to **Parliament**. This has resulted in today's **Constitutional Monarchy** where the **Queen** 'reigns but does not rule'. This means that the Legislative, **Executive** and Judicial powers, as well as the defence of the country, are mostly carried out by others in the **monarch**'s name.

QUEEN ELIZABETH II

Elizabeth Alexandra Mary Windsor was born in 1926 in London, the first-born child of King George VI.
Following her father's death in February 1952, she succeeded to the throne and became Elizabeth II, the **Queen** of Great Britain and Northern Ireland. She was **crowned** in June 1953.
She married Prince Philip Mountbatten (who became the Duke of Edinburgh) in 1947, and a year later gave birth to a son, Charles. In 1950, she gave birth to a daughter, Anne. Her second son, Andrew, was born in 1960 and a third, Edward, in 1964. She became a grandmother in 1977 with the birth of Peter, the son of her only daughter Anne and a great grandmother in 2013 with the birth of Prince George.
In 2012, the Queen celebrated her Diamond Jubilee for 60 years on the throne, in 2015 she became the longest serving monarch and in 2016 she turned 90 years old.

The **Queen** herself is supposed to be above party politics (she does not have the right to **vote** in elections) and she is not involved in the day-to-day running of the country. On almost all matters, she acts on the advice of the government of the day. This can be seen in the 2006 film *The Queen* directed by Stephen Frearsand the Netflix series *The Crown*.

La monarchie est l'institution gouvernementale la plus ancienne du Royaume-Uni. Cependant, à la suite de la « Glorieuse Révolution » de 1688 à 1689, les pouvoirs exécutifs de la Couronne ont progressivement été transférés au Parlement, pour donner peu à peu naissance à la monarchie constitutionnelle actuelle où le souverain « règne mais ne gouverne pas ». Cela signifie que les pouvoirs législatifs, exécutifs, judiciaires, ainsi que la responsabilité de la défense du pays sont pour la plupart assurées par d'autres au nom du souverain.

LA REINE ÉLISABETH II

Élisabeth, Alexandra, Marie Windsor naquit en 1926 à Londres, premier enfant du roi Georges VI.
Après la mort de son père en février 1952, elle accéda au trône, devenant Élisabeth II, reine de Grande-Bretagne et d'Irlande du Nord. Elle fut couronnée en juin 1953.
Elle épousa en 1947 le prince Philippe Mountbatten (lequel devint duc d'Edimbourg), et un an plus tard donna naissance à un fils, Charles. En 1950, elle mit au monde une fille, Anne. Son second fils, Andrew, naquit en 1960 et son troisième, Edward, en 1964. Elle devint grand-mère en 1977 avec la naissance de Peter, le fils de sa fille Anne, et arrière grand-mère en 2013 avec la naissance du prince Georges.
L'année 2012 marqua la soixantième année du règne de la reine Élisabeth II, en 2015 elle est devenue le monarque dont le règne aura été le plus long. Elle fêta ses 90 ans en 2016.

Le souverain lui-même est censé être au-dessus des stratégies politiques (il n'a pas le droit de voter aux élections) et n'est pas impliqué dans la gestion quotidienne du pays. Sur presque tous les points, il agit sur le conseil du gouvernement. Le film de Stephen Frears, *The Queen*, sorti en 2016, et la série Netflix *The Crown* en fournissent des exemples excellents.

A. Roles of the monarchy

The primary role of Queen Elizabeth II's is being a symbol of unity and continuity of the UK within the **Commonwealth of Nations**. Some of the large number of the **Monarch**'s constitutional and ceremonial **duties** are summarized below.

Head of State

The **Monarch** acts as a focus for the nation to join together; he/she stands over ceremonial occasions, visits local communities (including **walkabouts** where he/she comes in contact with 'ordinary subjects') and represents the United Kingdom around the world. The British monarch is also the Head of State of Australia, New Zealand and Canada.

Head of the Commonwealth

The **Monarch** is also Head of the **British Commonwealth**. During her reign, Queen Elizabeth II has visited all the **British Commonwealth** countries in the world (see Chapter 12).

Head of the Armed Forces

The **Monarch** is the Head of the **Armed Forces** and formally declares war and peace. Members of the **Armed Forces** swear **allegiance** to the **Crown**.

Head of the Church of England and the Church of Scotland

The **Monarch** is also Head of the **Church of England** (**CofE**) and the Church of Scotland. Thus the State and the Church are not separate.

Head of the Executive

The **Monarch** is the source of all Executive power in the United Kingdom. However, in reality, the **Monarch** does not exercise these powers; the **Government**, the **Cabinet** and the **Prime Minister** carry out executive functions in the name of the **Crown** (the monarch).

Certains des très nombreux devoirs constitutionnels et cérémoniels du souverain sont résumés ici, son rôle premier étant de symboliser l'unité et la continuité du Royaume-Uni à l'intérieur du Commonwealth des nations.

Chef de l'État

Le souverain réunit le pays autour de sa personne ; il préside certaines cérémonies officielles, va sur le terrain où il rencontre des « sujets ordinaires », prenant à l'occasion des bains de foule. Par ailleurs, il représente le Royaume-Uni partout dans le monde. Le souverain britannique est également le chef d'État de l'Australie, de la Nouvelle-Zélande et du Canada.

Chef du Commonwealth

Le souverain est également le chef du Commonwealth. Pendant son règne la reine Élisabeth II a visité tous les pays du Commonwealth à travers le monde (voir Chapitre 12).

Chef des forces armées

Le souverain est chef des forces armées et formellement il déclare la guerre et signe la paix. Les membres des forces armées font un serment d'allégeance à la Couronne.

Chef de l'Église d'Angleterre et de l'Église d'Écosse

Chef de l'État, le souverain est également chef de l'Église d'Angleterre et de l'Église d'Écosse ; ainsi l'Église et l'État ne sont pas séparés.

Chef du pouvoir exécutif

Le souverain est source exclusive du pouvoir exécutif au Royaume-Uni. Dans la réalité cependant, il n'exerce pas ses pouvoirs ; le gouvernement, le Cabinet et le Premier ministre assurent les fonctions de l'exécutif au nom de la Couronne.

Opening of Parliament

Each year, the **Monarch** opens the new **parliamentary** session at the Palace of **Westminster**. During the ceremony of the **State Opening of Parliament**, in the **House of Lords**, the Monarch addresses both Houses via the **King's/Queen's Speech** (**speech from the throne**), in which the Government's programme for the forthcoming session of **Parliament** is outlined. In fact, the speech is written by the **Prime Minister** and his/her aides.

Dissolution of Parliament

Before a **general election** is held, the **Monarch** must give permission for **Parliament** to be dissolved. In reality, the **opening and dissolution of Parliament** is carried out at the **Prime Minister**'s wishes.

Royal Assent

The **Monarch** formally approves a **parliamentary bill** that has passed through the **House of Commons** and **House of Lords** by giving it **Royal Assent**. It is the last stage a **bill** goes through before becoming a **law**. Queen Anne, in 1707 was the last **monarch** not to respect this convention (see Chapter 6).

Appointments and Dismissals

Officially, the **Monarch appoints** and dismisses Ministers including the **Prime Minister**. Thus, in theory, the **Monarch** decides whom to call to form a Government after a general election. In reality, the **Monarch** plays no role in the choice of the **head of government**, even if there is a **hung Parliament**. It is usually the leader of the political party that won the most seats.

Liaison with the Prime Minister

The **Monarch** generally meets with the **Prime Minister** during 'an audience' at **Buckingham Palace** once a week, usually Tuesday, in order to discuss current issues.

L'ouverture du Parlement

Chaque année, le souverain ouvre la nouvelle session parlementaire au palais de Westminster. Durant la cérémonie d'ouverture officielle du Parlement à la Chambre des lords, le souverain s'adresse aux deux chambres par le discours du trône, dans lequel il donne les grandes lignes du programme gouvernemental pour la session parlementaire à venir. Dans les faits, ce discours est rédigé par le Premier ministre et ses conseillers.

La dissolution du parlement

Avant les élections législatives, le souverain doit autoriser la dissolution du Parlement. Dans les faits, l'ouverture et la dissolution de celui-ci répondent à la demande du Premier ministre.

L'assentiment royal

Le souverain approuve formellement tout projet de loi qui a été voté par la Chambre des communes et la Chambre des lords, en donnant son assentiment royal. C'est la dernière étape qu'un projet de loi franchit avant de devenir loi. La reine Anne en 1707 fut la dernière à ne pas respecter cette convention.

Droit de nomination et de révocation

Officiellement, le souverain nomme et révoque les ministres, y compris le Premier ministre. Ainsi, en théorie, après les élections législatives, le souverain décide à qui il va faire appel pour former le gouvernement. En pratique pourtant, la reine Élisabeth II ne joue pas de rôle dans le choix du chef de l'exécutif, même si aucun parti n'a obtenu la majorité. En général, il s'agit du chef du parti qui a obtenu le plus grand nombre de sièges.

Liaison avec le Premier ministre

Le souverain rencontre généralement le Premier ministre en « audience » au palais de Buckingham une fois par semaine, d'habitude le mardi, afin de discuter des affaires courantes.

Royal Pardon

The **Monarch** can give the **Royal Pardon.** This is an official order that stops the punishment of a person accused of a **common law** crime. It originates from an era when the **monarch** was considered to be above the **courts.** Nowadays it is very rarely put to use. In 2013, Queen Elizabeth II used the Royal Prerogative of Mercy to grant a posthumous **royal pardon** to Alan Turing, the mathematician, who killed himself in 1952 after receiving a criminal conviction for homosexuality.

Attribution of Honours

The **Monarch** confers honours, e.g. damehoods, **knighthoods, CBEs** (Commander of the Order of the British Empire), **MBEs** (Member of the Order of the British Empire), **OBEs** (Officer of the Order of British Empire), and other decorations, to people who have made a significant contribution in a particular walk of life, e.g. Sir David Attenborough CBE, Sir Paul McCartney MBE and Dame Helen Mirren DBE. In fact, most honours are granted on the advice of the **Prime Minister**, although a small number are the personal choice of the **Monarch.**

Ceremonial duties and pageantry

The **Monarch** takes part in many historical ceremonies throughout the year, one of the most well known is the **Trooping the Colour** parade, which is currently held each year mid-June to celebrate the **Queen**'s official birthday (that is not the same day as her real birthday, the 21 April).

Other members of the **Royal Family** also carry out duties that are mainly ceremonial and diplomatic. The popularity of the Royal Family increased in 2012 due to the Diamond Jubilee of the Queen, in 2011 with the wedding of Catherine Middleton and Prince William, followed by the birth of Prince George in 2013 and Princess Charlotte in 2015. The marriage of Prince Harry and Meghan Markle had a similar effect.

La grâce royale

Le souverain peut accorder sa grâce royale. C'est un ordre officiel qui met un terme à la peine en cours d'une personne accusée d'un délit. Cela vient de l'époque où le roi était considéré comme étant au-dessus des lois. Aujourd'hui, ce droit est très rarement mis en pratique. En 2013, la reine Élisabeth II a accordé la grâce royale posthume à Alan Turing, qui s'est suicidé en 1953 après sa condamnation pour homosexualité.

L'attribution de récompenses

Le souverain octroie des distinctions honorifiques, par exemple des titres de chevaleries, de commandant, d'officier ou de membre de l'Ordre de l'Empire britannique et autres décorations à des personnes ayant accompli une action ou une œuvre notable dans un domaine particulier. La liste inclut par exemple Sir David Attenborough CBE, Sir Paul McCartney MBE et Dame Helen Mirren DBE. En fait, la plupart des honneurs sont attribués sur conseil du Premier ministre ; au demeurant, un petit nombre d'entre eux relèvent du seul choix du souverain.

Les cérémonies officielles et l'apparat

La reine Élisabeth II prend part à beaucoup de cérémonies traditionnelles pendant l'année, une des plus connues étant la Cérémonie du salut au drapeau qui se tient chaque année mi-juin pour célébrer l'anniversaire officiel de la reine (qui n'est pas le même jour que son anniversaire de naissance, le 21 avril).

Un certain nombre d'obligations, pour la plupart d'entre elles cérémonielles ou diplomatiques, échoient aux autres membres de la famille royale. La popularité de la monarchie a profité du mariage entre Catherine Middleton et le prince William en 2011, suivi de la naissance de Georges en 2013 et Charlotte en 2015. La commémoration des 60 ans de règne d'Élisabeth II en 2012 a également contribué à la sa popularité. Le mariage entre le prince Harry et Meghan Markle a eu le même effet.

B. The royal family's finances

Apart from benefiting from her **personal wealth and income**, the **Queen** used to obtain money from the **Civil List**. These were the annuities (annual **grant** of money) coming from public money **voted** by **Parliament** for the upkeep of the royal **household** and the **Royal Family**. Part of the **Civil List** was the **Privy Purse** for the **Queen**'s personal expenses. **Grants-in-Aid** are funds granted by the Government to provide money for the royal palaces and travel.

Since the 1990s, in reaction to public and **parliamentary** pressure, the **Queen** pays taxes on her personal income and efforts have been made to reduce the spending of the Royal **Household**. Moreover, the **Civil List** was severely reduced, thus the only **Royal Family** members receiving money from the public purse directly were the **Queen** and her husband Prince Philip the Duke of Edinburgh (and prior to her death the **Queen Mother**). Since 1994, payments to other **Royal Family** members have been paid by the **Queen** from her personal funds. Prince Charles (the Prince of Wales) lives off money earned from his estate, the Duchy of Cornwall.

Revenue from the **Crown Estate** (e.g. from charging the public to visit **Buckingham Palace**) was surrendered by the **Queen** to the Exchequer, in return for **Parliament** agreeing to fund the **Civil List** and other expenditure. Then in 2000, the **Queen** agreed to freeze the **Civil List** at £7.9 million annually for the following 10 years. It was finally abolished in April 2013 and replaced by a **Sovereign Grant**: £45.6m for 2017-2018 (paid for by the taxpayer). Lastly, in a bid for transparency, the **Royal Family**'s annual accounts have been published since 2001.

These changes have been made at the recommendation of new public relations (PR) officers, in order to modernize and popularize the **Royal Family**.

En plus de sa fortune et de ses revenus personnels, la reine recevait autrefois de l'argent de la Liste civile. Il s'agissait d'annuités (rentes annuelles) provenant de l'argent public, votées par le Parlement pour l'entretien de la Maison royale et de la famille royale. La bourse privée était une partie de la Liste civile plus spécifiquement consacrée aux dépenses personnelles de la reine.

Pendant les années 1990, on décida que la reine devrait payer des impôts sur ses revenus personnels en réponse à la pression du Parlement et de l'opinion publique. Depuis lors, des efforts ont été faits pour réduire les dépenses de la Maison royale. La Liste civile a été réduite, de sorte que la reine et son mari sont dorénavant les seuls membres à recevoir directement de l'argent de la bourse privée. Depuis 1994, les allocations aux autres membres de la Famille royale sont directement versées par la reine à partir de ses revenus personnels. Le prince Charles vit des revenus de son domaine, le duché de Cornouailles.

Les revenus du Domaine royal de la couronne (par exemple le paiement des visites publiques du palais de Buckingham) ont été reversés par la reine au ministère des Finances, en contrepartie de l'accord du Parlement pour la Liste civile et les autres dépenses du chef de l'État. Ensuite, la reine avait accepté en 2000 de geler le montant annuel de la Liste civile à 7,9 millions de livres sterling pour les 10 ans à venir. Ce financement a été supprimé en avril 2013 et il a été remplacé par une « Bourse de soutien de la monarchie » – plus de 45 millions de livres sterling pour 2017-2018. Enfin, dans un souci de transparence, les comptes annuels de la famille royale sont publiés depuis 2001.

Ces changements ont été effectués sur la recommandation des nouveaux conseillers de relations publiques, afin de rendre la famille royale plus moderne et plus proche du peuple.

C. Succession to the throne

When a **sovereign** dies or **abdicates**, a successor is immediately decided, according to rules laid down in the ***Act of Settlement*** of 1701. In this way, due to **primogeniture**, the eldest son ascends to the throne, and passes the succession to his eldest son, with the **Coronation** ceremony taking place approximately one year later. If the **monarch** has no sons, it is the eldest daughter who **ascends to the throne**, as was the case for Elizabeth II. Due to legislative changes made by the *Succession to the Throne Act*, 2013, **primogeniture** would not have applied if Prince William and Catherine Middleton had first had a daughter before a son.

The current heir apparent is Prince Charles first son of Queen Elizabeth II (born 1926). The line of succession is as follows:

1. **Prince Charles** (born 1948) The Prince of Wales – eldest son of Elizabeth II.
2. **Prince William** (born 1982) Duke of Cambridge – elder son of Prince Charles.
3. **Prince George** (born 2013) Prince George of Cambridge – elder child of Prince William.
4. **Princess Charlotte** (born 2015) Princess Charlotte of Cambridge – second child of Prince William.
5. **Prince Louis** (born 2018) Prince Louis of Cambridge – youngest child of Prince William.
6. **Prince Henry** (Harry) (born 1984) Prince Henry 'Harry' of Wales – younger son of Prince Charles.
7. **Prince Andrew** (born 1960) The Duke of York – second son of Queen Elizabeth II.
8. **Princess Beatrice** (born 1988) Princess Beatrice of York – elder daughter of Prince Andrew.
9. **Princess Eugenie** (born 1990) Princess Eugenie of York – younger daughter of Prince Andrew.
10. **Prince Edward** (born 1964) The Earl of Wessex – youngest child of Queen Elizabeth II.
11. **James Mountbatten-Windsor** (born 2007) James, Viscount Severn – elder child of Prince Edward.

Quand un souverain meurt ou abdique, un successeur est immédiatement désigné, selon les règles établies dans l'*Acte d'établissement* de 1701. Ainsi, en raison de la primogéniture, le fils aîné accède au trône et le transmet à son fils aîné, la cérémonie du couronnement intervenant environ un an après. Si le monarque n'a pas de fils, c'est sa fille aînée qui accède au trône, comme ce fut le cas pour Élisabeth II. En raison des changements législatifs dûs à la *Loi sur la succession au trône* de 2013, le principe de primogéniture n'aurait pas été appliqué si le prince William et Catherine Middleton avaient eu une fille avant d'avoir un fils.

L'héritier en titre est le prince Charles, premier fils de la reine Élisabeth II (née en 1926). Voici la ligne de succession :

1. Prince Charles (né en 1948), Prince de Galles.
2. Prince William (né en 1982), fils aîné du Prince Charles.
3. Prince Georges (né en 2013), enfant aîné du Prince William.
4. Princesse Charlotte (née en 2015), deuxième enfant du Prince William.
5. Prince Louis, (né en 2018), enfant puîné du Prince William.
6. Prince Henry, appelé Harry, (né en 1984), fils puîné du Prince Charles.
7. Prince Andrew (né en 1960), second fils de la reine Élisabeth II.
8. Princesse Béatrice (née en 1988), fille aînée du Prince Andrew.
9. Princesse Eugénie (née en 1990), fille puînée du Prince Andrew.
10. Prince Édouard (né en 1964), troisième fils, quatrième et dernier enfant de la reine Élisabeth II.
11. James, Vicomte Severn (né en 2007), unique fils du Prince Édouard.

Table 6. Monarchs of the UK since 1066

Royal House	Reign
House of Normandy	
William II	1087-1100
Henry I	1100-1135
Stephen	1135-1154
Henry II	1154-1189
Plantagenets, Houses of Lancaster and York	
Richard I	1189-1199
John	1199-1216
Henry III	1216-1272
Edward I	1272-1307
Edward II	1307-1327
Edward III	1327-1377
Richard II	1377-1399
Henry IV	1399-1413
Henry V	1413-1422
Henry VI	1422-1461
Edward IV	1461-1483
Edward V	1483-1483
Richard III	1483-1485
Houses of Tudor and Stuart	
Henry VII	1485-1509
Henry VIII	1509-1547
Edward VI	1547-1553
Mary I	1553-1558
Elizabeth I	1558-1603
James I	1603-1625
Charles I	1625-1649
interregnum	-
Charles II	1660-1685
James II	1685-1688
William III and Mary II	1688-1702
Anne	1702-1714
House of Hanover	
George I	1714-1727
George II	1727-1760
George III	1760-1820
George IV	1820-1830
William IV	1830-1837
Victoria	1837-1901
Edward VII	1901-1910
House of Windsor	
George V	1910-1936
Edward VIII	1936 (Jan.-Dec.)
George VI	1936-1952
Elizabeth II	1952-

Table 7. Monarchs since 1837

Monarch	Born-Died	Married	Accession	Coronation	Children
H.M. Queen **Victoria**	24 May **1819**- 22 Jan. **1901**	10 February **1840** Prince Albert of Saxe-Coburg and Gotha	20 June **1837**	28 June **1838**	Victoria 1840-1901 **Edward** 1841-1910 Alice 1843-1878 Alfred 1844-1900 Helena 1846-1923 Louise 1848-1939 Arthur 1850-1942 Leopold 1853-1884 Beatrice 1857-1944
H.M. King **Edward VII**	9 Nov. **1841**- 6 May **1910**	10 March **1863** H.R.H. Princess Alexandra	22 Jan. **1901**	9 Aug. **1902**	Albert 1864-1892 **George** 1865-1936 Louise 1867-1931 Victoria 1868-1935 Maud 1869-1938
H.M. King **George V**	3 June **1865**- 20 Jan. **1936**	6 July **1893** H.R.H. Princess Mary of Teck	6 May **1910**	22 June **1911**	**Edward** 1894-1972 (Albert) **George** 1895-1952 Mary 1897-1965 Henry 1900-1974 George 1902-1942 John 1905-1919
H.M. King **Edward VIII**	23 June **1894**- 28 May **1972**	3 June **1937** Mrs Wallis Simpson	20 Jan. **1936**	— abdicated 11 Dec. **1936**	
H.M. King **George VI**	14 Dec. **1895**- 6 Feb. **1952**	26 April **1923** Lady Elizabeth Bowes-Lyon	11 Dec. **1936**	12 May **1937**	**Elizabeth 1926**- Margaret 1930-2002
H.M. Queen **Elizabeth II**	21 April **1926**-	20 November **1947** Philip Duke of Edinburgh	6 Feb. **1952**	2 June **1953**	**Charles 1948**- The Prince of Wales Anne 1950- The Princess Royal Andrew 1960- The Duke of York Edward 1964- The Earl of Wessex

D. The National Anthem

Opinions differ regarding the origins of the **National Anthem**. According to the **Royal Family**'s official Internet website, the source of the lyrics and tune are anonymous, dating back possibly to the seventeenth century. Apparently, in September 1745 the 'Young Pretender' to the British Throne, Prince Charles Edward Stuart, defeated the army of King George II at Prestonpans, near Edinburgh. In a fit of patriotic fervour after news that the Prestonpans had reached London, the leader of the band at the Theatre Royal, Drury Lane, arranged **'God Save the King'** for performance after a play. It was a tremendous success and was repeated nightly thereafter. This practice soon spread to other theatres, and the custom of greeting the **monarch** with the song as he or she entered a place of public entertainment was thus established. **'God Save the King'** unofficially came to be referred to as the '**National Anthem**' from the beginning of the nineteenth century. But, it has never been proclaimed the **National Anthem** by an **Act of Parliament** or a Royal Proclamation.

There is no authorized version of the 'God Save the King' as the lyrics are a matter of tradition. Additional verses have been added down the years, but these are rarely used. The words now used are those sung in 1745, substituting 'Queen' for 'King' where appropriate. On official occasions, only the first verse is usually sung, as follows:

God save our gracious Queen!
Long live our noble Queen!
God save the Queen!
Send her victorious,
Happy and glorious,
Long to reign over us:
God save the Queen!

Les opinions divergent sur l'origine de l'hymne officiel. Selon le site Internet officiel de la famille royale, la source des paroles et de la mélodie est anonyme, remontant au XVIIe siècle. Vraisemblablement, en septembre 1745, le « jeune prétendant » au trône anglais, le prince Charles Édouard Stuart, défit l'armée du roi Georges II à Prestonpans, près d'Edimbourg. Dans un élan de ferveur patriotique après l'arrivée de la nouvelle à Londres, le chef d'orchestre du théâtre royal, Drury Lane, arrangea le morceau pour qu'il fût joué après la pièce. Celui-ci eut un immense succès et on le joua toutes les nuits qui s'ensuivirent. La pratique s'étendit bientôt aux autres théâtres, et la coutume de saluer le roi avec cette musique pour son entrée dans une place publique était née. « Vive le Roi » commença à être appelé hymne national au début du XIXe siècle. Mais, aucune loi du parlement ni acte royal ne l'a jamais proclamé hymne national.

Il n'existe pas de version officielle du « Vive le roi » puisque les paroles sont nées de la tradition. Quelques vers supplémentaires ont été ajoutés au cours des ans, mais ils sont rarement utilisés. Les paroles usitées actuellement sont celles-là même que l'on chanta en 1745, remplaçant « roi » par « reine » au besoin. Dans les cérémonies officielles, on chante seulement le premier couplet, comme suit :

Dieu préserve notre gracieuse reine !
Longue vie à notre noble reine !
Vive la reine !
Rendez la victorieuse,
Heureuse et glorieuse,
Long règne sur nous :
Vive la reine !

LEGISLATIVE POWER
=
PARLIAMENT
=
House of Commons + House of Lords
+ Monarch

The legislature is the body of persons vested with power to make, amend and **repeal laws.**

Figure 1. Palace of Westminster

Photo DR

LE POUVOIR LÉGISLATIF
=
PARLEMENT
=
Chambre des communes + Chambres des lords + Monarque

Le corps législatif comprend les personnes investies du pouvoir de faire, amender et abroger les lois.

Figure 2. La Chambre des communes

Source : UK Parliament.

6 THE LEGISLATIVE POWER
A. Parliament

In the United Kingdom, the legislative power is held by **Parliament** that has **legal sovereignty**. When the UK was a member of the European Union (before Brexit), certain EU laws had precedence over British laws.

The main roles of **Parliament** are:
1. to examine proposals for new **laws**;
2. to make **laws**, including the amending and abolishing of **laws**;
3. to scrutinize government **policy** and administration, including proposals for expenditure;
4. to provide, by voting for taxation, the means of carrying on the work of government;
5. to debate the major issues of the day;
6. to examine **European Union** (**EU**) legislation;
7. to protect the public and safeguard the rights of individuals.

Since 1999, there has been a **devolved Parliament** in Scotland, as well as **devolved** Assemblies in Wales and Northern Ireland. These were created by legislation passed by the Westminster **Parliament** of the United Kingdom following referenda in Wales, Scotland and Northern Ireland (but not England). They **vote** on **laws** specific to each of the nations in question. England has neither its own separate parliament, nor regional assemblies (see Chapter 10).

When carrying out its business **Parliament** should take into account precedent, the '**rule of law**' and other conventions (see Chapter 4).

Au Royaume-Uni, le pouvoir législatif est détenu par le Parlement. Celui-ci a la souveraineté légale. Lorsque le Royaume-Uni a été membre de l'Union européenne, certaines lois issues de l'Union européenne prenaient le pas sur les lois britanniques.

Les principales prérogatives du Parlement sont :

1. examiner les propositions de loi ;
2. faire des lois, ce qui comprend le pouvoir d'amendement et d'abrogation des lois ;
3. examiner la politique du gouvernement et de l'administration, ce qui comprend l'examen des propositions de dépenses ;
4. confier au gouvernement, en votant l'impôt, les moyens de travailler ;
5. débattre des sujets majeurs d'actualité ;
6. examiner la réglementation de l'Union européenne ;
7. protéger le public et les droits des individus.

En 1999, un parlement dévolu a été créé en Écosse, ainsi que des Assemblées au pays de Galles et en Irlande du Nord. Ceux-ci ont été instaurés par des lois votées par le Parlement de Westminster après un référendum au pays de Galles, en Écosse, et en Irlande du Nord (pas en Angleterre). Ces parlements ne votent que sur des lois spécifiques à chaque nation. En Angleterre, il n'y a ni parlement spécifiquement anglais, ni assemblées régionales (voir le chapitre 10).

Lors de son travail, le Parlement doit tenir compte des précédents, de l'autorité de la loi et d'autres conventions (voir le chapitre 4).

Organization

The **parliamentary** system in the United Kingdom is **bicameral.** That is to say, since the 14th century, **Parliament** comprises two Chambers that sit separately: the **elected House of Commons** (also called the **Lower House** and to a lesser extent the **First House**) and the **unelected House of Lords** (also named the **Upper House** or the **Second House**). The **monarch** too forms part of **Parliament**, although he/she only goes to **Parliament** for the official **State Opening of Parliament** held each year at the start of the **Parliamentary** session, in the House of Lords. During the ceremony, the **monarch** makes the **King's/Queen's Speech** from the throne, in which he/she announces the legislative agenda of the forthcoming **parliamentary** session (in fact the speech is written by the **Prime Minister**). This is the only occasion when the two Chambers and the **monarch** meet all together at Westminster. However, the monarch cannot enter the House of Commons.

Until 2010, a **Parliament** could last up to five consecutive years, although it usually went on for less, being dissolved by the **monarch** (according to the advice of the **Prime Minister**) prior to a **general election.** On very rare occasions in the past, Parliament was extended beyond five years, for example, due to a national emergency (World Wars I and II). However, **Parliament** is not dissolved if the **Prime Minister** dies or resigns during his/her term in office (e.g. in 1990, when Margaret Thatcher was replaced by John Major; in 2007, when Tony Blair was replaced by Gordon Brown; and in 2016 when David Cameron was replaced by Theresa May, all without a general election taking place. If an **MP** dies or resigns, there is just a **by-election** in that **constituency** for that particular **seat.** The 2010 Conservative-Liberal Democrat ***Coalition Agreement*** led to the *Fixed-Term Parliaments Act*, 2011 that introduced terms of 5 years, but Parliament can vote for an early general election, as was the case in 2017.

Organisation

Le système parlementaire du Royaume-Uni est bicaméral ; c'est-à-dire que, depuis le XIVe siècle, le Parlement est composé de deux chambres qui siègent séparément : la Chambre des communes, élue (également appelée Chambre basse et parfois aussi première Chambre), et la Chambre des lords, non élue (également appelée Chambre haute ou seconde Chambre). Le monarque appartient aussi au Parlement bien qu'il ne s'y rende que pour la cérémonie officielle d'ouverture du Parlement, laquelle se tient chaque année au début de la session parlementaire, à la Chambre des lords. Au cours de cette cérémonie, le souverain prononce le discours du trône dans lequel il annonce le calendrier de la session parlementaire à venir (le discours est écrit par le Premier ministre). C'est le seul moment dans l'année où les deux chambres et le monarque se rencontrent tous les trois au Palais de Westminster. Cependant, le monarque n'a pas le droit d'entrer dans la Chambre des communes.

Jusqu'en 2010, un même Parlement pouvait siéger pendant un maximum de cinq années consécutives. Mais la plupart du temps, cette limite n'était pas atteinte, le monarque l'ayant dissous auparavant (sur demande du Premier ministre), en vue d'organiser de nouvelles élections législatives. Il est déjà arrivé par le passé, mais très rarement, que son mandat dépasse cinq ans, en raison notamment d'une situation de crise d'ampleur nationale ou internationale (par exemple, les Première et Seconde Guerres mondiales). Toutefois, le Parlement n'est pas dissous en cas de décès ou de démission du Premier ministre (par exemple en 1990, quand Margaret Thatcher a été remplacée par John Major ; en 2007, quand Tony Blair a été remplacé par Gordon Brown ; ou en 2016, quand David Cameron a été remplacé par Theresa May, sans élections législatives, dans les trois cas). Lorsqu'un député décède ou démissionne, une élection partielle est alors organisée dans la circonscription pour pourvoir son siège. Le gouvernement de coalition a introduit en 2011 des mandats fixes de 5 ans ; le Parlement peut néanmoins voter pour une élection anticipée, comme en 2017.

The **Houses of Parliament** are based in **Westminster** in the centre of London, on the North bank of the River **Thames**; hence, its other name the **Palace of Westminster**. The origins of the Old Palace can be traced to the middle of the 11th century, but it was nearly completely destroyed by fire in 1834. The oldest remaining part of the Old Palace is **Westminster** Hall, which was built between 1097 and 1099 by William Rufus. The famous hammer-beam roof was built between 1394 and 1399.

BIG BEN

Big Ben is the name used for both the large clock inside the clock tower 316ft (96.3m) above the **Houses of Parliament**, as well as the large bell (the Great Bell) inside it, which weighs 13.8 tonnes. The chimes of **Big Ben** are used by the **British Broadcasting Corporation** (**BBC**). It was probably named after Sir Benjamin Hall, the First Commissioner of Works when the bell was cast in 1856 and whose name is inscribed on the bell.

The new Palace of **Westminster** was built from 1840 to 1870 and officially opened in 1852. On 10 May 1941, the **House of Commons** Chamber was destroyed by World War II bombs and a fire. The architect, Sir Giles Gilbert Scott, rebuilt it after the conflict. Today, the Palace of Westminster is urgent need of extensive and expensive repair work.

MPs' PAY

In 1971, it was established that the Senior Salaries Review Body, an independent review body should make recommendations on MPs pay, the final decision resting with the House of Commons. Since 2010, the **Independent Parliamentary Standards Authority** (IPSA) has been responsible for setting the rate of MPs' pay. On 1 April 2018, the basic annual salary for an **MP** was raised to £77,379. MPs also receive expenses to cover various office, living and administration costs.

Les Chambres du Parlement sont situées à Westminster, au centre de Londres, au nord de la Tamise; d'où leur autre nom de Palais de Westminster. On trouve encore des traces du palais originel datant du milieu du XIe siècle, mais celui-ci fut presque complètement détruit par un incendie en 1834. La partie la plus ancienne qui existe encore est la salle de Westminster, qui fut édifiée entre 1097 et 1099 par William Rufus. La célèbre charpente de poutres apparentes a été construite entre 1394 et 1399.

BIG BEN

Big Ben est le nom utilisé à la fois pour la grande horloge et l'énorme cloche (13,8 tonnes). Elle sonne les heures du haut de la tour qui domine de ses 96,3 m le Parlement; son carillon est utilisé par la BBC. On l'a probablement appelé ainsi quand la cloche fut coulée en 1856, du nom de sir Benjamin Hall, le premier commanditaire des travaux, dont le nom est inscrit sur la cloche.

Le nouveau palais de Westminster fut construit entre 1840 et 1870, son inauguration datant de 1852. Le 10 mai 1941, la salle de la Chambre des communes fut détruite par les bombes de la Seconde Guerre mondiale et un incendie. L'architecte Sir Gilbert Scott la reconstruisit après le conflit. Le Palais de Westminster a grand besoin d'être rénové.

LA RÉMUNÉRATION DES DÉPUTÉS

En 1971, un corps indépendant d'inspection (le SSRB) commence à faire des recommandations sur la rémunération des députés; la décision finale restant le fait de la Chambre des communes elle-même. En 2010, il a été remplacé par un autre organisme qui décide seul de la rémunération des députés. En avril 2018, le salaire annuel des députés a été augmenté à 77 379 livres sterling. Les députés touchent également diverses subventions pour couvrir leurs frais de bureau, transport et logement.

The **House of Commons** is where the elected **Members of Parliament** (MPs) officially meet to debate. Technically speaking, all members of both the **House of Commons** and the **House of Lords** are **MPs.** However, according to convention, the term **MP** only applies to members of the **House of Commons**; that is to say, those representatives who are democratically **elected** directly by popular **vote** in a **general election. MPs** are directly responsible to the electorate (an **MP's** constituents) and are supposed to represent the people during debates and **votes** in the **House of Commons.** Each **MP** fills one **seat** and one **seat** represents one **constituency.**

For the 2010, 2015 and 2017 **general elections**, there were 650 constituencies: England: 533, Wales: 40, Scotland: 59, Northern Ireland: 18. The David Cameron Conservative Government pledged to reduce the number to 600 for the 2020 general election, but Theresa May abandoned the project.

Organization

The **House of Commons** is made up of two blocks of rows of green leather covered benches that face each other. This is an unusual arrangement as many parliaments are based on a less confrontational horseshoe shape.

At the centre of the chamber is the **Table of the House** on which sits the **Mace** (when the **House of Commons** is sitting) and the **Dispatch boxes.** The **Mace** is a ceremonial staff of office (stick) that is there as a symbol of the power and authority the **Crown** delegated to the **House of Commons** in the past. The two **Dispatch Boxes** (each containing a Bible), one on either side of the **Table of the House**, are used as lecterns by **ministers** and **shadow ministers** when they are addressing the **House of Commons.** Confusingly, **dispatch box** is also the term used for the red leather cases used by ministers for carrying official documents.

La Chambre des communes est le lieu où les députés élus se rencontrent pour débattre. Au sens strict, tous les membres de la Chambre des communes et de la Chambre des lords sont « membres du Parlement ». Toutefois, selon une convention, le terme s'applique seulement aux députés de la Chambre des communes : des représentants élus directement par le suffrage populaire au cours des élections législatives générales ou partielles. Les députés sont directement responsables devant leur électorat (les électeurs de la circonscription d'un député) et ont pour mandat de représenter le peuple au cours des débats et des votes aux Communes. Chaque député occupe un siège, et chaque siège représente une circonscription électorale.

Pour les élections législatives de 2010, 2015 et 2017, il y avait 650 circonscriptions : Angleterre, 533 ; pays de Galles, 40 ; Écosse, 59 ; Irlande du Nord, 18. Le gouvernement conservateur de David Cameron avait dit qu'il comptait réduire le nombre à 600 pour les élections législatives de 2020, mais Theresa May a abandonné le projet.

Organisation

La Chambre des communes est composée de deux ensembles parallèles de bancs de cuir vert qui se font face. C'est une disposition peu commune, beaucoup de parlements ayant une forme d'hémicycle qui est moins antagoniste.

Au centre de la salle, on trouve la Table de la Chambre sur laquelle reposent la massue (quand les Communes siègent) et deux tribunes. La massue est un bâton de maître de cérémonie, symbole du pouvoir et de l'autorité que la Couronne a transmis aux Communes. Les deux tribunes (chacune contenant une bible), une de chaque côté de la table, sont utilisées comme lutrins par les ministres du gouvernement et du Cabinet fantôme lorsqu'ils s'adressent à la Chambre des communes. Le terme désigne aussi les valises officielles de cuir rouge utilisées par les ministres pour transporter les documents officiels.

The **Speaker** of the House is the presiding officer of the **House of Commons** and he/she wears black ceremonial robes. He/she acts as chairperson during debates, making sure the rules are obeyed and keeping order by calling out 'Order, Order!'.

Elected by members of the **House of Commons** at the beginning of each new **Parliament** (i.e. after a **general election**), or when the previous **Speaker** resigns or dies, the **Speaker** is usually a senior **MP**. However, once **elected**, the **Speaker** is no longer allowed to represent any **political party**. By convention, the **Speaker** does not take part in debates and must remain impartial, only voting if there is a tie, thus giving the casting vote.

The first woman **Speaker** was **Labour MP** Betty Boothroyd who presided over debates from 1992 to 2000. She was succeeded by Michael Martin and then John Bercow since 2009.

The **Speaker** sits on a raised leather **seat** at the top end of the **Table of the House** that divides the **House of Commons, the Government** to his/her right, the **Opposition** to his/her left. Thus, on one side of the **House of Commons** sit all the **MPs** belonging to the party/parties in power: the government; facing them sit the **MPs** of all the other parties.

On the front benches (the benches nearest the **Floor of the House**), on both sides of the **House of Commons**, sit the **frontbenchers**. These are the most important members of the **Government** and the **Opposition**. The **Prime Minister** is surrounded on the **frontbench** by his/her **Cabinet**.

MPs who do not hold office in the government, or are not an official **Opposition spokesperson** are called **backbenchers**, for they sit on the benches at the back of the **House of Commons**.

Le président de la Chambre des communes est le chef des Communes et il porte des vêtements de cérémonie noirs. Il préside les débats, vérifie le respect des règlements et assure l'ordre.

Élu par les députés au début du mandat de chaque Parlement (après les élections législatives), ou quand le président précédent démissionne ou décède, le président de la Chambre des communes est en général un député siégeant depuis longtemps. Une fois élu, il ne peut plus représenter aucun parti politique. Par convention, il ne prend pas part aux débats et doit rester impartial, votant seulement s'il y a égalité, son vote déterminant le résultat.

La première femme « *Speaker* » fut la députée travailliste Betty Boothroyd, qui présida les débats de 1992 à l'an 2000. Michael Martin lui succéda, suivi de John Bercow depuis 2009.

Le président de la Chambre des communes s'assoit sur un siège de cuir rouge surélevé placé à une extrémité de la table de la Chambre qui sépare les Communes ; le gouvernement est à sa droite, l'opposition à sa gauche. Ainsi, d'un côté de la Chambre des communes siègent tous les députés appartenant au parti/aux partis au pouvoir ; face à eux, les députés de tous les autres partis.

Sur les premiers bancs (les plus proches du parterre central) de chaque côté, siègent les « hommes/femmes des premiers bancs », en l'occurrence les membres les plus éminents de la majorité et de l'opposition. Au premier rang, le Premier ministre est entouré de son Cabinet (ses ministres).

Les députés qui n'ont pas un poste important dans le gouvernement ou dans l'opposition officielle sont appelés les « hommes/femmes des bancs du fond » puisqu'ils siègent dans les derniers rangs de la Chambre des communes.

The main **political party** that does not have the **majority** in the **House of Commons** is called '**His/Her Majesty's Opposition**' or just the **Opposition.** It sits to the **Speaker**'s left, opposite '**His/Her Majesty's Government**'. **MP**s who are in neither the party/parties forming the **Government**, nor the official **Opposition** also sit facing the government benches.

The **Leader of the Opposition** is the head of the main party forming the **Opposition** and he/she sits directly opposite the **Prime Minister** in the **House of Commons.** The **Leader of the Opposition** is surrounded by the **Shadow Cabinet**, which gathers the opposite numbers for all the ministers in the **Government.** For example, there is a **Shadow** Secretary of State for Education, as well as a **Shadow** Secretary of State for Culture, Media and Sport, etc. Such a set-up facilitates debates in the **House of Commons** and enables the **Opposition** to have a specialist in each field. It also allows a swift changeover following a **general election** when there is a change of **Government.** In this way, the **Shadow Cabinet** is a sort of government-in-waiting.

Up above the **Speaker's Chair** there is a raised **press gallery** for journalists and on the opposite side there is a **public gallery** for visiting members of the public. There is also a VIP **gallery**, as well as extra seating for **MP**s.

The **Leader of the House of Commons** is a member of the **Cabinet appointed** by the **Prime Minister.** He/she is officially responsible for initiating and arranging legislative business in the **House of Commons** and also presides over certain **committees**, in particular, the **Cabinet Committee** on Legislation. The **Leader of the House of Commons** is a non-statutory and non-**Crown appointed** post. There is also a **Shadow Leader of the House of Commons.**

Le principal parti politique qui ne dispose pas de la majorité à la Chambre des communes est appelé « l'Opposition de sa Majesté », ou plus simplement l'Opposition. Il siège à la gauche du *Speaker* (président de la Chambre des communes) et face au « Gouvernement de sa Majesté ». Les députés qui n'appartiennent ni au(x) parti(s) du gouvernement, ni à l'opposition officielle siègent également face aux bancs du gouvernement.

Le chef de l'Opposition est le chef du principal parti formant l'Opposition et siège à l'exact opposé du Premier ministre. Il est entouré du Cabinet fantôme, qui rassemble l'équivalent de chaque ministre du gouvernement. Par exemple, il existe un ministre fantôme de l'Éducation, un ministre fantôme de la Culture, des médias et des sports, etc. Un tel dispositif facilite les débats aux Communes et permet à l'Opposition de disposer d'un spécialiste pour chaque domaine. Au besoin, il facilite aussi le changement rapide de gouvernement après les élections législatives. En ce sens, le Cabinet fantôme est une forme de gouvernement en attente.

Au-dessus du siège du *Speaker*, se trouve la tribune de presse destinée aux journalistes et de l'autre côté une tribune réservée au public pour les visites publiques. Il existe également une tribune pour les personnalités de même que des sièges supplémentaires pour les députés.

Le chef de la Chambre des communes appartient au Cabinet, il est nommé par le Premier ministre. Il est responsable officiellement de l'initiative et de la tenue des travaux législatifs à la Chambre des communes et préside également certains comités, en particulier le Comité du Cabinet sur la législation. Sa charge n'est pas fixée par un statut et ne dépend pas d'une nomination du monarque. Il existe également un président fantôme de la Chambre des communes.

The **Father of the House** is the title bestowed on the **MP** with the longest unbroken service in the **House of Commons.** When two **MPs** have served for an identical length of time, the one who took the **Oath of allegiance** in the **House of Commons** first takes the title.

HANSARD

The Official Report (**Hansard**) is an edited verbatim report of proceedings of **Parliament. MPs**' words are reported with repetitions and redundancies omitted and with obvious mistakes corrected. It is published in daily, weekly and bound editions. It was named after the private printer Luke Hansard (1752-1828) and his descendants who compiled the reports until 1889.

The **Parliamentary** Calendar is divided into sessions lasting a year. Since 2003, they begin mid-September and end mid-July. The **House of Commons** sits for about 150 days a year. Since January 2003, the working hours of the **House of Commons** have become more 'sociable', the **parliamentary** day now starts earlier and in theory finishes earlier. Previously debates often went on through the night, although all-night sittings are still technically possible. The current sitting hours are Mondays: 2.30pm-10.30pm, Tuesdays and Wednesdays: 11.30am-7.30pm, Thursdays: 9.30am-5.30pm and Fridays 9.30am-3.00pm.

Prime Minister's Question Time (**PMQT**) takes place on Wednesdays towards lunchtime, during the **parliamentary** session. For half an hour, **MPs** field questions to the **PM**. Prior to 1997, **PMQT** was held two afternoons a week for 15 minutes.

The proceedings of the **House of Commons** have been broadcast on the radio since 1978 and have been televised on the **BBC** on a permanent basis since 1989.

Le député siégeant depuis le plus longtemps aux Communes de façon ininterrompue reçoit le titre de doyen de la Chambre. Quand deux députés ont servi aussi longtemps l'un que l'autre, le titre échoit au premier ayant prêté serment.

LE HANSARD

Le rapport officiel (Hansard) est un rapport textuel des débats du Parlement britannique. Les paroles des députés y sont rapportées sans les répétitions et redondances et avec correction des erreurs les plus évidentes. Il est publié en éditions quotidienne, hebdomadaire et reliée. On l'a appelé ainsi du nom de l'imprimeur privé Luke Hansard (1752-1828) ; lui et ses descendants ont compilé ces rapports jusqu'en 1889.

Le calendrier parlementaire est divisé en sessions d'une année. Elles commencent à la mi-septembre pour s'achever à la mi-juillet. La Chambre des communes siège environ 150 jours par an. Depuis janvier 2003, les horaires de travail sont devenus plus vivables, la journée parlementaire commence à présent plus tôt pour finir plus tôt. Auparavant, les débats duraient souvent toute la nuit. Même si les séances de nuit sont encore techniquement possibles elles sont rares. Les séances ont à présent lieu le lundi de 14 h 30 à 22 h 30, le mardi et le mercredi de 11 h 30 à 19 h 30, le jeudi de 9 h 30 à 17 h 30 et le vendredi de 9 h 30 à 15 h.

La séance des questions au Premier ministre a lieu le mercredi, pendant la session parlementaire. Elle dure une demi-heure en fin de matinée, et, pendant ce temps, les députés peuvent poser des questions au Premier ministre. Avant 1997, elle avait lieu deux après-midi par semaine pendant 15 minutes.

Les débats aux Communes sont retransmis à la radio depuis 1978 et à la télévision depuis 1989.

The **House of Lords** is the Upper chamber of the **Houses of Parliament.** It began to sit as a separate house in the 14th century. The **House of Lords** is the debating chamber of Members of the **House of Lords** who are known as **peers.**

The role of the **House of Lords** is to complement the work of the **House of Commons**, considering and revising legislation, debating issues of importance and providing a forum for government ministers to be questioned.

However, since the ***Parliament Act*** of 1911, **peers** cannot debate and amend money **bills** (i.e. get involved in matters of taxation and finance). The ***Parliament Act*** also reduced the **House of Lords**' ability to delay other **bills.** Further restrictions were introduced in 1949: **peers** can still deliberate and put forward suggestions for amendments to non-finance **bills,** but they cannot **veto** them, just delay them.

Until 2009, the **House of Lords** was also the highest **Court of Appeal** for **civil cases** in the UK and for criminal cases in England, Wales and Northern Ireland. In theory, the **House of Lords** in its entirety fulfilled this role. In reality, judicial decisions were made by the nine **Lords of Appeal** (**Law Lords**) who had all held senior judicial office. They were appointed by the **Prime Minister**. They formed a quorum of three to five when hearing **appeal** cases. The **Law Lords** were removed from the **House of Lords** in 2009 and now sit as 12 **Justices** (senior judges) in the new independent **Supreme Court**. The Justices act as the final arbiters between citizens and the State.

Peers and **peeresses** are not paid for their **parliamentary** work. They are however **entitled** to get their expenses reimbursed (travel, food and secretarial costs). They usually sit about 150 days a year.

La Chambre des lords est la Chambre haute du Parlement. Elle commença à siéger de façon séparée au XIVe siècle. Elle est le lieu de débat des lords appelés pairs.

Le rôle de la Chambre des lords est de compléter le travail de la Chambre des communes, d'examiner et de réviser la législation, de débattre des sujets d'importance et de fournir un forum où les membres du gouvernement peuvent être interrogés.

Cependant, depuis la *Loi sur le Parlement* de 1911, les pairs ne peuvent plus débattre ni amender les lois de finance. La *Loi sur le Parlement* réduit également leurs prérogatives en matière de ralentissement des autres lois. D'autres restrictions ont été introduites en 1949 : les pairs peuvent toujours délibérer, émettre des suggestions et proposer des amendements aux projets de lois non financiers, mais ils ne peuvent pas y opposer leur veto, au mieux ils peuvent les retarder.

Jusque 2009, la Chambre des lords était également la plus haute cour d'appel civile pour tout le Royaume-Uni et pénale pour l'Angleterre, le pays de Galles et l'Irlande du Nord. Les décisions judiciaires étaient prises par les neuf juges d'appel (les « lords de la loi ») qui avaient tous exercé une charge judiciaire importante. Ils étaient nommés par le Premier ministre et constituaient un quorum de 3 à 5 quand ils entendaient les appels. Les « lords de la loi » ont quitté la Chambre des lords en 2009 et siègent désormais comme 12 juges supérieurs dans une nouvelle Cour suprême qui est indépendante du Parlement. Il s'agit des derniers arbitres entre les citoyens et l'État.

Pairs et pairesses ne sont pas rémunérés pour leur travail parlementaire. Toutefois, ils sont autorisés à se faire rembourser leurs dépenses (frais de déplacement, nourriture et secrétariat). En général, ils siègent à peu près 150 jours par an.

Organization of the House of Lords

The chairperson of the **House of Lords**, used to be the **Lord Chancellor**. However, this position was replaced by the elected position of **Lord Speaker**, which was created by the ***Constitutional Reform Act***, 2005. When presiding, the **Lord Speaker** sits on the **Woolsack** (the cushion filled with wool from each region of the United Kingdom). **Peers** and **Peeresses** sit on red leather benches.

The **Leader of the House of Lords** oversees the organization of government business in the House of Lords.

There are two main types of **peers**: the **Lords Temporal** and the **Lords Spiritual**. No **peers** are **elected** directly by the people.

I. The **Lords Temporal** (lay **peers**):

a. **Hereditary peers and peeresses** who have inherited their title from their forefathers and who will pass on their title to their **next of kin** (the eldest son but if there is no son, it is passed on to the eldest daughter). Due to the *Peerage Act*, 1963, a **hereditary peer** has the right to give up his/her title in order to be able to stand for **election** in the **House of Commons** (for example Tony Benn) because he/she cannot sit in both houses at the same time.

b. **Life peers and peeresses** who are **appointed** by the **Prime Minister** in the name of the **Queen**, generally in recognition of distinguished service. They cannot pass on their title.

II. The **Lords Spiritual** (clergymen)

These are the Archbishops of Canterbury and York, along with 24 senior **Anglican** bishops of the **Church of England**.

Organisation de la Chambre des lords

Autrefois, le **lord Chancelier** remplissait le rôle de président de séance au sein de la Chambre des lords. Cependant, ce poste a été remplacé par celui de *Lord Speaker*, en raison de la *Loi sur la réforme constitutionnelle* de 2005. Quand il préside, le *Lord Speaker* est assis sur le « Sac de laine » (coussin rempli de laine de chaque région du Royaume-Uni). Pairs et pairesses siègent, eux, sur des bancs recouverts de cuir rouge.

Le président de la Chambre des lords surveille les affaires du gouvernement lors de leur passage à la Chambre des lords.

Il y a deux principales sortes de lords : les lords laïques et les lords ecclésiastiques (spirituels). Aucun pair n'est directement élu par les citoyens.

I. Les lords laïques (pairs laïcs) :

a. Les pairs et pairesses héréditaires ont hérité de la charge de leurs parents et la transmettront à leurs descendants (le fils aîné, ou la fille aînée s'il n'y a pas de fils). Un pair héréditaire a le droit de l'abandonner afin de pouvoir se présenter aux élections à la Chambre des communes (comme a fait Tony Benn), en raison de la *Loi sur la noblesse* de 1963. En effet, on ne peut pas siéger à la fois aux deux Chambres.

b. Les pairs et pairesses à vie sont nommés par le Premier ministre au nom du souverain, généralement en reconnaissance de services éminents. Ils ne peuvent pas transmettre leur titre.

II. Les lords ecclésiastiques (ecclésiastiques)

Ils sont les archevêques de Canterbury et York, ainsi que 24 évêques de premier ordre appartenant à l'Église anglicane.

Until 1999, there were approximately 1,200 **peers**, including more than 750 **hereditary peers.**

Following the 1997 **general election**, the **Labour Party** led by Tony Blair, honoured its **manifesto pledge** to introduce a **bill** on **House of Lords** reform, in order to remove the automatic right of **hereditary peers** to sit and **vote. Labour** considered the system outdated and undemocratic. Other adversaries of the **House of Lords**, including the constitutional reform group **Charter88**, accused the unelected Upper Chamber of being unrepresentative of the population as a whole: **hereditary peers** being mostly Conservative, elderly, white, protestant males, only there because of their inherited privilege. Moreover, the separation of powers (executive, legislative and judicial) is undermined. The **Liberal Democrats** are in strongly in favour of reform of the **House of Lords.**

Support for the **House of Lords** and hence opposition to reform is based on following points:

First, the belief that the **House of Lords** has functioned more or less satisfactorily for centuries, so there is no need to change the system.

Second, that the **House of Lords** is supposed to be above party politics, thus fairer, in a way that any new elected chamber probably would not be.

Third, the age of the **peers** is seen as a source of experience and wisdom.

Fourth, the **House of Lords** also debates a great deal, which frees time for the **House of Commons.**

Fifth, the peers are good at reviewing and improving bills.

Lastly, the **House of Lords** is considered to be a useful because it can amend or slow down the passage of radical legislation initiated by a government in the House of Commons with a big majority.

Jusqu'en 1999, le Royaume-Uni comptait environ 1 200 pairs, dont plus de 750 pairs héréditaires.

À la suite des élections législatives de 1997, le Parti travailliste mené par Tony Blair honora une promesse de son manifeste en introduisant un projet de loi sur la réforme de la Chambre des lords, dans le but de faire disparaître le droit automatique des pairs héréditaires à siéger et à prendre part au vote. Le Parti travailliste considérait ce système comme dépassé et non démocratique. D'autres adversaires de la Chambre des lords, parmi lesquels le groupe de réforme constitutionnelle Charte88, accusent la Chambre haute de ne pas être représentative de la population dans son intégralité : les pairs sont majoritairement des hommes blancs, âgés, protestants, conservateurs, leur présence étant due à la seule transmission d'un privilège. De plus, la séparation des pouvoirs (exécutif, législatif et judiciaire) n'est pas vraiment respectée. Les libéraux démocrates sont très attachés à une réforme de la Chambre des lords.

Les partisans de la Chambre des lords font valoir ces points :

1. Le fait que la Chambre des lords fonctionne plutôt bien depuis des siècles fait qu'il n'y a pas de raison de changer le système.
2. La Chambre des lords est supposée être au-dessus des partis politiques, plus équitable qu'une chambre nouvellement créée ne pourra jamais l'être.
3. L'âge des pairs est vu comme source d'expérience et sagesse.
4. La Chambre des lords prend en charge un certain nombre de débats, ce qui libère du temps aux Communes.
5. Les pairs sont efficaces quand il s'agit de revoir de près et d'améliorer les projets de loi
6. La Chambre des lords est vue comme un moyen efficace d'amendement ou de ralentissement du vote des lois radicales initiées par un gouvernement disposant d'une forte majorité.

The ***House of Lords Act*** 1999 removed most (666) **hereditary peers** from the **House of Lords.** An amendment enabled 92 **hereditary peers** to remain until the **House of Lords** was fully reformed. In this way, **life peers** became more numerous than **hereditary peers.**

In January 2000, a **Royal Commission** report *A House for the Future* was published that included various options for a new composition of the **House of Lords.** These all involved varying numbers of **appointed** and **elected** members in a new chamber.

In 2001, a government **White Paper** entitled *The House of Lords, Completing the Reform* proposed a partially **elected House of Lords** along with a complete end to **hereditary peers.**

In February 2003, a **vote** took place in the **House of Commons** to decide on a new set-up of the **House of Lords.** However, **MPs** could not decide at all on the best option.

As part of the government's reform plans, there was further parliamentary debate in 2007. MPs voted in favour of 80%, or 100% elected members of a reformed upper chamber in the future. They also voted for removal of the 92 remaining hereditary peers. The **House of Lords** rejected these possibilities, which did not pass into law as the votes were only held to inform future government policy.

As part of the May 2010 ***Coalition Agreement***, the **Liberal Democrats** negotiated a reform of the **House of Lords** that was scuppered in September 2012 due to Conservative opposition.

In total, there were almost 800 peers in the House of Lords at the end of 2018.

La *Loi sur la Chambre des lords* votée en 1999 supprime la plupart des paieries héréditaires (666). Un amendement a permis à 92 pairs héréditaires de continuer de siéger jusqu'à ce que la Chambre des lords soit totalement réformée. Ainsi, les pairs à vie sont devenus plus nombreux que les pairs héréditaires.

En janvier 2000, une Commission royale publia un rapport intitulé *Une Chambre pour l'avenir* dans lequel elle proposait diverses options pour une nouvelle composition de la Chambre des lords. Toutes incluaient un nombre variable de membres nommés et élus dans une nouvelle assemblée.

En 2001, un livre blanc du gouvernement ayant pour titre *La Chambre des lords, l'achèvement de la réforme* proposa une Chambre des lords en partie élue et n'ayant plus aucun pair héréditaire.

En février 2003, la Chambre des communes devait voter la nouvelle composition de la Chambre des lords, mais les députés n'ont pas su déterminer la meilleure option.

Dans la continuité des réformes constitutionnelles du gouvernement, un débat parlementaire a eu lieu en 2007. Les députés ont voté en faveur d'une future Chambre des lords réformée, avec 80 %, voire 100 % de membres élus. Ils ont également voté pour l'abolition des 92 pairs héréditaires qui restent. La Chambre des lords a voté contre et cette réforme n'est restée qu'à l'état de projet de loi.

Dans l'*Accord du gouvernement de coalition* établi en mai 2010, les libéraux-démocrates ont négocié une réforme de la Chambre des lords. Celle-ci a été abandonnée en septembre 2012 en raison de l'opposition des conservateurs.

Au total, il y avait près de 800 pairs à la Chambre des lords à la fin de 2018.

E. Lawmaking

A **law** starts off as a **parliamentary bill** in either chamber. There are four main types:

a. **Government Bills**: these are the most important form of legislation. They are introduced by a government minister and thus represent Government **policy**. When a government has a big **majority, Government Bills** almost always become **law**.
b. **Private Members' Bills**: these are introduced by an individual **backbench MP** or **peer** of any **political party**. They have relatively little chance of becoming **law** because less **Parliamentary** time is dedicated to discussing such **bills**.
c. **Private Bills**: these are proposed by an individual or an organization (an association, a company, local communities) seeking specific, usually local, powers. This sort of **bill** is presented to **Parliament** following a petition.
d. **Hybrid Bills**: these are **Public Bills** and they may be introduced by the Government or by a **backbencher**. This sort of **bill** is very rare.

Once **bills** have been debated in the **House of Commons** by **MPs** they go to the **House of Lords** for further discussion by **Peers. Peers** are allowed to offer suggestions for revisions and amendments on all legislation, with the exception of finance **bills** (raising taxation). All amendments must be agreed on by both Chambers. The **House of Lords** can delay legislation, but since ***The Parliament Act***, 1911, it no longer has the right to reject **laws** outright. If **peers** do not **vote** in favour of a **bill**, the government is allowed to present it to the **Sovereign** for **Royal Assent** (a mere formality) anyway after one year (in a new **parliamentary** session). Following the obligatory **Royal Assent**, a **bill** becomes an **Act of Parliament** and goes on the **statute books**. There is no judicial review of **Acts of Parliament** within the United Kingdom. Before Brexit, British legislation was increasingly subject to review by **European Court of Justice** (ECJ) in Luxembourg; it remains to be seen whether this will continue.

Les projets de loi peuvent commencer à la Chambre des communes ou à la Chambre des lords. Il y a quatre grands types :

a. Les projets de lois gouvernementaux : ce sont les éléments les plus importants de la législation. Ils sont introduits sur initiative d'un ministre du gouvernement et font donc partie intégrante de la politique du gouvernementale. Quand un gouvernement dispose d'une large majorité, les projets de loi aboutissent quasiment toujours.
b. Les projets de lois présentés par un député à titre individuel : ils sont introduits par un simple député ou par un pair, quel que soit son parti politique. Ils ont peu de chance d'aboutir car peu de temps est consacré à leur discussion.
c. Les projets de lois privés : ils sont proposés par un individu ou un organisme demandant des pouvoirs particuliers, en général à l'échelle locale. Ce genre de projet de loi est présenté au Parlement à la suite d'une pétition.
d. Les projets de lois hybrides : il s'agit de projets de loi publics, introduits par le gouvernement ou un député. Ils sont très rares.

Une fois débattus aux Communes par les députés, les projets de loi sont transmis à la Chambre des lords pour une seconde discussion par les pairs, qui peuvent faire des suggestions de révisions ou d'amendements, à l'exception des projets de loi de finance. Tous les amendements doivent être votés par les deux chambres. La Chambre des lords peut repousser la législation, mais depuis la Loi sur le Parlement de 1911, elle n'a plus le pouvoir de rejeter les lois. Même si les pairs ne votent pas un projet de loi, le gouvernement peut le présenter au souverain pour assentiment royal après un délai d'un an (lors d'une nouvelle session parlementaire). Une fois l'assentiment royal obtenu, un projet de loi devient loi. Il n'existe pas d'examen juridique des lois parlementaires au Royaume-Uni. Avant le Brexit, la législation britannique était de plus en plus soumise à l'examen de la Cour de justice de l'UE ; il reste à voir si cette situation continuera.

Table 8A. How a bill becomes a law

Inspiration
(government departments, political parties,
pressure groups, associations, expert bodies, etc.)
▼
Formulation
(by ministers and civil servants)
▼
Preliminary **White Paper**
or **Green Paper** (Consultation Document)
▼
HOUSE OF COMMONS
▼
First Reading
(or formal introduction of bill + vote)
▼
Second Reading
(general principles are debated + vote)
▼
Committee Stage
(detailed discussions held and amendments made)
▼
Report Stage
(or the 'Consideration'
detailed examination carried out and amendments made)
▼
Third Reading
(formal and final debate + vote)
▼
HOUSE OF LORDS
▼
SOVEREIGN
(Royal Assent)
▼
ACT OF PARLIAMENT
▼
Implementation

A majority of bills start in the House of Commons and a minority in the House of Lords; they are all debated 3 times in both chambers during 'readings'.

Tableau 8B. Comment un projet de loi devient loi

Inspiration
(ministères, partis politiques,
groupes de pression, associations, experts, etc.)
▼
Formulation
(ministres et fonctionnaires)
▼
Livre préliminaire
(blanc ou vert)
▼
CHAMBRE DES COMMUNES
▼
Première lecture
(introduction formelle du projet de loi + vote)
▼
Seconde lecture
(débat des principaux articles + vote)
▼
Niveau Comité
(discussions détaillées et amendements)
▼
Niveau rapport
(examen détaillé
et amendements)
▼
Troisième lecture
(débat formel et final + vote)
▼
CHAMBRE DES LORDS
▼
MONARQUE
(Assentiment Royal)
▼
LOI PARLEMENTAIRE
▼
Promulgation

Une majorité des projets naît à la Chambre des communes et une minorité à la Chambre des lords ; ils passent tous par les deux chambres trois fois.

EXECUTIVE POWER

=

THE EXECUTIVE

=

Government + Cabinet + Prime Minister

The **Executive** means the branch of power responsible for carrying out (executing, implementing) **laws**, **decrees**, etc.; it is the administration.

In the United Kingdom, the **Executive Power** is **wielded** by the **Government**, the **Cabinet** and the **Prime Minister**.

Figure 3. Theresa May

Source : UK Parliament

POUVOIR EXÉCUTIF
=
L'EXÉCUTIF
=
Gouvernement + Cabinet + Premier ministre

L'exécutif désigne la branche du pouvoir responsable de l'application des lois, décrets, etc. ; c'est l'administration.

Au Royaume-Uni, le pouvoir exécutif est détenu par le Gouvernement, le Cabinet et le Premier ministre.

Figure 4. 10 Downing Street

A. The Government

Following a **general election**, the **political party** that has won the most **seats** in the **House of Commons** forms the ruling government. But not every **Member of Parliament** (**MP**) in the winning party becomes a member of the Government. **The Government** is made up of all the **Senior Ministers** and **Junior Ministers**, **Private Secretaries** and **Whips**. They are called **frontbenchers** because during debates in the **Commons** they sit on the benches at the front. These are **appointed** by the **monarch** on the advice of the **Prime Minister**. **MPs** without a particular post are called **backbenchers**. The size of a Government varies according to the number of **Departments** (**Ministries**) and the number of ministers established by the **Prime Minister**. It has increased considerably since the nineteenth century.

WHIPS

The term '**whip**' originated in 18th century coming from 'whipper-in' the name for a huntsman's assistant who uses a whip to control the dogs. A **whip** is an official of a **political party** appointed to organize and discipline the members of his/her party. They especially make sure that **MPs** attend and **vote** in key debates. There is more than one **whip** in each party, key positions being the Government Chief **Whip** and the **Opposition** Chief **Whip**.

A **whip** is also the term used for the written notices a **whip** issues through the '**usual channels**' to **MPs** requesting their attendance for voting. These **whips** have varying degrees of urgency. Each week a legislative agenda of business of the **House of Commons** is sent to party members. Each item on it underlined to indicate its importance. One line means that it is a routine item: a **one-line whip**. Two lines indicate that the item is fairly important: a **two-line whip**. Three lines denote that the item is very important and so every party member must attend the **vote** according to the party line: a **three-line whip**.

À l'issue des élections législatives, le parti politique qui a remporté le plus de sièges à la Chambre des communes constitue le gouvernement. Mais tout député appartenant au parti vainqueur ne devient pas membre du gouvernement. Celui-ci est constitué des ministres de premier et de second rang, des secrétaires particuliers et des « *whips* ». On les appelle les « députés des bancs de devant » parce qu'ils siègent sur les premiers bancs lors des débats aux Communes. Ils sont nommés par le monarque sur recommandation du Premier ministre. Les députés sans poste sont appelés les « députés des bancs du fond ». La taille du gouvernement varie selon le nombre de départements (ministères) et le nombre de ministres choisis par le Premier ministre. Ceux-ci ont considérablement augmenté depuis le XIXe siècle.

LES CHEFS DE FILE PARLEMENTAIRES

Le terme anglais « *whip* » est né au XVIIIe siècle du terme anglais pour piqueur : l'assistant du chasseur équipé d'un fouet pour contrôler les chiens. Un *Whip* est en poste officiel au sein d'un parti politique ; il s'agit d'un parlementaire chargé d'organiser et de discipliner les membres. Il doit s'assurer que les députés siègent et votent lors les débats clés. Il y a plus d'un *whip* par parti, les postes le plus stratégiques étant le *whip* principal du parti au gouvernement et le *whip* principal de l'opposition. Le terme *whip* est également usité pour les notes rédigées et envoyées par les « filières habituelles » pour exiger des députés qu'ils assistent et prennent part au vote, comportant différents degrés selon l'urgence. Chaque semaine, un calendrier des affaires à traiter aux Communes est envoyé aux députés. Chaque article est souligné de manière à indiquer son importance. Une seule ligne signifie que c'est un article de routine. Deux lignes veulent dire que l'article est assez important. L'article est souligné trois fois lorsqu'il est très important et que chaque membre du parti doit participer au vote et suivre les consignes de vote de son parti.

The **Cabinet** is made up of the Government's senior ministers who come from the **House of Commons** (although in the past, the **Lord Chancellor** came from the **House of Lords**). They are chosen by the **PM** who is at the head of the **Cabinet**.

The **Cabinet** meets in private, generally once or twice a week, at **Cabinet meetings** chaired by the **PM**, in the **Cabinet Room**, at **10 Downing Street**. During Cabinet Meetings, Cabinet members discuss, debate and determine government policy.

CABINET COMMITTEES

The **Cabinet** is supported by a large number of **Cabinet Committees** that improve its efficiency by looking at specific issues in detail, whilst the full **Cabinet** tends to concentrate on major issues and decisions since it is the most important part of the Government. There are two main types of **Cabinet Committees** that are both **appointed** by the **PM**. On the one hand, there are **Ad hoc Committees**, which are temporary **committees** established to deal with a specific issue. On the other hand, there are **Standing Committees**, which are permanent **committees**.

Once they have agreed a course of action **Cabinet** members are bound by two constitutional conventions. The first is **Cabinet responsibility** (also called **collective responsibility**), to accept and publicly support any decision taken by the **Cabinet** as a whole. If a minister does not, he or she should resign so that the **Cabinet** is unified. The second is that **Cabinet ministers** have **ministerial responsibility**, i.e. they are supposed to be responsible for everything that happens inside their **Department** (**Ministry**) and should resign in the event of a substantial error. When the **Prime Minister** changes the composition of the **Cabinet**, it is called a **Cabinet reshuffle**.

Le Cabinet est constitué des ministres de premier rang, issus de la Chambre des communes (dans le passé, le Lord Chancelier venait de la Chambre des lords). Ils sont désignés par le Premier ministre, qui dirige le Cabinet.

Le Cabinet se réunit en privé, en général une à deux fois par semaine, dans la salle du Cabinet du 10 Downing Street, sous l'autorité du Premier ministre. Durant ces réunions (conseils des ministres), les membres du Cabinet discutent, débattent et déterminent la politique du gouvernement.

LES COMITÉS DE CABINET

Le Cabinet est épaulé par de nombreux comités de Cabinet, qui augmentent son efficacité en regardant en détail des questions spécifiques, pendant que le Cabinet lui-même se concentre sur les domaines et décisions majeurs en tant que partie la plus importante du gouvernement. Il existe deux grands types de comités de Cabinet tous deux constitués par le Premier ministre. D'une part, les comités spéciaux temporaires, créés pour traiter une affaire précise; d'autre part, les comités permanents.

Une fois d'accord sur les lignes d'action à adopter, les membres du Cabinet sont liés par deux conventions constitutionnelles : d'une part la responsabilité du Cabinet (également appelée responsabilité collective) d'accepter et de soutenir publiquement toute décision prise par le Cabinet dans son ensemble; si un ministre ne le fait pas, il ou elle doit démissionner afin que le Cabinet reste uni. D'autre part, les ministres du Cabinet ont une responsabilité ministérielle, en l'occurrence ils sont responsables de tout ce qui arrive à l'intérieur de leur ministère et doivent démissionner en cas d'erreur grave. Lorsque le Premier ministre modifie la composition du Cabinet, on parle de remaniement du Cabinet.

On becoming Prime Minister in 2010, David Cameron changed the names of some posts, e.g. Secretary of State for Children, Schools and Families. He also recreated certain posts in the Cabinet, e.g. Deputy Prime Minister for Nick Clegg which he withdrew after the 2015 **general election.**

The Cabinet of Her Majesty's Government led by Theresa May was made up of the following posts in 2018 (including the new Brexit post appointed to David Davis):

- Prime Minister's Office,
  Prime Minister, First Lord of the Treasury,
  Minister for the Civil Service;
- HM Treasury,
  Chancellor of the Exchequer;
- Home Office,
  Secretary of State for the Home Department;
- Foreign and Commonwealth Office,
  Secretary of State for Foreign and Commonwealth Affairs;
- Ministry of Justice,
  Lord Chancellor, Secretary of State for Justice;
- Ministry of Defence,
  Secretary of State for Defence;
- Department for Work and Pensions,
  Secretary of State for Work and Pensions;
- Department of Health,
  Secretary of State for Health;
- Department for Education,
  Secretary of State for Education;
- Department for Transport,
  Secretary of State for Transport;
- Department for Digital, Culture, Media and Sport,
  Secretary of State for Digital, Culture, Media and Sport;

- Department for Business, Energy and Industrial Strategy,
  Secretary of State for Business, Energy and Industrial Strategy;
- Department of International Trade
  Secretary of State for International Trade, and President of the Board of Trade;
- Department for Environment, Food and Rural Affairs,
  Secretary of State for Environment, Food and Rural Affairs;
- Department for Communities and Local Government,
  Secretary of State for Housing, Communities and Local Government;
- Department for International Development,
  Secretary of State for International Development; and Minister for Women and Equalities;
- Wales Office,
  Secretary of State for Wales;
- Scotland Office,
  Secretary of State for Scotland;
- Northern Ireland Office,
  Secretary of State for Northern Ireland;
- Office of the Leader of the House of Lords,
  Leader of the House of Lords, Lord Privy Seal;
- Department for Exiting the European Union,
  Secretary of State for Exiting the European Union;
- **Chancellor of the Duchy of Lancaster;**
- **Minister for the Cabinet Office;**
- **Minister without Portfolio.**

Source: www.number10.gov.uk

The **Prime Minister (PM)** of the UK since July 2016 is **Theresa May** (born 1956) who came to power without a **general election** being held. Before her it was the **Conservative David Cameron** (born 1966) from 2010 to 2016. Prior to 2010, it was **Gordon Brown** (born 1953) who became **Prime Minister** when he became **Labour Party** leader (there was neither a party leadership contest due to no other contenders, nor a **general election**). This followed the resignation of **Anthony (Tony) Blair** as leader of the **Labour Party** after 10 years as PM.

The **Prime Minister** is the Head of the Government of the United Kingdom. Officially, the **sovereign** chooses the **Prime Minister**; but in reality, he or she is usually the leader of the **political party** that won the most constituencies and so the majority of **seats** in the **House of Commons**. Thus, the **Prime Minister** is not directly **elected** by the **voters**.

Roles of the Prime Minister

The World political scene

He/she plays a role on the world political scene.

The Parliament

He/she dissolves **Parliament** (although it is officially carried out by the **monarch**).

He/she attends **Prime Minister's Question Time (PMQT)** once a week in the **House of Commons** every week during the **Parliamentary** session.

He/she used to decide the date of the **general election** (until the *Fixed-Term Parliaments Act*, 2011 was voted).

Depuis juillet 2016, Theresa May (née en 1956) est le Premier ministre conservateur du Royaume-Uni ; elle est arrivée au pouvoir sans élection législative. Elle a succédé au conservateur David Cameron (né en 1966), qui a dirigé le pays de 2010 à 2016. Il remplaça Gordon Brown (né en 1953), qui est arrivé au pouvoir en prenant la tête du Parti travailliste après la démission de Tony Blair (il n'y eut pas de vote pour élire le nouveau chef du parti faute de candidats et il n'y eut pas non plus d'élection législative). Ce dernier avait renoncé à son rôle de chef du Parti travailliste après dix ans d'exercice du pouvoir à Downing Street.

Le Premier ministre est le chef du gouvernement du Royaume-Uni. Officiellement, la souveraine choisit le Premier ministre ; mais en réalité, c'est en général le chef du parti politique qui gagne la majorité des circonscriptions et donc qui détient la majorité des sièges aux Communes. Ainsi, le Premier ministre n'est pas directement désigné par les électeurs.

Rôles du Premier ministre

La scène politique internationale

Il joue un rôle sur la scène politique mondiale.

Le Parlement

Il dissout le Parlement (bien qu'officiellement ce soit la prérogative du monarque).

Il prend part à la séance des questions au Premier ministre à la Chambre des communes, et ce, chaque semaine de la session parlementaire.

Autrefois, il décidait de la date des élections législatives (jusqu'à la *Loi sur les parlements fixes* de 2011).

The Government

The **Prime Minister** is the Head of the Government. In this way, he/she fashions the Government by determining priorities, strategy and deciding **policy**.

The **Prime Minister** is ultimately responsible for the **policy** and decisions made by the Government.

The Cabinet

As head of the **Cabinet**, he/she organizes the **Cabinet**, is responsible for its agenda, picks the **Cabinet Committee** members and chairs **Cabinet** meetings.

The Ministries

The **Prime Minister** decides the number and organization of the Ministries (**Departments**).

The Civil Service

He/she is not head of the **Civil Service**, but plays a role in its organization and **appointments** (see below).

The Party

The **Prime Minister** is the leader of his/her party.

To conclude, the **Prime Minister** (**PM**) is a **Member of Parliament** (**MP**), a Party leader, the head of the **Cabinet**, the National leader and an International figure.

Powers of the Prime Minister

The powers of the **PM** are not written down anywhere in statute form. They are the outcome of **parliamentary** conventions that have developed over centuries.

Le gouvernement

Le Premier ministre est le chef du gouvernement. En ce sens, il oriente le gouvernement en décidant des priorités, de la stratégie et de la politique.

Le Premier ministre est responsable en dernier ressort de la politique et des décisions prises par le gouvernement.

Le Cabinet

En qualité de chef du Cabinet, il doit organiser le Cabinet, est responsable de son ordre du jour, choisit les membres des comités du Cabinet, préside les réunions du Cabinet, etc.

Les ministères

Le Premier ministre décide du nombre et de l'organisation des ministères (départements).

La fonction publique

Il n'est pas le chef de la fonction publique, mais joue un rôle important dans son organisation et les nominations aux postes de hauts fonctionnaires.

Le parti

Le Premier ministre est le chef de son parti.

Pour conclure, le Premier ministre est membre du Parlement, chef de parti, chef du Cabinet, un chef d'État et une personnalité internationale.

Les Pouvoirs du Premier ministre

Les pouvoirs du Premier ministre ne sont écrits nulle part sous forme statutaire. Ils sont le résultat des conventions parlementaires développées au long des siècles.

The Power of Appointment

The **Prime Minister appoints** over 100 **parliamentary** figures: the members of his/her **Cabinet** (approximately 20 ministers), **Ministers of State, Under-Secretaries** and the **Whips**. Most of these come from the **House of Commons** with a few others coming from the **House of Lords.**

The **PM** also **appoints** people to key jobs outside Parliament:

- Top **Civil Servants: Permanent Secretaries, Deputy Secretaries** and Heads of the security services.
- Top members of the **Judiciary** and the **Armed Forces**, bishops of the **Church of England**, Chairs of the **Royal Commissions** and **Committees of Inquiry**, the Director-General of the **BBC**, the Chairs of the nationalized industries and of important tribunals and numerous **quangos.**
- The **PM** also plays a role in the **appointments** made by the **Crown**, for example, **knighthoods, peerages**, and various honours, such as, **CBEs** and **MBEs**, etc.

Le pouvoir de nomination

Le Premier ministre nomme environ 100 parlementaires à des postes de hauts fonctionnaires : les membres de son Cabinet, secrétaires d'État, sous-secrétaires d'État et les *whips*. La plupart viennent de la Chambre des communes, une minorité de la Chambre des lords.

Le Premier ministre nomme également diverses personnes à des postes clés hors du Parlement :

- Les hauts fonctionnaires : secrétaires d'État permanents, secrétaires adjoints et chefs des services de sécurité.
- Les hauts magistrats et les chefs des forces armées ; les évêques de l'Église d'Angleterre, les présidents des commissions royales et des commissions d'enquête, le directeur de la BBC, les présidents des entreprises nationalisées, des tribunaux les plus importants et des commissions autonomes nommées par le gouvernement.
- Les nominations faites par la Couronne : les titres de chevalerie, paieries et autres honneurs.

Table 9. Prime Ministers and Governments since 1902

Period in office	Prime Minister	Government
12.07.**1902**-04.12.**1905**	Arthur **BALFOUR**	Conservative
05.12.**1905**-05.04.**1908**	Henry **CAMPBELL-BANNERMAN**	Liberal
05.04.**1908**-25.05.**1915**	Herbert **ASQUITH**	Liberal
25.05.**1915**-05.12.**1916**	Herbert **ASQUITH**	Coalition
06.12.**1916**-23.10.**1922**	David **LLOYD-GEORGE**	Coalition
23.10.**1922**-20.05.**1923**	(Andrew) Bonar **LAW**	Conservative
22.05.**1923**-22.01.**1924**	Stanley **BALDWIN**	Conservative
22.01.**1924**-03.11.**1924**	Ramsay **MacDONALD**	Labour
04.11.**1924**-04.06.**1929**	Stanley **BALDWIN**	Conservative
05.06.**1929**-24.08.**1931**	Ramsay **MacDONALD**	Labour
24.08.**1931**-07.06.**1935**	Ramsay **MacDONALD**	National
07.06.**1935**-28.05.**1937**	Stanley **BALDWIN**	National
28.05.**1937**-10.05.**1940**	Neville **CHAMBERLAIN**	National
10.05.**1940**-23.05.**1945**	Winston **CHURCHILL**	Coalition
23.05.**1945**-26.07.**1945**	Winston **CHURCHILL**	Caretaker
26.07.**1945**-26.10.**1951**	Clement **ATTLEE**	Labour

Period in office	Prime Minister	Government
26.10.**1951**- 05.04.**1955**	Winston **CHURCHILL**	Conservative
06.04.**1955**- 09.01.**1957**	Anthony **EDEN**	Conservative
10.01.**1957**- 18.10.**1963**	Harold **MACMILLAN**	Conservative
18.10.**1963**- 16.10.**1964**	Alexander (Alec) **DOUGLAS HOME**	Conservative
16.10.**1964**- 19.06.**1970**	Harold **WILSON**	Labour
19.06.**1970**- 04.03.**1974**	Edward (Ted) **HEATH**	Conservative
04.03.**1974**- 05.04.**1976**	Harold **WILSON**	Labour
05.04.**1976**- 04.05.**1979**	Leonard James (Jim) **CALLAGHAN**	Labour
04.05.**1979**- 28.11.**1990**	Margaret **THATCHER**	Conservative
28.11.**1990**- 02.05.**1997**	John **MAJOR**	Conservative
02.05.**1997**- 27.06.**2007**	Anthony (Tony) **BLAIR**	Labour
27.06.**2007**- 11.05.**2010**	Gordon **BROWN**	Labour
11.05.**2010**- 07.05.**2015**	David **CAMERON**	Conservative/ Lib Dem Coalition
07.05.**2015**- 13.07.**2016**	David **CAMERON**	Conservative
13.07.**2016** -	Theresa **MAY**	Conservative

8 THE ELECTORAL SYSTEM

Various types of **elections** are held in the United Kingdom; the main ones are the following:

1. A **General election** is held to **elect** Members of **Parliament** (**MPs**) who sit in the **House of Commons**, in the Palace of Westminster, London.

2. A **local election** takes place to **elect local councillors** for **local government.**

3. **Regional elections**: these are held (since **devolution** in 1999) to **elect** Members of the **Scottish Parliament** (MSPs) in the **Scottish Parliament** situated at Holyrood, Edinburgh, Assembly Members (AMs) to the **National Assembly for Wales** (Cynulliad in Welsh) based in Cardiff, Assembly Members to the **Northern Ireland Assembly** in **Stormont**, Belfast, as well as Assembly Members of the **Greater London Assembly** (**GLA**) and the **London Mayor.**

4. Until 2016, **European elections** were held to **elect** European **Members of the European Parliament** (**MEPs**) to the **European Parliament**, the assembly of the **European Union** (**EU**) (see Chapter 11).

These different types of elections all use different types of **electoral systems: First-Past-The-Post** (FPTP), **Proportional Representation** (PR), Single Transferable Vote (STV), **Alternative Vote** (AV) and Supplementary Vote (SV).

A **by-election** occurs during the life (between two main **elections**) of a local government, regional assembly, **Westminster Parliament** or European Parliament, to fill a vacant **seat**, when the incumbent person in office dies, **retires** or is dismissed.

Il existe différents types d'élections au Royaume-Uni, les principaux étant les suivants :

1. Les élections législatives : on y élit les députés qui siègent à la Chambre des communes, au Palais de Westminster, Londres.

2. Les élections locales : elles sont organisées pour désigner les conseillers locaux du gouvernement local.

3. Les élections régionales : y sont élus (depuis la décentralisation des pouvoirs en 1999) les membres du Parlement écossais situé à Holyrood, Edimbourg, les membres de l'Assemblée nationale du pays de Galles (Cynulliad en gallois) siégeant à Cardiff, ceux de l'Assemblée d'Irlande du Nord à Stormont, Belfast, et les membres de l'Assemblée du Grand Londres, ainsi que le maire de Londres.

4. Jusqu'en 2016, les élections européennes : on y élisait les membres du Parlement européen, assemblée de l'Union européenne (UE).

Ces différents types d'élections emploient des modes de scrutin différents : *First-Past-The-Post (FPTP)*, *Proportional Representation (PR)*, *Single-Transferable-Vote (STV)*, *Alternative Vote (AV)*, *Supplementary Vote (SV)*.

Les élections partielles : elles interviennent pendant le mandat (entre deux élections) dans un gouvernement local, une assemblée régionale, un Parlement de Westminster ou un Parlement européen, pour pourvoir un siège laissé vacant par quelqu'un qui décède, démissionne ou perd ses fonctions en cours de mandat.

A. General elections

A **general election** is held to **elect Members of Parliament** (**MPs**) to the **House of Commons**. The **Prime Minister** is the leader of the **political party** that wins the **election**. Since 2010, there are fixed-term Parliaments of 5 years. Previously, **general elections** were not held at fixed times, unlike in France and the USA. The decision to hold a **general election** used to be made by the **Prime Minister** in office, after consultation with the **monarch**. Once the date of the next **general election** was decided, the monarch dissolved Parliament. A **Prime Minister** needed give only 3 weeks warning that a **general election** was to be held. The maximum period allowed between two **general elections** was five years, unless there was a national emergency. Since WWII, the shortest length of time separating **general elections** has been less than 8 months between February 1974 and October 1974.

To stand as a **candidate** in a **general election**, one must be over 18 years old and a British citizen, or an eligible Commonwealth citizen, or a citizen of the Republic of Ireland. Certain people are not eligible to be **elected** to the **House of Commons**: members of the **House of Commons**: members of the **House of Lords**, specific members of the clergy, persons sentenced to more than 3 months in prison within the last 5 years, and a variety of public servants. Most **candidates** are backed by a **political party** which picks him/her following a selection process and that he/she represents, but there are usually independent **candidates** too.

For electoral purposes, the United Kingdom is divided into **constituencies**. The precise number of **constituencies** is decided upon by the **Boundary Commission**. In 2010 and 2015, there were 650 **constituencies**: England: 533, Wales: 40, Scotland: 59, Northern Ireland: 18. Each **constituency** returns one **Member of Parliament** (**MP**) to one **seat** in the **House of Commons**.

Les élections législatives permettent d'élire les membres du Parlement qui siègent à la Chambre des communes. Le Premier ministre est le chef du parti qui gagne les élections. Depuis 2010, chaque législature correspond à un mandat de cinq ans. Autrefois celles-ci ne se tenaient pas à date fixe, à la différence de la France et des États-Unis. La décision de les organiser était prise par le Premier ministre après consultation avec le souverain. Une fois la date des prochaines élections législatives arrêtée, le souverain dissolvait le Parlement. Il suffisait que le Premier ministre respecte un délai de trois semaines pour prévenir que de nouvelles élections législatives allaient avoir lieu. Auparavant, la période maximale entre deux élections législatives n'était pas fixée, mais ne devait pas dépasser cinq ans, sauf en cas de situation d'urgence nationale. Depuis la Seconde Guerre mondiale, le temps le plus court entre deux élections a été de moins de huit mois, entre février 1974 et octobre 1974.

Pour être éligible aux élections législatives, il faut avoir plus de 18 ans et être citoyen du Royaume-Uni, d'un autre pays du Commonwealth ou de la République d'Irlande. Certaines personnes ne sont pas éligibles à la Chambre des communes : les membres de la Chambre des lords, certains membres du clergé, les personnes condamnées à plus de 3 mois de prison pendant les 5 dernières années et certains fonctionnaires. D'habitude, les candidats sont soutenus par un parti politique qui les a sélectionnés et qu'ils représentent ; mais il y a aussi régulièrement des candidats indépendants.

Le Royaume-Uni est divisé en circonscriptions électorales. Leur nombre précis est décidé par la Commission de découpage électoral. Aux élections législatives de 2010 et 2015, il y avait 650 circonscriptions : 533 en Angleterre, 40 au pays de Galles, 59 en Écosse et 18 en Irlande du Nord. Chaque circonscription élit un député à la Chambre de communes qui occupe un siège.

Each **constituency** represents approximately 70,000 inhabitants, although some remote **constituencies in Scotland** contain many fewer. Cities are divided up into several **constituencies** called **wards**, e.g. Greater London is separated into 73 wards.

Citizens over 18 from the UK, as well as citizens of the **British Commonwealth** countries and citizens of the **Republic of Ireland** resident in the UK may **vote** in a **general election**. Since 1918, all men over 21 and women over 30 (owning property) have had the right to **vote**. Before then, voting was the 'privilege' of wealthy men. In 1928, all women over 21 were **enfranchised**. The voting age for all was lowered from 21 to 18 for men and women in 1969. People barred from voting include the **monarch**, members of the **House of Lords**, persons sectioned for mental health reasons and persons serving prison sentences.

Voters go to the **polls** on a Thursday. Inside the **polling station**, the **elector** takes one **ballot paper** and goes into a **polling booth** as voting is by **secret ballot**. On the **ballot paper** there is a list of the names and parties of the **candidates** for that **constituency**. The elector selects one **candidate** and **votes** by drawing an 'X' in the box next to the **candidate's** name of his/her choice. A spoilt **ballot paper** is one that has been tampered with, e.g. by distinguishing marks or comments, in such circumstances it does not count – it is void.

People eligible and willing to **vote**, but who cannot physically get to the **polling station**, because they are physically disabled, live abroad, or on holiday can **vote** by **proxy**, so someone else goes to the **polling station** for them and officially **votes** on their behalf, or they can use a **postal vote**. Voting by post is becoming increasingly utilized. If someone authorized to **vote** chooses to refrain from doing so, he/she **abstains**. Lastly, voting in a **general election** is not obligatory.

Chaque circonscription compte environ 70 000 habitants, même si certaines circonscriptions isolées en Écosse en ont bien moins. Les agglomérations sont découpées en plusieurs circonscriptions qu'on appelle sections électorales, par exemple, le Grand Londres est découpé en 73 sections électorales.

Les citoyens de plus de 18 ans du RU, ainsi que les citoyens du Commonwealth ou de la République d'Irlande résidant au RU peuvent participer aux élections législatives. Depuis 1918, tous les hommes de plus de 21 ans et toutes les femmes de plus de 30 ans et propriétaires ont le droit de vote ; auparavant voter constituait le privilège des seuls hommes aisés. En 1928, toutes les femmes de plus de 21 ans acquirent ce droit. L'âge minimum fut abaissé de 21 à 18 ans en 1969. Le monarque, les membres de la Chambre des lords, les personnes emprisonnées et celles hospitalisées pour raisons mentales ne jouissent pas du droit de vote.

Les électeurs se rendent aux urnes un jeudi. À l'intérieur du bureau de vote, l'électeur prend un bulletin de vote et se rend dans l'isoloir car le scrutin est secret. Sur le bulletin de vote figure une liste des noms et des partis des candidats de la circonscription. L'électeur choisit un(e) candidat(e) et vote en mettant une « X » dans la case face au nom du candidat. Un bulletin est nul quand il a été altéré, par des marques distinctives ou des commentaires, dans ce cas, il ne compte pas, il est nul.

Les personnes ayant le droit de vote, désirant l'exercer mais ne pouvant pas se rendre au bureau de vote à la date fixée peuvent voter par procuration : une personne se rend au bureau de vote et vote officiellement en leur nom, ou bien elles peuvent avoir recours au vote par correspondance. Cette forme de participation se répand. Si une personne ayant le droit de voter choisit de ne pas le faire, on dit qu'elle s'abstient. Le vote aux élections législatives repose sur le volontariat.

The **electoral system** of the UK for a **general election** is based on obtaining a simple **majority** and not an absolute **majority**. The **candidate** who obtains the most **votes** in the **constituency** where he/she stands is (re)**elected** to the **House of Commons** and so becomes or remains an **MP**. He/she does not need to gain more than 50% of the **votes** in order to win the **constituency**.

TURNOUT

Voter turnout is the percentage of the population eligible to vote and on the **electoral register** that exercises its right. The 2001 and 2005 **general elections** saw the number of abstentions increase dramatically so that **turnout** dropped to **59.3%** and **61.3%**. This very low participation rate (high **voter apathy**) was especially prevalent among women and young persons. It was attributed to various factors, such as people being fed up with **politics** in general and **politicians** in particular, the feeling that voting would change nothing and the belief that all the main parties resemble each other, etc. In 2010 **turnout** was **65.1%**, in 2015 it was **66.1%**, and it went up to **68.7%** in 2017.

The **political party** that wins half of all the constituencies wins the **general election**. Hence the name given to the **electoral system**: **'First-Past-The-Post'** (**FPTP**) (like in a horse race). Each **constituency** represents one seat in the **House of Commons.** The winning party goes on to form **'His/Her Majesty's Government'**. On the very rare occasions when no party wins a majority of the constituencies, there is a **hung Parliament**. When this occurs, the party winning the most **seats** usually forms a **coalition** government with a minor party, as was the case in May 2010. Otherwise, the party with the most constituencies can form a minority government. The other option is another general election.

Le système électoral pour les élections législatives est fondé sur la majorité simple, et non sur la majorité absolue. C'est un scrutin uninominal majoritaire à un seul tour. Le candidat qui obtient le plus de voix dans la circonscription dans laquelle il s'est présenté est élu à la Chambre des communes et devient ainsi ou reste député d'un siège. Il n'a pas besoin d'obtenir plus de 50 % des votes pour emporter la circonscription.

LA PARTICIPATION ÉLECTORALE

La participation des électeurs est le pourcentage de la population ayant le droit de vote sur la liste électorale exerçant leur droit. En 2001 et en 2005, les élections ont vu une forte augmentation du nombre des abstentions, à un point tel que le taux de participation est tombé à **59,3 %** et **61,3 %**. Ce chiffre très faible est particulièrement marqué chez les femmes et les jeunes. Plusieurs facteurs expliquent ce phénomène, comme la lassitude à l'égard de la politique en général et des politiciens en particulier, le sentiment que voter ne changerait rien, l'opinion que tous les partis se ressemblent. En 2010, le taux de participation était de **65,1 %** ; il s'est élevé à **66,1 %** en 2015 et il est monté à **68,7 %** en 2017.

Le parti politique qui gagne plus de la moitié des circonscriptions gagne l'élection. D'où le nom en anglais du système électoral : littéralement « le premier à passer le poteau », comme dans une course hippique, c'est donc un système majoritaire à un tour. Chaque circonscription représente un siège à la Chambre des communes. Le parti qui gagne l'élection forme le « gouvernement de sa Majesté ». Dans les cas très rares où aucun parti ne remporte la majorité des sièges, on parle de « Parlement sans majorité ». Quand cela arrive, le parti ayant le plus de sièges forme en général une coalition avec le parti minoritaire, comme en 2010. Il peut former un gouvernement minoritaire, ou bien choisir d'organiser une nouvelle élection.

8 THE ELECTORAL SYSTEM
A. General elections

The term **parliamentary majority** is used to refer to the number of **seats** by which the winning party beats the combined total number of **seats** obtained by all the other parties winning **seats.** The **Labour Party** headed by Tony Blair obtained a massive **majority** of 179 in 1997 and 167 in 2001. In comparison, the **Conservative Party** obtained its greatest **majority** since WWII with Margaret Thatcher in 1983: a substantial 144 **seats.** In 2015, the Conservative Party led by David Cameron obtained a slim majority of just 12 seats.

The winning party does not need to gain 50% of the **popular vote** in order to win the **general election.** It is the number of **constituencies** won that is important, not the number of **votes.** This set-up creates anomalies, as in February 1974, when the **Labour Party** won the **general election** with 301 out of 635 **seats,** i.e. 47.4% of the **constituencies.** The **Conservative Party** obtained 297 **seats,** the equivalent of 46.3% of the **constituencies.** However, the **Labour Party** had not won the most **votes.** In fact it only obtained 37.1% of the **votes cast** (11,639,243 **votes**), whereas the **Conservative Party** obtained 37.9% of the **votes cast** (11,868,906 **votes**), i.e. 0.8% more (229,663 **votes**).

The previously chosen leader of the **political party** which wins the most **constituencies/seats** at a **general election** is invited by the **monarch** to form the new '**His/Her Majesty's Government**'.

Intrinsic to the UK's '**First-Past-The-Post**' (**FPTP**) voting system is the difficulty for minor parties to win constituencies. **Proportional Representation** (**PR**) would allow smaller parties to gain more representation in the **House of Commons,** for example, the **Liberal Democrats, UKIP** and the **Green Party.** However, the **Alternative Vote** (**AV**) electoral system was rejected in a nationwide referendum in 2011.

L'expression « majorité parlementaire » est employée en référence au nombre de sièges dont le parti majoritaire dispose de plus que le total des sièges de tous les autres partis représentés. Le Parti travailliste dirigé par Tony Blair a obtenu une très grande majorité de 179 sièges en 1997 et 167 en 2001. En comparaison, la majorité la plus forte obtenue par le Parti conservateur depuis la Seconde Guerre mondiale fut de 144 sièges en 1983 sous la direction de Margaret Thatcher. En 2015, le Parti conservateur a gagné avec une très mince majorité de 12 sièges.

Le parti vainqueur n'a pas besoin de remporter plus de 50 % des suffrages pour gagner l'élection législative. C'est le nombre de circonscriptions gagnées qui importe, pas le nombre de votes. Cet état de fait crée des anomalies, comme en février 1974, où le Parti travailliste a remporté les élections législatives, avec 301 sièges sur un total de 635, soit 47,4 % des circonscriptions. Le Parti conservateur obtenait lui 297 sièges, soit l'équivalent de 46,3 % des circonscriptions. Pourtant, ce n'était pas le Parti travailliste qui avait remporté le plus de suffrages. En fait, il n'avait même obtenu que 37,1 % des suffrages (11 639 243 votes), alors que le Parti conservateur avait obtenu 37,9 % des suffrages (11 868 906 votes), soit 0,8 % de plus (229 663 votes).

Le chef en place du parti ayant remporté les élections législatives en reportant la majorité des circonscriptions est par convention invité par le monarque à former un nouveau gouvernement : « le gouvernement de sa Majesté ».

Compte tenu de la spécificité du système électoral britannique, les partis minoritaires ont des difficultés à emporter des circonscriptions. Un système de représentation proportionnelle (RP) permettrait aux petits partis d'être davantage représentés aux Communes, par exemple, les libéraux-démocrates, *UKIP* et le Parti vert. Pourtant, le système électoral appelé le « vote alternatif » a été rejeté dans un référendum national en 2011.

Table 10. Dates of general elections, 1900-2017

Date	Winning party
28.09-24.10.**1900**	Conservative
12.01-07.02.**1906**	Liberal
14.01-09.02.**1910**	Liberal
02.12-19.12.**1910**	Liberal
14.12.**1918**	Coalition
15.11.**1922**	Conservative
06.12.**1923**	Labour
29.10.**1924**	Conservative
30.05.**1929**	Labour
27.10.**1931**	Conservative
14.11.**1935**	Conservative
05.07.**1945**	Labour
23.02.**1950**	Labour
25.10.**1951**	Conservative
26.05.**1955**	Conservative
08.10.**1959**	Conservative
15.10.**1964**	Labour
31.03.**1966**	Labour
18.06.**1970**	Conservative
28.02.**1974**	Labour
10.10.**1974**	Labour
03.05.**1979**	Conservative
09.06.**1983**	Conservative
11.06.**1987**	Conservative
08.04.**1992**	Conservative
01.05.**1997**	Labour
07.06.**2001**	Labour
05.05.**2005**	Labour
06.05.**2010**	Coalition (no party won)
07.05.**2015**	Conservative
08.06.**2017**	Conservative (minority government)

Table 11. General election results, 1945-2017

	No. seats	% seats	No. votes	% votes
05.07.1945				
Conservatives	213	33.28	9,988,306	39.8
Labour (majority = 146)	**393**	61.40	11,995,152	47.8
Liberals	12	1.87	2,248,226	9.0
Others	22	3.45	854,294	3.4
Total	**640**	**100.00**	**25,085,978**	**100.0**
Voter turnout				**72.7%**
23.02.1950				
Conservatives	298	47.68	12,502,567	43.5
Labour (majority = 5)	**315**	50.40	13,266,592	46.1
Liberals	9	1.44	2,621,548	9.1
Others	3	0.48	381,964	1.3
Total	**625**	**100.00**	**28,772,671**	**100.0**
Voter turnout				**84.0%**
25.10.1951				
Conservatives (majority = 17)	**321**	51.36	13,717,538	48.0
Labour	295	47.20	13,948,605	48.8
Liberals	6	0.96	730,556	2.5
Others	3	0.48	198,969	0.7
Total	**625**	**100.00**	**28,595,668**	**100.0**
Voter turnout				**82.5%**
26.05.1955				
Conservatives (majority = 58)	**344**	54.60	13,286,569	49.7
Labour Party	277	43.97	12,404,970	46.4
Liberal Party	6	0.95	722,405	2.7
Others	3	0.48	346,554	1.2
Total	**630**	**100.00**	**26,760,498**	**100.0**
Voter turnout				**76.7%**
08.10.1959				
Conservatives (majority = 100)	**365**	57.94	13,749,830	49.4
Labour Party	258	40.95	12,215,538	43.8
Liberal Party	6	0.95	1,638,571	5.9
Others	1	0.16	255,302	0.9
Total	**630**	**100.00**	**27,859,241**	**100.0**
Voter turnout				**78.8%**

A. General elections

	No. seats	% seats	No. votes	% votes
15.10.1964				
Conservatives	304	48.25	12,001,396	43.4
Labour Party (majority = 4)	**317**	50.32	12,205,814	44.1
Liberal Party	9	1.43	3,092,878	11.2
Others	00	0.00	355,286	1.3
Total	**630**	**100.00**	**27,655,374**	**100.0**
Voter turnout				**77.1%**
31.03.1966				
Conservatives	253	40.16	11,418,433	41.9
Labour Party (majority = 96)	**363**	57.62	13,064,951	47.9
Liberal Party	12	1.90	2,327,533	8.5
Others	2	0.32	452,689	1.7
Total	**630**	**100.00**	**27,263,606**	**100.0**
Voter turnout				**75.8%**
18.06.1970				
Conservatives (majority = 30)	**330**	52.38	13,145,123	46.4
Labour Party	287	45.56	12,179,341	43.0
Liberal Party	6	0.95	2,117,035	7.5
Others	7	1.11	903,299	3.1
Total	**630**	**100.00**	**28,344,798**	**100.0**
Voter turnout				**72.0%**
28.02.1974				
Conservatives	297	46.77	11,868,906	37.9
Labour Party (majority = 33)	**301**	47.40	11,639,243	37.1
Liberal Party	14	2.21	6,063,470	19.4
Others	23	3.62	1,761,607	5.6
Total	**635**	**100.00**	**31,333,226**	**100.0**
Voter turnout				**78.7%**
10.10.1974				
Conservatives	277	43.62	10,464,817	35.9
Labour Party (majority = 03)	**319**	50.24	11,457,079	39.2
Liberal Party	13	2.05	5.346,754	18.3
Others	26	4.09	1,920,528	6.6
Total	**635**	**100.00**	**29,189,178**	**100.0**
Voter turnout				**72.8%**

	No. seats	% seats	No. votes	% votes
03.05.1979				
Conservatives (majority = 43)	**339**	53.39	13,697,690	43.9
Labour Party	269	42.36	11,532,148	36.9
Liberal Party	11	1.73	4,313,811	13.8
Others	16	2.52	1,676,361	5.4
Total	**635**	**100.00**	31,220,010	**100.0**
Voter turnout				**76.0%**
09.06.1983				
Conservatives (majority = 144)	**397**	61.08	13,012,315	42.4
Labour Party	209	32.15	8,456,934	27.7
Alliance	23	3.54	7,780,949	25.3
Others	21	3.23	1,420,938	4.6
Total	**650**	**100.00**	**30,671,136**	**100.0**
Voter turnout				**72.7%**
09.06.1987				
Conservatives (majority = 102)	**376**	57.85	13,763,066	42.3
Labour Party	229	35.23	10,029,778	30.8
Alliance	22	3.38	7,341,633	22.6
Others	23	3.54	1,395,091	4.3
Total	**650**	**100.00**	**32,529,568**	**100.0**
Voter turnout				**75.3%**
08.04.1992				
Conservatives (majority = 21)	**336**	51.61	14,092,891	41.9
Labour Party	271	41.63	11,559,735	34.4
Lib. Dems.	20	3.07	5,999,384	17.9
Others	24	3.09	1,960,683	5.8
Total	**651**	**100.00**	**33,612,693**	**100.0**
Voter turnout				**77.7%**
01.05.1997				
Conservatives	**165**	25.04	9,600,940	30.7
Labour Party (majority = 179)	419	63.58	13,517,911	43.2
Lib. Dems.	46	6.98	5,243,440	16.8
Others	29	4.40	2,925,411	9.3
Total	**659**	**100.00**	**31,287,702**	**100.0**
Voter turnout				**71.5%**

A. General elections

	No. seats	% seats	No. votes	% votes
07.06.2001				
Conservatives	166	25.19	8,357,622	31.7
Labour Party (majority = 167)	**413**	62.67	10,724,895	40.7
Lib. Dems.	52	7.89	4,812,833	18.2
Others	28	4.25	2,473,448	9.4
Total	**659**	**100.00**	**26,368,798**	**100.0**
Voter turnout				**59.3%**
05.05.2005				
Conservatives	198	30.65	8,772,598	32.3
Labour Party (majority = 66)	**356**	55.11	9,562,122	35.3
Lib. Dems.	62	9.60	5,981,874	22.1
Others	30	4.64	2,793,678	10.3
Total	**646**	**100.00**	**27,110,727**	**100.0**
Voter turnout				**61.3%**
06.05.2010				
Conservatives (no majority)	307	47.23	10,703,654	36.0
Labour Party	258	39.69	8,606,517	29.0
Lib. Dems.	57	8.77	6,836,248	23.0
Others	28	4.31	3,541,185	12.0
Total	**650**	**100.00**	**29,687,604**	**100.0**
Voter turnout				**65.1%**
7.05.2015				
Conservatives (majority = 12)	**331**	50.92	11,339,193	36.9
Labour Party	232	35.69	9,344,328	30.4
Lib. Dems.	8	1.23	2,415,888	7.8
SNP	56	8.61	1,454,436	4.7
UKIP	1	0.16	3,881,129	12.7
Greens	1	0.16	1,157,613	3.7
Others	21	3.23	1,099,093	5.6
Total	**650**	**100.00**	**30,691,680**	**100.0**
Voter turnout				**66.1%**
8.06.2017				
Conservatives	318	48.9	13,669,883	42.4
Labour Party	262	40.3	12,878,460	40.0
Lib. Dems.	12	1.8	2,371,910	7.4
SNP	35	5.3	977,569	3.0
Greens	1	0.2	525,435	1.6
Others	22	3.5	1,780,224	5.6
Total	**650**	**100.0**	**32,203,481**	**100.0**
Voter turnout				**68.7**

Table 12. General election results, UK, 2017

Political party and party leader(s) on 8 June 2017	No. seats	% seats	% votes
Conservative Party Theresa MAY	318	48.92	42.4
Labour Party Jeremy CORBYN	262	40.30	40.0
Liberal Democrats Tim FARRON	12	1.84	7.4
Green Party of England and Wales Natalie BENNETT	1	0.15	1.6
United Kingdom Independence Party (UKIP) Nigel FARAGE	0	0.00	1.8
Scottish National Party (SNP) Nicola STURGEON	35	5.38	3.0
***Plaid Cymru* (Party of Wales)** Leanne WOODS	4	0.61	0.5
Democratic Unionist Party (DUP) Arlene FOSTER	10	1.53	0.9
Sinn Féin Gerry ADAMS	7	1.07	0.7
Ulster Unionist Party	0	0.00	0.3
Social Democratic Unionist Party (SDLP)	0	0.00	0.3
Independent	1	0.15	0.6
Total	650	100	100

B. Regional elections: Wales

In 1999, following referenda, the UK **Parliament** agreed to considerable **devolution** of power to **Wales, Scotland** and **Northern Ireland**, as well as to **London**. It represented a major constitutional change in the distribution of power within the Union. Now, voters in **Wales, Scotland** and **Northern Ireland** not only vote in general elections for MPs to Westminster, but also for representatives who sit their own national chambers, whereas England has no national chamber. The Westminster MPs and the regional representatives are not the same people.

The **National Assembly for Wales** (*Cynulliad* in **Welsh**) in Cardiff was established by the *Government of Wales Act*, 1998.

In elections for National Assembly for Wales, each elector has 2 **votes**. The 60 Assembly Members (AMs) are **elected** for a term of 4 years: 40 by the **First-Past-The-Post** (**FPTP**) method using the same constituencies as for **general elections** and 20 by **Proportional Representation** (**PR**). There are 4 AMs in each of the 5 **Welsh Euro-constituencies.**

The first **election** to the **Welsh Assembly** was held on 6 May 1999. **Labour** won 28 seats, **Plaid Cymru** (Party of Wales) 17 **seats**, the **Conservative Party** 9 **seats** and the **Lib Dems** 6 **seats.** In this way, Alun Michael from the Labour Party became the very first **First Minister** of Wales. Rhodri Morgan (Labour) became First Minister in 2000 and he was succeeded by Carwyn Jones (Labour) in 2009 who remained in power after the 2011 and 2016 Welsh Assembly elections.

On 5 May 2016, the Welsh Assembly electoral outcome was: **Welsh Labour** 29 seats, **Plaid Cymru** 12 seats, the **Welsh Conservative Party** 11 seats, the **Welsh Liberal Democrats** 1 seat, **UKIP** Wales 7 seats, with a turnout of 45.3%.

The next election is due in May 2020.

En 1999, à la suite de référendums, le Parlement du RU a décentralisé une partie importante de ses pouvoirs au pays de Galles, à l'Écosse et à l'Irlande du Nord, ainsi qu'à Londres. C'est un changement considérable dans la distribution des pouvoirs à l'intérieur de l'Union du RU. Dès lors, les électeurs du pays de Galles, de l'Écosse et de l'Irlande du Nord votent non seulement dans les élections législatives pour le Parlement de Westminster, à Londres, mais aussi pour les représentants qui siègent dans leur propre chambre nationale. Les députés siégeant à Westminster ne sont pas les mêmes personnes que les députés régionaux.

L'Assemblée nationale du pays de Galles (*Cynulliad* en gallois) siégeant à Cardiff est née de la *Loi sur le gouvernement du pays de Galles* de 1998.

Dans les élections, chaque électeur vote 2 fois. Les 60 membres de l'assemblée sont élus pour 4 ans : 40 par scrutin majoritaire à un tour, à partir des mêmes circonscriptions électorales que pour les élections législatives, et 20 sur le mode proportionnel, à hauteur de 4 pour chacune des 5 circonscriptions européennes.

Les premières élections pour cette assemblée se sont tenues en mai 1999 : le Parti travailliste a remporté 28 sièges, le *Plaid Cymru* 17, les conservateurs 9 et les libéraux-démocrates 6. Dans ces conditions, c'est le travailliste Alun Michael qui a été le tout premier Premier ministre du pays de Galles élu, suivi de Rhodri Morgan (Parti travailliste) en 2000. Carwyn Jones (Parti travailliste) devient le Premier ministre du pays de Galles en 2009. Il reste au pouvoir après les élections de 2011 et 2016.

Les résultats des élections du 5 mai 2016 sont les suivants : travaillistes 29 sièges, le *Plaid Cymru* 12, conservateurs 11, libéraux-démocrates 1, *UKIP* 7. Le taux de participation était de 45,3 %.

Les prochaines élections doivent avoir lieu en mai 2020.

C. Regional elections: Scotland

The **Scottish Parliament** situated in Holyrood (Edinburgh) was created by the *Scotland Act*, 1998. The first elections took place on 6 May 1999. In the **Scottish Parliament** there are 129 **elected** members called **Members of the Scottish Parliament (MSPs** for short). Each elector has two **votes.** 73 MSPs are elected by the **First-Past-The-Post** (**FPTP**) method using the same constituencies as for **general elections** and 56 by **Proportional Representation** (**PR**).

In 1999, **Labour** won 56 seats, **SNP** 35 seats, **Lib Dems** 17 **seats, Conservatives** 18 **seats** and 3 seats went to other parties. Thus, Donald Dewar from the **Labour Party** was **elected** as the very first **First Minister** of Scotland. The **Scottish Parliament** met for the first time on 13 May 1999.

The outcome of the third election on 3 May 2007 was: **SNP** 47 seats, **Labour** 46 seats, **Conservatives** 17 seats, the **Lib Dems** 16 **seats**, **Scottish Green Party** 2 seats and independent candidates: 1 seat. The majority thus changed hands from **Labour** to the **SNP**, with Alex Salmond becoming the first nationalist **First Minister** of **Scotland** (see Chapter 10).

In the 2011 election, the **SNP** kept its majority: **SNP** 46 seats, **Labour** 44 seats, **Conservatives** 20 seats, **Lib Dems** 17 seats, **Scottish Green Party** 1 seat and an independent candidates: 1 **seat.** Alex Salmond remained First Minister, but resigned after the independence of Scotland referendum in 2014 and Nicola Sturgeon replaced him. The next election took place on 5 May 2016 (due to the **UK general election** in 2015). The **SNP** did not win half the seats, but remained in power led by Nicola Sturgeon: **SNP** 63 seats, Scottish **Conservatives** 31 seats, **Scottish Labour** 24 seats, **Scottish Green Party** 6 seats, Scottish **Lib Dems** 5 seats.

The next election is due in May 2020.

Le Parlement d'Écosse, qui siège à Holyrood, Edimbourg, est né de la *Loi sur l'Écosse* de 1998. Les premières élections se sont tenues le 6 mai 1999. En tout, le Parlement d'Écosse compte 129 membres. Chaque électeur vote 2 fois. 73 députés sont directement élus par scrutin majoritaire à un tour, à partir des mêmes circonscriptions électorales que pour les élections législatives ; 56 sont élus au scrutin proportionnel, à hauteur de 7 pour chacune des 8 circonscriptions régionales d'Écosse.

En 1999, le Parti travailliste a remporté 56 sièges, le Parti national écossais 35, le Parti conservateur 18, les libéraux-démocrates 17 et les autres partis trois. Le travailliste Donald Dewar a été le tout premier Premier ministre d'Écosse élu. Le Parlement d'Écosse a siégé pour la toute première fois le 13 mai 1999.

Les résultats des élections de 2007 ont été les suivants : le Parti national écossais a remporté 47 sièges, le Parti travailliste 46 sièges, le Parti conservateur 17, les libéraux-démocrates 16 et les autres partis trois. Le Parti national écossais a donc obtenu la majorité pour la première fois. Alex Salmond est devenu le tout premier Premier ministre nationaliste de l'Écosse (voir le chapitre 10).

Lors des élections au Parlement écossais de 2011, le Parti national écossais a conservé sa majorité : SNP 46 sièges, le Parti travailliste 44 sièges, le Parti conservateur 20 sièges, les libéraux-démocrates 17 sièges, le Parti vert écossais 1 siège, les candidats indépendants 1 siège. Alex Salmond reste comme Premier ministre, mais il démissionne à la suite du référendum sur l'indépendance d'Écosse de 2014 et Nicola Sturgeon l'a remplacé. Les dernières élections ont eu lieu en mai 2016 (en raison des élection législatives de 2015). Le Parti national écossais n'a pas gagné la moitié des sièges mais reste au pouvoir sous la direction de Nicola Sturgeon : SNP 63 sièges, le Parti conservateur écossais 31 sièges, le Parti travailliste écossais 24 sièges, le Parti vert écossais 6 sièges, les libéraux-démocrates écossais 5 sièges.

Les prochaines élections doivent avoir lieu en mai 2020.

D. Regional elections: Northern Ireland

The **Northern Ireland Assembly**, based in **Stormont** Castle on the outskirts of Belfast, came into being in 1998 although it was suspended four times during its early years with direct rule from Westminster. The First Minister and Deputy First Minister sit in a power-sharing government (see Chapter 10, Devolution). 108 members are **elected** using the **Single Transferable Vote** (**STV**) system of **Proportional Representation** (**PR**).

The first election was held on 25 June 1998. 108 members were **elected** using the **Single Transferable Vote** (**STV**) system of **Proportional Representation** (**PR**). The results were: **Ulster Unionist Party** (**UUP**) 28 seats, **Social Democratic and Labour Party** (**SDLP**) 24, **Democratic Unionist Party** (**DUP**) 20, **Sinn Féin** 18, Alliance Party 6, UK Unionist Party 5, Independent Unionist 3, Progressive Unionist Party 2, NI Women's Coalition, 2.

In 2003, the results were: **DUP** 30 seats, **Sinn Féin** 24, **UUP** 27, **SDLP** 18, Alliance 6, Independent 1, PUP 1, NI Women's Coalition, 1, UK Unionist 1.

In 2007, the results were: **DUP** 36 seats, **Sinn Féin** 28, **UUP** 16, **SDLP** 18, Alliance 7, Independent 1, PUP 1, UK Unionist 1, Green 1.

In 2011, the results were: **DUP** 38 seats, **Sinn Féin** 29, **UUP** 16, **SDLP** 14, Alliance 8, Green 1, Traditional Unionist Voice (TUV) 1.

In May 2016, the results were as follows: **DUP** 38 seats, **Sinn Féin** 28, **UUP** 16, **SDLP** 12, Alliance Party 8, Green Party 2, People Before Profit Alliance 2, Traditional Unionist Voice 1, Independent 1.

L'Assemblée d'Irlande du Nord, siégeant au château de Stormont dans la banlieue de Belfast, a vu le jour en 1998. L'assemblée a été suspendue 4 fois pendant les premières années de son existence. Le Premier ministre et le vice-Premier ministre siègent ensemble dans un gouvernement qui partage le pouvoir entre les deux principaux partis politiques (voir le chapitre 10). Les 108 membres sont élus au *scrutin de liste* à *représentation proportionnelle.*

Les premières élections ont eu lieu le 25 juin 1998, avec les résultats suivants : Parti unioniste de l'Ulster, 28 sièges ; Parti social-démocrate et travailliste, 24 ; Parti unioniste démocrate, 20 ; *Sinn Féin,* 18 ; Parti de l'alliance, 6 ; Parti unioniste du Royaume-Uni, 5 ; Parti unioniste indépendant, 3 ; Parti unioniste progressiste, 2 ; Coalition des femmes en Irlande du Nord, 2. Ensuite, il y avait des élections en 2003, 2007, 2011 et 2016.

En 2003, les résultats étaient les suivants : Parti unioniste démocrate, 30 sièges ; *Sinn Féin*, 24 ; Parti unioniste de l'Ulster, 27 ; Parti social-démocrate et travailliste, 18 ; Parti de l'alliance, 6 ; candidat indépendant, 1 ; Parti unioniste progressiste, 1 ; Coalition des femmes en Irlande du Nord, 1 ; Parti unioniste du Royaume-Uni, 1.

En, 2007 ; les résultats étaient les suivants : Parti unioniste démocrate, 36 sièges ; *Sinn Féin*, 28 ; Parti unioniste de l'Ulster, 16 ; Parti social-démocrate et travailliste, 18 ; Parti de l'alliance, 7 ; candidat indépendant, 1 ; Parti unioniste progressiste, 1 ; Parti unioniste du Royaume-Uni, 1 ; Parti vert, 1.

En, 2011 ; les résultats étaient les suivants : Parti unioniste démocrate, 38 sièges ; *Sinn Féin*, 29 ; Parti unioniste de l'Ulster, 16 ; Parti social-démocrate et travailliste, 14 ; Parti de l'alliance, 8 ; Parti vert, 1 ; Voix unioniste traditionnelle, 1.

En 2016, les résultats étaient les suivants : Parti unioniste démocrate, 38 sièges ; *Sinn Féin*, 28 ; Parti unioniste de l'Ulster, 16 ; Parti social-démocrate et travailliste, 12 ; Parti de l'alliance, 8 ; Parti vert, 2 ; Le Peuple avant le profit, 2 ; Voix unioniste traditionnelle, 1 ; candidat indépendant, 1.

The very first First Minister of Northern Ireland was David Trimble (**UUP**) from 1998 to 2002, followed by Ian Paisley (**DUP**) from 2007 to 2008, then Peter Robinson (**DUP**) from 2008 to 2016. From January 2016 to January 2017 it was Arlene Foster (**DUP**).

The very first Deputy First Minister was Seamus Mallon (**SDLP**) from 1998 to 2001, followed by Mark Durcan (**SDLP**) from 2001 to 2002. From 2007 until his death early 2017 it was Martin McGuinness (**Sinn Féin**).

The Deputy First Minister was Martin McGuinness (**Sinn Féin**) from 2007 until January 2017, when he resigned. As there it is a power-sharing agreement in the **NI Assembly** due to the ***Good Friday Agreement***, the First Minister was also obliged to step down.

The Secretary of State for Northern Ireland in the UK Government was forced to organise a snap election for the **Northern Ireland Assembly** on 2 March 2017.

The **DUP** won 28 seats, **Sinn Féin** 27, the **SDLP** 12, the UUP 10, the Alliance Party 8, the Greens (NI) 2, the Traditional Unionist Voice (TUV) 1, an Independent 1 and People Before Profit 1.

Michelle O'Neil replaced Martin McGuinness as leader of **Sinn Féin** in **Northern Ireland** in January 2017, but the party did not nominate a new Deputy First Minister. Inter-party negotiations to re-establish a power-sharing coalition have been unsuccessful. Therefore, since early 2017, there has not been an Executive in the devolved Northern Ireland Assembly. Mary Lou McDonald became leader of **Sinn Féin** in January 2018.

Le tout premier Premier ministre de l'Irlande du Nord est David Trimble de 1998 à 2002, suivi d'Ian Paisley de 2007 à 2008, puis Peter Robinson de 2008 à 2016. De janvier 2016 à janvier 2017 Arlene Foster et le Premier ministre.

Le tout premier vice-Premier ministre est Seamus Mallon, de 1998 à 2001, suivi de Mark Durcan de 2001 à 2002. Martin McGuinness est vice-Premier ministre de 2007 jusqu'au début de 2017, soit quelques semaines avant sa mort.

Le vice-Premier ministre est Martin McGuinness (Sinn Féin) de 2007 à janvier 2017, quand il démissionne. En raison de *l'Accord de paix de Vendredi saint*, il y a un partage du pouvoir en Irlande du Nord entre les deux partis politiques principaux. Ainsi, le Premier ministre a aussi été contraint de quitter ses fonctions.

De cette façon, le Secrétaire d'État pour l'Irlande du Nord dans le gouvernement du Royaume-Uni a dû organiser des élections anticipées pour élire les députés à l'Assemblée de l'Irlande du Nord.

Les résultats des élections du 2 mars 2017 sont les suivants : Parti unioniste démocrate, 28 sièges ; Sinn Féin, 27 sièges ; Parti social-démocrate et travailliste, 12 ; Parti unioniste de l'Ulster, 10 ; Parti de l'alliance, 8 ; Parti vert, 2 ; Voix unioniste traditionnelle, 1 ; candidat indépendant 1 ; Le Peuple avant le profit, 1.

Michelle O'Neil devient le chef de Sinn Féin en Irlande du Nord en janvier 2017, mais le parti ne nomme pas un nouveau vice-Premier ministre. Des négociations entre le Parti unioniste démocrate et Sinn Féin afin de rétablir une coalition sont sans issues. Il en résulte que l'Exécutif à l'Assemblée de l'Irlande du Nord ne fonctionne pas depuis janvier 2017. Enfin, Mary Lou McDonald devient le chef de Sinn Féin en janvier 2018.

E. Regional elections: London

The first **election** for the new **Greater London Assembly** (**GLA**) and the **London Mayor** was held on 5 May 2000 using a new voting system. Voters have two **ballot papers** and are able to **cast** 4 **votes**: 2 for the **GLA** and 2 for the **London Mayor**.

The **Greater London Assembly** comprises 25 members, 14 of whom are **elected** by the **First-Past-The-Post** (**FPTP**) method using the same constituencies as for **general elections** and the remaining 11 by **Proportional Representation** (**PR**). Electors **cast** one vote for each of the two parts.

The method to **elect** the **London Mayor** is known as the **Supplementary Vote** (**SV**) system using the concept of preferential voting. **Voters** are asked to **cast** a **vote** for their preferred **candidate** in the left-hand column. Then they place a second vote in the next column for their second choice for **London Mayor**. If a **candidate** wins more than half of the total first choice **votes cast**, he/she is **elected Mayor**. If, however, no **candidate** obtains more than half the **votes**, all but the top two **candidates** are eliminated. Second preference **votes** for the two remaining **candidates** on **ballot papers** of the eliminated **candidates** are then counted. The **candidate** with the most first choice and second choice **votes** is **elected Mayor**. There are **elections** every 4 years (except for in 2015 due to the general election).

Ken Livingstone was **elected** the first **London Mayor** in 2000 as an independent candidate and re-elected in 2004 as a Labour candidate.

In 2008, Conservative Boris Johnson became the London Mayor and he was re-elected in 2012.

In 2016, the **Labour** candidate Sadiq Khan won the mayoral election with 59% of Londoners' votes.

The next election is due in 2020.

Les premières élections pour la nouvelle Assemblée du Grand Londres et pour le maire de Londres se sont tenues le 5 mai 2000 sur un nouveau mode de scrutin. Les votants avaient à leur disposition deux bulletins pour quatre votes : deux pour le conseil et deux pour le Maire.

L'Assemblée du Grand Londres comprend 25 membres, dont 14 sont élus par scrutin majoritaire à un tour, à partir des mêmes circonscriptions électorales que pour les élections législatives, et les 11 autres sur le mode proportionnel. Les électeurs votent une fois pour chacun des deux scrutins.

La méthode pour élire le maire est appelée système du vote complémentaire et repose sur le concept du vote préférentiel. Dans la colonne de gauche, les électeurs votent pour leur candidat préféré. Dans l'autre colonne, ils placent leur second choix pour le maire. Si un(e) candidat(e) remporte plus de la moitié des premiers choix, il/elle est élu(e) maire. Si ce n'est le cas pour aucun des candidats, tous sont éliminés à l'exception des deux ayant le plus de voix. C'est alors que l'on compte les votes de second choix. Le candidat ayant le plus de votes de premier et second choix est élu maire. Les élections doivent avoir lieu tous les quatre ans (sauf en 2015 en raison des élections législatives).

Ken Livingstone a été élu maire en 2000 et réélu en 2004 (en tant que candidat du Parti travailliste).

Le conservateur Boris Johnson a été élu comme nouveau maire de Londres en 2008 et réélu en 2012.

En 2016, le candidat travailliste Sadiq Khan a remporté 59 % des voix des londoniens pour devenir maire de Londres.

Les prochaines élections doivent avoir lieu en mai 2020.

9 POLITICAL PARTIES

The **political party** system that exists in the United Kingdom dates back to the 17th century. Although there are a number of **political parties** represented in the **House of Commons**, the United Kingdom has been a **two-party system** for over one hundred years. That is to say, since the 1900s power has alternated between two main **political parties.** Governments were formed from either the **Conservative Party** or the **Liberal Party**, until the 1920s. Since then, power has been held by either the Conservative Party or the **Labour Party.** The creation of a Coalition is a very rare phenomenon.

Until recent years, it was easy to separate the two main parties. Traditionally, the **Conservative Party** was **right wing**, primarily advocating **Conservatism** and traditionalism. The **Labour Party** was **left wing**, being principally in favour of **Socialism** and social progress. However, the lines between the two parties became somewhat blurred, especially due to the **Labour Party**'s move towards the centre ground under the leadership of modernizing Tony Blair. The political landscape became further complicated by the emergence of a sizeable third party, in the form of the **Liberal Democrats**, which occupies the centre ground. Thus, positions held by these parties overlap and there is definitely some common ground.

The dominance of two parties is mainly due to three factors. First, the nature of the **First-Past-The-Post** (**FPTP**) voting system used in general elections because it favours large parties (see Chapter 8). Second, the main **political parties** are 'broad churches' having inclusive ideologies. That is to say, **political parties** usually encompass varying political stances around a fundamental core ideology. For example, the traditionally left-wing **Labour Party** includes supporters who are centre-left (modernizers), as well as those who would be defined as **Communists** in other countries (hard-left or far left). Third, political tradition holds that **voters** like having two opposing parties forming strong governments (rather than weaker coalitions).

Le système des partis politiques qui existe actuellement au Royaume-Uni remonte au XVIIe siècle. Bien qu'il existe beaucoup de partis représentés à la Chambre des communes, le pays connaît un système à tendance bipartite depuis plus de 100 ans. C'est-à-dire que depuis les années 1900, le pouvoir a échu de façon alternée aux deux grands partis politiques ; jusqu'aux années 1920, les gouvernements ont été formés soit par le Parti conservateur, soit par le Parti libéral. Depuis lors, le pouvoir est détenu par le Parti conservateur ou le Parti travailliste. La création d'une coalition est un phénomène très rare.

Jusqu'à il y a peu de temps, il était facile de séparer les deux principaux partis. Traditionnellement, le Parti conservateur était à droite, défendant le conservatisme et les traditions. Le Parti travailliste était à gauche, en faveur surtout du socialisme et du progrès social. Toutefois, les lignes de partage sont devenues moins nettes, en grande partie à cause de l'évolution vers le centre du Parti travailliste sous la direction du modernisateur Tony Blair. Le paysage politique est devenu encore plus complexe avec la montée d'un troisième parti de taille, en l'occurrence les libéraux-démocrates, lequel occupe le centre de l'échiquier politique. Aussi les positions de ces trois partis se chevauchent et il existe une réelle base commune.

La domination des deux partis s'explique principalement par 3 facteurs. En premier lieu, la nature du système électoral majoritaire à un seul tour, utilisé dans les élections législatives, favorise les grands partis. En second lieu, les grands partis politiques accueillent des courants divers. Les partis politiques rassemblent des positions politiques différentes autour d'un noyau idéologique. Par exemple, le Parti travailliste, traditionnellement de gauche, inclut des membres qui se considèrent comme de centre gauche, de même que des personnes qui seraient définies comme communistes dans d'autres pays. En troisième lieu, la tradition politique montre que les électeurs aiment qu'il y ait 2 partis opposés qui forment des gouvernements solides, plutôt que des coalitions fragiles.

9 POLITICAL PARTIES

Political parties in the United Kingdom are funded by membership fees, as well as donations (from individuals, companies, or trade unions); parties in opposition also receive money from the State.

The *Political Parties, Elections and Referendums Act*, 2000 changed party funding by introducing strict new rules on **political party** fundraising and spending. Henceforth, political parties had to reveal the source of all national donations above £5,000 and all local donations above £1,000. Furthermore, the **law** banned all donations of more than £200 from non-UK **voters**, required shareholders to approve donations from listed companies and set new limits on **election** spending. It also created the **Electoral Commission** with which all parties must register.

In 2006, the Sir Hayden Phillips Inquiry recommended an increase in State funding of political campaigns, the capping of the amount of money parties spend on political campaigns and the capping of individual donations at £50,000.

The Ministry of Justice published a report in June 2008 entitled *Party Finance and Expenditure in the United Kingdom*. It recommended increasing the powers of the **Electoral Commission**, greater transparency regarding donations to political parties and tighter controls on political party spending.

In the 2015 **Queen's Speech**, it was announced that the **Conservative** government plans to introduce new legislation to reform the way **trade union** members pay a '**political levy**' to **Labour.** In the future, **trade union** members will be obliged to **opt in** to paying an annual fee to the **Labour Party**, rather than **opt out**.

Les partis politiques au Royaume-Uni sont financés par les cotisations et par les donations (provenant des individus, des entreprises, ou des syndicats), les partis de l'opposition perçoivent en plus de l'argent de l'État.

La *Loi sur les partis politiques, les élections et référendums* de 2000 a changé le financement des partis en introduisant des règles très strictes dans la collecte des fonds et leurs dépenses. Les partis doivent rendre publique la source de toutes les donations nationales de plus de 5 000 livres sterling et de toutes les donations locales de plus de 1 000 livres sterling. En outre, la loi a interdit toute donation de plus de 200 livres sterling d'une personne qui ne peut pas voter au RU, exige l'approbation des conseils d'administration pour les donations d'entreprises, limite les donations et fixe de nouvelles limites aux dépenses électorales. La loi a aussi créé une Commission électorale auprès de laquelle tous les partis politiques doivent se déclarer.

En 2006, une enquête officielle de Sir Hayden Phillips a émis une série de recommandations : l'augmentation du financement par l'État des campagnes politiques, le plafonnement des dépenses des partis politiques lors des campagnes électorales, ainsi que du montant des donations à 50 000 livres sterling.

Le ministère de la Justice a publié un rapport officiel en juin 2008 sur *Le financement et les dépenses des partis politiques au Royaume-Uni*. Il a recommandé le développement des pouvoirs de la Commission électorale, une plus grande transparence concernant les donations aux partis politiques et des contrôles plus stricts sur les dépenses des partis politiques.

Dans le discours du trône de 2015, il a été annoncé que le gouvernement conservateur envisage d'obliger les syndiqués à choisir de faire la démarche pour régler leur cotisation annuelle au Parti travailliste plutôt que de la régler par défaut.

A. The Conservative Party

The origins of the **Conservative Party**, officially known as the '**Conservative and Unionist Party**', can be traced back to the royalist '**Tory Party**', an English political faction, which emerged in the late 17th century. The **Tory Party** defended the interests of conservatives (country **gentry** and merchant classes, etc.) who believed in traditional values and practices; they opposed the **Whigs** (see below). At the beginning of the 19th century, the **Tory Party** collapsed and the **Conservative Party** emerged to replace it during the early 1830s. Today, the **Conservative Party** is sometimes informally called the **Tory Party**; supporters of Conservatism and members of the **Conservative Party** are sometimes colloquially called **Tories**, although the proper name is **Conservatives**.

Policies

The **Conservative Party** is the main **right-wing**, i.e. right-of-centre, **political party** of the United Kingdom.

The **Conservative Party** advocates a **mixed economy**, i.e. an economy in which some industries and businesses are privately owned and others are publicly owned (State-owned) or nationalized. However, during the 1980s, the **Conservative** Government, led by the **Prime Minister** Margaret Thatcher privatized many nationalized industries including British Airways, British Gas, British Steel, British Telecom, etc. In this way, the role of the State in the economy was reduced (i.e. 'rolling back the State'), productivity increased and share-ownership of ordinary individuals boosted. All subsequent Conservative governments have continued to privatize companies. Opponents to privatization accused the **Conservatives** of selling off the country's assets – the nationalized industries.

The **Conservative Party** also encourages market forces and free enterprise, i.e. an economic system in which commercial organizations are able to compete for trade and profit with little or no State control.

Les origines du Parti conservateur, officiellement Parti conservateur et unioniste, remontent au Parti royaliste « *Tory* », faction politique qui émergea à la fin du XVIIe siècle. Le Parti *Tory* défendait les intérêts des conservateurs (la petite noblesse rurale, les marchands et les fonctionnaires de l'administration) lesquels croyaient dans les valeurs et les pratiques traditionnelles ; ils s'opposaient en cela aux « *Whigs* » (voir plus bas). Au début du XIXe siècle, le Parti *Tory* disparut et fut remplacé par le jeune Parti conservateur à partir des années 1830. Aujourd'hui, le Parti conservateur est parfois appelé communément le Parti *Tory* ; les partisans du conservatisme et les membres du Parti conservateur sont appelés familièrement les *tories*, bien que leur nom exact soit les conservateurs.

Les idées politiques

Le Parti conservateur est le principal parti politique de droite.

Le Parti conservateur défend une économie mixte, en l'occurrence une économie dans laquelle certaines industries et activités commerciales sont dans le domaine privé et d'autres dans le domaine public (propriété de l'État) ou nationalisées. Cependant, pendant les années 1980, le gouvernement conservateur, emmené par Margaret Thatcher, a privatisé beaucoup d'industries nationalisées. En ce sens, le rôle de l'État dans l'économie a été réduit (le « recul du rôle de l'État »), la productivité a augmenté et l'actionnariat individuel s'est fortement développé. Depuis lors, tous les gouvernements conservateurs ont continué à privatiser les entreprises. Les opposants aux privatisations ont accusé les conservateurs de brader les biens du pays – les industries nationalisées.

Le Parti conservateur encourage également le libre marché et la libre entreprise, c'est-à-dire un système économique dans lequel les organisations commerciales peuvent se concurrencer pour le commerce et les bénéfices et profitent d'un faible contrôle de l'État, voire de son absence.

The **Conservative Party** is also in favour of property ownership, i.e. that individuals should possess their own real estate. Between 1979 and 1988, the number of home owners (owner occupiers) increased by 3 million (from 56.7% to 63.4%). 1 million of these were through the 'Right to Buy' programme – launched by Margaret Thatcher – which allowed **council housing** (social **housing**) tenants to buy the property in which they had lived for a certain length of time, at a knock-down price. Thus, the **Conservative Party** succeeded in pushing up owner occupation in the United Kingdom to one of the highest levels in the industrial world. However, little new social **housing** was built to replace that which had been sold.

Low personal taxation is another one of the main **Conservative** policies, i.e. that individuals should not pay high income tax on their earnings. The **Conservative Party** has also been traditionally associated with policies of **law and order**, although in recent years the **Labour Party** has encroached on the **Conservatives** 'monopoly' on this issue.

Other key **Conservative** policies include reform of education, **welfare** and the **NHS** with a view to minimalizing State regulation and State funding, in order to avoid the 'nanny State'. It is also firmly against the UK 'abandoning the pound' in order to adopt the **Euro** and further European integration.

The **Conservative Party** obtains substantial funds from private companies and individuals, as well as from constituency **Conservative Associations** and party membership **fees**. However, in recent years donations have decreased dramatically.

The typical **Conservative Party voter** tends to be a **middle class** or **upper class** homeowner who lives in the South of England in rural areas, although the Tories also enjoy substantial support among the **working class**.

Le Parti conservateur est également en faveur de la propriété foncière, où les individus possèdent leur propre logement. Entre 1979 et 1988, le nombre de propriétaires occupants a augmenté de 3 millions, passant de 56,7 % à 63,4 %. Un million d'entre eux ont bénéficié du programme « le droit d'acheter » lancé par Margaret Thatcher, qui permettait aux occupants de logements sociaux d'acheter à un prix très bas le bien dans lequel ils avaient vécu un certain temps. Ainsi le Parti conservateur est parvenu à augmenter le nombre de propriétaires résidents au Royaume-Uni à un des niveaux les plus élevés du monde industrialisé. Cependant, peu de nouveaux logements sociaux ont été construits pour remplacer ceux qui ont été vendus.

Un autre point clé de la politique des conservateurs repose sur l'idée que les individus ne doivent pas payer d'impôts trop lourds sur leurs revenus. Les conservateurs sont également traditionnellement associés aux politiques de maintien de l'ordre public, bien que ces dernières années le Parti travailliste ait fait des incursions sur le terrain de chasse des conservateurs à ce sujet.

D'autres aspects importants de la politique des conservateurs portent sur la réforme de l'éducation, de l'État-providence et de la Sécurité sociale, avec pour objectif de fortement réduire les interventions de l'État et de combattre « l'État nounou ». Ils s'opposent aussi fermement à l'abandon de la livre sterling au profit de l'euro et à davantage d'intégration à l'Union européenne.

Le Parti conservateur obtient des fonds d'entreprises privées et d'individus, de même que d'associations conservatrices dans les circonscriptions et des cotisations des membres. Toutefois, les donations ont connu une chute spectaculaire ces derniers temps.

L'électeur typique du Parti conservateur appartient plutôt aux classes moyennes ou supérieures, il est propriétaire et vit dans le sud de l'Angleterre, à la campagne, bien que le parti bénéficie d'un soutien non négligeable au sein de la classe ouvrière.

Party leaders

During the twentieth century, the **Conservative Party** spent more years in power than in opposition. Its longest-serving **Prime Minister** during that time was Margaret Thatcher who was in office uninterruptedly from 1979 to 1990. Due to her unpopularity inside her own Cabinet, she was forced to resign and was replaced by John Major without a **general election** being held.

William Hague took over the leadership following the crushing defeat of his predecessor in the 1997 **general election.** He was followed by Iain Duncan Smith (2001-2003) and then Michael Howard (2003-2005).

The more modern and younger **David Cameron** (born 1966) was leader from December 2005 to July 2016. He took the party more towards the centre-right and into Government in 2010 when he became Prime Minister. But he resigned in June 2016 after the Brexit referendum. His successor as party leader and PM is Theresa May.

Originally, **Conservative Party** leaders emerged from the party hierarchy without there being a leadership **election.** In 1965, the party started electing the leader via a **ballot** of all **Conservative MPs**. The possibility of an annual challenge to the leader was introduced in 1975. New rules were made in 1990 to prevent 'stalking horse' **candidates** from threatening the leader.

William Hague reformed the leadership **election** once again in 1998, in order to give ordinary party members more say. If more than two **candidates** are proposed, initial **ballots** of **Conservative MPs** are held with the lowest placed **candidate** dropping out after each round of voting until only two **candidates** remain. Every member of the **Conservative Party** in the country (via the

Les chefs du parti

Au cours du XXe siècle, le Parti conservateur a passé plus de temps au pouvoir que dans l'opposition. Le Premier ministre conservateur qui est resté le plus longtemps en exercice est Margaret Thatcher qui a gouverné sans interruption de 1979 à 1990. Elle fut obligée de démissionner, en raison de ses désaccords avec son propre Cabinet, et fut remplacée par John Major sans qu'il y ait eu de nouvelles élections législatives.

La direction du parti échut à William Hague après la cuisante défaite de son prédécesseur aux élections législatives de 1997. Ensuite, Iain Duncan Smith (2001-2003), puis Michael Howard (2003-2005) se sont succédé au poste de chef de parti.

David Cameron, plus jeune (il est né en 1966) et plus moderne, a dirigé le parti de décembre 2005 à juillet 2016. Il a tiré le parti vers le centre de l'échiquier politique pour remporter des victoires électorales en 2010 et 2015. Mais il a démissionné en juin 2016 à la suite du référendum sur le Brexit. Theresa May lui succède en tant que chef du parti et Premier ministre.

À l'origine, les chefs du Parti conservateur étaient issus de la hiérarchie du parti sans qu'il y ait d'élection. En 1965, le parti a commencé à élire son dirigeant par un vote de tous les députés conservateurs. La possibilité annuelle de le démettre de ses fonctions a été introduite en 1975. De nouveaux règlements ont été établis en 1990 pour limiter les candidatures bidons.

William Hague a de nouveau réformé l'élection du chef en 1998, en vue de donner davantage la parole aux simples membres du parti. Si plus de deux candidats sont proposés, un scrutin est organisé entre les députés avec élimination du candidat le plus mal placé à chaque tour de scrutin jusqu'à ce qu'il ne reste plus que

constituencies) then chooses between the final two contenders. As well as after the resignation or death of the party leader, there can now be a leadership **election** if 15% of **Conservative MPs** trigger a **vote** of no confidence. If the leader subsequently wins a simple **majority** of **MPs votes** he/she remains in office until he/she resigns, dies or loses another challenge. If defeated, he/she cannot stand for re-**election**.

deux candidats. Chaque membre du Parti conservateur choisit alors entre les 2 candidats finaux. De même qu'en cas de démission ou de décès du chef du parti, il peut y avoir une nouvelle élection si 15 % des députés conservateurs provoquent un vote de défiance. Si le chef remporte la majorité simple des votes des députés, il reste en fonction jusqu'à sa démission, son décès ou la perte de nouvelles élections. En cas de défaite, il ne peut pas se présenter à sa réélection.

MARGARET THATCHER

Margaret Hilda ROBERTS was born on 13 October 1925. She grew up in Grantham in the North of England. In 1943, she won a place at Oxford University, where she read Chemistry and joined the **Conservative Association**. Afterwards she used her degree to secure a job as a research chemist. But, **politics** was her passion. She unsuccessfully stood for election in the 1950 and 1951. At the end of the same year, she married a rich local businessman, Denis Thatcher. She began to read for The **Bar** and passed her **law** exams in 1953. That year she also gave birth to twins. She then practised tax **law** for the next five years.

In 1959, she won the Finchley **seat** in North London. She held junior government office from 1961-1964. Then she entered the **Cabinet** as Secretary of State for Education and Science ('Thatcher the milk Snatcher') from 1970 to 1974. In 1975, the **Conservative Party** needed a new leader and it chose her. Margaret Thatcher became the UK's first woman **PM** in 1979, and she led the party to victory in two further **general elections**. She stayed in office for 11 years giving birth to the term 'Thatcherism'. On taking office, she attempted to make the country more competitive. As a result, traditional manufacturing industries were hit hard, with unemployment topping 3 million from 1982 to 1987. She became the most unpopular **Prime Minister** in British history. But, the iron-lady was helped by the UK's victory the **Falklands War** in 1982. More conflict was to follow with the long miners' strike of 1984-1985. The introduction of the **Poll** Tax in the late 1980s led to huge public protest. This, plus her strong anti-Europe stance and strong disagreements with her **Cabinet members** who accused her of being over-authoritarian led to her downfall. In 1990, Michael Heseltine led a **leadership challenge**; eventually she was forced to make a humiliating resignation and was replaced by John Major. She then became a member of the **House of Lords** as a life **peer**. She died in 2013.

MARGARET THATCHER

Margaret Hilda ROBERTS est née le 13 octobre 1925. Elle a grandi à Grantham au nord de l'Angleterre. En 1943 elle entre à l'université d'Oxford où elle étudie la chimie et s'inscrit à l'association du Parti conservateur. Diplôme en poche, elle trouve un emploi de chercheur en chimie. Mais la politique était sa passion. Elle se présente comme candidate aux élections de 1950 et 1951, sans succès. La même année, elle épousa un riche homme d'affaire, Denis Thatcher. Elle commença à préparer le barreau et obtint son diplôme de juriste en 1953. Cette même année, elle donna naissance à des jumeaux. Elle fait alors du droit fiscal pendant 5 ans.

En 1959, elle remporta le siège de Finchley au nord de Londres. Elle occupa des postes mineurs au gouvernement entre 1961 et 1964. C'est alors qu'elle entra au Cabinet en tant que ministre de l'Education et des sciences (« Thatcher l'arracheuse de lait ») entre 1970 et 1974. En 1975, le Parti conservateur élut Margaret Thatcher comme nouveau chef du parti. Elle devint la première femme Premier ministre du Royaume-Uni en 1979 et remporta les 2 élections législatives suivantes. Elle resta en fonction 11 ans, donnant naissance au mot « thatchérisme ». En prenant ses fonctions, elle avait pour objectif de rendre le pays plus compétitif. Les industries traditionnelles furent durement touchées, le chômage atteignant trois millions de personnes de 1982 à 1987. Elle devint le Premier ministre le plus impopulaire de l'histoire du pays. Mais la Dame de fer fut aidée par sa victoire au cours de la guerre des Malouines en 1982. Vint ensuite un autre conflit : la longue grève des mineurs de 1984 à 1985. L'introduction de la taxe par capitation à la fin des années 1980 provoqua une très large protestation publique. Cela, plus son discours très anti-européen et les désaccords profonds avec des membres de son Cabinet qui l'accusaient d'être trop autoritaire précipitèrent sa chute. En 1990, Michael Heseltine déclencha des élections pour la direction du parti, elle se vit donc contrainte à une démission humiliante et John Major devint leader. Elle devint alors membre de la Chambre des lords en tant que pair à vie. Elle est morte en 2013.

DAVID CAMERON

David Cameron was born into an wealthy family in 1966. He attended the famous and most expensive private school Eton College and then Oxford University where he was a member of the Bullingdon Club, along with Boris Johnson. David Cameron was elected Conservative Member of Parliament (MP) for Witney, Oxfordshire in the 2001 general election. After the 2005 general election, he became leader of the Conservative Party and thus Leader of the Opposition. His success was partly due to his more moderate Conservative standpoint and his youth – he was just 39. On 11 May 2010, David Cameron, aged 43, became the Prime Minister of the UK. During this term in office he promised to hold a referendum on the country leaving or remaining in the European Union. He stayed Prime Minster when the Conservative Party won the 2015 general election outright. He led the 'better together' campaign for the EU referendum (held 23 June 2016) and the day after the vote he announced his resignation, leaving office on 12 July 2016. He will be remembered for bringing about the referendum leading to the UK leaving the EU, austerity policies and legislating on same-sex marriage.

THERESA MAY

Theresa May was born in 1956, in Sussex, where her father was a vicar. She attended state schools and went to Oxford University to study Geography. After graduation, she worked in banking and then finance. She stood unsuccessfully to be a Member of Parliament in 1992, but was elected Conservative MP for Maidenhead, Kent in 1997. Very quickly, she became a member of the Shadow Cabinet of the Opposition fulfilling various roles. Theresa May was appointed Chairperson of the Conservative Party in 2002 and she famously declared that year the Tories had the reputation of being the 'nasty party'. When the Conservatives returned to government in 2010, she was made Home Secretary and remained in the post for an almost unprecedented six years. Following the resignation of David Cameron as leader of the Conservative Party and Prime Minister after the June 2016 referendum on the EU, Theresa May obtained very strong support from fellow Tory MPs hoping she could reunite the party.

Initially very popular, she called an early general election for June 2017 hoping to capitalize on her popularity and the electoral campaign was centred on her. But the Tories did not win outright, due to both her personality and her policies. She is not expected to remain PM until 2022.

DAVID CAMERON

David Cameron est né le 6 octobre 1966. Issu d'une famille aisée, il a fait ses études secondaires à Eton, la très connue et très chère école privée, puis a étudié à l'université d'Oxford. Lors des élections de 2001, il a été élu député conservateur de la circonscription de Witney dans l'Oxfordshire. En 2005, il devient chef du Parti conservateur et donc chef de l'opposition. Sa jeunesse et sa modération expliquent en partie ce succès. Il avait tout juste 39 ans. Le 11 mai 2010, à l'âge de 43 ans, David Cameron devient Premier ministre. En 2013, il promit un référendum sur le maintien ou la sortie du pays de l'Union européenne. Il reste Premier ministre lorsque son parti gagne les élections législatives de 2015. Il mène la campagne pour rester dans l'UE (23 juin 2016) et il annonce sa démission le lendemain du vote. On se souviendra de lui comme du Premier ministre qui a fait en sorte que le pays quitte l'UE, adopté des politiques d'austérité et la législation sur le mariage homosexuel.

THERESA MAY

Theresa May est née en 1956 dans le Sussex, fille d'un pasteur anglican. Elle a été scolarisée dans l'enseignement public et a étudié la géographie à l'université d'Oxford. Après la fin de ses études, elle a travaillé dans le secteur bancaire puis la finance. Elle ne parvient pas à se faire élire député en 1992 mais le devient en 1997 sous les couleurs du Parti conservateur dans la circonscription de Maidenhead dans le Kent. Elle ne tarde pas à devenir membre du Cabinet fantôme de l'opposition et occupe diverses fonctions. Theresa May est nommée présidente du Parti conservateur en 2002; dans un discours resté célèbre, elle a déclaré la même année que les Tories avaient la réputation d'être le « méchant parti ». Quand les conservateurs sont revenus au pouvoir en 2010, elle est nommée ministre de l'Intérieur, poste qu'elle occupe jusqu'en 2016, une longévité presque unique. Suite à la démission de David Cameron de ses fonctions de chef du Parti conservateur et du poste de Premier ministre après le référendum de juin 2016 sur l'Union européenne, Theresa May a reçu un soutien massif des députés conservateurs, qui espéraient qu'elle sera à même de restaurer l'unité du parti. Au départ, Theresa May est très appréciée et elle décide donc de capitaliser sur sa popularité en organisant des élections législatives précipitées avec une campagne centrée sur elle. Cependant sa stratégie n'a pas marché et les conservateurs ont perdu leur majorité à la Chambre des communes en raison de sa personnalité et de ses politiques. Il est peu probable qu'elle reste Premier ministre jusqu'en 2022.

A. The Conservative Party

Table 13. Leaders of the Conservative Party

Leader	Years party leader	Years Prime Minister
Lord Robert SALISBURY	1881-1902	1886-1892, 1895-1902
Arthur BALFOUR	1902-1911	1902-1905
Andrew Bonar LAW	1911-1921	
Austen CHAMBERLAIN	1921-1922	
Andrew Bonar LAW	1922-1923	1922-1923
Stanley BALDWIN	1923-1937	1923-1924, 1924-1929, 1935-1937
Neville CHAMBERLAIN	1937-1940	1937-1940
Winston CHURCHILL	1940-1955	1940-1945, 1951-1955
Anthony EDEN	1955-1957	1955-1957
Harold MACMILLAN	1957-1963	1957-1963
Alexander (Alec) DOUGLAS-HOME	1963-1965	1963-1964
Edward (Ted) HEATH	1965-1975	1970-1974
Margaret THATCHER	1975-1990	1979-1990
John MAJOR	1990-1997	1990-1997
William HAGUE	1997-2001	
Iain DUNCAN SMITH	2001-2003	
Michael HOWARD	2003-2005	
David CAMERON	2005-2016	2010-2016
Theresa MAY	2016-	2016-

Table 14. Leaders of the Labour Party

Leader	Years party leader	Years Prime Minister
Keir HARDIE	1906-1908	
Arthur HENDERSON	1908-1910	
George BARNES	1910-1911	
Ramsay MACDONALD	1911-1914	
Arthur HENDERSON	1914-1917	
William ADAMSON	1917-1921	
John R. CLYNES	1921-1922	
Ramsay MACDONALD	1922-1931	1924, 1929-1931 (1931-1935)
George LANSBURY	1931-1935	
Clement ATTLEE	1935-1955	1945-1951
Hugh GAITSKELL	1955-1963	
Harold WILSON	1963-1976	1964-1970, 1974-1976
Leonard James (Jim) CALLAGHAN	1976-1980	1976-1979
Michael FOOT	1980-1983	
Neil KINNOCK	1983-1992	
John SMITH	1992-1994	
Tony (Anthony) BLAIR	1994-2007	1997-2007
Gordon BROWN	2007-2010	2007-2010
Ed (Edward) MILIBAND	2010-2015	
Jeremy CORBYN	2015-	

B. The Labour Party

The **Labour Party** was established in 1900, originally as the Labour Representation Committee. It was born from an amalgam of **trade unions** and **Socialist** groups. The main **Socialist** group involved was the **Fabian Society**, founded in 1884, by intellectuals as a political association of British **Socialists**, aiming to establish democratic **Socialism** by gradual and lawful means, as opposed to doing so by revolution. At that time, the **Labour Party**'s aim was to fight for representation for the Labour movement in **Parliament**. Through its support for the rights and interests of **trade unions**, it gave a voice to the **working class**. Its first leader was the Scotsman Keir Hardie.

The decline of the **Liberal Party** after World War I, allowed the **Labour Party** to gain in popularity and to become the second major party in the United Kingdom. The first (albeit short-lived) **Labour** Government was **elected** in 1924 and it was led by another Scotsman Ramsay MacDonald.

After World War II, the **Labour Party**, led by Clement Atlee, obtained a **landslide victory** in the 1945 **general election**. This paved the way for massive social reform with the creation of the **Welfare State**, the creation of the **National Health Service** (**NHS**) in July 1948 and large-scale nationalization (including coal, steel and the railways).

But, the **Labour Party** lost the 1951 **general election** and the party spent most of the second half of the 20th century in opposition. After Clement Atlee, Hugh Gaitskell led the party from 1955 to 1963, followed by Harold Wilson (1963-1976) who was Prime Minister from 1964 to 1970 and 1974 to 1976. He was succeeded by Jim Callaghan. Labour's terms in office were often dominated by economic problems and increasingly by **trade union** conflict. The massive industrial action of the '**Winter of Discontent**', 1978-1979, contributed to the defeat of Labour in the 1979 **general election**, followed by 18 years in opposition.

Le Parti travailliste a été créé en 1900. À l'origine il s'appelait Comité pour la représentation des travailleurs. Il est né de la fusion de syndicats et de groupes socialistes. Le plus grand groupe socialiste parmi eux était l'Association fabienne, fondée en 1884 par des intellectuels, groupe politique composé de socialistes anglais dont l'objectif était d'établir le socialisme démocratique par des moyens progressifs et légaux, et non par la révolution. À cette époque, le but du Parti travailliste était de se battre pour obtenir une représentation au Parlement du mouvement des travailleurs. À travers son appui pour les droits et les intérêts des syndicats, il donna une voix à la classe ouvrière. Son premier chef fut l'Écossais Keir Hardie.

Le déclin du Parti libéral après la Première Guerre mondiale permit au Parti travailliste de gagner en popularité et de devenir ainsi le second grand parti au Royaume-Uni ; le premier gouvernement travailliste (de courte durée) fut élu en 1924, et fut dirigé par un autre Écossais, Ramsay MacDonald.

Après la Seconde Guerre mondiale, le Parti travailliste obtint une victoire écrasante aux élections législatives de 1945 ; ce qui a ouvert la voie à une réforme sociale de grande ampleur avec la création de l'État-providence, la création du Service national de santé en juillet 1948 et des nationalisations à vaste échelle (dans le charbon, l'acier et les chemins de fer).

Mais le Parti travailliste perdit les élections législatives de 1951 et passa la plus grande partie de la seconde moitié du XXe siècle dans l'opposition. Hugh Gaitskell fut le chef du parti de 1955 à 1963, suivi d'Harold Wilson (1963-1976) auquel succéda par Jim Callaghan. Les passages au pouvoir du parti étaient souvent marqués par des problèmes économiques et la fréquence accrue de conflits syndicaux. Le conflit massif dans l'industrie connu comme « l'hiver du mécontentement » en 1978-1979 contribua à la défaite du Parti travailliste aux élections législatives de 1979, qui fut suivie de 18 années dans l'opposition.

Neil Kinnock was **elected** party leader in 1983 and he set about gradually modernizing the **Labour Party**. However, electoral victory of **Labour** was to elude him and so John Smith took over the leadership and modernizing process in 1992, only to die suddenly in office in 1994.

Thus, Tony Blair was catapulted to leadership at just 41. In order to make **Labour** electable modernization continued unabatedly, with the birth of the concept of **New Labour** representing a new political direction – the **Third Way** – replacing traditional **Socialism**. Symbolically, in its **manifesto** and campaign of the 1997 **general election** the **Labour Party** used the slogan 'New Labour New Britain'.

This modernization towards **New Labour** involved change:

a. Constitutional change within the Labour Party

In 1995, following a **vote**, **Labour** abolished **Clause Four** of the party's **constitution** drawn up in 1918. **Clause Four** stipulated that the party was committed to:

> 'Secure for the workers by hand or by brain the full fruits of their industry and the most equitable distribution thereof that might be possible upon the basis of the **common ownership of the means of production, distribution and exchange**, and the best obtainable system of popular administration and control of each industry or service.'

This (Marxist) **pledge** for nationalization was replaced by a new **clause** with a commitment to build 'a community in which power, wealth and opportunity are in the hands of the many, not the few, where the rights we enjoy reflect the duties we owe, and where we live together freely, in a spirit of solidarity, tolerance and respect'. It was the creation of the concept of the **stakeholder society** and a shift away from the Labour Party's traditional socialist origins.

Neil Kinnock fut élu chef du parti en 1983 et entreprit de moderniser progressivement le Parti travailliste. Toutefois, la victoire aux élections législatives lui échappa ; ainsi John Smith prit la direction en 1992 et poursuivit le processus de modernisation, mais mourut soudainement en cours de mandat en 1994.

C'est ainsi que Tony Blair fut propulsé à la direction à l'âge de 41 ans seulement. Afin de rendre le Parti travailliste capable de gagner, la modernisation continua sans relâche avec la naissance du concept de *néo-travaillistes*, marquant une nouvelle ligne politique – la troisième voie – à la place du socialisme traditionnel. De façon symbolique, le Parti travailliste utilisa dans son manifeste de 1997 pour les élections législatives le slogan « Nouveau Parti travailliste, nouvelle Grande-Bretagne ».

Cette modernisation du parti donna lieu à des changements :

a. Des changements constitutionnels à l'intérieur du parti

En 1995, à la suite d'un vote historique, le Parti travailliste a aboli l'article n°4 de ses statuts (rédigés en 1918) dans lequel le parti s'engageait à :

> « Assurer aux travailleurs par la main ou les idées tous les bénéfices de l'industrie et la répartition la plus équitable possible sur la base de la propriété commune des moyens de production, de distribution et d'échange, et le meilleur système possible d'administration populaire et de contrôle de chaque industrie ou service. »

Cette promesse de nationalisation a été remplacée par un nouvel article engageant le parti à construire « une communauté dans laquelle le pouvoir, la richesse et les opportunités sont dans les mains de la majorité, et non d'une minorité, où les droits dont nous jouissons sont contrepartie de nos devoirs, et où nous vivons ensemble librement, dans un esprit de solidarité, de tolérance et de respect ». C'était la naissance du concept d'une « société participative » et un mouvement idéologique plus centriste.

b. Changes to the internal workings of the party

For example, the **block vote** used for decision making at the **annual party conference** and electing the party leader, was replaced in 1993 by the more democratic **One Member One Vote** (**OMOV**) voting system. This decreased the power of the biggest **trade unions**. At the same time, the party reduced its financial links with the **trade unions** (see below). In 2014, Ed Miliband said that these links need to be further revised.

c. Changes in policies

The **Labour Party** repositioned itself towards the political centre or centre-left offering 'new politics'. For example, in the past **Labour** was associated with the **policy** of '**tax and spend**', i.e. high personal taxation in order to fund government/public spending. The expression was coined at the beginning of the 1990s by **Conservatives** to criticize what they considered to be the excessive use of public expenditure on **welfare** and public services, etc. **New Labour** initially moved away from this traditional image of the **Labour Party**, in order to put across the message that it could be trusted with the economy and that **voters** would not be heavily taxed by a **Labour** Government.

The **Labour Party** now favours a mixed economy and declared in the 1990s that it would welcome business as a partner, which had not really been the case until then. However, Labour did not renationalize industries privatized by the Conservatives (e.g. the railways). From 1997 to 2007, the economy was mostly in good shape, but it slide into recession and Gordon Brown left behind a huge financial debt when Labour left office in 2010.

Another example of **policy** change is **Labour**'s stance on **law** and order (traditionally **Conservative** ground), with the now famous 1997 **pledge** from Tony Blair to be 'tough on crime, tough on the

b. Les changements dans le fonctionnement interne du parti

Le vote groupé (vote de délégation) utilisé pour les prises de décision à la conférence annuelle du parti et l'élection de son chef du parti est remplacé en 1993 par le vote « un membre une voix », qui est plus démocratique. Ce changement diminua l'influence des syndicats les plus puissants. Le parti réduit aussi ses liens financiers avec les syndicats. En 2014, Ed Miliband a déclaré vouloir revoir les liens de son parti avec les syndicats.

c. Les changements dans les stratégies politiques

Le Parti travailliste s'est repositionné vers le centre/centre gauche en proposant une « nouvelle politique ». Par exemple, par le passé le parti était associé à une politique qui reposait sur une fiscalité lourde et de forts investissements publics, c'est-à-dire de lourds impôts individuels pour financer les dépenses publiques du gouvernement. Cette expression a été employée au début des années 1990 par les conservateurs pour critiquer ce qu'ils considéraient comme une utilisation excessive des recettes publiques pour la Sécurité sociale et le secteur public. Le parti s'est défait de cette image traditionnelle dans le but de montrer qu'il pouvait être crédible en matière économique et que les électeurs n'allaient pas être imposés lourdement par un gouvernement travailliste.

Le parti est aujourd'hui favorable à une économie mixte et déclara en 1990 qu'il accueillerait le monde des affaires comme un partenaire, ce qu'il était loin d'avoir fait auparavant. Pourtant le parti n'a pas renationalisé les industries privatisées. De 1997 à 2007, l'économie a été en bonne santé, elle a ensuite glissé dans la récession et Gordon Brown a laissé derrière lui une dette énorme.

Autre exemple du changement politique, le discours du Parti travailliste sur le respect de la loi et la sécurité publique avec le désormais célèbre engagement de Tony Blair en 1997 à être « sévère sur les délits, sévère sur les causes des délits », l'introduction des

causes of crime', the introduction of Anti-social Behaviour Orders (**ASBOs**) and various other repressive measures.

More traditional **Labour** policies are still held and the party continues to support social reform and investment in **welfare**, the **NHS** and education: Tony Blair was famous for saying 'Education, Education, Education is our number one priority'. Public spending on the NHS and education doubled between 1997 and 2007. During its first term in office, the Blair government introduced the Minimum Wage (1999). It also carried out radical constitutional reform including introducing **devolution** and changes to the **House of Lords**. Tony Blair also participated actively in the Northern Ireland **Peace Process**.

Blairism is now used to designate the political and economic policies of Tony Blair and is generally deemed to mean the concern for social policies (social reform), at the same time as accepting a market-based economy. Supporters of Tony Blair and Blairism are called **Blairites**.

After an initial honeymoon period, party members and the media began to denounce the '**control freakery**' (the desire to micromanage everything) in the top echelons of the New Labour Government and the need for **MPs** always to be '**on-message**', i.e. to always give the official party line during interviews, which would ideally include a valuable **sound bite**. Similarly the public relations activities of **spin-doctors** (e.g. Alastair Campbell) and the importance given to them have been greatly criticized. The hierarchy was also accused of relying too much on **focus groups** for **policy** decision-making. Many of the tensions within the party were based on divisions between **Old Labour** (traditionalists) and **New Labour** (modernizers). At the same time, a number of financial scandals (hitherto mainly associated with the **Conservative Party**) dogged **New Labour** (Peter Mandelson, Cash for honours/peerages, etc.).

ordonnances contre le comportement antisocial, et toute une gamme d'autres diapositifs répressifs.

Le Parti travailliste conserve des idées politiques plus traditionnelles. Il continue d'encourager la réforme sociale notamment dans les domaines de l'État-providence, du Service national de santé et de l'éducation, dont le parti déclare que c'est sa « première priorité ». Les dépenses publiques pour le Service national de santé et l'éducation ont doublé de 1997 à 2007. Pendant son premier mandat, le gouvernement Blair a instauré le salaire horaire minimum (1999). Il a également mené à bien une réforme constitutionnelle radicale, en mettant en place la décentralisation du pouvoir et des changements pour la Chambre des lords. Tony Blair s'est également fortement impliqué dans le processus de paix en Irlande du Nord.

Le terme « blairisme » est à présent employé pour désigner les idées politiques et économiques de Tony Blair et désigne son intérêt pour les politiques sociales (réforme sociale) tout en intégrant les lois de l'économie de marché. Les partisans de Tony Blair et du « blairisme » sont appelés « *Blairistes* ».

Après l'état de grâce initial, les membres du parti et les médias ont commencé à dénoncer « l'obsession de contrôle » (le désir de tout régenter) aux échelons supérieurs du gouvernement néo-travailliste et le besoin pour les députés de toujours être fidèles à la ligne du parti, c'est-à-dire de donner systématiquement dans les entretiens les idées du parti sous forme d'accroches destinées à être reprises telles quelles par les médias. De même, les activités des conseillers et des spécialistes en communication politique (Alastair Campbell) et l'importance qu'on leur accorde ont été très critiquées. La hiérarchie a aussi été accusée de trop faire confiance aux panels et aux groupes de discussion pour le choix des politiques. La plupart des tensions à l'intérieur du parti reposent sur les divisions entre l'*Old Labour* (traditionalistes) et le *New Labour* (les modernisateurs). En même temps, un certain nombre de scandales financiers (jusqu'ici la plupart du temps

The **Labour Party** was **re-elected** with a big **majority** in the June 2001 **general election** and again, but with a smaller lead in May 2005. Tony Blair became increasingly unpopular, mainly due to his role in the Iraq War in 2003.

In June 2007, after ten years in 10 Downing Street, Tony Blair resigned as the Labour Party leader and thus as PM. Gordon Brown took over without there being a leadership election or a general election. Following the defeat of Labour in the 2010 general election, Gordon Brown resigned in the hope that the Lib Dems would make a coalition government with Labour, which did not happen. In September 2010, Ed Miliband (born 1969) beat his older brother David in the Labour leadership election. He was seen by many as not being dominant enough and lacking a clear ideology. Following the defeat of Labour in the 2015 general election, Ed Miliband resigned immediately.

LABOUR PARTY FUNDING

Traditionally the Labour Party was financed principally by trade unions. Until 1993, the Labour Party obtained 66% of its funding from the trade unions. This figure was reduced and in 1997 it was 40% and now it is about 33%. The rest is made up by Labour Party membership fees, sponsorship, commercial events, as well as by individual and corporate donations. However, the Labour Party has always attracted less money from the business world than the Conservative Party. Ed Miliband announced in 2014 that he wanted to sever financial links between Labour and the trade unions.

associés au Parti conservateur) a éclaboussé le Parti travailliste (Peter Mandelson, la vente des titres honorifiques, etc.).

Le Parti travailliste a de nouveau obtenu une majorité importante des suffrages aux élections législatives de 2001, puis une petite majorité en 2005. Tony Blair est devenu de plus en plus impopulaire notamment en raison de son rôle dans la Guerre en Irak en 2003.

Après dix ans au 10 Downing Street, en juin 2007 Tony Blair a démissionné. Il a quitté ses fonctions de chef du Parti travailliste et donc de Premier ministre. Gordon Brown est devenu son successeur sans qu'aucune élection ne soit tenue ni au sein du Parti travailliste ni au niveau national (élection législative). À la suite de la défaite des travaillistes aux élections de 2010, Gordon Brown a démissionné dans l'espoir de voir un gouvernement de coalition entre son parti et les libéraux-démocrates. Ed Miliband a battu son frère aîné David lors de l'élection au sein des travaillistes pour devenir le chef du parti en septembre 2010. Pour certains, Ed Miliband manquait de caractère et d'une ligne idéologique claire. À la suite de la défaite des travaillistes aux élections de 2015, il démissionne immédiatement.

LE FINANCEMENT DU PARTI TRAVAILLISTE

Traditionnellement, le Parti travailliste était financé principalement par les syndicats, jusqu'en 1993 il en recevait 66 % de ses fonds. Il est tombé à 40 % en 1997 et se situe à environ 33 % aujourd'hui. Le reste est constitué des cotisations des adhérents du parti, du sponsoring, des événements commerciaux, et de dons individuels ou d'entreprises. Mais le Parti travailliste a toujours attiré moins d'argent du monde des affaires que les conservateurs. Ed Miliband a déclaré en 2014 qu'il voulait supprimer les liens financiers entre le Parti travailliste et les syndicats.

There followed a controversial leadership election between Andy Burnham, Yvette Cooper, Jeremy Corbyn and Liz Kendall. Unexpectedly, the far left candidate Jeremy Corbyn (born 1949) won with an enormous 59.5% of votes. He hoped to change the style of politics, emphasizing substance and ideology over spin and presentation.

However, in July 2016, after the referendum on remaining in the EU, the majority of the Shadow Cabinet resigned and there was a leadership challenge to Jeremy Corbyn (started by Angela Eagle who was joined by Owen Smith) due to his lacklustre campaigning on the Brexit issue and his hard left stance at odds with most Labour MPs. Corbyn won the party leadership with an increased majority. His popularity rose substantially during and after the 2017 general election campaign.

Party leaders

From 1922 to 1981, the **Labour Party** leader was **elected** by members of the **Parliamentary Labour Party** (**PLP**), i.e. **Labour MP**s.

In 1981, a new Electoral College system was introduced. In this way, 40% of the **votes** were allocated to Affiliated Organizations (mostly **Trade Unions**, also **Socialist** Associations), 30% to the **Parliamentary Labour Party** (**PLP**) and 30% to **Constituency Labour Parties** (**CLP**s).

The rules changed again in 1993, when the Electoral College was divided into three equal constituent parts. Furthermore, the **block vote** method of **balloting** was replaced by **the One Member One Vote** (**OMOV**) voting system. Since then, individual members of the **Labour Party** and those members of affiliated organizations who are eligible to **vote** are given individual **ballot papers** which are counted nationally. Tony Blair was the first **Labour** leader to be **elected** by this method.

Ensuite a eu lieu une élection pour désigner le nouveau chef du Parti travailliste qui a été particulièrement controversée. Andy Burnham, Yvette Cooper, Jeremy Corbyn and Liz Kendall s'opposaient et c'est contre toute attente Jeremy Corbyn, le candidat d'extrême gauche, qui a obtenu le plus de voix : 59,5 %. Il espérait changer la nature de la politique en insistant sur le fond au lieu de la forme.

Or, en juillet 2016, à la suite du référendum sur le maintien du RU dans l'UE, une grande partie du Cabinet fantôme démissionne pour protester contre le faible enthousiasme de Jeremy Corbyn lors de la campagne pour le référendum et sa ligne politique beaucoup trop à gauche pour la majorité des députés travaillistes. Angela Eagle a contesté sa place à la tête du parti, suivie par Owen Smith. Corbyn a repoussé cette offensive et a renforcé sa majorité. Sa popularité a grandi de façon très importante pendant et après la campagne électorale de 2017.

Les chefs du parti

De 1922 à 1981, le chef du Parti travailliste était élu par les membres du groupe parlementaire du parti, en l'occurrence les députés travaillistes.

En 1981, un nouveau collège électoral fut mis en place pour élire le chef du parti et son adjoint. 40 % des votes ont été alloués aux organismes affiliés (syndicats et associations), 30 % aux députés et 30 % aux militants.

Les règles ont encore changé en 1993, quand le collège électoral a été divisé en trois parties égales. De plus, le vote groupé a été remplacé par le système « un membre, une voix ». Depuis lors, les membres individuels du parti et les membres des organisations affiliées ont le droit de vote, pour lequel ils disposent de bulletins individuels décomptés à l'échelle nationale. Tony Blair a été le premier chef du parti élu de cette façon.

The method of the leadership election was changed again in 2015, amongst much controversy. For the first time, 'supporters' of the Labour Party who had paid £3 were allowed to vote, along with party members, affiliated organization members, PLP members and CLP members.

JEREMY CORBYN

Jeremy CORBYN was born on 26 May 1949. He has been Labour MP for Islington North (London) since 1983. Resoundingly 'Old Labour' and an idiological socialist, he entered the leadership race at the last minute and was the outsider. However, he inspired many people fed up with modern politics and enthused many left-wing young people seeking authentic, engaged and hopeful politics. However, he had never held office before and found it difficult to deal with the realities of his new position, especially handling the media. Whilst popular with ordinary members, he was very unpopular with most Labour MPs (PLP) who had more moderate left wing views (Blairites). Jeremy Corbyn was highly criticized for his lacklustre campaigning prior to the 23 June 2016 EU referendum. Most of his Shadow Cabinet resigned after Britain voted to leave the EU, but Corbyn refused to step down, leading to a leadership challenge, which he won resoundingly. Subsequently, his personality and way of doing politics has appealed to an increasing proportion of the population.

Le système pour élire le chef du Parti travailliste a encore changé en 2015. Pour la première fois, des « sympathisants » du Parti travailliste ayant payé trois livres sterling pouvaient voter, ainsi que les membres du parti, les députés travaillistes, les militants, et les membres d'organismes affiliés.

JEREMY CORBYN

Jeremy CORBYN est né le 26 mai 1949. Député travailliste à Londres depuis 1983, il fait partie des travaillistes traditionnels d'extrême gauche. Il est entré dans la compétition pour être chef du Parti travailliste à la dernière minute et n'était pas favori des sondages. Il a inspiré de nombreuses personnes se situant à gauche et notamment des jeunes à la recherche d'une politique authentique et sincère. Pourtant sans expérience passée de responsabilités ministérielles, il a eu des difficultés à prendre la mesure des contraintes de son nouveau poste, en particulier le rapport aux médias. S'il est très populaire chez les membres ordinaires du Parti travailliste, il n'a pas les faveurs des députés travaillistes, dont beaucoup sont plus centristes. Jeremy Corbyn a été très critiqué pour son engagement très modéré en faveur du maintien lors de la campagne concernant le référendum sur la sortie du RU de l'UE. À la suite du vote, la grande majorité de son Cabinet fantôme a démissionné mais Corbyn a refusé de renoncer à sa fonction et il a largement gagné une deuxième élection pour rester chef du parti. Par la suite, sa personnalité et sa façon de faire la politique ont trouvé de plus en plus de partisans dans la population.

C. The Liberal Democrats

The **Liberal Democrats** were formed in the late 1980s as the result of **political party** evolutions going back over centuries. Note, the party is called the **Liberal Democrats** and not the Liberal Democrat Party.

The **Whigs**, a reforming (electoral, **parliamentary** and philanthropic) **political party** opposed to the **Tory Party** represented the **aristocracy** and the moneyed **middle class** at the end of the 18th century and most of 19th century. The **Liberal Party** evolved from the **Whigs** during the 1830s. It was officially created in 1859 and William Gladstone formed the first unequivocally Liberal government in 1868. Until World War I, the **Liberal Party** was the second major **political party**. Indeed, from 1905 to 1922 the **Prime Minister** of the United Kingdom was a **Liberal**. However, with the emergence of the **Labour Party** during the first half of the twentieth century, the **Liberal Party** gradually declined in popularity. Members or supporters of the **Liberal Party** were called **Liberals.**

The **Social Democratic Party** (or the **SDP**) existed from 1981 to 1990. It was created by the '**Gang of Four**': four former **Labour MPs** who profoundly disagreed with **Labour Party** policy at that time. Members or supporters of the **Social Democratic Party** were called **Social Democrats.** From 1981 to 1988, the SDP formed an alliance with the **Liberal Party**: 'the **Alliance**'.

In 1988, the **Liberal Party** finally merged with the **Social Democratic Party** to form the **Social and Liberal Democrats** (**SLD**), sometimes called the Democrats.

A minority of **SDP** members was not happy about the merger with the **Liberal Party** and relaunched the **SDP** on 8 March 1988 with Dr David Owen as leader. In the end, the party was disbanded in July 1990.

Le parti politique appelé « les libéraux-démocrates » (il ne s'appelle pas « le parti des libéraux-démocrates ») est né à la fin des années 1980. Il est le résultat d'évolutions politiques remontant à plusieurs siècles.

Les *Whigs*, parti politique réformateur (sur les plans électoral, parlementaire et philanthropique), s'opposaient au Parti *Tory*, représentaient l'aristocratie et la classe moyenne aisée à la fin du XVIIIe siècle et dans la plus grande partie du XIXe siècle. Le Parti libéral naquit des *Whigs* pendant les années 1830. Il fut officiellement créé en 1859 et William Gladstone forma le premier gouvernement indiscutablement libéral en 1868. Jusqu'à la Première Guerre mondiale, le Parti libéral fut le deuxième grand parti. En effet de 1905 à 1922, le Premier ministre du Royaume-Uni était un libéral. Cependant, avec la montée en puissance du Parti travailliste pendant la première moitié du XXe siècle, le Parti libéral perdit progressivement son soutien populaire. Ses membres et partisans étaient appelés les libéraux.

Le Parti social-démocrate a existé de 1981 à 1990. Il a été créé par la « bande des quatre » : quatre anciens députés travaillistes en désaccord profond avec la politique du Parti travailliste à cette époque. Les membres ou partisans de ce parti étaient appelés les sociaux-démocrates. De 1981 à 1988, le Parti social-démocrate forma une alliance avec le Parti libéral : « l'Alliance ».

En 1988, le Parti libéral fusionna finalement avec le Parti social-démocrate pour former le Parti libéral et social-démocrate (les libéraux sociaux-démocrates).

Une minorité des membres du Parti social-démocrate n'était pas satisfaite de cette fusion avec le Parti libéral et relança le Parti social-démocrate le 8 mars 1988 sous la direction de David Owen. Le parti finit par disparaître en juillet 1990.

In 1989, the **SLD** changed its name to the **Liberal Democrats** under the leadership of Paddy Ashdown. Members or supporters of the party are called **Liberal Democrats** or **Lib Dems.**

The **Liberal Democrats** were originally considered to be centre or centre-left on the political spectrum, but the party moved towards the centre-right on certain issues under Nick Clegg. It is strongly in favour of the **European Union** (**EU**), decentralization of power, reform of the **electoral system** (**Proportional Representation – PR**), constitutional change and in 2003, it voted against the invasion of Iraq.

Twice a year, **elected** representatives from **Liberal Democrat constituency** parties assemble at the party conference to establish the party's priorities for government. Every year, conference representatives **elect** a Federal Policy Committee, which is responsible for the production of the **policies** that are then debated by the **annual conference** and is responsible for **election manifestos.** Party members discuss **policy** in local and regional meetings, then their representatives debate and **vote** on **policy** motions and papers at the **annual conference.**

Since 1988, the leader of the party has been **elected** in a postal **ballot** of all individual members of the party, using the **Alternative Vote System** (**AVS**).

The first **Liberal Democrat** leader was Paddy Ashdown. When he stepped down in 1999 after 10 years he was replaced by Charles Kennedy who was forced to resign as party leader at the start of 2006 due to a 'drink problem'. Sir Menzies (Ming) Campbell (born 1941) took over, but he left in 2007 due to pressure from within his party linked to his fairly advanced age. His successor, the much younger Nick Clegg (born 1967), became Deputy Prime Minister in 2010. He resigned as party leader after the disastrous 2015 general election and Tim Farron was elected as his successor in July 2015. He in turn left straight after the 2017 general election and Vince Cable became the Lib Dem leader.

En 1989, le *SLD* change de nom pour devenir les libéraux-démocrates, sous la houlette de Paddy Ashdown. Les membres ou partisans sont appelés les libéraux-démocrates, ou bien la version abrégée les *Lib Dems*.

Le parti est au centre de l'échiquier politique : très favorable à l'Union européenne, à la décentralisation des pouvoirs, à la réforme du système électoral, aux changements constitutionnels et, en 2003, il a voté contre l'invasion d'Irak.

Deux fois par an, des représentants élus des circonscriptions libérales-démocrates se rassemblent à un congrès pour établir les priorités du parti pour le gouvernement. Chaque année, des représentants du congrès élisent un comité fédéral politique responsable de la production d'articles politiques qui sont ensuite débattus au congrès annuel et des programmes électoraux. Les membres du parti discutent de ces mêmes articles politiques dans des réunions locales et régionales, ensuite leurs représentants débattent des articles et votent les motions politiques lors du congrès annuel.

Depuis 1988, le chef du parti est élu par tous les membres individuels du parti, au moyen d'un vote par correspondance, utilisant le système du vote alternatif.

Le premier chef des libéraux-démocrates fut Paddy Ashdown. En 1999, après dix ans, il démissionne. Charles Kennedy prend le relais mais au début de 2006 il est obligé de démissionner. Il a été remplacé par Sir Menzies (Ming) Campbell (né en 1941), qui fut forcé de démissionner à son tour en 2007. Son successeur, le bien plus jeune Nick Clegg, est devenu vice-Premier ministre en 2010. Mais il démissionne en 2015, à la suite des élections législatives, catastrophiques pour le parti. Tim Farron est élu nouveau chef de parti en juillet 2015, mais il démissionne à son tour après les élections législatives de 2017. Vince Cable devient alors le nouveau chef du parti des libéraux-démocrates.

D. UKIP

The United Kingdom Independence Party (**UKIP**) was created in 1993 with the specific aim of campaigning for the withdrawal of the **UK** from the **European Union** in order to obtain 'independence'. **UKIP** is to the right of the Conservative Party. **UKIP** is virulently Eurosceptic, in favour of British sovereignty and anti-immigration from the EU. The party supports **Proportional Representation** (**PR**) for elections, which would allow it to get more power. For many years it was ridiculed by the media and other political parties as being a pseudo political party of eccentrics and racists. However, it gradually grew in strength.

In 2014, **UKIP** won 24 seats in the **European Parliament**, the biggest number of seats of any British political party. **UKIP** obtained its first **Westminster MPs** in 2014, in two by-elections brought about by defections from the **Conservative Party**; it kept one seat in the 2015 **general election**, which it lost in the 2017 general election. **UKIP** also has peers in the **House of Lords** (similarly due to defections). **UKIP**'s increasing popularity prior to the 2015 **general election** represented a significant threat to the success of both the **Conservatives** and **Labour**. **UKIP** is criticized by some commentators for its lack of policies apart from on the EU and immigration and for encouraging racial prejudices. The typical **UKIP** voter is a middle-aged, working-class male with low educational attainment who is disillusioned with the main political parties (left and right). Nigel Farage resigned as **UKIP** leader after the Brexit referendum in 2016. Diane James was elected the new leader but she decided not take up the position. Paul Nuttall was then elected leader but he resigned after the 2017 general election when he failed to win a seat. Henry Bolton became the new leader of a diminished **UKIP** in September 2017, but he only lasted a few months, being replaced in April 2018 by Gerard Batten.

Le parti pour l'indépendance du Royaume-Uni (*UKIP*) est créé en 1993, afin de militer pour une sortie du Royaume-Uni de l'Union européenne. Eurosceptique, ce parti est plus à droite que le Parti conservateur, mais moins à droite que le *BNP*. L'*UKIP* reste très eurosceptique, défend la souveraineté britannique et entend réduire l'immigration. Le parti est favorable au mode de scrutin proportionnel aux élections législatives ce qui lui permettrait de gagner davantage de pouvoir. Pendant des années, l'*UKIP* a été présenté par les autres partis politiques et les médias comme un parti d'excentriques et de racistes. Cependant sa popularité a continué d'augmenter.

En 2014, l'*UKIP* a remporté 24 sièges au Parlement européen, le plus grand nombre de tous les partis politiques au Royaume-Uni. La même année, à la suite de défections du Parti conservateur, l'*UKIP* a également remporté ses premières circonscriptions nationales lors de deux élections partielles ; il en a gardé une lors des élections législatives de 2015, mais aucune en 2017. Il a donc un député à la Chambre des communes. Le parti a aussi trois pairs – également des transfuges du Parti conservateur – siégeant à la Chambre des lords. On reproche à l'*UKIP* de manquer de ligne politique claire en dehors des sujets ayant trait à l'UE et à l'immigration, puis d'encourager le racisme. L'électeur type du parti est un homme d'environ 50 ans, issue de la classe ouvrière, qui a fait peu d'études et qui rejette les partis traditionnels (à gauche comme à droite). Diane James devient le nouveau chef d'*UKIP* en septembre 2016 ; très rapidement Paul Nuttall lui succède, mais il ne gagne pas de siège en 2017. C'est Henry Bolton qui devient le nouveau chef du parti en septembre 2017, mais il ne reste pas longtemps. En avril 2018 Gerard Batten devient le nouveau chef du parti.

NIGEL FARAGE

Nigel Farage was born in 1964. Privately educated, he comes from a wealthy background and originally worked in finance. He supported the Conservative Party until it signed the Maastricht Treaty, when he became a co-founder of UKIP and its leader in 2006. He became an MEP in 1999, campaigning energetically for the withdrawal of the UK from the EU. A very divisive figure, Nigel Farage did not win a seat in the 2015 British general election. He campaigned energetically during the EU referendum campaign and declared 'Independence Day' had come the day after the vote. He certainly played an important part in 52% of the population deciding to not to remain in the EU but his cavalier tactics and xenophobic campaigning were lamented by his opponents.

NIGEL FARAGE

Nigel Farage est né en 1964. Issu d'une famille aisée, il est allé dans une école privée et, au départ, il a travaillé dans la finance. Il soutenait le Parti conservateur jusqu'à la signature du *Traité de Maastricht* en 1992. Par conséquent, Nigel Farage a cofondé l'*UKIP* en 1993 et il en est devenu le chef en 2006. Il devient membre du Parlement européen en 1999, où il milite énergiquement en faveur du départ du RU de l'UE. Personnalité très clivante, Nigel Farage n'a pas été élu dans la circonscription où il s'est présenté lors des élections législatives de 2015. Il a fait campagne de manière énergique avant le référendum sur le Brexit et il a déclaré au lendemain du scrutin que le pays vivait sa « journée d'indépendance ». Nigel Farage a joué un rôle important dans la décision des 52 % de la population qui ont voté pour quitter l'UE. Ses opposants déplorent ses stratégies de campagne douteuses et son positionnement xénophobe.

E. Nationalist parties

Scotland and Wales both have their own nationalist parties. The **Scottish National Party (SNP)** was founded in 1934. **Plaid Cymru** is **Welsh** Gaelic for the 'Party of Wales' and it was formed in 1925. The main aim of these left-wing nationalist parties is to promote the constitutional, economic and cultural advancement of Wales and Scotland (see Chapter 10). From the 1960s onwards, these parties called increasingly for **devolution** of power from the central government in **Westminster.** This was achieved to a certain extent in 1999 with the setting up of the **Scottish Parliament** and the **National Assembly for Wales.** The parties usually win a few **seats** in the **House of Commons** in each **general election.** However, under the stewardship of Nicola Sturgeon, the **SNP** won a massive 56 seats in the 2015 general election.

Northern Ireland has four major **political parties** that are usually **elected** to the **House of Commons.** They are divided along clear religious lines: Protestant or Catholic. There is one main **political party** on either religious side that holds relatively moderate views. First there is the Protestant **Ulster Unionist Party (UUP)** which advocates the maintenance of union with the United Kingdom and second the Catholic **Social Democratic and Labour Party (SDLP)** many of whose supporters want to unite Northern Ireland and the **Republic of Ireland** peacefully. There are also other political parties on both sides with more extreme positions. First, there is the Protestant **Democratic Unionist Party (DUP)** formed in 1971 by Ian Paisley. Second, there is the Catholic **Sinn Féin**, Irish Gaelic for 'We Ourselves'. It was founded in 1905, so it is the oldest **political party** in Northern Ireland. It is a nationalist republican **political party**, seeking 'the right of Irish people as a whole to attain national self-determination, the unity and independence of Ireland as a **sovereign** state', that is to say, its 'objective is to end British rule in Ireland'. It was unofficially linked to the **IRA** terrorist/paramilitary organization (see Chapter 10).

L'Écosse et le pays de Galles ont tous les deux leurs partis nationalistes. Le Parti national écossais (*SNP*) a été fondé en 1934. *Plaid Cymru* signifie en gallois « Parti du pays de Galles » et il fut formé en 1925. Le but principal de ces deux partis de gauche est de promouvoir l'avancement constitutionnel, économique et culturel de l'Écosse et du pays de Galles (voir le chapitre 10). À partir des années 1960, les deux partis exigeaient de plus en plus une décentralisation des pouvoirs du gouvernement central de Westminster; ce qui fut obtenu en 1999 avec l'établissement d'un Parlement d'Écosse et d'une Assemblée nationale du pays de Galles. Les deux partis remportent d'habitude quelques sièges à la Chambre des communes, à chaque élection législative. Mais en 2015, sous la direction de Nicola Sturgeon, le parti a gagné 56 circonscriptions et donc 56 sièges à la Chambre des communes.

L'Irlande du Nord a quatre partis politiques majeurs qui ont en général des représentants élus aux Communes. Ils sont clairement divisés selon la religion : protestants ou catholiques. Il existe deux grands partis pour chaque religion, deux ont des idées assez modérées : le Parti unioniste d'Ulster, protestant, défend le maintien de l'union avec le Royaume-Uni, et le Parti social-démocrate et travailliste, catholique, dont beaucoup de partisans souhaitent l'union pacifique entre l'Irlande du Nord et la République d'Irlande. Il y a également d'autres partis des deux côtés, avec des positions plus extrêmes : le parti démocratique unioniste, protestant, fondé en 1971 par Ian Paisley, et le *Sinn Féin*, catholique. *Sinn Féin* est le terme gaélique irlandais pour « Nous nous-mêmes ». Il fut fondé en 1905, c'est donc le parti politique le plus ancien d'Irlande du Nord. C'est un parti politique nationaliste républicain, demandant « le droit du peuple irlandais dans son intégralité à obtenir l'auto-détermination, l'unité et l'indépendance de l'Irlande comme État souverain », c'est-à-dire que son « objectif est de mettre un terme à la gestion britannique de l'Irlande ». Il était officieusement en lien avec l'organisation terroriste *IRA*.

F. Other political parties

There are very many very small parties in the United Kingdom. However, minor parties are very rarely **elected** to the **House of Commons**. This is due to a variety of reasons. First, the **First-Past-The-Post (FPTP) electoral system** is unfavourable for small parties whose votes are not concentrated in one area. Second, it is difficult for smaller parties to raise funds, campaign and get publicity. Third, the wide scope or 'broad church' of the programmes of the major **political parties** blocks out smaller parties. For example, on the far left, the **Communist Party** has not had an **MP elected** since 1945, and on the far right, the **National Front** (NF) and the **British National Party** (BNP) have never had any seats in Westminster.

The extreme-right wing **political party** called the **British National Party (BNP)** was formed in 1982 by John Tyndall as an offshoot of the **National Front**; it was led by Nick Griffin from 1999 to 2014. The **BNP** is overtly xenophobic, pledging to ensure that the 'British people retain their homeland and their identity' and to halt all further immigration. It gained 0.2% of votes in the 2001 **general election**, 0.7% in 2005, 1.9% in 2010 and less than one per cent in 2015 and 2017. The **British National Party (BNP)** has never had MPs in the **House of Commons** and does not have any in the European Parliament.

The **Green Party** was founded in 1990. Its policies are left-wing with the party being in favour of environmentalism, social progress and **proportional representation**. Caroline Lucas was the first ever **Green Party** representative in the **House of Commons** when she was elected MP for Brighton Pavilion, in the 2010 **general election** and she was re-elected in 2015 and 2017. Natalie Bennett was leader of the **Green Party** from 2012 to 2016, followed by Caroline Lucas with Jonathan Bartley in a job-share. The current joint leaders are Siân Berry and Jonathan Bartley. The **Green Party** has 1 peer in the **House of Lords**.

Il existe énormément de petits partis au Royaume-Uni. Cependant, les partis politiques mineurs obtiennent rarement des sièges à la Chambre des communes. Ce fait s'explique par plusieurs facteurs. Premièrement, le système électoral uninominal à un seul tour est difficile pour les petits partis qui n'ont pas de partisans concentrés dans un endroit en particulier. Deuxièmement, il est difficile pour les petits partis politiques de lever des fonds, de faire campagne électorale et de faire parler d'eux. Troisièmement, les programmes très larges des grands partis politiques absorbent les électeurs potentiels des petits partis. Par exemple, à l'extrême gauche, le parti communiste n'a pas eu de député depuis 1945. À l'extrême droite, le Front national et le Parti nationaliste britannique n'ont jamais eu de député à la Chambre des communes.

À l'extrême droite, le Parti national britannique (*BNP*), a été créé en 1982 par John Tyndall lors d'une scission au sein du Front national, le parti est ensuite dirigé par Nick Griffin de 1999 à 2014. Ce parti est ouvertement xénophobe, promettant d'assurer que « le peuple britannique préserve sa terre natale et son identité » et d'arrêter toute immigration. Le *BNP* obtient 0,2 % des voix en 2001, 0,9 % en 2005, 1,9 % en 2010 et moins d'un pour cent en 2015 et en 2017. Il n'a jamais eu de député à la Chambre des communes ou au Parlement européen.

Le Parti vert a été fondé en 1990. De gauche, le parti milite pour les sujets environnementaux, le progrès social et la représentation proportionnelle. Caroline Lucas prend la tête des Verts en 2008. Élue député de la circonscription de Brighton Pavilion aux élections de 2010 (et réélue en 2015 et en 2017), elle est la première élue des Verts à siéger à la Chambre des communes. Natalie Bennett fut chef du parti de 2012 à 2016, suivi de Caroline Lucas et Jonathan Bartley ensemble. Siân Berry et Jonathan Bartley codirigent le parti depuis septembre 2018. Le Parti vert a un pair à la Chambre des lords.

10 DEVOLUTION OF POWER
A. Scotland and Wales

The Westminster **Parliament** of the UK is based in London and it makes **laws** which are applicable to the whole of the UK (England, Wales, Scotland and Northern Ireland).

From the 1960s onwards, support for **devolution** of power to Wales and Scotland grew. **Devolution** here means the transfer of power from **central government** in London (Westminster) to allow a degree of self-government to the regions, thus giving local accountability. It does not mean total independence.

The nationalist **political parties** of Wales and Scotland, respectively **Plaid Cymru** (the Party of Wales) and the **Scottish National Party** (**SNP**), fiercely supported the idea of self-government and decentralization of power. In parallel, republicans in Northern Ireland sought independence.

The Wales Act, 1978 and *The Scotland Act*, 1978 provided for the creation of separate parliaments in Wales and Scotland subject to **referenda** in Wales and Scotland, where 40% of the registered electorate would have to say 'yes' to the establishment of regional parliaments. Thus, **referenda** were held in Wales and Scotland on 1 March 1979.

The results were a resounding 'no' in Wales and a tentative 'yes' in Scotland. In Wales, 243,048 **voters** (20.2% of those who **voted**) said 'yes' and 956,330 (79.8%) said 'no'. In Scotland, 1,230,937 **voters** said 'yes' (51.6% of those who **voted**) and 1,153,502 'no' (48.4%). However, due to low **voter turnout**, the 'yes' **vote** only represented 32.9% of the registered electorate in Scotland and 11.9% of those in Wales, but not the required 40% for the **referenda** results to be acted on. Thus, devolution did not take place.

Wales and Scotland continued to be represented in the **Houses of Parliament** in London by MPs and by the Minister for Welsh Affairs and the Secretary of State for Scotland.

Le Parlement du Royaume-Uni siège à Londres et vote les lois qui sont applicables dans tout le Royaume (Angleterre, pays de Galles, Écosse et Irlande du Nord).

Depuis les années 1960, la demande pour une plus grande décentralisation s'est progressivement accrue au pays de Galles et en Écosse. La décentralisation signifie ici le transfert de pouvoirs de l'État central de Londres vers les régions, pour leur permettre d'acquérir une certaine autonomie, en donnant des responsabilités locales ; il ne s'agit pas d'indépendance.

Les partis politiques nationalistes du pays de Galles et d'Écosse, respectivement le *Plaid Cymru* et le Parti national écossais, étaient de fervents partisans des idées d'autonomie, de décentralisation et d'indépendance. En parallèle, les républicains en Irlande du Nord voulaient être indépendants de la Grande-Bretagne.

La *Loi sur le pays de Galles* et la *Loi sur l'Écosse*, votées en 1978, ont prévu la création de parlements **régionaux**, à la condition que 40 % de l'électorat approuve cette mesure. Ainsi, des référendums ont été organisés au pays de Galles et en Écosse le 1 mars 1979.

Les résultats donnèrent un « non » retentissant au pays de Galles et un timide « oui » en Écosse. Au pays de Galles, 243 048 votants (20,2 % des suffrages exprimés) ont dit « oui » et 956 330 ont répondu « non » (79,8 %). En Écosse, 1 230 937 votants ont répondu « oui » (51,6% des suffrages exprimés), et 1 153 502 ont répondu « non » (48,4 %). Cependant en raison de la faible participation, le « oui » ne représentait finalement que 32,9 % des électeurs en Écosse et 11,9 % au pays de Galles, soit moins que les 40 % requis pour que la loi entre en vigueur. La décentralisation du pouvoir n'a pas eu lieu.

Le pays de Galles et l'Écosse ont continué d'être représentés au Parlement de Londres, ainsi que par le ministre des Affaires galloises et le Secrétaire d'État pour l'Écosse.

The **Labour Party** (led by Tony Blair) **pledged** in its **manifesto** for the 7 June 1997 **general election** to give the inhabitants of Wales and Scotland greater control over their own affairs and to decrease the 'democratic deficit'.

Following the **Labour Party's landslide victory** in the **general election**, it moved quickly and a **referendum** on **devolution** was held in Scotland on 11 September 1997 and in Wales the following week. Thus, the **Welsh** and **Scots** (or the Scottish) were asked for their opinions on **devolution** once again.

In Wales, there was 50.1% **voter turnout** and the result was that 50.3% of those who **voted** was in favour of a **Welsh Assembly**. The results in Scotland, where there was a 60.2% **voter turnout**, were more conclusive, since 74.3% of **Scots** who **voted** said 'yes' to the establishment of a **Scottish Parliament** and 63.5% said it should have certain powers of taxation.

The *Government of Wales Act*, 1998, established the **National Assembly for Wales** based in Cardiff. The first elections were held on 6 May 1999 (see Chapter 8). The **60 Assembly Members** (**AMs**) are responsible for a sizeable budget. They debate and **vote** on a variety of issues which concern just Wales: Welsh education, health, economic development, **local government**, **housing**, transport, agriculture, culture, tourism and the **Welsh** language. However, they are not authorized to **vote** on primary legislation or to raise taxes. Wales continues to share the same legal system as England and still elects 40 **MPs** to **Westminster**. These are not the same people as the Welsh **Assembly Members** (**AMs**).

Le Parti travailliste, emmené par Tony Blair, a promis dans son programme électoral pour les élections législatives du 7 juin 1997 de donner aux habitants du pays de Galles et d'Écosse un plus grand contrôle sur leurs propres affaires afin de diminuer le « déficit démocratique ».

À la suite de l'écrasante victoire du Parti travailliste aux élections législatives, les choses avancèrent rapidement et on organisa un référendum en Écosse le 11 septembre 1997 et au pays de Galles la semaine suivante. Ainsi, les Gallois et les Écossais furent interrogés sur la décentralisation une fois de plus.

Au pays de Galles, il y eut 50,1 % de participation et le résultat fut 50,3 % de votes en faveur d'une assemblée galloise. Les résultats en Écosse, où il y eut une taux de participation de 60,2 %, furent plus concluants, puisque 74,3 % des Écossais qui votèrent répondirent « oui » à la création d'un parlement écossais et 63,5 % dirent qu'il devait avoir certaines prérogatives en matière fiscale.

La *Loi sur le gouvernement du pays de Galles* de 1998 établit l'Assemblée nationale du pays de Galles (*Cynulliad* en gallois), siégeant à Cardiff. Les premières élections pour les 60 membres de cette assemblée se tinrent le 6 mai 1999. L'Assemblée nationale du pays de Galles dispose d'un budget important et peut débattre et voter sur beaucoup de sujets qui concernent le pays de Galles, comme l'éducation, la santé, le développement économique, le gouvernement local, le logement, les transports, l'agriculture, la culture, le tourisme et la langue galloise. Cependant, l'Assemblée du pays de Galles n'est pas autorisée à voter des lois fondamentales ou à lever des impôts. Le pays de Galles continue d'avoir le même système juridique que l'Angleterre et élit toujours 40 députés à Westminster, mais il ne s'agit pas des mêmes personnes que les membres de l'Assemblée du pays de Galles.

The Scotland Act, 1998, created the **Scottish Parliament**, situated in Edinburgh. The first **elections** took place on 6 May 1999. The 129 Members of the Scottish Parliament (MSPs) enjoy more power than their **Welsh** counterparts. The Scottish Parliament is responsible for most of its domestic policies, e.g. Scottish education, health, **housing**, transport, prisons, the environment and agriculture, etc. It is allowed to make primary and secondary legislation and raise or lower the basic rate of income tax by up to 3% (i.e. it has tax varying powers). On some issues, such as higher education and **social services** it has very different policies (often more left-wing) to the rest of the UK. Scotland continues to have separate education and judicial systems. Scotland still elects 59 **MPs** to **Westminster**. These are not the same people as the Scottish MSPs.

In the **devolved** system, the UK **Parliament** retains the power of decision making and legislation in matters that involve the whole of the UK. For example, the **constitution**, defence, energy, foreign affairs, immigration, etc.

Some people used to say that the **Welsh Assembly** served no concrete purpose and cost a lot of money to run. There is no doubt, however, that it fulfils an important symbolic role and allows for a certain degree of autonomy from the UK government. In the past, calls from nationalists for Welsh **devolution** tended to lay the emphasis on the cultural differences between Wales and England, in particular the use of the Welsh language. Today, economic issues are much more to the fore.

In general, the **Scottish Parliament** is considered to be more effective and it has produced some radical policies, for example regarding university tuition fees and care of the elderly.

La *Loi sur l'Écosse* votée en 1998 a institué le Parlement écossais qui siège à Edimbourg. Les premières élections ont eu lieu le 6 mai 1999. Les 129 membres du Parlement écossais disposent de plus de pouvoirs que leurs homologues gallois. Il est responsable de la plus grande partie de la politique locale, par exemple, l'éducation, la santé, les prisons, le logement, les transports, la formation, l'environnement et l'agriculture. Il peut voter la législation primaire et secondaire et élever ou abaisser le taux de base de l'impôt sur le revenu jusqu'à 3 % (il a un pouvoir de modification de la fiscalité, à la différence du pays de Galles). Sur certains sujets comme l'éducation et les services sociaux, il mène des politiques très différentes de celles du reste du Royaume-Uni, souvent marquées plus à gauche. L'Écosse continue d'avoir ses systèmes éducatif et judiciaire propres. Elle élit toujours 59 députés à Westminster, mais ce ne sont pas les mêmes personnes que les membres du Parlement écossais.

Dans le système décentralisé, le Parlement du RU conserve le pouvoir de prendre des décisions et de légiférer dans les domaines qui impliquent l'ensemble du royaume, par exemple la constitution, la défense, l'énergie, les affaires étrangères, l'immigration, etc.

Au départ, certaines personnes disaient que l'Assemblée du pays de Galles ne servait à rien de concret et coûtait trop d'argent. Toutefois, il ne fait aucun doute qu'elle remplit un rôle symbolique important et elle donne une certaine autonomie aux Gallois par rapport à Westminster. Si dans le passé les revendications galloises étaient plus fondées sur des aspects culturels, de nos jours les intérêts économiques sont bien au rendez-vous.

En général, le Parlement écossais est vu comme plus efficace et est à l'origine de certaines lois radicales, par exemple concernant les frais de scolarité universitaires en Écosse, ainsi que les soins pour les personnes âgées.

Alex Salmond became the first **SNP** First Minister of Scotland in the **Scottish Parliament** in 2007 and he remained First Minister following the 2011 election. He called for a referendum on independence for Scotland that was held in Scotland on 18 September 2014. The referendum campaign between 'Better Together' and 'Yes to Independence' raised important questions regarding the status of the Union (c.f. the Union Jack) of the United Kingdom, the Head of State, membership of the EU and the currency in Scotland, etc. The **referendum** vote witnessed huge electoral turnout (84.6%). The result was No 55.3%, Yes 44.7%, leading to Alex Salmond's resignation and the arrival of Nicola Sturgeon as the new **SNP** First Minister of Scotland.

The referendum reignited ongoing constitutional questions such as the **Barnett formula** – the complex Whitehall spending plan on UK public spending which 'privileges' Scotland and the fact that England does not have its own individual parliament: the '**English Question**'. It is proffered that the interests of the English population are under-represented because the Welsh and Scots have two elected bodies representing them (the Welsh Assembly + Westminster; the Scottish Parliament + Westminster), whereas the English have only one (Westminster). Furthermore, Scottish and Welsh Westminster MPs can vote on laws that do not directly affect their own constituents: the 'West Lothian question'.

There are various solutions to this anomaly:

1. A new, separate English Parliament or assembly.
2. The creation of English regional assemblies.
3. Westminster MPs representing Scottish and Welsh constituencies no longer vote on laws only concerning England: 'English votes for English laws' (**EVEL**).
4. A special Westminster committee to deal with purely English matters.

Alex Salmond devient le tout premier Premier ministre nationaliste et indépendantiste de l'Écosse en 2007 et il le reste à la suite des élections de 2011. Il demanda un référendum sur l'indépendance de l'Écosse, qui aura lieu en Écosse le 18 septembre 2014. La campagne entre « mieux ensemble » et « oui à l'indépendance » soulève des questions importantes sur le statut de l'Union (c.f. le nom du drapeau du R-U, l'*Union Jack*), le chef d'État, l'adhésion à l'Union européenne, la devise en Écosse, etc. Le référendum a connu un taux de participation électorale très élevé : 84, 6 %. Le vote s'est conclu par un rejet massif (55.3 % pour le non contre 44.7 % pour le oui) et Alex Salmond démissionne et laisse sa place à la tête du *SNP* à Nicola Sturgeon, qui devient le nouveau Premier ministre de l'Écosse.

Le référendum relance des questions constitutionnelles, par exemple, ce qu'on appelle la « Formule de Barnett » sur la distribution complexe des dépenses publiques du Royaume-Uni, qui « privilégie » l'Écosse. Mais aussi le fait que l'Angleterre n'a pas son propre parlement : la « Question anglaise ». Il se dit que les intérêts de la population anglaise sont moins bien représentés que ceux des Gallois ou des Écossais, qui ont chacun deux parlements, tandis que les Anglais n'en ont qu'un. Par ailleurs, les députés qui siègent à Westminster, au parlement du Royaume-Uni, tout en représentant des circonscriptions écossaises ou galloises peuvent voter sur les lois qui ne concernent pas les électeurs de leur circonscription (c'est ce qu'on appelle la « Question de West Lothian »).

Il y a plusieurs solutions à cette anomalie :

1. La création d'un nouveau parlement purement anglais.
2. La création d'assemblées régionales.
3. L'interdiction pour les députés écossais et gallois aux Communes, à Westminster, de voter sur les lois ne concernant que l'Angleterre : « Les voix anglaises pour les lois anglaises ».
4. La création d'un Conseil à Westminster qui voterait seulement sur les affaires anglaises.

5. Revocation of devolution.
6. Full independence for Scotland following another referendum.The results of the UK referendum in 2016 on leaving the European Union led to new calls for a new referendum in Scotland on independence from the UK a second referendum because a majority of Scots voted to want to remain in the EU.

5. La fin du Parlement écossais et de l'Assemblée galloise.
6. L'indépendance totale de l'Écosse après un autre référendum.
Le résultat du référendum au Royaume-Uni en 2016 sur la sortie de l'Union européenne a relancé les appels pour un deuxième référendum en Écosse sur son indépendance car la majorité des Écossais souhaite rester dans l'Union européenne.

10 DEVOLUTION OF POWER
B. Northern Ireland

The issues of self-governance, independence and **devolution** of power go back a long way in **Northern Ireland**.

In the 17th century, the whole of the island of Ireland was part of the UK and it was ruled from London. In 1641, the nine counties of the North of Ireland (**Ulster**) became the possession of the British **Crown**. The land was confiscated by the mostly Protestant English from the indigenous Catholic Irish population, and given to English and Scottish Protestant settlers who **colonized** the region. This colonization gave rise to ongoing conflict between Ireland and Great Britain.

From then on, the population of the northern counties of Ireland was mainly **Protestant** (including many landowners) with origins in the mainland (Great Britain). Most of them wanted Ireland to remain attached to Great Britain and so to be ruled from Protestant London, with all the advantages that that entailed. Conversely, nationalist support from the minority **Catholic** population led to calls for the whole of Ireland to become independent from Great Britain, with its own Irish parliament in Dublin, which did not happen.

At the start of the 20th century, legislation was initiated in Westminster to implement new '**Home Rule**' legislation for Ireland. It would have led to the independence of Ireland, with the restoration of the Dublin **Parliament** after centuries of unrest regarding British dominion in Ireland. However, the outbreak of World War I in 1914 scuppered the legislation.

Shortly afterwards, on 24 April 1916, Catholic nationalists occupied the General Post Office in Dublin. Patrick Pearse, the President of the Provisional Government of the Irish Republic, pronounced the ***Proclamation of the Irish Republic***. It was the start of the **Easter Uprising**. However, the revolt was crushed by the British who executed the ringleaders, including all seven signatories of the proclamation.

Les questions de l'autonomie, de l'indépendance et de la décentralisation des pouvoirs détenus par Westminster vers l'Irlande du Nord remontent loin dans l'histoire de l'Irlande.

Au XVIIe siècle, toute l'Irlande faisait partie du Royaume-Uni et était dirigée depuis Londres. En 1641, les neuf comtés du nord de l'Irlande (Ulster) passèrent sous l'autorité directe de la Couronne britannique. La terre confisquée par les Anglais, majoritairement protestants, à la population irlandaise locale, catholique, fut donnée à des protestants anglais et écossais qui colonisèrent la région. Cette colonisation va donner ainsi source au conflit qui continue aujourd'hui.

Depuis lors, la population des comtés du nord de l'Irlande est majoritairement protestante (incluant beaucoup de propriétaires terrien) du fait de ses origines britanniques. La plupart voulaient que l'Irlande reste attachée à la Grande-Bretagne et continue d'être dirigée depuis Londres, majoritairement protestante, avec tous les avantages afférents. À l'inverse, les nationalistes soutenus par la minorité catholique en vinrent à demander que toute l'Irlande devienne indépendante, avec son propre parlement à Dublin ; cette demande ne fut pas satisfaite.

Le déclenchement de la Première Guerre mondiale en 1914 empêche la mise en place d'une loi sur l'autonomie pour l'Irlande. Elle aurait conduit à l'indépendance de l'Irlande, avec la restauration du parlement à Dublin après des siècles de troubles au sein du dominion britannique en Irlande.

Peu de temps après, le 24 avril 1916, des nationalistes catholiques prirent le bureau de poste principal de Dublin. Patrick Pearse, le président du Gouvernement provisoire de la République d'Irlande, proclama la *Déclaration de naissance de la République Irlandaise*. Ceci fut le début du Soulèvement de Pâques. Toutefois la révolte fut écrasée par les Britanniques, qui exécutèrent les meneurs, dont les sept signataires de la déclaration.

B. Northern Ireland (1919-1949)

In 1919, the Catholic nationalist movement, **Sinn Féin**, set up in Dublin an assembly called the Dáil Éireann; Irish independence was proclaimed once again. The **Irish Republican Army** (**IRA**) started a terrorist/paramilitary campaign against the British forces present in Ireland, leading to heavy casualties on both sides.

ULSTER

Northern Ireland is sometimes informally called Ulster. This refers to an ancient kingdom consisting of nine counties that once existed in northeast Ireland. Following **partition** in 1921, six of **Ulster's** counties formed Northern Ireland and the three others joined the **Republic of Ireland**.

The ***Government of Ireland Act***, 1920, voted in Westminster, led to the partition of Ireland in 1921, i.e. the island was divided into two political parts, 'Southern Ireland' and 'Northern Ireland'. Following the voting of the Anglo-Irish ***Irish Free State (Agreement) Act***, 1921, the Irish Free State (*Saorstát Éireann* in Irish Gaelic) became an independent dominion of the British **Crown** with full domestic self-government.

It was later renamed **Eire** (Irish Gaelic for 'Ireland'), in 1937, when it became a **sovereign**, independent democratic state and then the **Republic of Ireland** in 1949.

MICHAEL COLLINS (1890-1922)

Michael Collins was the leader of the Irish republican political party **Sinn Féin** and a member of the Irish delegation that negotiated the ***Anglo-Irish Treaty***, 1921, leading to creation of the **Irish Free State**. The revolutionary leader was shot dead on 22 August 1922.

En 1919 le mouvement nationaliste et catholique *Sinn Féin* créa à Dublin une assemblée appelée la *Dáil Éireann* ; l'indépendance de l'Irlande était à nouveau proclamée. L'Armée républicaine irlandaise (*IRA*) commença à employer des tactiques terroristes/paramilitaires contre les forces britanniques présentes en Irlande, causant de lourdes pertes dans les deux camps.

ULSTER

L'Irlande du Nord est parfois appelée Ulster de façon informelle. Ce nom fait référence à un ancien royaume qui exista au Nord-est de l'Irlande, composé de neuf comtés. À la suite de la partition de 1921, six des comtés d'Ulster formèrent l'Irlande du Nord et les trois autres rejoignirent la République d'Irlande.

La *Loi britannique sur le gouvernement de l'Irlande* en 1920 aboutit à la partition de l'Irlande en 1921, le nord de l'Irlande étant séparé du reste de l'île. Peu de temps après, en 1921, le *Traité de Londres* anglo-irlandais fut voté à Londres et Dublin, sur la création de l'État libre d'Irlande. L'Irlande du Sud devint alors l'État libre d'Irlande : un dominion indépendant de la Couronne britannique totalement autonome pour les affaires intérieures.

Elle fut rebaptisée plus tard Eire (mot gaélique irlandais pour Irlande) en 1937, quand elle devint un État souverain, indépendant et démocratique, puis République d'Irlande en 1949.

MICHAEL COLLINS (1890-1922)

Michael Collins était le chef du *Sinn Féin*, parti politique républicain irlandais, et membre de la délégation irlandaise qui négocia le Traité anglo-irlandais, lequel a mené à la création de l'État libre d'Irlande. Il fut assassiné en 1922.

Therefore, from 1921 onwards, **Northern Ireland** experienced '**home rule**'. This means Northern Ireland remained part of the UK, but it had its own separate **devolved** parliament which **voted** on domestic affairs. Thus, it had a limited degree of self-government, decided all its own policies and **voted** on its own legislation, except for questions of defence and foreign **policy** that were decided on by London. The **Northern Ireland Parliament** (consisting of a Senate and a **House of Commons**) was situated in **Stormont** Castle on the outskirts of Belfast.

POLITICAL PARTIES IN NORTHERN IRELAND

Political parties specific to Northern Ireland were and still are very much divided along religious lines.
On one side, there are Republican Catholics who call for a united (North and South), independent **Republic of Ireland** separate from **Great Britain**. These are primarily represented by the moderate **Social Democratic and Labour Party** (**SDLP**) and the more extreme **Sinn Féin**.
On the other side, there are **Loyalist** (loyal to the British **Crown**) Protestants who want Northern Ireland to remain within the UK. The biggest Protestant Party in Northern Ireland is the **Ulster Unionist Party** (**UUP**) and there is also the more radical **Democratic Unionist Party** (**DUP**) (see Chapter 9).
At the same time, active paramilitary terrorist organizations were similarly divided on both sides, all being linked to a greater or lesser extent to the less moderate **political parties**. The leading Catholic organization was the **Irish Republican Army** (**IRA**), whilst the **Ulster Defence Association** (**UDA**) was the main **Loyalist** Protestant para-military group. There were many other terrorist splinter groups and dissident movements too, some of whom continue to exist.

Par conséquent, à partir de 1921, l'Irlande du Nord expérimenta l'autogestion politique. Cela impliquait que l'Irlande du Nord reste membre du Royaume-Uni, mais qu'elle disposait de son propre parlement décentralisé pour voter ses affaires intérieures. Elle jouissait ainsi d'un certain degré d'autonomie, décidait de l'ensemble de ses politiques et votait ses propres lois, à l'exception des questions de défense et de politique étrangère, qui étaient du ressort de Londres. Le Parlement d'Irlande du Nord (composé d'un Sénat et d'une Chambre des communes) siégeait au château de Stormont, dans la banlieue de Belfast.

PARTIS POLITIQUES EN IRLANDE DU NORD

Les partis politiques propres à l'Irlande du Nord étaient et sont toujours divisés en fonction de leur appartenance religieuse.
D'un côté, les républicains catholiques, qui réclament une République d'Irlande indépendante de la Grande-Bretagne et unie (Nord et Sud). Ils sont représentés par le Parti travailliste et social-démocrate, puis par le plus radical *Sinn Féin*.
De l'autre côté, les protestants loyalistes (loyaux envers la Couronne britannique) veulent que l'Irlande du Nord reste partie intégrante du Royaume-Uni. Le parti protestant le plus important en Irlande du Nord est le parti unioniste d'Ulster, mais il y a aussi le parti unioniste démocrate, plus radical (voir le chapitre 9).
En même temps, des organisations paramilitaires étaient, de façon similaire, divisées en deux camps, plus ou moins liées aux partis politiques les moins modérés. Le principal organisme catholique était l'Armée républicaine irlandaise, alors que l'Association de défense de l'Ulster était le plus grand groupe paramilitaire protestant loyaliste. Il y avait beaucoup d'autres groupes terroristes et de mouvements dissidents dont certains existent encore.

B. Northern Ireland (1967-1972)

From 1967 onwards, the Catholic **civil rights** movement became increasingly active. **NI** became the scene of very violent **sectarian** conflict between Catholics and Protestants, called 'The Troubles'. The numerous terrorist organizations were extremely active and there were many riots and clashes, as well as terrorist **bombings** on both sides. **IRA** bombs killed 28 people in 1969. That year, British soldiers were sent to Northern Ireland to 'police' the explosive situation and to restore order.

By 1971, the violence had escalated to the extent that 184 people were killed due to terrorist activities during the course of the year, including the first British soldier who was shot dead. The **IRA** bombed Protestant neighbourhoods, the **Loyalist** terrorists bombed Catholic pubs. Following the voting of the ***Prevention of Terrorism Act***, 1971, the British government introduced **internment**, i.e. suspected terrorists were detained, without a **trial**, because they were regarded as a security threat.

'**Bloody Sunday**', also called 'the Bogside Massacre', occurred on Sunday 30 January 1972. British troops opened fire on Catholic anti-internment protestors taking part in a banned march in Londonderry and thus 13 civilians were killed.

Due to all the violence, on 30 March 1972, **Westminster** passed the ***Northern Ireland (Temporary Provisions) Act***, 1972. It led to the suspension of the Northern Ireland Parliament in **Stormont**. Thus, 50 years of independence came to end as Northern Ireland lost its '**home rule**' and it returned to '**direct rule**'. Once again, it was governed from London by the British Government. A new Secretary of State for Northern Ireland took on board all the functions of the Northern Irish Government.

On 21 July, the **IRA** let off 22 bombs within 75 minutes: 'Bloody Friday'. The death toll for 1972 was the highest of the modern troubles: 103 soldiers, 41 police and **UDR** (**Ulster Defence Regiment**) and 323 civilians.

À partir de 1967, le mouvement catholique pour les droits civiques devint extrêmement actif. L'Irlande du Nord fut la scène des « Troubles » : conflits violents entre catholiques et protestants. Les organismes protestants étaient très actifs et il y eut des émeutes et des confrontations violentes, ainsi que des attentats terroristes des deux côtés. Les bombes de l'*IRA* tuèrent 28 personnes en 1969 et des soldats britanniques furent donc envoyés pour gérer cette situation explosive et restaurer l'ordre.

En 1971, la violence était montée de façon importante. L'*IRA* commit des attentats dans les quartiers protestants, les terroristes loyalistes, dans les pubs catholiques. À la suite de la *Loi sur la prévention du terrorisme* de 1971, le gouvernement britannique institua « l'internement », l'emprisonnement des terroristes sans jugement, car considérés comme une menace pour l'ordre public.

Le « dimanche sanglant » eut lieu le 30 janvier 1972. Les troupes britanniques, essayant de disperser les participants à une manifestation catholique contre l'internement à Londonderry, ouvrirent le feu, tuant 13 civils.

Face à cette violence, Westminster vota le 30 mars 1972 la *Loi sur l'Irlande du Nord (mesures provisoires)*. Elle conduisit à la suspension du Parlement d'Irlande du Nord à Stormont. Ainsi 50 ans d'autonomie se terminaient : l'Irlande du Nord perdait son autonomie politique et retournait à l'administration directe. Une fois encore, elle se retrouvait gouvernée depuis Londres. Un nouveau secrétaire d'État pour l'Irlande du Nord prit toutes les fonctions du gouvernement irlandais d'Irlande du Nord.

Le 21 juillet, l'*IRA* faisait exploser 22 bombes en 75 minutes : « vendredi sanglant ». L'année 1972 fut la plus meurtrière dans l'histoire récente : 103 soldats, 41 policiers et membres des forces de sécurité et 323 civils.

B. Northern Ireland (1973-1985)

A **referendum** was held in Northern Ireland on **devolution** on 8 March 1973. **Voter turnout** was 58.1%, of those 591,820, 99% **voted** for Northern Ireland to remain part of the United Kingdom, 6,463 (0.92%) **voted** for it to be joined to the **Republic of Ireland.** Many Catholics boycotted the **poll** which skewed the results. At the end of the year, Protestant and Catholic **politicians** as well as the British and Irish governments, signed ***The Sunningdale Agreement*** on power-sharing in **NI** for domestic affairs, but the new **Executive** collapsed within months.

In 1981, when Margaret Thatcher was PM, confined **IRA** terrorist suspects went on hunger strike in the 'H-Blocks' of the high security Maze Prison where they were held. They considered themselves political prisoners or prisoners of war (not criminals). Ten of them died. The first and most well-known was 27-year-old Bobby Sands who was **elected** an **MP** (on the following slate: Anti-H-Block/Armagh Political Prisoner) during his hunger strike with over 30,000 votes. He passed away after 66 days of fasting; around 100,000 people attended his funeral.

The **Northern Ireland Assembly** opened again in Stormont in November 1982, though it was boycotted by **Sinn Féin** and the **SDLP**.

In 1984, the **IRA** bombed the Grand Hotel in Brighton England (so on the mainland, outside Northern Ireland) where **Conservative MPs** were staying during the **annual conference.** Margaret Thatcher, the **Prime Minister** was not injured, but more than 30 people were hurt and 5 people were killed. The following year, 1985, the British and Irish governments signed the ***Anglo-Irish Agreement.*** Thus, the **Republic of Ireland** was given consultative rights in affairs concerning Northern Ireland.

Un référendum fut organisé en Irlande du Nord sur la question de la décentralisation le 8 mars 1973. La participation électorale atteignit 58,1 %. 591 820 électeurs (99 %) votèrent en faveur du maintien de l'Irlande du Nord dans le Royaume-Uni, 6 463 (0,92 %) en faveur d'une union avec la République d'Irlande ; beaucoup de catholiques avaient boycotté le scrutin, ce qui faussa donc les résultats. À la fin de l'année, les hommes politiques protestants et catholiques, les gouvernements du Royaume-Uni et d'Irlande se mirent d'accord (*L'Accord de Sunningdale*) sur un partage du pouvoir en Irlande du Nord pour les affaires intérieures, mais le nouvel exécutif échoua au bout de quelques mois.

En 1981, des personnes suspectées d'être des terroristes de l'armée républicaine irlandaise (*IRA*) et emprisonnées à ce titre commencèrent une grève de la faim dans les blocs en forme de H de la prison de haute sécurité de Maze où elles étaient détenues. Ils se définissaient comme des prisonniers politiques. Dix en moururent. Le premier et le plus connu était Bobby Sands, qui fut élu député pendant sa grève de la faim, obtenant plus de 30 000 voix. Âgé de 27 ans, il décéda après 66 jours de jeûne ; environ 100 000 personnes assistèrent à ses funérailles.

L'Assemblée d'Irlande du Nord, boycotté par le *Sinn Féin* et le *SDLP*, fut rétablie en 1982.

En 1984, l'*IRA* commit un attentat dans le Grand Hôtel de Brighton en Angleterre (donc en dehors de l'Irlande du Nord), où le Parti conservateur tenait sa conférence annuelle. Margaret Thatcher, alors Premier ministre, en sortit indemne, mais l'attentat fit 5 morts et une trentaine de blessés. L'année suivante, en 1985, les gouvernements britannique et irlandais signèrent l'*Accord anglo-irlandais*. On donna ainsi à la République d'Irlande des droits consultatifs dans les affaires d'Irlande du Nord.

B. Northern Ireland (1993-1999)

Finally, from 1993 onwards efforts were made to reach a satisfactory solution to '**The Troubles**' (the political and civil unrest). The two main Catholic **political parties** – the nationalist **SDLP** and the republican **Sinn Féin** – represented by John Hume and Gerry Adams respectively, began tentative talks to try to find a political way forward for Northern Ireland, when John Major was Prime Minister of the UK.

In 1994, both the **IRA** and the **Loyalist** paramilitary terrorist organizations announced cease-fires. The governments of Dublin, London and Belfast entered long multi-party talks – held in **Stormont**, Belfast – to try to negotiate peace in Northern Ireland: the '**Stormont Talks**'.

The **decommissioning** of terrorist weapons (i.e. the removal of arms from service) became a key issue in the **peace talks**. The ***Belfast Agreement,*** also called the ***Good Friday Agreement***, was eventually signed by the 8 foremost **political parties** of Northern Ireland on 10 April 1998.

A **referendum** was swiftly held on 22 May 1998 in both Northern Ireland and the **Republic of Ireland** which led to the ratification of the *Good Friday Agreement*. This paved the way for the ***Northern Ireland (Elections) Act***, 1998 which set up the **Northern Ireland Assembly**.

The **Northern Ireland Assembly**, based in **Stormont** Castle, came into being on 25 June 1998. However, due to unresolved disputes among **political parties**, power was only **devolved** from London to Northern Ireland at the end of 1999. The **Northern Ireland Assembly** had legislative and executive authority on matters related specifically to Northern Ireland. It was not, however, allowed to **vote** on issues regarding criminal justice, prisons, policing and security matters in general.

Finalement, à partir de 1993, des efforts ont été faits pour obtenir une solution satisfaisante aux « troubles » (les agitations politique et civile). Les deux grands partis politiques catholiques – le *SDLP* nationaliste et le *Sinn Féin* républicain –, représentés respectivement par John Hume et Gerry Adams, entamèrent des négociations pour tenter de trouver une issue politique pour l'avenir de l'Irlande du Nord pendant les mandats de John Major (Premier ministre conservateur du Royaume-Uni).

En 1994, l'*IRA* et les organisations terroristes paramilitaires loyalistes annoncèrent un cessez-le-feu commun. Les gouvernements de Dublin, Londres et Belfast entamèrent de longues discussions multipartites – à Stormont, Belfast – pour tenter de négocier la paix en Irlande du Nord : « les pourparlers de Stormont ».

L'abandon du recours au terrorisme (le désarmement) devint le sujet clé des pourparlers de paix. L'*accord de Belfast*, également appelé l'*Accord du Vendredi saint*, fut finalement signé par les huit partis politiques les plus importants d'Irlande du Nord le 10 avril 1998.

Un référendum se tint rapidement le 22 mai 1998 à la fois en Irlande du Nord et en République d'Irlande, qui permit la ratification de l'*Accord du Vendredi saint*. Cela ouvrit la voie à la *Loi sur les élections en Irlande du Nord* de 1998, qui remit en place l'Assemblée d'Irlande du Nord.

L'Assemblée d'Irlande du Nord, siégeant au château de Stormont, vit le jour le 25 juin 1998. Cependant, en raison de disputes persistantes entre les partis politiques, le pouvoir fut décentralisé de Londres vers l'Irlande du Nord seulement à la fin de 1999. L'Assemblée d'Irlande du Nord a des compétences législatives et exécutives dans les matières liées uniquement à l'Irlande du Nord. Cependant, elle ne peut légiférer sur des sujets regardant la justice criminelle, les prisons, la police et les affaires de sécurité de façon générale.

Following further disputes, the **Northern Ireland Assembly** was suspended in February 2000, having worked for just 72 days. It was then reinstated and then suspended again in 2001. This was chiefly due to the **IRA** still refusing to disarm, i.e. **decommission** all their weapons. The **Peace Process** continued and in April 2003, the President of the United States of America, George W. Bush (like his predecessor Bill Clinton), visited Belfast in an attempt to move on the negotiations.

Following further decommissioning, prisoner release, and 'compromising' on both sides, terrorist activities virtually halted.

In March 2007, there was a new election for 108 **Northern Ireland Assembly** members who are called **Members of the Legislative Assembly** (MLAs). The STS system of proportional representation was used. The Assembly opened with devolved power on 8 May 2007. It works on a power-sharing basis between the different elected parties using the d'Hondt method. In this way, there is maximum representation of all the different political parties (and religious groups).

Ian Paisley (from the **DUP**) as First Minister and Martin McGuinness (an ex-IRA leader) from **Sinn Féin** as Deputy First Minister thus began to share power, a situation which was unthinkable just a few years earlier.

Ian Paisley was replaced by Peter Robinson in 2008 as **DUP** (**Democratic Unionist Party**) party leader and thus First Minister of Northern Ireland.

From 2007 until January 2017 it was Martin McGuinness (**Sinn Féin**). He resigned in protest about the Renewable Heat Incentive scandal linked to the First Minister Arlene Foster (DUP) and he died shortly afterwards. As there it is a power-sharing agreement

À la suite de nouvelles disputes, l'Assemblée d'Irlande du Nord a de nouveau été suspendue en février 2000, après seulement 72 jours, réinstallée et de nouveau suspendue en 2001. C'est essentiellement dû au refus persistant de l'*IRA* de se désarmer, c'est-à-dire de rendre ses armes. Le processus de paix continua et en avril 2003, le président des États-Unis d'Amérique, Georges W. Bush (comme son prédécesseur Bill Clinton) s'est rendu à Belfast afin de tenter de faire avancer les négociations.

Après d'autres désarmements, des libérations de prisonniers et des « compromis » faits des deux côtés, les activités terroristes se sont presque arrêtées.

En mars 2007, il y a eu une nouvelle élection pour les 108 membres de l'Assemblée de l'Irlande du Nord, qui s'appellent les Membres de l'assemblée législative. Un système de représentation proportionnelle a été utilisé pour le scrutin. L'Assemblée dotée de pouvoirs « dévolus » a réouvert ses portes en mai 2007. Elle fonctionne sur la base d'un partage des pouvoirs entre les différents partis, afin de mieux représenter les électeurs de tous les horizons politiques et religieux.

Ian Paisley (du *DUP*) devient Premier ministre et Martin McGuinness (de *Sinn Féin* et un ancien chef de l'*IRA*) devient vice-Premier ministre. Ils ont donc commencé à partager le pouvoir, chose inconcevable il y a seulement quelques années.

En 2008, Ian Paisley a été remplacé par Peter Robinson en tant que chef du parti *DUP* et Premier ministre de l'Irlande du Nord.

De 2007 à janvier 2017, le vice-Premier ministre est Martin McGuinness (Sinn Féin). Il démissionne pour protester contre un scandale lié au Premier ministre de l'Irlande du Nord Arlene Foster, concernant un grand projet de chauffage renouvelable, et il meurt peu de temps après. En raison de *l'Accord de paix* de

in the **Northern Ireland Assembly** due to the ***Good Friday Agreement***, the First Minister was also obliged to step down.

The Secretary of State for Northern Ireland in the UK Government was forced to organise a snap election for the **Northern Ireland Assembly** on 2 March 2017.

The **DUP** won 28 seats, **Sinn Féin** won 27 seats, the **SDLP** won 12 seats, the UUP won 10 seats, the Alliance Party won 8 seats, the Greens (NI) won 2 seats, the Traditional Unionist Voice (TUV) won 1 seat, an Independent candidate won 1 seat and People Before Profit won 1 seat (90 seats in total).

Michelle O'Neil replaced Martin McGuinness as leader of **Sinn Féin** in **Northern Ireland** in January 2017, but the party did not nominate a new Deputy First Minister. Inter-party negotiations to re-establish a power-sharing coalition have been unsuccessful. Therefore, since early 2017, there has not been an Executive in the devolved Northern Ireland Assembly. Mary Lou McDonald became leader of **Sinn Féin** in January 2018.

Northern Ireland elects 18 **MPs** to the House of Commons in Westminster. They are not the same people as the **MLAs**. Sinn Féin MPs in the House of Commons refuse to swear allegiance to the Crown, i.e. the monarch, Queen Elizabeth II, and so they do not go to the Houses of Parliament.

Vendredi saint, il y a un partage du pouvoir en Irlande du Nord entre les deux partis politiques principaux. Ainsi le Premier ministre a aussi été contraint de quitter ses fonctions.

De cette façon, le Secrétaire d'État pour l'Irlande du Nord dans le gouvernement du Royaume-Uni a dû organiser des élections anticipées pour élire les députés à l'Assemblée de l'Irlande du Nord.

Les résultats des élections du 2 mars 2017 sont les suivants : Parti unioniste démocrate, 28 sièges ; Sinn Féin, 27 sièges ; Parti social-démocrate et travailliste, 12 ; Parti unioniste de l'Ulster, 10 ; Parti de l'alliance, 8 ; Parti vert 2 ; Voix unioniste traditionnelle, 1 ; candidat indépendant 1 ; Le Peuple avant le profit, 1 (90 sièges au total).

Michelle O'Neil devient le chef de Sinn Féin en Irlande du Nord en janvier 2017, mais le parti ne nomme pas un nouveau vice-Premier ministre. Des négociations entre le Parti unioniste démocrate et Sinn Féin afin de rétablir une coalition sont sans issues. Il en résulte que l'Exécutif à l'Assemblée de l'Irlande du Nord ne fonctionne pas depuis janvier 2017. Enfin, Mary Lou McDonald devient le chef de Sinn Féin en janvier 2018.

L'Irlande du Nord élit 18 députés à la Chambre des communes de Westminster. Il ne s'agit pas des mêmes personnes que les Membres de l'assemblée législative d'Irlande du Nord. Les députés Sinn Féin à la Chambre des communes refusent de prêter un serment inconditionnel d'allégeance à la Couronne britannique, c'est-à-dire la reine Élisabeth II.

C. London

London has a population of more than 8 million inhabitants – around 15% of the population of England. The **Labour Party** promised in its 1997 **manifesto** to proceed with **devolution** of power to London from central government, in order to increase representativeness and democracy. On 7 May 1998, a **referendum** was held in the Greater London Area on the Government's proposals for a Greater London Assembly with a directly **elected London Mayor. Voter turnout** of Londoners was 34%. 72% **voted** in favour of the proposals, 28% against.

The first **elections** for the new **Greater London Assembly** (**GLA**) (25 constituency seats) and the **London Mayor** were held on 5 May 2000, using a new system of preferential voting, **Supplementary Vote** (SV). Elections are every 4 years. The winner of the first **London Mayor election** was Ken Livingstone. He stood as an Independent **candidate** having been expelled from the **Labour Party** just prior to the **election.** He was re-elected in 2004 on a Labour slate having been reaccepted back into the party in January 2004. In 2008, **Conservative** Boris Johnson was elected the London Mayor; he was re-elected in 2012. The next London Mayor election took place in 2016. The two main candidates were Zac Goldsmith (**Conservative Party**) and Sadiq Khan (**Labour Party**). Sadiq Khan, the son of an immigrant family from Pakistan who lived in a council house won the election resoundingly, underlining the cosmopolitan and left-wing character of the capital city. The next election is due to take place in 2020.

The **London Mayor** is in charge of a huge budget and wields a considerable amount of power. For example, in 2003, Ken Livingstone introduced the Congestion Charge to central London in order to cut down on road traffic. Drivers now have to pay to drive into central London, Monday to Friday between 7am and 6pm.

Londres a une population de plus de 8 millions d'habitants, soit environ 15 % de la population anglaise. Le Parti travailliste a promis dans son programme électoral de 1997 de décentraliser certains de ses pouvoirs vers la ville de Londres, afin d'augmenter la représentativité et de renforcer la démocratie. Un référendum a été organisé le 7 mai 1998 dans le Grand Londres sur les propositions gouvernementales pour créer une Autorité du Grand Londres (GLA) dont le maire serait élu au suffrage direct. La participation des londoniens a été de 34 %. 72 % des votants se sont prononcés en faveur des propositions, 28 % contre.

Les premières élections pour la nouvelle Assemblée du Grand Londres (*GLA*) (25 sièges) et le maire de Londres se sont tenues le 5 mai 2000 selon un nouveau mode de scrutin fondé sur la représentation préférentielle. Les élections sont tous les 4 ans. Le vainqueur des premières élections du maire de Londres fut Ken Livingstone. Il s'était présenté comme candidat indépendant, exclu du Parti travailliste juste avant l'élection. Il a été réélu en 2004 après avoir rejoint le Parti travailliste. Le conservateur Boris Johnson a été élu comme nouveau maire de Londres en 2008 et il a été réélu en 2012. Les prochaines élections ont eu lieu en 2016 avec Zac Goldsmith (conservateur) et Sadiq Khan (travailliste) comme les deux principaux candidats. Sadiq Khan, fils d'immigrés pakistanais qui a grandi dans une HLM a largement gagné. Sa victoire souligne la nature cosmopolite et socialiste de la capitale. La prochaine élection doit avoir lieu en 2020.

Le maire de Londres s'occupe d'un budget très important et il détient beaucoup de pouvoir (transports, image de la ville, etc.). En 2003, Ken Livingstone introduisit au centre de Londres un système de péage pour réduire la circulation automobile. Les conducteurs doivent maintenant payer pour entrer en centre-ville pendant la semaine entre 7 h et 18 h.

11 THE UK AND EUROPE

Ever since World War II, the relationship between the United Kingdom and Europe has been an increasingly thorny issue. The subject has separated the two main political parties and has created deep divisions within the **Conservative Party**.

Directly following the end of WWII, Winston Churchill, **Conservative Prime Minister**, was in favour of closer links among European countries, in order to create a peaceful and prosperous 'kind of United States of Europe'.

However, in 1949, the post-WWII **Labour** Government, led by Clement Attlee, officially refused to allow the UK to participate in the creation of a federal Europe, when the possibility came up during discussions among France, Italy and Belgium.

European construction really began in 1951, when France, West Germany, Italy, Belgium, Luxembourg and the Netherlands signed the *Treaty of Paris*, thus forming the European Coal and Steel Community (ECSC). The UK's **Labour** Government refused to sign the treaty, arguing that the best interests of its coal and steel industry would not be served by the agreement.

In 1957, the ***Treaties of Rome*** (originally known as the *Treaty establishing the European Economic Community* (TEEC), but now known as the ***Treaty establishing the European Community*** (TEC) led to the setting up of the **European Economic Community** (**EEC**) and the **European Atomic Energy Community** (**Euratom**). The United Kingdom's **Conservative** Government refused to sign the treaty that became the foundation stone of the modern-day **European Union**.

Towards the end of the 1950s, the economic decline of the United Kingdom – especially compared to the economic expansion of the six **EEC** members – was largely responsible for a U-turn in opinion on closer links between the United Kingdom and Europe.

11

Depuis la Seconde Guerre mondiale, les rapports entre le Royaume-Uni et l'Europe ont constamment été un sujet épineux. Le sujet sépare les deux principaux partis politiques et est à l'origine de divisions importantes à l'intérieur du Parti conservateur.

Peu après la fin de la Seconde Guerre mondiale, Winston Churchill, Premier ministre conservateur, s'était prononcé en faveur d'un renforcement des liens entre les pays européens, dans le but de créer une « sorte d'États-unis d'Europe » pacifiques et prospères.

Mais, en 1949, le gouvernement travailliste d'après-guerre, mené par Clement Attlee, refusa officiellement que le Royaume-Uni participe à la création d'une Europe fédérale, quand il en eut la possibilité, lors de discussions avec la France, l'Italie et la Belgique.

La construction européenne commença réellement en 1951 quand la France, la République Fédérale d'Allemagne (RFA), l'Italie, la Belgique, le Luxembourg et les Pays-Bas signèrent le *Traité de Paris*, formant ainsi la Communauté européenne du charbon et de l'acier (CECA). Le gouvernement travailliste britannique refusa de signer le traité, au motif que l'accord n'était pas opportun pour ses industries.

En 1957, les deux *Traités de Rome* marquèrent la création de la Communauté économique européenne (CEE) et la Communauté européenne de l'énergie atomique (Euratom). Le gouvernement conservateur du RU refusa de signer les traités qui posaient la première pierre de l'actuelle Union européenne.

À la fin des années 1950, le déclin économique du Royaume-Uni – en particulier au regard de la croissance économique des six membres de la CEE – explique en grande partie le changement radical des opinions, qui devinrent favorables à un resserrement des liens entre le Royaume-Uni et l'Europe.

The United Kingdom first applied to join the **European Economic Community** (EEC) in 1961, when the **Conservative Party**, led by Harold Macmillan, was in power. This application was **vetoed** by the French President Charles de Gaulle, as was the 1967 application made by the **Labour** Government, when Harold Wilson was **Prime Minister**. Charles de Gaulle considered (amongst other problems) that the United Kingdom's close links with the USA and the **British Commonwealth** would hamper its full commitment to the **EEC**. In 1969, George Pompidou became the new French President and he removed the French **veto**.

Thus, the **United Kingdom** finally joined the **EEC** on 1 January 1973, when the (very pro-Europe) **Conservative Prime Minister** Edward Heath signed the first ***Treaty of Accession*** (at the same time as the **Republic of Ireland** and Denmark). Just two years later, in June 1975, the new **Labour** Government, led by Harold Wilson, held a **referendum** (the first ever) on the **United Kingdom**'s membership of the **EEC**, reflecting **Labour**'s uncertainty on the issue; 67.2% of the population who participated in the **poll voted** to remain within it (**turnout** was 64%). However, the conclusive result did not erase the strong anti-European beliefs held by many **Labour MP**s at that time.

The ***European Communities Act***, 1972, **voted** in Europe the year before the **UK** joined the **EEC**, ensured that European **law** takes precedence over all domestic sources of **law** of individual member states. This supremacy of European law greatly affected people's rights in the United Kingdom, especially in the areas of employment. For example, later on, parts of the United Kingdom's ***Employment Protection Act***, 1978, were ruled unfair under European **law** because the act gave less social protection to part-time workers. As most part-time workers were women, European **judges** decided that this amounted to sexual discrimination; the government of the **UK** was forced to amend the legislation. Such

La première demande du Royaume-Uni pour entrer dans la CEE date de 1961, lorsque le Parti conservateur, dirigé par Harold Macmillan, était au pouvoir. À cette demande, le Président de la République française Charles de Gaulle apposa son veto, il fit de même quand le Premier ministre Harold Wilson déposa une nouvelle demande en 1967. Charles de Gaulle pensait que les liens très étroits du Royaume-Uni avec les États-Unis et le Commonwealth l'empêcheraient d'être pleinement impliqué dans la construction européenne. En 1969, Georges Pompidou devint le nouveau Président français et il leva le veto.

Ainsi, le RU rejoignit finalement la CEE le 1er janvier 1973, quand le très europhile Premier ministre conservateur Edward Heath signa le premier *Traité d'entrée* (en même temps que la République d'Irlande et le Danemark). Deux ans plus tard seulement, en juin 1975, le nouveau gouvernement travailliste d'Harold Wilson fit un référendum (le premier) sur l'entrée du RU dans la CEE, montrant les hésitations travaillistes sur la question : 67,2 % de la population qui participa au scrutin vota pour rester dans l'Union (64 % de participation). Cependant, le résultat n'entama pas les sentiments très anti-européens de beaucoup de députés travaillistes de l'époque.

En 1972, un an avant l'entrée du Royaume-Uni dans la CEE, celle-ci vote que désormais le droit européen allait prévaloir sur toutes les sources nationales de droit des États membres. Cette suprématie du droit européen eut une profonde influence sur les droits des personnes au Royaume-Uni, en particulier dans le domaine de l'emploi. Par exemple, certaines parties de la *Loi sur la protection de l'emploi* votée au RU en 1978 furent jugées irrecevables au regard du droit européen, parce que cette loi donnait moins de protection sociale aux travailleurs à temps partiel et comme la plupart de ceux-ci étaient des femmes, les juges européens conclurent à une forme de discrimination sexuelle ; le gouvernement britannique dut changer la loi. De telles questions

social issues contributed to the **Labour Party** becoming increasingly pro-Europe during the late 1970s.

Conversely, during this period, the **Conservative Party** turned against the idea of further integration into the **EEC**. This was mainly due to their new leader as of 1975: Margaret Thatcher, who became **Prime Minister** in 1979. She was very hostile towards the **EEC** being firmly against full economic, social and political integration. She was concerned with the UK losing its **sovereignty** and independence as decisions would be made in Brussels, rather than London. She also believed that from an economic point of view, the UK contributed more to Europe than it got out, e.g. the **Common Agricultural Policy** (**CAP**). She tried and succeeded in getting some of 'our money back'. The creation of a common European currency and a **European Central Bank** (**ECB**) were also major sticking points. Many of these apprehensions were expressed in her distinctly anti-European 'Bruges Speech' made on 20 September 1988. In this now famous outline of her vision of Europe, she stated the following: 'working more closely together does not require power to be centralized in Brussels or decisions to be taken by an **appointed bureaucracy**. We have not successfully rolled back the frontiers of the State in Britain, only to see them reimposed at a European level, with a European super-state exercising a new dominance from Brussels.'

Her acceptance of Europe was limited to agreeing to measures that she considered would be an economic advantage for the United Kingdom. She thus agreed to sign the ***Single European Act*** (**SEA**), 1986, which gave way to the programme now known as the **Single Market** that created a single deregulated European market by the dismantling tariff barriers among the EC members (thus modifying the *Treaties of Rome*). This commitment to **free trade** within the union affected the way businesses operated in the UK; firms can now operate in any member country because

contribuèrent à rendre les travaillistes bien plus favorable à la construction européenne à la fin des années 1970.

À l'inverse, pendant cette période, le Parti conservateur devint hostile à une plus forte intégration dans la CEE, essentiellement en raison de la personnalité du nouveau chef du parti, élu en 1975, Margaret Thatcher, qui devint Premier ministre du RU en 1979. Elle était très hostile à la CEE. Elle était fermement opposée à une profonde intégration économique, sociale et politique. Elle s'inquiétait de la perte de souveraineté et d'indépendance du RU dans la mesure où les décisions seraient prises à Bruxelles plutôt qu'à Londres. Elle pensait aussi que du point de vue économique, le RU contribuait plus au budget européen qu'il n'en tirait bénéfice, en particulier s'agissant de la Politique agricole commune (PAC). Elle tenta avec succès « de récupérer notre argent ». La création d'une monnaie européenne commune et d'une Banque centrale européenne (BCE) étaient également des points de friction. Beaucoup de ces craintes étaient exprimées dans son discours de Bruges, très anti-européen, prononcé le 20 septembre 1988. Dans ce condensé resté célèbre de sa vision de l'Europe, elle disait : « travailler de façon plus proche ne nécessite pas d'avoir un pouvoir centralisé à Bruxelles, ou des décisions prises par une bureaucratie de fonctionnaires. Nous n'avons pas fait reculer l'État en GB pour le voir se réimposer à l'échelle européenne, sous la forme d'un super-État européen exerçant sa nouvelle domination depuis Bruxelles ».

Sa vision de l'Europe se limitait à accepter des mesures qu'elle considérait comme un avantage économique pour le RU. C'est pourquoi elle accepta de signer l'*Acte unique européen* (AUE), qui allait créer un marché unique déréglementé en démantelant les barrières non tarifaires entre membres de la Communauté européenne (modifiant ainsi les *Traités de Rome*). Cet engagement en faveur du libre-échange à l'intérieur de l'UE eut des répercussions sur la façon de mener des affaires au RU : les entreprises pouvaient désormais opérer dans un autre pays membre parce que les barrières nationales avaient été

national boundaries were removed. Common European Standards exist for goods that can now be transferred throughout the **EU** without passing through customs. As for European citizens, they now have the right to live and work in any **EU** member country.

Throughout the 1980s, Margaret Thatcher refused to let the United Kingdom join the **European Monetary System** (**EMS**), the method used for stabilizing currency exchange rates within **EU** member states, leading to a single European currency. The EMS depended on the **Exchange Rate Mechanism** (**ERM**), the mechanism used for controlling exchange rates, in which participating governments committed themselves to maintaining the values of their currencies in relation to the ECU (European Currency Unit). However, in October 1990, the United Kingdom finally entered the **EMS** and the **ERM** that linked the British Pound with the currencies of the other Member States. This decision seemed to be a last resort effort by Margaret Thatcher in a bid to control inflation, which was very high in the United Kingdom.

Margaret Thatcher's very negative attitude to further European harmonization played a major role in her domestic downfall as **Prime Minister**. On 1 November 1990, Geoffrey Howe, **Chancellor of the Exchequer**, resigned from her **Cabinet** following disagreements with the Iron Lady. Later that month, the increasingly isolated Margaret Thatcher faced a **leadership challenge** (contest from within her own government), which was largely attributable to her stance on Europe (as well as her autocratic style and the **Poll Tax**). She lost and was forced to resign on 28 November 1990.

Two years later, due to a domestic economic crisis, the **Bank of England** raised interest rates and the value of the Pound Sterling declined. On 16 September 1992, the United Kingdom withdrew the Pound Sterling from the **ERM**, in what became known as '**Black Wednesday**'. The event was considered to be an

abolies ; des normes européennes communes ont été introduites pour les biens, qui pouvaient à présent voyager dans toute l'UE sans passer par la douane. Quant aux citoyens de l'UE, ils avaient le droit de vivre et de travailler dans n'importe quel pays membre.

Tout au long des années 1980, Margaret Thatcher refusa l'entrée du Royaume-Uni dans le Système monétaire européen (SME), utilisé pour stabiliser les taux de change des monnaies des États-membres, avec en vue la création d'une monnaie unique européenne. Cela dépendait du Mécanisme du taux de change utilisé pour stabiliser les taux de change, dans lequel les gouvernements partie prenante s'engageaient à maintenir la valeur de leur devise en relation avec l'écu, monnaie de compte européenne. Toutefois, en octobre 1990, le Royaume-Uni intégra finalement le SME, arrimant la livre sterling aux devises des autres États membres. La décision semblait être le dernier recours de Margaret Thatcher pour tenter de contrôler l'inflation.

La position très négative de Margaret Thatcher concernant une plus grande harmonisation européenne joua un grand rôle dans sa chute politique. Le 1er novembre 1990, Geoffrey Howe, son Chancelier de l'Échiquier (ministre des Finances), démissionna du Cabinet à la suite de désaccords avec la Dame de fer. Un peu plus tard dans le mois, Margaret Thatcher, de plus en plus isolée, dut faire face à une compétition pour la direction du Parti conservateur (émanant de son propre Cabinet), largement provoquée par sa position sur l'Europe (également par son style autocratique et la *Poll Tax*). Elle perdit et dut démissionner de ses postes de chef du Parti conservateur et de Premier ministre le 28 novembre 1990.

Deux ans plus tard, en raison de la crise économique nationale, la Banque d'Angleterre augmenta les taux d'intérêts et la valeur de la livre sterling baissa. Le 16 septembre 1992, le Royaume-Uni retira la livre sterling du Mécanisme du taux de change. Cette journée importante fut appelée le « mercredi noir ». Cette mesure

embarrassing economic disaster for the **Conservative** government led by John Major. This was especially the case for Chancellor of the Exchequer, Norman Lamont. Nonetheless, **Tory Eurosceptics** were not that upset that links with Europe had been loosened.

The UK ratified the ***Treaty on European Union*** (**TEU**) (also known as the ***Maastricht Treaty***) in 1992, when John Major was PM. The treaty set out a framework for increased political and economic integration, and led to the **EEC**'s transformation into the **European Union** (**EU**) in 1993. Thus, the UK agreed to co-operate closely with its European partners in political, economic and legal affairs. However, John Major secured the United Kingdom's opting out of the **Social Chapter**. He wanted 'to protect British industry from excessive labour market regulation'. Indeed, this part of the ***Maastricht Treaty*** deals with social **policy** and especially employment protection, i.e. workers' rights (e.g. the maximum working week and minimum wage). He also made sure that the UK opted out of immediately joining the monetary and economic union that would lead to the creation of the single European currency. Thus, the UK's odd position within the **EU** (half in, half out) was reinforced. Some considered the position to be pragmatic, others viewed it as profiteering.

These concessions obtained by John Major reflected the deep divisions that reigned within the Tories at the time; the party was extremely divided between the Eurosceptics and the much less numerous pro-Europeans. The **Europhobes** insisted on the fact that the UK would lose its **sovereignty** and independence through further European integration and that it would be hindered economically and socially. The big splits within the party over Europe gradually weakened John Major's position both as party leader and **Prime Minister**.

The **Conservatives** with an anti-Europe **manifesto** lost the 1997 **general election**, whereas the **Labour Party**, led by Tony Blair,

économique embarrassa le gouvernement conservateur de John Major et surtout son ministre des Finances, Norman Lamont. Néanmoins, les eurosceptiques de la majorité ne furent pas attristés que les liens avec l'UE se détendent.

Le Royaume-Uni ratifia le *Traité sur l'Union européenne* (*Traité de Maastricht*) en 1992, sous le mandat du conservateur John Major. Le traité mettait en place une structure pour approfondir l'intégration économique et politique et transforma la CCE en UE en 1993. Ainsi le Royaume-Uni était-il d'accord pour coopérer étroitement avec ses partenaires en matière politique, économique, et légale. Cependant, Major obtint que le Royaume-Uni ne ratifie pas le chapitre social, car il voulait « protéger l'industrie britannique d'une réglementation excessive du marché du travail ». Cette partie du *Traité de Maastricht* porte sur la politique sociale, et plus particulièrement, la protection de l'emploi, en l'occurrence des droits des travailleurs. Major s'assura aussi que le RU ne participe pas à l'union économique et monétaire qui devait aboutir à la création d'une monnaie européenne unique, l'euro. Ainsi la position du Royaume-Uni à l'intérieur de l'UE (à moitié dedans, à moitié en dehors) devenait encore plus singulière. Certains considéraient cette position comme pragmatique, d'autres comme opportuniste.

Ces concessions obtenues par John Major reflètent les profondes divisions qui régnaient au sein du Parti conservateur, très divisé entre les eurosceptiques et les pro-européens, moins nombreux. Les europhobes insistaient sur le fait que le Royaume-Uni allait perdre sa souveraineté et son indépendance dans une intégration européenne plus poussée et serait gêné économiquement et socialement. Cette grande division sur l'Europe au sein du parti affaiblit progressivement la position de Major tant comme chef du parti que comme Premier ministre.

Les conservateurs perdirent les élections en 1997 en défendant un programme anti-européen, alors que les travaillistes emmenés par

with a pro-Europe **manifesto** gained a **landslide victory**. Tony Blair, as head of New Labour, declared himself to be enthusiastic about Europe. His apparent pro-Europe stance marked a definite break with that of the **Conservatives** of the previous 18 years. One of the first things he did on coming to power was to sign the Social Chapter of the 1992 ***Maastricht Treaty***.

The British ***Human Rights Act***, 1998, includes the ***European Convention on Human Rights***. It became law in the UK in October 2000. It guarantees some rights that people did not have previously, including certain rights to privacy. If a legal decision made in the UK is thought to break the rules of the ***European Convention on Human Rights*** the case can be referred to the **European Court of Human Rights** (**ECHR**) for a ruling to be made, which may override the UK decision.

Tony Blair announced during the 1997 **general election** campaign that a **referendum** would be held in the United Kingdom on adopting the single currency. However, the **Conservatives** made significant gains in the **European Elections** of 1999 with an anti-**Euro** campaign. In light of seemingly hostile public opinion on the **Euro**, Tony Blair postponed any **referendum**. Despite Labour convincingly winning the 2001 and 2005 **general elections** and the introduction of the **Euro** in the **Eurozone** (2001), no **referendum** on adopting the **Euro** was ever held. This was in part attributable to a difference of opinion between the **PM** and his **Chancellor** from 1997 to 2007. Tony Blair was reputedly more enthusiastic about the **Euro** than the 'prudent' Gordon Brown, who consistently referred to his 5 economic tests to meet the 5 'convergence criteria' necessary for adopting the **Euro**. He also underlined that the British economy was in far better shape than the rest of the **European Union**. In the end, a referendum was never held during the New Labour years from 1997 to 2010 and the currency remained the Pound Sterling.

Tony Blair avec un programme pro-européen remportèrent une victoire écrasante. Tony Blair se déclara très europhile. Sa position apparemment très européenne marque une rupture radicale avec celle des conservateurs des 18 années précédentes. Une des premières choses qu'il fit en arrivant au pouvoir fut de signer le chapitre social du *Traité de Maastricht*.

La *Convention européenne des droits de l'homme* a pris force de loi au Royaume-Uni en octobre 2000 à travers la *Loi sur les droits de l'homme britannique* de 1998. Elle garantit certains droits dont les personnes ne disposaient pas jusqu'ici, en particulier concernant le respect de la vie privée. Si une décision légale prise au Royaume-Uni est susceptible de ne pas être conforme aux règles de la *Convention européenne des droits de l'homme*, le cas peut être porté à la connaissance de la Cour européenne des droits de l'homme, qui peut casser la décision du Royaume-Uni.

Tony Blair annonça pendant la campagne des élections législatives de 1997 qu'il organiserait un référendum sur la monnaie unique. Toutefois les conservateurs obtinrent un résultat substantiel aux élections européennes de 1999, faisant campagne contre l'euro. À la lumière de cette apparente opposition de l'opinion publique à l'euro, Tony Blair repoussa le référendum. En dépit d'une nette victoire aux législatives de 2001 et 2005 du Parti travailliste et de l'introduction de l'euro ailleurs dans l'UE en 2001, le pays n'a jamais eu un référendum sur l'adoption de l'euro. Cela s'explique par une divergence d'avis de 1997 à 2007 entre le Premier ministre et son Chancelier. Tony Blair avait la réputation d'être plus enthousiaste sur la question de l'euro que Gordon Brown, qui se révélait prudent sur le sujet et se référait constamment aux cinq « critères de convergence » économiques qu'il avait lui-même définis auxquels il fallait se conformer selon lui pour pouvoir adopter l'euro. En définitive, aucun référendum sur l'adoption de l'euro ne s'est tenu sous l'ère néo-travailliste de 1997 à 2010 et le pays a conservé la livre sterling comme devise nationale.

THE UK AND EU INSTITUTIONS

Elections for the **European Parliament** are held every 5 years. In 2014, the UK elected 73/751 **MEPs**: **UKIP** 24, **Labour** 20, **Conservatives** 19, **Greens** 3, **Lib Dems** 1, **SNP 2**, **Plaid Cymru** 1, **DUP** 1, **Sinn Féin** 1, **UUP** 1. Due to Brexit, it was the last European Parliament election held in the UK. Until 2016, the UK had 1 Commissioner in the **European Commission** and 29/321 **votes** in the Council of the European Union in Luxembourg for legislation requiring a qualified majority. The UK also had 2 **Judges** in the **European Court of Justice** (**ECJ**), also in Luxembourg.

The Brexit Referendum

The Conservative Party includes many Eurosceptics and the issue of the UK's relationship with the EU had caused divisions and problems within the party for decades.

David Cameron as Prime Minister made a landmark speech on the UK's position in the EU early 2013, announcing a referendum would take place before 2017 if the Conservatives remained in Government. He hoped the referendum would 'put the issue to bed' once and for all to end his party's problems, but also to stop Conservative members and supporters turning to **UKIP**. David Cameron probably never expected the Conservative Party would win the 2015 general election and thus the referendum would never take place. Following negotiations with the EU (that were criticized as being too little, too late) David Cameron stated he was in favour of the UK staying in the EU. The Liberal Democrats, the Labour Party, the SNP and the Green Party were all officially in favour of the UK remaining in the EU. The leave campaign was led by David Cameron's close friend and ministerial colleague Michael Gove, along with Boris Johnson.

LE ROYAUME-UNI ET LES INSTITUTIONS DE L'UE

Les élections pour les membres du Parlement européen (MPE) ont lieu tous les cinq ans. En 2014, le **Royaume-Uni** a élu 73 des 751 membres du Parlement européen : 24 membres du **parti pour l'indépendance du Royaume-Uni** ; 20 **travaillistes** ; 19 **conservateurs** ; 3 **verts** ; 2 **Parti national d'Écosse** ; 1 **libéral-démocrate** ; 1 **Parti national du pays de Galles** ; et 3 autres pour l'Irlande du Nord. En raison du Brexit, il s'agissait des dernières élections au Royaume-Uni pour les membres du Parlement européen. Jusque 2016, le Royaume-Uni avait un commissaire européen à la Commission européenne et 29 voix sur 321 au Conseil de l'Union européenne (anciennement appelé le Conseil des ministres) à Luxembourg. Le Royaume-Uni disposait aussi de deux juges à la Cour de justice européenne (CJE) située également au Luxembourg.

Le référendum sur le Brexit

Le Parti conservateur compte de nombreux eurosceptiques et les relations entre le RU et l'UE ont été à l'origine de nombreuses divisions et de multiples problèmes depuis des décennies.

Le Premier ministre, David Cameron, a prononcé un discours historique début 2013 sur la place du Royaume-Uni dans l'UE, dans lequel il a annoncé un référendum avant 2017, si son parti était encore au pouvoir. Il souhaitait en finir avec la question une fois pour toute et mettre fin aux divisions au sein de son parti sur la question européenne, mais aussi empêcher des électeurs traditionnellement conservateurs de voter *UKIP*. Mais il ne pensait probablement pas que le Parti conservateur allait gagner les élections législatives de 2015 et que le référendum allait vraiment avoir lieu. À la suite de négociations avec l'Union européenne (trop peu, trop tard selon certains de ses critiques), David Cameron s'est déclaré en faveur du maintien du RU dans l'UE. Les libéraux-démocrates, le Parti travailliste, le parti des nationalistes écossais et les Verts ont tous été officiellement partisans de rester dans l'UE. La campagne pour quitter l'UE a été dirigée par le ministre Michael Gove, ami proche du Premier ministre, accompagné de Boris Johnson.

11 THE UK AND EUROPE

On 23 June 2016, a referendum was held in the UK. The question was '*Should the United Kingdom remain a member of the European Union or leave the European Union?*' British, Irish and Commonwealth citizens aged 18 or over who were resident in the UK or Gibraltar were eligible to vote. UK citizens resident overseas were also eligible to vote, provided they had been registered to vote at a UK address in the previous 15 years.

The turnout for the referendum was 72%. The result was leave 52%, remain 48%. There were strong regional, demographic, generational and socioeconomic differences in voting.

There are many explanations for the vote on Brexit. After joining the EU late, the UK has been acquainted with anti-EU sentiment for decades from both the media and politicians based on lack of democracy within the EU and lack of sovereignty in the UK. Much of the – mostly negative – campaign (dubbed 'project fear'), which was led by charismatic and media-friendly figures was centred on the economy and immigration with EU immigrants being used as scapegoats for lack of housing and unemployment (after 6 years of austerity measures). Moreover, the Labour Party led by Jeremy Corbyn did not campaign very actively. Lastly, opinions polls suggested the referendum result would be 'remain' and so some voters for 'leave' did not think it would actually happen. But it did, and following the resignation of David Cameron, the UK is now in the process of leaving the EU, led by the new Prime Minister, Theresa May, who wanted the country to remain. The Lisbon Treaty was triggered in March 2017 giving the UK two years of negotiations before fully withdrawing (in theory).

Le 23 juin 2016, un référendum s'est tenu au Royaume-Uni. La question : « *Le Royaume-Uni devrait-il rester membre de l'UE ou quitter l'UE ?* » Les citoyens britanniques, irlandais et ceux des pays du Commonwealth de 18 ans et plus résidant au Royaume-Uni ou Gibraltar avaient le droit de vote. Les citoyens britanniques vivant à l'étranger pendant plus de 15 ans ne pouvaient pas voter.

Le taux de participation était de 72 % et le résultat comme suit : 48 % des électeurs ont fait le choix de rester contre 52 % qui ont exprimé leur désir de quitter l'UE. Les résultats montrent un pays très divisé sur les plans géographique, démographique, générationnel et socio-économique.

Le vote en faveur du Brexit peut s'expliquer par différents facteurs. Après avoir rejoint la CE sur le tard, un sentiment anti-européen s'est développé pendant des décennies au sein aussi bien des médias que de la sphère politique autour du déficit démocratique de l'UE et de la perte de la souveraineté du parlement britannique. Une grande partie de la campagne – largement négative – (surnommé « projet peur ») s'est articulée autour de l'économie et de l'immigration ; les immigrants en provenance de l'UE ont servi de boucs émissaires et ont été tenus responsables de la pénurie de logements et de la courbe du chômage (après 6 ans d'austérité). Par ailleurs, le Parti travailliste dirigé par Jeremy Corbyn n'a pas fait une campagne très active. Enfin, les sondages d'opinion ont laissé entrevoir une victoire du maintien dans l'UE. Mais la majorité des votants ont voté pour le Brexit et David Cameron a démissionné. Le Royaume-Uni est donc en train de quitter l'UE sous l'égide du nouveau Premier ministre conservateur Theresa May, qui a voté contre le Brexit. La clause 50 du Traité de Lisbonne a été activée. Elle déclenche un processus de négociation de 2 ans au terme desquels le Royaume-Uni sera sorti (en théorie) de l'UE.

12 THE BRITISH COMMONWEALTH

The **Commonwealth of Nations** is often called the **British Commonwealth**, or just the **Commonwealth.** It is made up of the United Kingdom of Great Britain and Northern Ireland and its dependencies, sovereign states (independent states) that were formerly ruled by the United Kingdom as British **colonies** of the **British Empire** (except Mozambique and Rwanda) with their current dependencies and lastly associated states (states with full domestic/internal government but whose defence and foreign affairs/external relations are governed by the United Kingdom). All give symbolic or real **allegiance to the British Crown** (see below). The British **monarch** is acknowledged by member states at its head. The modern **British Commonwealth** gradually evolved out of the United Kingdom's imperial past, mainly through **decolonization**, the effects of WWI and changing patterns of international relations.

There are **British Commonwealth** countries on all continents and in all oceans. They vary enormously in size from India with a population of over one billion, to Tuvalu and Nauru in the Pacific Ocean with only about 11,000 inhabitants each. They also differ a great deal in wealth: Australia, Canada, Singapore and the United Kingdom being the richest, some of the poorest being Mozambique, Sierra Leone and Tanzania. Altogether, there are more than 2.4 billion people in the **Commonwealth** which is often called 'a family of nations and of peoples'.

According to the **Commonwealth** Secretariat, the role of the **Commonwealth** is 'consulting and co-operating in the common interests of its peoples as well as in the promotion of international understanding and world peace'. It claims to be a powerful voice in international forums and to provide member countries with developmental support and collaboration towards the achievement of international goals.

LE COMMONWEALTH 12

Le Commonwealth des nations (souvent appelé en anglais le Commonwealth britannique ou simplement le Commonwealth) est composée du Royaume-Uni de Grande-Bretagne et d'Irlande du Nord, de territoires dépendants (de la Couronne britannique) ou États associés (États autonomes pour les affaires intérieures, mais dont la défense et les relations extérieures sont assurées par le Royaume-Uni), et d'États souverains (États indépendants) qui ont été par le passé dirigés par le Royaume-Uni en tant que colonies de l'Empire britannique (à l'exception du Mozambique et du Rwanda). Tous font allégeance réelle ou symbolique à la Couronne britannique (voir plus bas). Le souverain britannique est reconnu par les États membres comme chef du Commonwealth. Cette organisation, née du passé impérial du Royaume-Uni, a traversé avec succès la Première Guerre mondiale, la décolonisation et les changements dans les relations internationales.

On trouve des pays membres du Commonwealth sur tous les continents et dans tous les océans. Leur taille varie considérablement depuis l'Inde avec une population de plus d'un milliard d'habitants jusqu'aux îles Tuvalu et Nauru dans l'océan pacifique avec chacune seulement 11 000 habitants environ. Ils diffèrent également énormément en raison de leur richesse : l'Australie, le Canada, le Singapour et le Royaume-Uni étant les plus riches, le Mozambique, la Sierra Leone et la Tanzanie figurant parmi les plus pauvres. Ensemble, ils représentent plus de 2,4 milliards de personnes, justifiant par là que l'on appelle souvent le Commonwealth « famille de nations et de peuples ».

Le secrétariat du Commonwealth définit ainsi la mission de l'organisation : « consulter et coopérer dans l'intérêt commun de ses peuples et promouvoir l'entente entre les nations et la paix mondiale ». Il prétend être une voix puissante dans les réunions internationales pour réaliser des objectifs communs et fournir aux pays membres une aide au développement.

12 THE BRITISH COMMONWEALTH

In 1926, the Imperial Conference declared that the **United Kingdom** and its **dominions** (self-governing divisions of the **British Empire**) were autonomous, 'equal in status, in no way subordinate one to another in any aspect of their domestic or external affairs, though united by common **allegiance** to the **Crown**, and freely associated as members of the **British Commonwealth** of Nations.'

Soon after, the British **Parliament** enacted *The Statute of Westminster*, 1931, an **Act of Parliament** that embodied the decisions of the 1926 Imperial Conference. Thus, the **Commonwealth of Nations** was officially created. In 1949, heads of government of **Commonwealth** countries issued the London Declaration. In this way, membership of the Commonwealth changed from one based on common **allegiance** to the British **Crown**, to one in which member states agree to recognize the British **monarch** as the head of the **Commonwealth**, rather than as their **Head of State**. The **Commonwealth** Secretariat was set up in London in 1965.

For all that, the **Commonwealth** has neither a **constitution** nor a charter. Members commit themselves to the 1971 *Singapore Declaration* of shared principles of the **Commonwealth of Nations**: individual liberty, freedom from racism, peace, economic and social development, as well as international co-operation. Twenty years later, the *Harare Declaration* of 1991 added **democracy**, good government and **human rights** to the **Commonwealth**'s shared principles. Persistent and serious violators of these are dealt with by the Commonwealth Ministerial Action Group (CMAG), which was created in 1995 as a watchdog on **democracy**.

LE COMMONWEALTH 12

Le terme « *Commonwealth of Nations* » fut utilisé pour la première fois en 1926, lors de la Conférence impériale qui déclara l'autonomie du Royaume-Uni et ses dominions et les décréta « égaux en statuts, en aucun cas subordonnés dans quelque domaine de leurs affaires intérieures ou extérieures, mais unis par une allégeance commune à la Couronne et librement associés en qualité de membres du Commonwealth britannique des nations ».

Peu après, en 1931, le Parlement britannique promulgua le *Statut de Westminster*, loi qui donnait corps aux décisions de la conférence impériale de 1926 : le Commonwealth des nations était officiellement né. En 1949, les chefs de gouvernement des pays membres publièrent la *Déclaration de Londres* ; la signification de l'adhésion changea alors, passant de statut d'allégeance commune à la couronne britannique à un statut où les Etats membres reconnaissaient le souverain britannique comme chef du Commonwealth au lieu de chef de leur État. Le secrétariat du Commonwealth fut établi à Londres en 1965.

Le Commonwealth n'a aucune constitution ou charte. Au demeurant, les membres s'engagent à respecter les principes consignés dans la *Déclaration de Singapour* en date de 1971 : liberté individuelle, absence de discrimination raciale, paix, développement économique et social, coopération internationale. Vingt ans plus tard, en 1991, la *Déclaration de Harare* ajoute la démocratie, la bonne gouvernance et les droits de l'Homme aux principes communs du Commonwealth. Depuis 1965, un groupe d'action interministériel du Commonwealth traite des violations persistantes et sérieuses de ces principes, surveillant ainsi le respect de la démocratie.

There used to be trade agreements between the **United Kingdom** and the other **British Commonwealth** members (begun at the Ottawa Conference of 1932), but the system of preferential tariffs was abandoned in 1973 following the **United Kingdom**'s entry into the **European Economic Community** (**EEC**) that became the **European Union** (**EU**) in 1993.

Commonwealth Day is a holiday in some member states and it is celebrated on the second Monday in March each year. Until 1958, it took place on the anniversary of Queen Victoria's birth, that is to say, May 24 and was known as Empire Day.

The Commonwealth Games is a sporting event held every 4 years in a different member state. The first took place in Hamilton, Canada in 1930. In 2002, the venue was Manchester, England. In 2006, they were in Australia and New Zealand. Delhi, India hosted them in 2010. In 2014, they were in Glasgow, Scotland and in 2018 they are due to be on the Golden Coast, Australia.

During her reign, Queen Elizabeth II, as Head of the **Commonwealth**, has visited all the member countries of the **Commonwealth of Nations** and they played a very active part in her Golden Jubilee celebrations in 2002.

The **Commonwealth of Nations** was made up of 53 state members at the end of 2018.

The following table shows the year each country was admitted into the **Commonwealth of Nations** and readmitted where applicable. The original former name of a nation is in brackets followed by the year of change.

Des accords commerciaux entre le Royaume-Uni et les autres membres du Commonwealth ont existé (à partir de la Conférence d'Ottawa en 1932), mais le système des tarifs préférentiels fut abandonné en 1973, à la suite de l'entrée du Royaume-Uni dans la Communauté économique européenne, appelée l'Union européenne (UE) depuis 1993.

Le jour du Commonwealth est chômé dans certains États membres et célébré chaque année le second lundi de mars. Jusqu'en 1958, il avait lieu le jour de l'anniversaire de la naissance de la reine Victoria, en l'occurrence le 24 mai ; il était alors appelé « jour de l'Empire ».

Les jeux du Commonwealth sont une épreuve sportive qui se tient tous les 4 ans dans un État différent. Les premiers ont eu lieu à Hamilton au Canada en 1930. En 2002, l'hôte en a été la ville anglaise de Manchester. En 2006, ils se sont déroulés en Australie et en Nouvelle-Zélande, et à Delhi, Inde, en 2010. En 2014, à Glasgow, l'Écosse les accueillait. En 2018, ils doivent retourner en Australie, sur la côte d'Or.

Durant son règne, la reine Élisabeth II s'est rendue en qualité de chef du Commonwealth dans tous les pays membres, et ceux-ci ont pris une part active dans la célébration de son Jubilé en 2002, marquant ses cinquante ans de règne.

À la fin de 2018, il y avait 53 États-membres dans le Commonwealth.

Le tableau ci-dessous montre l'année où chaque pays est entré dans le Commonwealth et a été réadmis le cas échéant. L'ancien nom éventuel d'un pays est indiqué entre parenthèses.

Table 15. Member states of the Commonwealth

Nation	Official name	Entry	French name
Antigua and Barbuda	Antigua and Barbuda	**1981**	*Antigua-et-Barbuda*
Australia	Commonwealth of Australia	**1931**	*Australie*
Bahamas (The)	Commonwealth of the Bahamas	**1973**	*Bahamas (Les)*
Bangladesh	People's Republic of Bangladesh	**1972**	*Bangladesh*
Barbados	Barbados	**1966**	*Barbade*
Belize (British Honduras 1973)	Belize	**1981**	*Belize*
Botswana (Bechuanaland 1966)	Republic of Botswana	**1966**	*Botswana*
Brunei Darussalam	Negara Brunei Darussalam	**1984**	*Brunei*
Cameroon	Republic of Cameroon	**1995**	*Cameroun*
Canada	Canada	**1931**	*Canada*
Cyprus	Republic of Cyprus	**1961**	*Chypre*
Dominica	Commonwealth of Dominica	**1978**	*Dominique*
Fiji Islands*	Republic of Fiji	**1970-1987** **1997-2000** suspended 2006 reinstated 2014	*Fi(d)ji*
Gambia (The)*	Republic of the Gambia	**1965 withdrew 2013**	*Gambie*

*Not currently a member.

Nation	Official name	Entry	French name
Ghana (Gold Coast 1957)	Republic of Ghana	**1957**	*Ghana*
Grenada	Grenada	**1974**	*Grenade*
Guyana (British Guiana 1966)	Co-operative Republic of Guyana	**1966**	*Guyane*
India	Republic of India	**1947**	*Inde*
Jamaica	Jamaica	**1962**	*Jamaïque*
Kenya	Republic of Kenya	**1963**	*Kenya*
Kiribati	Republic of Kiribati	**1979**	*Kiribati*
Lesotho (Basutoland 1966)	Kingdom of Lesotho	**1966**	*Lesotho*
Malawi (Nyasaland 1964)	Republic of Malawi	**1964**	*Malawi*
Malaysia	Federation of Malaysia	**1957**	*Malaisie*
Maldives*	Republic of the Maldives	**1982 left 2016**	*Maldives*
Malta	Republic of Malta	**1964**	*Malte*
Mauritius	Republic of Mauritius	**1968**	*Maurice*
Mozambique	Republic of Mozambique	**1995**	*Mozambique*
Namibia also South-West Africa	Republic of Namibia	**1990**	*Namibie*
Nauru (Pleasant Island)	Republic of Nauru	**1968**	*Nauru*
New Zealand	New Zealand	**1931**	*Nouvelle-Zélande*
Nigeria	Federal Republic of Nigeria	**1960-1995 1999**	*Nigeria*

* Not currently a member.

Nation	Official name	Entry	French name
Pakistan	Islamic Republic of Pakistan	**1947-1972 1989-1999 2004-2007 2008**	*Pakistan*
Papua New Guinea	Independent State of Papua New Guinea	**1975**	*Papouasie-Nouvelle-Guinée*
Rwanda	Republic of Rwanda	**2009**	*République de Rwanda*
St Kitts and Nevis	Saint Kitts and Nevis	**1983**	*Saint-Kitts-et-Nevis*
St Lucia	Saint Lucia	**1979**	*Sainte-Lucie*
St Vincent and the Grenadines	Saint Vincent and the Grenadines	**1979**	*Saint-Vincent-et-Grenadines*
Samoa	Independent State of Samoa	**1970**	*Samoa-Occidentales*
Seychelles	Republic of Seychelles	**1976**	*Seychelles*
Sierra Leone	Republic of Sierra Leone	**1961**	*Sierra Leone*
Singapore	Republic of Singapore	**1965**	*Singapour*
Solomon Islands	Solomon Islands	**1978**	*Iles Salomon*
South Africa	Republic of South Africa	**1931-1961 1994**	*Afrique du Sud*
Sri Lanka (Ceylon 1972)	Democratic Socialist Republic of Sri Lanka	**1948**	*Sri Lanka*
Swaziland	Kingdom of Swaziland	**1968**	*Swaziland* ou *Ngwane*
Tanzania (Tanganyika 1964)	United Republic of Tanzania	**1961**	*Tanzanie*
Tonga (Friendly Islands)	Kingdom of Tonga	**1970**	*Tonga*

Nation	Official name	Entry	French name
Trinidad and Tobago	Republic of Trinidad and Tobago	**1962**	*Trinité-et-Tobago*
Tuvalu (Ellice Islands 1975)	Tuvalu	**1978 full 2000**	*Tuvalu*
Uganda	Republic of Uganda	**1962**	*Ouganda*
United Kingdom	United Kingdom of Great Britain and Northern Ireland	**1931**	*Royaume-Uni*
Vanuatu (New Hebrides 1980)	Republic of Vanuatu	**1980**	*Vanuatu*
Zambia (Northern Rhodesia 1964)	Republic of Zambia	**1964**	*Zambie*
Zimbabwe* (Southern Rhodesia 1964, Rhodesia 1979)	Republic of Zimbabwe	**1980-2002 suspended 2002 withdrew 2003**	*Zimbabwe*

Source: http://www.commonwealthofnations.org.

* Not currently a member.

13 HEALTH AND WELFARE

World War II led to widespread recognition of social problems, such as poverty and unemployment, which were deeply affecting the United Kingdom. Moreover, there was a strong feeling that the population should be rewarded for its sacrifices and resolution in the face of adversity during the war. To combat social ills and to boost morale, the Conservative-led coalition government with Winston Churchill as **Prime Minister**, promised reforms that would create a more equal society.

As early as 1940, Ernest Bevin, **Labour** Minister of Labour, asked the **Liberal Party** member and economist William Beveridge to write an official report. It was to be an assessment of existing schemes of **social security** and recommendations on the best ways of helping people on low incomes. It led to the famous ***Beveridge Report***, officially named the ***Report on Social Insurance and Allied Services*** that was published in 1942, during World War II.

The profound idea running through the report was that 'the object of government in peace and in war is not the glory of rulers or of races, but the happiness of the common man'. William Beveridge advised this could be obtained as part of a general **policy** of social progress through co-operation between the individual and the State.

To achieve this, William Beveridge advocated the creation of a State-run system of compulsory insurance: a **Welfare State**. That is to say, a system of **social security** guaranteeing a minimum level of health and **social services**, in which the government undertakes the chief responsibility for providing the basic social and economic security of its population. He proposed that all people of working age should pay a flat-rate weekly contribution automatically deducted through the pay packet (salary). This would help to build up a fund of money. In return, **benefits** would be paid to the sick, unemployed or those who had suffered industrial injury.

LA PROTECTION SOCIALE ET L'ÉTAT-PROVIDENCE 13

La Seconde Guerre mondiale a conduit à une prise de conscience générale des problèmes sociaux qui touchaient profondément le Royaume-Uni tels que la pauvreté et le chômage. Il y avait alors un sentiment très fort que la population devait être récompensée pour ses sacrifices et sa détermination face à l'adversité pendant les hostilités. Pour combattre les maux sociaux et remonter le moral de la nation, le gouvernement de coalition dirigé par le conservateur Winston Churchill promit des réformes qui allaient créer une société plus égale.

Dès 1940, Ernest Bevin, le travailliste ministre du Travail, demanda au membre du Parti libéral et économiste William Beveridge de rédiger un rapport officiel. Celui-ci devait évaluer les structures existantes de Sécurité sociale et faire des recommandations sur la meilleure façon d'aider les personnes disposant de faibles revenus. C'est ainsi que fut publié pendant la Seconde Guerre mondiale, en 1942, le célèbre *Rapport sur l'assurance sociale et les services associés*.

L'idée directrice du rapport était que « l'objet du gouvernement en temps de paix comme en temps de guerre n'est pas la gloire des dirigeants et des races, mais le bonheur de l'homme ordinaire ». Cela devait être obtenu par une politique générale de progrès social grâce à la coopération entre les individus et l'État.

Dans cette perspective, William Beveridge défendit la création d'un système publique d'assurance obligatoire : un État-providence. C'est-à-dire un système de Sécurité sociale garantissant un niveau minimum de santé et de services sociaux, dans lequel le gouvernement serait responsable de la sécurité sociale et économique de la population. Toutes les personnes en âge de travailler paieraient une contribution hebdomadaire forfaitaire déduite automatiquement du montant du salaire. Cela aiderait à mettre en place des réserves financières. En retour, des allocations seraient versées aux malades, aux chômeurs ou à ceux victimes d'un accident du travail.

There would also be **benefits** for widows, an allowance for guardians of children without parents to care for them and a system of **family allowances** for second and subsequent children. There was to be a marriage **grant**, a **maternity grant**, some specific training **grants** and a death **grant** too. The scheme would also pay **pensions** at the end of the working life to **retired employees** and the self-employed. The key feature was that people would be eligible to receive these **benefits** and **grants** because they had contributed during their working lives. Rich and poor would 'pay the stamp'.

For those who had not paid enough contributions or were not contributing to the **National Insurance** scheme, there would be a second level of **welfare** provision: the supplementary **national assistance** based on a **means test**.

Furthermore, there would be universal access to education and to health services. These would be funded from general taxation and would be free at the point of use. Again, everyone in work would pay, but since taxation increased with increasing income, the wealthy who earned more would pay more.

William Beveridge argued that this system would provide a minimum standard of living 'below which no one should be allowed to fall'. Thus, **social security** would be provided '**from cradle to grave**'. In this way, the UK would be able to eliminate what he called the '**Five Giants**': Want, Disease, Ignorance, Squalor and Idleness. Modern day equivalents of these five terms could be poverty, poor health, lack of education, poor **housing** (bad living conditions) and unemployment.

The ***Beveridge Report*** was acclaimed and became a bestseller. However, nothing was done during World War II (1939-1945) about implementing William Beveridge's recommendations, except for the introduction of free universal primary and secondary education (see Chapter 14).

Il y aurait également des allocations pour les veuves, une aide pour les tuteurs ayant la charge d'enfants et un système d'allocations familiales à partir du deuxième enfant. Il devait aussi y avoir une allocation matrimoniale, une allocation maternité, des aides spécifiques pour la formation professionnelle et en cas de décès. Le projet prévoyait également de verser des pensions aux retraités et aux travailleurs indépendants. Le principe fondamental étant que les personnes auraient le droit de recevoir ces aides parce qu'elles avaient elles-mêmes cotisé pendant leur vie active. Riches et pauvres allaient cotiser donc à la Sécurité sociale et apporter une contribution au système.

Pour ceux qui n'avaient pas payé assez de cotisations ou ne participaient pas à la Sécurité sociale, il y aurait un autre niveau d'assurances sociales en régime complémentaire : l'assistance nationale supplémentaire fondée sur une évaluation des revenus.

Il y aurait aussi un accès universel à l'éducation et aux services de santé. Ceux-ci seraient financés par les impôts et seraient gratuits. Les actifs contribueraient de nouveau, mais comme les prélèvements seraient proportionnels au revenu, les plus aisés contribueraient davantage.

Beveridge disait que ce système mettrait en place un niveau de vie minimum « en dessous duquel personne ne devrait tomber ». Ainsi la Sécurité sociale serait assurée depuis le « berceau jusqu'à la tombe ». En ce sens, on devrait être en mesure d'éliminer ce que Beveridge appelait les « 5 géants » : le besoin, la maladie, l'ignorance, la misère noire, et l'oisiveté. Les termes contemporains équivalents seraient : la pauvreté, la maladie, le manque d'éducation, le mal-logement et le chômage.

Le *Rapport Beveridge* reçut un accueil triomphal, et devint un succès de vente. Cependant, rien ne fut fait pendant la Seconde Guerre mondiale pour mettre en œuvre les recommandations de Beveridge, à part l'introduction d'un système d'éducation universel et gratuit pour les élèves du primaire et du secondaire.

13 HEALTH AND WELFARE

The **Conservative Party** led by Winston Churchill that wanted to continue austerity lost the 1945 **general election**. The **Labour Party** was **elected** on a wave of enthusiasm for collective security and it immediately began to implement William Beveridge's **welfare** proposals. The changes were to provide the basis of British post-war **social security** legislation with at its centre the **Welfare State**. The lives of millions were transformed.

In just five years, copious legislation led to a house-building programme (***New Towns Act***, 1946, ***Town and Country Planning Act***, 1947, ***Housing Act***, 1949), a comprehensive programme of **benefits** regarding unemployment, old age and much more, as well as free at the point of use health services.

The ***Family Allowance Act***, 1945, meant a regular sum of money was paid to mothers for second and subsequent children. The first payments were made in August 1945 to more than 2.5 million families.

The ***National Insurance Act***, 1946, created a national **social security** system, which was to form the basis of the new **welfare state.** It was 'an extended system of **National Insurance**, providing pecuniary **benefits** by way of **unemployment benefit**, **retirement pension**, **widow's benefit**, **guardian's allowance** and **death grants**'. This was funded by compulsory contributions from **employers** and **employees**, with the government funding the balance.

The ***National Assistance Act***, 1948, introduced measures for those who were not covered by the new social security system and scrapped the much-disliked 19th century ***Poor Laws***.

The ***Children's Act***, 1948, obliged **local authorities** to provide services for children in need.

Le Parti conservateur dirigé par Winston Churchill, qui souhaitait continuer les mesures d'austérité, perdit les élections législatives de 1945. Le Parti travailliste fut élu à la suite de la vague d'enthousiasme en faveur de la sécurité collective et commença à mettre en œuvre les propositions de William Beveridge. Les changements ont fourni les bases de la législation sur la Sécurité sociale de l'après-guerre avec pour centre l'État-providence. La vie de millions de personnes allait en être transformée.

Une législation abondante mit en place un programme de construction (*Loi sur les villes nouvelles*, 1946, *Loi sur l'aménagement du territoire*, 1947, *Loi sur le logement*, 1949), un vaste programme d'allocations chômage, d'allocations vieillesse et d'autres à l'exemple des services de santé gratuits.

La *Loi sur les allocations familiales* de 1945 institua le versement d'une somme régulière aux mères de deux enfants et plus. Les premiers versements intervinrent en août 1945 pour plus de 2,5 millions de familles.

En 1946, la *Loi d'assurance nationale* créa un service national de Sécurité sociale, la base du nouvel État-providence. Il s'agissait « d'un système étendu d'assurance nationale, fournissant des aides comme l'allocation chômage, les pensions de retraite, de veuvage, l'allocation de garde d'enfants et l'allocation de décès ». Il était financé par des contributions obligatoires des employeurs et employés, le gouvernement assurant le reste.

En 1948, la *Loi sur l'assistance nationale* institua des mesures pour ceux qui n'étaient pas couverts par le nouveau système de Sécurité sociale, qui remplaça les très impopulaires *Lois sur les pauvres* du XIXe siècle.

En 1948, la *Loi sur les enfants* obligea les collectivités locales à mettre en place des services pour les enfants dans le besoin.

The *National Health Service Act*, 1946, declared 'everybody, irrespective of means, age, sex or occupation shall have equal opportunity to benefit from the best and most up-to-date medical and allied services available'. The legislation led to the launch of one of the world's first and most complete health services, the **National Health Service** (NHS), on 5 July 1948. It provided universal and fully comprehensive medical care 'free to all who want to use it' at the point of use.

Thus, the legislation provided people in the United Kingdom with free diagnosis and treatment of illness, at home or in hospital, as well as dental and ophthalmic services. Patients did not have to pay for a consultation with their doctor (a **General Practitioner – GP**), hospital treatment, or any prescribed medicine.

It was the realization of a **Socialist** dream and the cornerstone of the post-war **Labour** Government's commitment to rebuild an impoverished post-war Britain.

But the **National Health Service** (**NHS**) was immensely expensive to set up and then run. This was partially due to the huge surge in demand for medical care from the millions of people who previously had had little or no reliable free health care. Thus, the **National Health Service** (**NHS**) was in financial difficulties almost from the day it was launched with demand running ahead of what the service could supply. This problematic set of circumstances worsened uninterruptedly and continues today, being aggravated by the big increase in life **expectancy**, partially due to better health care. Furthermore, additional strain was put on the **National Health Service** (**NHS**) budget as a result of a combination of factors, including rising expectations and advances in expensive medical technology, as well as a lack of full employment.

La *Loi sur le Service national de santé (Sécurité sociale)* de 1946 déclarait que « chacun, quelque soit ses moyens, son âge, son sexe ou ses fonctions, doit pouvoir bénéficier de la même façon du meilleur et de plus moderne service de santé et des services associés possibles ». La loi lança l'un des premiers et des plus complets services de santé du monde, le Service national de santé, le 5 juillet 1948. Il fournissait une prise en charge totale de tous les soins médicaux, « gratuits pour tous ceux qui voudraient en bénéficier » sans avancer d'argent.

Ainsi, la législation fournit à la population du Royaume-Uni un diagnostic et un traitement gratuit de la maladie, à domicile ou à l'hôpital, tant en soins dentaires qu'en ophtalmologie. Les patients ne devaient pas payer la consultation du médecin généraliste, l'hospitalisation ou les médicaments prescrits.

C'était la réalisation d'un rêve socialiste et la pierre angulaire de l'engagement du nouveau gouvernement travailliste d'après-guerre de reconstruire un Royaume-Uni appauvri par le conflit.

Mais le Service national de santé coûtait très cher à mettre en place et à faire fonctionner, en partie à cause de l'explosion de la demande de soins médicaux de la part de millions de personnes qui n'avaient auparavant bénéficié que de très peu voire d'aucun soin gratuit et fiable. C'est pourquoi le Service national de santé se retrouva en difficulté financière quasiment dès le jour de son lancement, avec des demandes excédant de loin ce que les services pouvaient fournir. Cette situation a perduré jusqu'à aujourd'hui. Le problème s'est aggravé à cause de la forte augmentation de l'espérance de vie, en raison précisément de la meilleure qualité des soins médicaux. Des pressions supplémentaires se sont ajoutées sur son budget dans les décennies qui ont suivi, résultant d'une combinaison de facteurs parmi lesquels la hausse des exigences et les progrès de technologies médicales onéreuses, ainsi que l'absence du plein emploi.

A. The Thatcher and Major years

The year after coming to power, Margaret Thatcher proclaimed: 'The NHS is safe with us'. The very same year she proceeded to introduce the new ***Health Service Act***, 1980 that reorganized the structure of the **NHS**, leading to decentralization and cuts. The Conservative idea was to reduce **bureaucracy** and develop a market orientated, pro-choice system for patients.

When John Major became **Prime Minister**, he continued in the same vein, by implementing the ***National Health Service and Community Care Act***, 1990, which led to further, deeper market orientated reforms of the **NHS**. The act introduced the fundamental concept of the internal market within the **NHS**. As a result, the State continues to finance a free service, but the 'providers': self-governing **Hospital Trusts**, Ambulance Trusts and Community Health Services have to compete for referrals from 'purchasers': District Health Authorities and **fund holding General Practitioners** (**GP**s) who are now **fundholders** allocated with a specific budget. The most 'popular' **hospital trusts** receive the most government funding in order to encourage efficiency and competition. At the same time, certain hospital services were contracted out to sub-contractors (catering, cleaning, etc.) – a form of privatization. Furthermore, **GP**s are encouraged to 'shop around' local hospitals to look for the best deals. Hospitals, whose funding was increasingly linked to performance, were encouraged to be self-financing. At the same time, individuals were encouraged through tax incentives to have private health care.

In 1991, John Major launched ***The Patient's Charter*** that set out the rights of patients requiring health treatment. These rights illustrated just some of the problems within the **NHS** at the time, e.g. the right to 'immediate assessment of needs when attending an Accident & Emergency Dept.' and 'guaranteed admission for treatment no later than 2 years from the date of being placed on a **waiting list**'. The cost of funding the **NHS** continued to rise and **waiting lists** continued to grow.

En 1980, Margaret Thatcher proclama que « le Service national de santé est en sécurité avec nous ». La même année, elle fit voter la *Loi sur le Service de santé* (1980) qui réorganisait les structures du *NHS*, ainsi la décentralisation et les coupes sombres commencèrent. La grande idée conservatrice était de réduire la bureaucratie et de développer un système orienté vers le marché, avec plus de choix pour le patient.

En arrivant au pouvoir, le Premier ministre conservateur John Major continua dans le même sens, en introduisant la *Loi sur le Service national de santé et les services d'aide à domicile* (1990), qui oriente le *NHS* encore plus vers un système de marché. La loi introduisit le concept fondamental de marché interne. En conséquence, l'État continue de financer le système de santé gratuit mais les « fournisseurs de services » (les agences hospitalières autonomes, les compagnies d'ambulance et les services locaux de santé) doivent se mettre en compétition pour que les « acheteurs de soin » (autorités de santé locales et médecins généralistes devant gérer leur propre budget) orientent vers eux leurs patients. Les plus « populaires » des agences hospitalières autonomes reçoivent le plus de financements gouvernementaux, dans le but d'encourager l'efficacité et la compétition. En même temps, certains services hospitaliers recourent à la sous-traitance. Les médecins généralistes sont encouragés à « comparer les prix avant d'acheter » des services aux hôpitaux de la région pour rechercher les plus compétitifs. Ceux-ci, dont les financements étaient de plus en plus liés à leurs résultats, étaient incités à recourir à l'autofinancement. En même temps, les individus étaient encouragés par des incitations fiscales à recourir à des soins privés.

John Major introduit aussi la *Charte des patients* en 1991. Elle établit les droits des patients demandant un traitement médical et illustre les problèmes du Service national de santé à l'époque. Mais le coût du financement du *NHS* continua d'augmenter et les listes d'attente de s'allonger.

13 HEALTH AND WELFARE
A. The Thatcher and Major years

Regarding **welfare**, Margaret Thatcher was eager to reduce the **welfare** budget and what she called the '**dependency culture**'. She wanted 'to change Britain from a dependent to a self-reliant society; from a give-it-to-me to a do-it-yourself nation; a get-up-and-go, instead of a sit-back-and-wait-for-it Britain'.

But the 1980s were marked by very high unemployment and demographic changes, such as more **one-parent families** (**lone parents, single parents**) and a greater proportion of **old age pensioners** (**OAPs**). All these developments put increasing pressure on the **welfare state** and the **benefits** system in particular. Thus, more was spent on **welfare** in the 1980s in real terms than before.

To combat increased spending, the Thatcher governments dramatically changed the landscape of **welfare** in the United Kingdom. Much of this metamorphosis was the result of the *Social Security Act*, 1986. In this way, **benefits** were cut or frozen and their appropriation was increasingly based on **means-testing** (rather than **flat-rate** payments), **unemployment benefit** (the **dole**) became subject to taxation and to be **entitled** to it one had to be 'actively seeking work', **supplementary benefit** was replaced by the taxed **Income Support**, the state retirement **pension** was increased only in line with inflation (not index-linked) and individuals were encouraged to participate in personal **pension** schemes and take out private health insurance for private health care.

On 31 October 1987, Margaret Thatcher made a remark (during an interview with a women's magazine) that has stuck in people's minds regarding her vision of **welfare**. She declared, 'There is no such thing as Society. There are individual men and women, and there are families'. It is thought by some to reflect the two-tier United Kingdom that Margaret Thatcher left behind her after 11 years in office, where the rich had become richer and the poor, poorer (despite the **welfare state**). During her time as **PM** Margaret Thatcher 'rolled back the State', a key aspect of Thatcherism.

En ce qui concerne la Sécurité sociale et l'État-providence, Margaret Thatcher avait à cœur de réduire son budget et ce qu'elle appelait la « culture de la dépendance ». Elle voulait « changer la Grande-Bretagne, société dépendante, en une société autonome et responsable ; une nation "donne-le-moi" à une "je le fais moi-même" ; une Grande-Bretagne debout et pleine d'élan au lieu d'une Grande-Bretagne assise et passive », c'est-à-dire une nation volontariste et non attentiste.

Or les années 1980 ont été marquées par un fort taux de chômage et des changements démographiques, tels qu'une augmentation du nombre des familles monoparentales et une plus grande proportion de retraités âgés. Toutes ces évolutions pesèrent plus fortement encore sur l'État-providence et sur le système d'allocations. L'État dépensait plus au cours des années 1980 pour la Sécurité sociale que jamais auparavant en termes réels.

Thatcher changea radicalement le paysage de l'État-providence. La plus grande partie des modifications résultèrent de la *Loi sur la Sécurité sociale* de 1986. Elle abaissa ou gela les allocations et les indexa sur les niveaux de revenu (au lieu de paiements forfaitaires), les allocations chômage devinrent imposables et pour en bénéficier, il fallait « rechercher activement du travail », les allocations supplémentaires étaient remplacées par une aide au revenu imposable, puis les individus étaient encouragés à souscrire des retraites complémentaires et à prendre une assurance privée pour se soigner dans le secteur privé.

Le 31 octobre 1987, Margaret Thatcher fit une remarque qui frappa les esprits sur sa vision de l'État-providence. Elle déclara « la Société n'existe pas. Il n'y a que des hommes et des femmes, et des familles ». Certains pensent que cette formule résume la société britannique à deux vitesses qu'elle laissa derrière elle après onze ans de gouvernement, où les riches devinrent plus riches et les pauvres de plus en plus pauvres (en dépit de l'État-providence). En effet, Margaret Thatcher a considérablement fait « reculer l'État » (réduire le rôle du gouvernement) pendant son mandat de Premier ministre, ce qui fut un élément clé du thatchérisme.

B. The New Labour years

During the 1997 general election campaign, **Labour**, traditionally the party associated with health and **welfare**, emphasized its intention to improve the **NHS** and **welfare system**. Notably, it **pledged** to reduce hospital **waiting lists** by 100,000. On becoming **PM**, Tony Blair and his Secretary of State for Health developed a health strategy designed to break the cycle of ill-health due to poverty and deprivation. However, the **Labour Party** did not scrap many of the **Conservative** market orientated reforms of the **National Health Service** (**NHS**).

In 2000, a **NHS** vacancy **survey** suggested that 22,000 more nurses were needed to fill the ever-increasing gap created by disaffected staff leaving the state sector. *The NHS Plan*, the Government's blueprint for the **NHS**, was published in July 2000. In it, **Labour** promised 20,000 more nurses, 2,000 more **GP**s, 7,500 more consultants, 6,500 more therapists, 1,000 more medical school places and more pay for staff in areas with **shortages** by 2004. In the document, the Government also explained its vision for future **waiting list** times: a maximum out-patient waiting time of 3 months and a maximum waiting time for surgery of 6 months by the end of 2005, with an aim of reducing it to 3 months. Moreover, by 2004 no one was supposed to wait more than 4 hours in Accident and Emergency (A&E). To help finance these measures, the **Chancellor of the Exchequer**, Gordon Brown, announced in his annual Budget an 'unprecedented increase' in the **NHS** funding.

Developments under **Labour** also included the controversial step of sending a small minority of patients abroad to receive treatment, the recruitment of an ever larger number of nurses and doctors from overseas and the creation of Foundation Hospitals run by NHS Foundation Trusts (a new type of semi-autonomous NHS body introduced by the *Health and Social Care (Community Health and Standards) Act* 2003). Despite more than doubling the health care budget between 1997 and 2007, due to increasing demand, the rising cost of health care, bureaucracy and bad management, there

Pendant la campagne pour les élections législatives de 1997, le Parti travailliste, traditionnellement associé à la politique de santé et à l'État-providence, souligna son intention d'améliorer le Service national de santé et la Sécurité sociale. En particulier, il promit de réduire de 100 000 le nombre de personnes sur les listes d'attente des hôpitaux. Devenu Premier ministre, Tony Blair et son ministre de la Santé ont mis en place une politique de santé pour tenter de limiter les maladies dues à la pauvreté et aux privations. Toutefois, le Parti travailliste n'a pas abandonné un grand nombre des réformes libérales initiées par les conservateurs.

En 2000, une enquête sur les places vacantes du *NHS* a estimé à 22 000 le nombre d'infirmières supplémentaires nécessaires pour combler le trou créé par les personnels insatisfaits ayant quitté le secteur public. *Le Projet pour le NHS*, schéma directeur du gouvernement, a été publié en juillet 2000. Le parti y promettait 20 000 infirmières, 2 000 généralistes, 7 500 spécialistes et 6 500 thérapeutes supplémentaires, ainsi que 1 000 places de plus en école de médecine et des hausses de salaires pour les personnels dans les régions particulièrement touchées avant 2004. Dans le même document, le gouvernement indique ses objectifs ambitieux concernant les listes d'attente. Pour aider à financer ces mesures, le Chancelier de l'Échiquier, Gordon Brown, annonça dans son budget annuel une « hausse sans précédent » du financement du Service national de santé.

D'autres mesures sous les travaillistes ont été très controversées, parmi lesquelles la décision d'envoyer une petite minorité de patients se faire soigner à l'étranger, un recrutement toujours plus important d'infirmières et de médecins étrangers et la transformation de certains hôpitaux en « fondations » (des institutions semiautonomes). Bien que le gouvernement travailliste ait doublé le budget attribué au *NHS* entre 1997 et 2007, en raison d'une demande toujours plus importante, de coûts toujours plus élevés,

were still waiting lists for hospital treatment, the '**post-code lottery**' of health care (different quality treatment according to where one lives), and the rationing of treatment (quotas).

Regarding **welfare**, on coming into office, **New Labour** adopted a tough stance via the ***Welfare Reform and Pensions Act***, 1999. Among many things, the **law** demanded that all benefit claimants must attend interviews within 3 days of making their first claim to discuss **entitlement**, reasons for not working, and to obtain help in getting a job. Furthermore, **means-testing** of **benefit** entitlement continued and stakeholder **pension** schemes were launched.

In 2000, the **Labour Party**'s strategy regarding **welfare** moved away from **social security benefits** to **tax credits**. There was a fundamental reform of the tax and **benefit** system, transforming the way millions of people receive State support. In this way, the **Working Families Tax Credit** (**WFTC**) was launched to help low-income families and 'make work pay'. People received a higher level of support from the State when they are in work, through the tax system, rather than when they are out of work, through the **benefits** system. In 2003, this was replaced by the **Working Tax Credit** (WTC) and the **Child Tax Credit** (**CTC**) as flagship **policies** of **New Labour**.

Regarding unemployment, in 1999, Labour introduced the **New Deal** for jobless young people. Under the '**New Deal for Youth**' programme, all people under 25 unemployed for 6 months or more were required to choose to either follow government subsidized training, or carry out a job placement, or do work in the voluntary/environmental sector, rather than remain on the **dole**. It became a key part of **Labour**'s '**Welfare to Work**' strategy. The **policy** was to take unemployed people off State **benefits** (**welfare**) and get them into a paid job (work). Thus, to give '**job**

de la bureaucratie et de la mauvaise gestion, il y avait des listes d'attente pour les soins hospitaliers, des inégalités géographiques dans l'accès aux soins et l'application de quotas dans les soins.

En accédant au pouvoir, les néo-travaillistes ont adopté une position très ferme sur la Sécurité sociale dans le cadre de la *Loi sur la réforme de la Sécurité sociale et les retraites* de 1999. Parmi de nombreuses mesures, la loi exige que tous les demandeurs d'allocation passent des entretiens dans les 3 jours qui suivent leur inscription pour discuter de leurs droits, des raisons de leur situation, et obtenir de l'aide dans la recherche d'un emploi. L'examen des revenus est maintenu et des systèmes d'épargne-retraite par capitalisation ont été introduits.

En 2000, la stratégie du Parti travailliste au sujet de la Sécurité sociale évolua, en ce qui concerne notamment l'attribution d'allocations de Sécurité sociale. Il y a eu une réforme fondamentale du système des impôts et des allocations. On lança donc un complément familial pour aider les familles à faible revenu, de manière à ce que « le travail rapporte » : les personnes reçoivent maintenant une aide plus importante de l'État quand elles travaillent que lorsqu'elles sont au chômage, grâce aux allocations. En 2003, cela est remplacé par deux nouveaux dispositifs pour les personnes à faible revenu (avec ou sans enfants) ; ces dispositifs sont devenus des mesures sociales phares du parti néo-travailliste.

Quant au chômage, le « Nouveau contrat » a été institué en 1999 pour les jeunes sans emploi. Dans le cadre de ce programme, toutes les personnes âgées de moins de 25 ans qui sont au chômage depuis 6 mois doivent choisir entre suivre une formation rémunérée par le gouvernement, faire un stage en entreprise, ou travailler dans le secteur du bénévolat, plutôt que de rester inactif. C'est devenu une partie clé de la stratégie du parti pour retirer les personnes sans emploi des systèmes d'allocations pour

seekers a real chance to develop their potential, gain skills and experience and find work [...] by closing the gap between the skills **employers** want and skills people can offer' according to Labour. In 2003, the 'New Deal' was extended to cover different groups of unemployed persons: 18-24, 25 plus, 50 plus, lone parents and disabled people.

leur donner un travail rémunéré. En 2003, le Parti travailliste a étendu le « *New Deal* », de manière à ce qu'il couvre différents groupes de chômeurs : les 18-24 ans, 25 ans et plus, 50 ans et plus, les parents seuls et les personnes handicapées.

C. The Coalition and Conservative years

On coming to power in 2010, the Conservative-Liberal Democrat Coalition Government announced it would severely reduce public sector spending, as part of its 'austerity programme'. Reducing public spending on the **Welfare State** is a traditional **Conservative** policy.

First, it introduced the ***Health and Social Care Bill*** aimed at giving **General Practitioners** (GPs) more control of the **National Health Service** (**NHS**) budget and boost the private sector's role. It encountered strong opposition during its progress through Parliament; hostility focussed on the **NHS** being 'privatized by the back door'. The ***Health and Social Care Act***, 2012, considerably reorganized and restructured the **NHS**.

In 2013, a sizeable and divisive overhaul started of the benefits system due to the ***Welfare Reform Act***, 2012. First, **Child Benefit** became subject to household income (i.e. it is no longer universal, it is **means-tested**). Second, a ***Personal Independence Payment*** (**PIP**) replaced the Disability Living Allowance. Third, **Universal Credit** was launched to simplify the benefits system by bringing together a range of working-age benefits into a single streamlined payment. Iain Duncan Smith, the then **Work and Pensions Secretary**, hoped the system would 'make work pay'. **PIP** is still being rolled out very gradually due to significant logistical problems.

In 2013, the Coalition introduced the **under-occupancy penalty** or '**Bedroom tax**' for inhabitants of **social housing** with a spare bedroom. They now must pay extra rent or move to smaller accommodation. After the 2015 **general election**, George Osborne, the **Chancellor of the Exchequer** announced that would be an annual benefit cap of £20,000 and that **Child Benefit** would be stopped for newly born third children, as from April 2016. This form of State control of family size and entering the private life of the population is also very controversial. Indeed, much of the **Conservative Party**'s welfare policy has been very contentious and divisive.

En arrivant au pouvoir en 2010, la Coalition a annoncé qu'elle allait considérablement réduire les dépenses du secteur public, conformément à son programme d'austérité. La réduction des dépenses est une politique traditionnelle des conservateurs.

D'abord, la Coalition a introduit un *Projet de loi sur la Santé et l'assistance sociale* visant à donner davantage de pouvoir aux généralistes quant à la gestion des budgets du Service national de santé et à augmenter le rôle du secteur privé. Il a rencontré une forte opposition lors de son passage au Parlement. La *Loi sur la Santé et l'aide sociale* a été votée en 2013 et elle a introduit une réorganisation et une restructuration importante du Service national de santé.

En 2013, le pays a connu le début d'une refonte significative du système des allocations dans le cadre de la *Loi sur la réforme de l'assistance sociale* de 2012. D'abord, les allocations familiales ne sont plus universelles ; leur paiement dépend des revenus du foyer. Ensuite, un « paiement personnel pour favoriser l'indépendance » a remplacé l'allocation des personnes handicapées. Enfin, une « allocation universelle » a commencé d'être introduite, ce qui est censé simplifier le système d'allocations en réunissant plusieurs allocations en un seul paiement. Iain Duncan Smith, ministre du Travail et de la Sécurité sociale à l'époque, espérait que ces changements feraient en sorte que « ça vaille la peine d'avoir un emploi », mais ses débuts ont été bien difficiles pour des raisons logistiques et sa mise en place reste inachevée.

En 2013, la Coalition a introduit la « pénalité de sous-occupation » pour les habitants des logements sociaux ayant une chambre à coucher libre. Ils doivent payer une somme supplémentaire ou déménager. En 2015, George Osborne a annoncé un plafonnement des allocations à 20 000 livres sterling par an et par foyer, et que les familles ne recevront plus les allocations familiales à partir du troisième enfant né après avril 2016. Ce contrôle de l'État sur la taille des familles et l'entrée du gouvernement dans la vie privée de la population sont très controversés. En effet, les politiques de Sécurité sociale des conservateurs divisent les électeurs.

The British remain very much attached to the **National Health Service**. The condition of the **NHS** features consistently among the top priorities of citizens. Consultations with a **GP** continue to be free, as does most hospital treatment. But dental treatment and **NHS** eye tests have to be paid for. A **flat-rate** (fixed) prescription charge is made for prescribed medicine, irrespective of the actual cost of the drug. It was £8.80 from April 2016 to April 2018. Various groups of people are exempt from paying this charge, including children, full-time students, **senior citizens** (**OAP**s) over 60 and the unemployed.

The main social-economic issue in the 21st century is the growing gap between the rich and poor. The **income gap** is greater now than a generation ago. This means that there is a lack of social mobility; it is now more difficult to change socio-economic class and climb the **social ladder**. Thus, people born into to poverty (below the **poverty line**) today are likely to stay there. Rates of poverty, social exclusion, family breakdown, health problems, low educational attainment, **teenage pregnancy** and **anti-social behaviour** are all higher in deprived urban neighbourhoods. For David Cameron these phenomena are all part of what he has calls '**Broken Britain**'.

Under the Conservatives, there has been an emphasis on individual responsibility and finger pointing. The **Chancellor of the Exchequer**, George Osborne, summed this up when he declared, in 2013, that people should be 'strivers not shirkers', suggesting that people are to blame for their own poverty, rather than structural factors. It is a return to the old moral division of the deserving and undeserving poor of the Victorian era. It is also a negation of the exponential number of food banks and homeless people, including the **working poor** and the increasingly unstable labour market due to **zero-hours contracts** and temporary contracts.

Les Britanniques sont très attachés au *NHS*, qui figure toujours parmi les trois priorités de la population. Il reste que les consultations d'un médecin généraliste sont restées gratuites, de même que la plupart des soins hospitaliers. Les soins dentaires et les tests ophtalmologiques sont quant à eux payants. Une participation forfaitaire est demandée pour les médicaments prescrits sans prise en compte de leur coût réel sur le marché. Différentes catégories de personnes sont dispensées de payer, dont les enfants et les étudiants, les retraités et les chômeurs.

Le principal sujet socio-économique au XXIe siècle est l'écart qui se creuse entre les riches et les pauvres. L'écart entre les revenus est plus grand maintenant qu'il y a une génération. Il en résulte un manque de mobilité sociale ; il est plus difficile de changer de classe socio-économique et de prendre l'ascenseur social. Les personnes nées dans la pauvreté (sous le seuil de la pauvreté) aujourd'hui vont probablement y rester. Les taux de pauvreté, exclusion sociale, divorce, problèmes de santé, échec scolaire, grossesses chez les mineurs, incivilités sont tous plus élevés dans les quartiers urbains défavorisés. Pour David Cameron ces phénomènes font partie de ce qu'il appelle la « Grande-Bretagne brisée ».

Au pouvoir, les conservateurs ont mis l'accent sur la responsabilité individuelle. George Osborne a bien résumé sa position quand, en 2013, il a déclaré que les gens doivent aspirer à mieux et lutter, au lieu d'éviter le travail et profiter de la Sécurité sociale. Il suggère que les individus sont les premiers responsables de leur pauvreté et qu'il ne faut pas l'imputer à des facteurs structurels. Il s'agit d'un retour aux jugements moraux de l'époque victorienne, où la société était divisée entre les pauvres qui méritent de l'aide et ceux qui ne la méritent pas. Cette déclaration nie la réalité de l'augmentation exponentielle de banques alimentaires et de sans-abris dans un marché de travail de plus en plus difficile et fragile, en raison des contrats zéro-heures et des CDD.

14 EDUCATION

The current education system in the United Kingdom is a complicated mosaic reflecting evolutions through history.

Until the end of the 19th century, education remained a privilege of children from families wealthy enough to pay the fees and who did not need the wages of their children to survive. Those children who did get an education attended Church Schools or private schools established by rich benefactors and philanthropists.

The State first got involved in education during the Victorian era with the passing of the ***Elementary Education Act*** (*Forster Act*), 1870. This led to the creation of school boards and State-funded elementary schools in England and Wales. Similar acts were passed for Scotland in 1872 and Northern Ireland in 1923. Despite these **laws**, a large majority of children did not attend school on a regular basis, especially those from the working class who were needed to earn money.

Various other minor **laws** were **voted** over the following years, but the big change came during World War II with the ***Education Act (Butler Act)***, 1944. Similar acts were voted in 1947 for Scotland and Northern Ireland. The ***Butler Act*** (named after R.A. Butler, the Conservative president of the Board for Education) aimed at creating universal 'education for all' through State provision of free and compulsory schooling from the ages of 5 to 15. It reorganized the education system into primary education (5-12 years) and secondary education (12-15 years). It created a Ministry of Education that worked in tandem with **Local Education Authorities** (**LEA**) throughout the country.

ÉDUCATION 14

Le système éducatif actuellement en vigueur au Royaume-Uni est une mosaïque complexe, fruit d'évolutions historiques.

Jusqu'à la fin du XIXe siècle, la scolarisation restait le privilège des enfants issus de familles suffisamment aisées pour pouvoir payer les frais de scolarité et qui n'avaient pas besoin des salaires de leurs enfants pour survivre. La plupart des enfants qui allaient à l'école étaient scolarisés dans des écoles confessionnelles financées par l'Église ou des écoles privées créées par de riches bienfaiteurs et philanthropes.

L'État s'impliqua pour la première fois dans le domaine de l'éducation, à l'époque victorienne, par le vote de la *Loi sur l'éducation élémentaire* (*Loi Forster*) en 1870. Elle permit la création d'établissements élémentaires financés par l'État en Angleterre et au pays de Galles ainsi que de Conseils d'éducation. Des lois comparables furent votées en Écosse (1872) et en Irlande du Nord (1923). En dépit de ces lois, une grande majorité d'enfants n'était pas scolarisée de façon régulière, surtout ceux issus de la classe ouvrière.

D'autres lois de moindre importance furent votées les années suivantes, mais le grand changement advint pendant la Seconde Guerre mondiale avec la *Loi sur l'éducation* (*Loi Butler*) de 1944. Des lois comparables furent votées en 1947 en Écosse et en Irlande du Nord. La *Loi Butler* avait pour objectif « l'éducation pour tous » grâce à des financements publics et l'obligation de scolarisation entre 5 et 15 ans. Elle réorganisa le système éducatif en un enseignement primaire (5-12 ans) et secondaire (12-15 ans). Elle créa un ministère de l'Éducation qui fonctionna en collaboration avec les autorités locales chargées de l'enseignement à travers le pays.

The most controversial aspect of the ***Butler Act*** was the setting up of a tripartite system for secondary education. Three types of free secondary school were devised to provide schooling for children according to their 'innate intelligence': selective **Grammar Schools** for 'brighter' pupils, **Secondary Modern Schools** for the 'less clever' and **Technical Schools** for the 'non-academic'. In theory, children were supposed to be able to flourish within the educational environment that most suited them, based on their **Eleven Plus (11+)** results.

Indeed, at the end of their primary education pupils sat an exam called the **Eleven Plus** (11+). **11+** refers to the age of pupils taking the exam: children entering secondary education are all over the age of 12 (pupils do not skip or redo a year in the UK school system). The **11+** exam was supposed to evaluate the English language, mathematics and problem-solving skills of children aged 11, so that they could be sent to the 'appropriate' school. In reality, children who failed the tough selection process felt stigmatized and many went on to be unfulfilled academically. Moreover, not going to a Grammar School closed many professional doors for them much later in life. There were 1,300 Grammar Schools in the mid-1960s and a quarter of school pupils in the United Kingdom attended one.

The 11+ exam became less widespread from the 1960s onwards and especially in the 1970s, along with many **Grammar Schools**, which were seen as being the privilege of the middle class. Today the exam is only taken by a very small minority of pupils intending to go to one of the 163 Grammar Schools still left in England. No new Grammar Schools have been opened since the 1960s. David Cameron sparked a debate about Grammar Schools in 2007 when he said his party would not open any new ones, much to the horror of many traditional Conservative voters. But, in September 2016, Theresa May, the new Conservative Prime Minister, announced that this would change.

L'aspect le plus disputé de la *Loi Butler* (1944) fut la création d'un système tripartite pour l'enseignement secondaire (sans frais de scolarité) pour fournir aux enfants une scolarité en fonction de leur « intelligence innée » : les lycées classiques pour les élèves les plus brillants, les lycées modernes pour les élèves moyens et les écoles techniques pour les élèves « moins intellectuels ». En théorie, les enfants étaient supposés s'épanouir dans l'environnement éducatif qui leur était le mieux adapté, selon les résultats d'un examen passé à 11 ans.

En effet, à la fin de l'enseignement primaire les élèves passaient un examen appelé le 11+, qui fait référence à l'âge des élèves qui passaient l'examen : tous les enfants qui entrent dans l'enseignement secondaire ont 12 ans (les élèves ne sautent pas et ne redoublent pas une année au Royaume-Uni). Le 11+ était censé évaluer les aptitudes des enfants en langue anglaise, en mathématiques et en logique, afin de pouvoir les envoyer dans le type d'école le plus « adaptée ». En réalité, ceux qui échouaient au sévère processus de sélection se sentaient stigmatisés et beaucoup étaient frustrés par rapport à l'école. De plus, le fait de ne pas être scolarisé dans un lycée classique fermait beaucoup de portes professionnelles plus tard. Il y avait environ 1 300 lycées classiques au milieu des années soixante quand un quart des enfants y était scolarisé.

Le 11+ disparaît petit à petit pendant les années 1960 et surtout au cours des années 1970, tout comme de nombreux lycées classiques. Aujourd'hui le 11+ est passé par une très petite minorité d'élèves qui souhaitent intégrer un lycée classique dans le peu de régions qui l'ont gardé. Il en reste 163 et aucun nouveau lycée classique n'a vu le jour depuis les années 1960. David Cameron a lancé un vif débat sur les lycées classiques en 2007 quand il a dit que son parti n'allait pas en ouvrir de nouveaux, à la grande horreur de beaucoup d'électeurs conservateurs traditionnels. Mais en septembre 2016, Theresa May, le nouveau Premier ministre, a annoncé que cette situation allait changer.

14 EDUCATION
A. State schooling today

Today, the **Department for Education** is responsible for primary and secondary education in England and Wales. Since **devolution**, the **Welsh Assembly** has been able to make some decisions on education in Wales, but the system is almost the same as the English one, except for the teaching of the **Welsh** language. Scotland has a somewhat different State system.

Over 90% of schools are organized and maintained by **Local Education Authorities** (**LEAs**) (local authorities in Wales since 2010) responsible for schools in their area and are financed entirely by public funds via taxation. Therefore, most children in the UK receive an education in a State maintained school.

Before the start of formal and compulsory schooling, about two-thirds of children attend State-run or private (**fee-paying**) **nurseries**, **nursery schools** or **playgroups**. There are not enough places available and private childcare is very expensive in the UK.

By **law**, all children in the UK must receive a full-time education between the ages 5 (4 in Northern Ireland) and the official school-leaving age which was 16 as from 1973. In England, it went up to 17 in 2013 and 18 in 2015. Many schools operate an early admission **policy**, where they accept children under 5 into what are called **reception classes**. Year 1 is the first year after reception classes.

For their primary education, children usually go to **primary school** from the age of 5 to 11 (Years 1 to 6). Some go to **infant school** from 5 to 7 (they begin school in the term when they reach 5), then transfer to **junior school** until 11 (12 in Scotland). For their secondary education, children then go onto to **secondary school**, also called **high school**, from 11 until they reach 16 (Years 7 to 11).

Most **secondary schools** cater for 16 to 18 year-olds who wish to stay on at school after the official school-leaving age. There are also **sixth form colleges** and **technical colleges** to meet their needs (Years 12 to 13).

Le ministère de l'Éducation est responsable de l'éducation primaire et secondaire en Angleterre et au pays de Galles. Depuis la décentralisation, l'Assemblée du pays de Galles peut prendre des décisions en matière d'éducation pour le pays, mais le système en vigueur est quasiment le même qu'en Angleterre, à l'exception de l'enseignement de la langue galloise. L'Écosse dispose de son propre système quelque peu différent.

Plus de 90 % des écoles sont organisées et gérées par les autorités locales d'éducation, qui sont financées entièrement par des fonds publics. La plupart des enfants au Royaume-Uni reçoivent donc une éducation publique et non privée.

Avant d'entamer un cursus scolaire obligatoire, à peu près deux tiers des enfants vont dans des crèches, jardins d'enfants, ou écoles maternelles publiques ou privées. Mais, il n'y a pas assez de places et les moyens de garde privés sont très onéreux.

En vertu de la loi, tous les enfants doivent être scolarisés à plein temps à partir de l'âge de 5 ans (4 ans en Irlande du Nord) jusqu'à l'âge de fin de la scolarité obligatoire, qui est de 18 ans depuis 2015. Beaucoup d'écoles pratiquent une politique d'admission précoce, acceptant les enfants de moins de cinq ans dans ce qu'on appelle des classes d'accueil.

Pour l'éducation primaire, les enfants vont en général à l'école primaire entre 5 et 11 ans. Certains vont à la maternelle de 5 à 7 ans, puis à l'école élémentaire jusqu'à 11 ans (12 ans en Écosse). Pour l'enseignement secondaire, ils vont au lycée entre 11 et 16 ans.

La plupart des lycées prévoient de scolariser les enfants de 16 à 18 ans qui souhaitent poursuivre leurs études après l'âge officiel de fin de la scolarité obligatoire. Il existe deux types de lycées pour les recevoir : lycées ayant seulement des classes de première et de terminale et lycées techniques.

Secondary education

Most children in England (86%+) and all children in Wales go to mainstream co-educational **community schools** for their secondary education. These admit children from the surrounding district and provide a wide range of free secondary education for all abilities and social backgrounds. Some have mixed ability classes; others carry out streaming. The quality of **community schools** varies considerably throughout the country, the worst ones being mainly associated with underprivileged **inner city** areas.

All mainstream State schools receive funding from local authorities. They all follow the **National Curriculum** and are regularly inspected by **Ofsted**. There are 4 main types:

1. **Community schools.** These are run by the local authority, which employs the staff, owns the land and buildings, and decides which admissions criteria to use.

2. **Foundation and Trust schools.** Foundation schools are run by their own governing body, which employs the staff and sets the admissions criteria. Land and buildings are usually owned by the governing body or a charitable foundation. A Trust school is a type of foundation school which forms a charitable trust with an outside partner, e.g. a business or educational charity.

3. **Voluntary-aided schools.** These are mainly religious or **faith schools**. The governing body employs the staff and sets the admissions criteria. School buildings and land are normally owned by a charitable foundation, which is often a religious organization (Christian, Muslim, Sikh, Jewish, etc.).

L'enseignement secondaire

Plus de 86 % des enfants d'Angleterre et tous les enfants du pays de Galles vont dans des « écoles locales » polyvalentes et mixtes pour leurs études secondaires. Celles-ci accueillent des élèves du quartier alentour et proposent une grande variété de cursus gratuits pour les enfants de tous milieux et aptitudes. Certaines ont des classes de niveau varié ; d'autres répartissent les enfants dans des classes en fonction de leurs capacités. La qualité de ces écoles varie à travers le pays, les moins réputées se trouvant souvent dans les quartiers urbains défavorisés.

Les écoles d'État principales reçoivent un financement des autorités locales, suivent le programme national d'enseignement et sont régulièrement inspectées. Il y a 4 genres principaux :

1. **Les écoles locales** sont gérées par les autorités locales, qui sont les employeurs du personnel, sont propriétaires du terrain et des locaux, et elles décident sur quels critères sont admis les élèves.
2. **Les écoles fondations et les écoles trusts.** Les écoles fondations sont gérées par leur propre conseil d'établissement, qui est l'employeur du personnel et qui décide sur quels critères sont admis les élèves. Le terrain et les locaux sont généralement la propriété du conseil d'établissement, ou d'un trust, ou d'une fondation caritative. Les écoles trusts sont une forme d'école-fondation qui crée une fondation caritative avec un partenaire à l'extérieur de l'école : une entreprise ou un organisme caritatif.
3. **Les écoles assistées par le secteur caritatif** sont principalement des écoles confessionnelles. Le conseil d'établissement est l'employeur du personnel de l'école, et décide sur quels critères sont admis les élèves. Les locaux et le terrain appartiennent généralement à une fondation caritative, souvent un organisme religieux (chrétien, musulman, sikh, juif, etc.).

4. **Voluntary-controlled schools.** These are similar to voluntary aided schools, but are run by the local authority. The local authority employs the school's staff and sets the admissions criteria. School land and buildings are normally owned by a charity, often a religious organization, which also appoints some of the members of the governing body.

English secondary schools used to be able to apply for '**specialist school** status' and so give a broad secondary education, whilst specializing in one particular field: technology, languages, visual arts, business or sport, and they received extra funds from the government. The Coalition government stopped the supplementary funding for specialist schools in 2011.

Within the State schools system, there are a number of schools with particular characteristics. There are 5 main types:

a. **Academies.** These are all-ability schools that are independently managed and set up by sponsors from business, faith or voluntary groups in partnership with the Department for Education and the local authority.

b. **City Technology Colleges (CTCs).** These are independently managed schools in urban areas geared towards science, technology and the world of work.

c. **Community and foundation special schools.** These cater for children with specific special educational needs, which may include physical disabilities or learning difficulties.

d. **Faith schools.** These are schools of a religious denomination (Protestant, Catholic, Jewish, Muslim, Hindu and Sikh). They are mostly run in the same way as other State schools. However, their faith status may be reflected in their religious education curriculum, admissions criteria and staffing policies.

4. **Les écoles gérées par le secteur caritatif** sont dirigées par les autorités locales, qui emploient le personnel et décident sur quels critères sont admis les élèves. Les locaux appartiennent à une fondation caritative, souvent un organisme religieux qui nomme certains membres du conseil d'établissement.

Les écoles secondaires anglaises pouvaient autrefois obtenir le statut d'« école spécialisée » dispensant un enseignement secondaire généraliste avec une spécialisation dans un domaine : technologie, langues étrangères, arts visuels, commerce ou sport ; elles recevaient une subvention supplémentaire du gouvernement, mais la Coalition y a mis fin en 2011.

Au sein du système des écoles d'État, il y a des écoles qui ont des caractéristiques spécifiques. Il y a 5 grandes types :

a. **Les académies** concernent les élèves de tous niveaux. Elles sont gérées de façon indépendante et sont créées par des sponsors venant du monde de l'entreprise, d'organismes religieux ou de groupes caritatifs en partenariat avec le ministère de l'Éducation et les autorités locales.
b. **Les établissements urbains d'enseignement technologique** sont généralement situés dans des quartiers de centre-ville et autogérés. Ils proposent une éducation secondaire ouverte avec un accent mis sur les sujets technologiques et les études commerciales ou scientifiques.
c. **Les écoles locales et les écoles fondations spécialisées** sont adaptées aux enfants ayant des besoins éducatifs spécifiques, par exemple des handicaps physiques ou des difficultés d'apprentissage.
d. **Les écoles confessionnelles** sont d'obédience religieuse (protestante, catholique, juive, musulmane, hindoue et sikh) et sont gérées dans l'ensemble comme les autres écoles de l'État, mais leur statut d'école confessionnelle se reflète dans les programmes d'enseignement, dans les critères d'admission des élèves, et dans la politique d'embauche du personnel.

e. **Grammar Schools**. These select all or most of their pupils based on academic ability.

The Coalition government introduced new '**Free Schools**' in England in 2010 that are non-fee-paying and non-selective. These controversial schools are funded by the taxpayer, but they are not controlled by local authorities and do not have to follow the **National Curriculum**.

A **National Curriculum** was introduced to England and Wales in 1992 as a result of the ***Education Reform Act***, 1988. Today, in secondary schools there are 3 obligatory core subjects: English, Maths and Science, plus 3 obligatory foundation **subjects**: computing, citizenship and physical education. Secondary schools must also provide religious education, as well as sex and relationship education (SRE). They must also offer at least one subject from each of these areas: arts, design & technology, humanities or modern foreign languages.

The testing programme called **SAT**s (Standard Assessment Tests) was launched in 1991, also following the ***Education Reform Act***, 1988. Until October 2008, children were tested at 7, 11 and 14. Now they are only tested when they are 7 and 11. However, pupils with poor **SAT** results do not redo the academic year, they automatically move on to the next year of schooling. Teachers complain that they test rather than teach.

There is no ranking system of schools. Instead, controversial **league tables** have been produced since the 1990s for all schools; these are listings of educational performance, based on government data of exam results. League tables are subject to much criticism because the raw statistics do not take into account 'contextual factors': the neighbourhood, the background of the pupils, or any improvements they may have made.

e. **Les écoles classiques** sélectionnent la majorité des élèves sur des critères de capacités intellectuelles.

Le Coalition a introduit un nouveau type d'école très polémique en Angleterre, en 2010, en occurrence les « écoles libres ». Elles sont gratuites et non-sélectives ; financées par le contribuable, elles ne sont pas contrôlées par les autorités locales et ne sont pas obligées de suivre les programmes nationaux.

Un programme d'enseignement obligatoire national a été institué en Angleterre et au pays de Galles en 1992. Dans le secondaire, il y a 3 matières obligatoires formant un tronc commun (anglais, mathématiques et science) et 3 matières fondamentales qui sont obligatoires. L'enseignement sur les différentes religions, ainsi que l'éducation sexuelle et relationnelle sont également obligatoires. Les lycées doivent également proposer des enseignements optionnels prédéfinis.

Le programme de contrôles appelé tests standard d'évaluation a été introduit en 1991, à la suite de la *Loi sur la réforme de l'éducation* de 1988. Jusqu'en octobre 2008 les enfants passaient des contrôles à l'âge de 7, 11 et 14 ans. À présent ils passent des tests seulement à 7 et 11 ans. Les élèves qui ne réussissent pas les tests standard d'évaluation ne redoublent pas pour autant leur année, mais passent en classe supérieure. Beaucoup d'enseignants se plaignent qu'ils consacrent plus de temps à évaluer plutôt qu'à enseigner.

Il n'existe pas de système de classement des écoles. À la place, des palmarès très controversés sont publiés depuis les années 1990 ; il s'agit de listes des résultats scolaires, fondées sur les résultats aux examens. Ces statistiques brutes sont très critiquées car elles ne tiennent pas compte des facteurs contextuels : le quartier, le milieu social, ou les progrès qu'un élève a pu faire.

Ofsted (Office for Standards in Education) inspects schools at least every 3 years. Many parents pore over the lengthy reports that are written about a school following an official inspection.

Since the 1990s, schools have had more autonomy in decision-making regarding budgets and management. In theory, parents now have the right to send their children to the school of their choice if a place is available. Increasingly parents are prepared to move to a different neighbourhood, in order to live in the **catchment area** of a 'good' school with superb Ofsted results.

L'*Ofsted* fait une inspection des écoles au moins tous les 3 ans. De nombreux parents regardent de très près les rapports qui sont rédigés sur une école après une inspection officielle.

Depuis les années 1990, les écoles disposent de plus d'autonomie. Les parents ont désormais le droit d'envoyer leurs enfants dans l'école de leur choix s'il y a des places, ce qui n'est pas toujours le cas. De plus en plus de parents sont prêts à déménager, afin d'être dans le secteur de recrutement scolaire d'une « bonne » école, forte de très bonnes évaluations officielles.

B. Independent – public schools

Approximately 7% of all pupils in England and 4% in Scotland attend **independent schools**, also called **fee-paying schools** (**private schools**). These schools are separate from the State system, so they are neither controlled nor financed by the government or **LEAs**. Their fees can be very high indeed. A small minority of pupils gain scholarships and so the fees are waived. **Independent schools** are not obliged to follow the **National Curriculum**.

Confusingly, about 250 of the larger **independent schools** are known, for historical reasons, as '**public schools**' (although they are private). The most famous public schools are called the 'Clarendon Nine': Winchester (1382), St Paul's (1509), Shrewsbury (1552), Westminster (1560), The Merchant Taylors' (1552), Rugby (1567), Harrow (1571), Charterhouse (1611) and of course Eton (1440) that has annual tuition fees currently over £30,000. Eton is said to have been the first **school** to be called a '**public school**' because scholars could come from any part of England and not, as was generally the case, just from the immediate neighbourhood. Originally, many **public schools** stressed 'character building' through a classical education and lots of sport, but the **curriculum** is now closely aligned with State education. There are a few independent **fee-paying** schools in Scotland and Northern Ireland, catering for a very small proportion of the school population; they do not receive any support from public funds.

In public schools, children from 4 to 8 years old go to **pre-preparatory school**, then from 8 to 13 **preparatory school** where the last 2 years are spent 'preparing' for the **Common Entrance Exam** (**CE**) to go to the next stage of private schooling. **Independent schools** take children from 11/13 to 18 and **public schools** from 13 to 18. **Independent schools** providing living accommodation for their pupils during term time are called **boarding schools**; pupils who board are **boarders**, those who go home each day are **day pupils**.

Environ 7 % des enfants anglais et 4 % des enfants écossais sont scolarisés dans des écoles privées indépendantes de l'État : des écoles avec des frais de scolarité. Ces écoles n'appartiennent pas au système géré par l'État, et ne sont donc ni gérées ni financées par le gouvernement ou les autorités locales d'éducation. Les frais de scolarité peuvent être très élevés. Une petite minorité d'élèves obtient des bourses et ne paie pas les frais de scolarité. Ces écoles indépendantes ne sont pas obligées de suivre le programme d'enseignement national.

D'une manière qui prête à confusion, environ 250 des plus grandes de ces écoles indépendantes sont connues pour des raisons historiques comme « écoles publiques », bien qu'elles soient privées. Les plus célèbres sont les « Neuf de Clarendon » : Winchester (1382), St Paul's (1509), Shrewsbury (1552), Westminster (1560), The Merchant Taylors' (1552), Rugby (1567), Harrow (1571), Charterhouse (1611) et bien sûr Eton (1440). On dit qu'Eton fut la première école à être appelée « école publique » parce que les élèves pouvaient venir de n'importe où et pas seulement des quartiers avoisinants. À l'origine, ces écoles dispensaient une éducation classique avec beaucoup de sport, afin de former le caractère ; à présent les cours sont alignés sur les programmes scolaires nationaux. Il y a quelques écoles payantes indépendantes en Écosse et en Irlande du Nord, rassemblant une très faible partie de la population scolaire ; elles ne reçoivent aucune aide publique.

Dans le privé, les enfants de 4 à 8 ans vont en cours prépréparatoires et de 8 à 13 ans au cours préparatoire, dont les 2 dernières années sont consacrées à préparer l'examen d'entrée dans l'enseignement privé. Les écoles indépendantes scolarisent les enfants entre 11 et 13 ans et les *public schools* de 13 à 18 ans. Celles dotées d'un internat sont appelées pensionnats ; les élèves qui sont en pension sont des internes (« pensionnaires »), ceux qui rentrent chez eux chaque jour des externes (« élèves de jour »).

C. School examinations

After three years of secondary education (Years 7-9), at the age of 14, most State school and private school pupils begin **GCSE** (**General Certificate of Secondary Education**) courses in a range of subjects. The **GCSE** is a two-year course (Years 10-11) leading to a single subject examination. There is no upper or lower limit to the number of **GCSEs** a pupil is allowed to sit, but most take between 7 and 11 in different subjects. Pupils must follow Mathematics, English Language, a Science, Citizenship (and until 2003 a modern foreign language). These are the only obligatory subjects. Coursework as well as end of year written and orals exams are used to assess pupils.

Exam papers are marked by independent examination boards which attribute a grade expressed by a letter ranging from A* to G, where A* (starred A) is the top grade and U means ungraded – a failure. If pupils pass enough **GCSEs**, they are eligible for **A Level** courses. The **GCSE** replaced the **O Level** and **CSE** exams in 1988.

In Years 12 and 13, the most academic pupils follow GCE (**General Certificate of Education at Advanced Level**) **A Level** courses. Most pupils take 2 to 4 **A Level** courses (that used to be divided into AS/A2 levels graded A*-E). A Level results are graded on a 1 to 9 scale (9 being the top grade and U for ungraded – fail).

Universities accept students mainly according to their **A Level** grades and usually require three **A Level** passes for degree course entry in specific subjects.

Les cours s'étalent sur deux ans, se terminant par un examen pour chaque matière ; il n'y a pas de nombre maximal ou minimal de matières qu'un élève peut passer, mais beaucoup choisissent entre 7 et 11. Les seules disciplines obligatoires sont les mathématiques, l'anglais, une science, puis l'instruction morale et civique (la citoyenneté). Jusqu'alors, ils devaient prendre une langue étrangère mais cette obligation a été levée en 2003. Les élèves sont évalués sous forme de contrôle continu, mais aussi par des examens à l'oral et à l'écrit à la fin de l'année scolaire. Mais la partie la plus importante reste les examens écrits de juin.

Les copies d'examen sont corrigées et évaluées par des jurys d'examen indépendants qui attribuent une note sous forme de lettre, de A* à G, où le A* est la note maximale. Si les élèves réussissent suffisamment bien, ils peuvent poursuivre leurs études avec les épreuves des *A Levels*. Le *GCSE* a remplacé l'*O Level* et le *CSE* (diplôme d'éducation secondaire) en 1988.

Ensuite, pendant deux années, les meilleurs élèves suivent les cours de *GCE A Level* (diplôme général de l'enseignement secondaire, niveau avancé). La plupart des élèves en passent deux à quatre. Les *A Levels* sont notés de 1 à 9 (jusqu'en 2015-2016 les notes allaient du A* à E), 9 étant la note maximale et U étant un échec.

Les universités acceptent les étudiants principalement en fonction de leurs résultats dans les *A Levels* et d'habitude elles exigent que 3 matières spécifiques soient validées.

Other school examinations include the GNVQs (**General National Vocational Qualifications**), which develop general work-related knowledge and skills (Business, Leisure and Tourism and Manufacturing). There are also **NVQs** (**National Vocational Qualifications**) which, as their name suggests, are job-specific enabling pupils to prepare for a particular type of vocation. These two qualifications can be prepared on a day release basis, that is to say, students can work professionally and have time off from work to attend lessons.

State schools in Scotland do not follow the **National Curriculum** of England and Wales due to **devolution** of education policy. Pupils take the **National Qualification** at the end of the school year in which they are 16. Scottish school pupils staying on at school sit the Scottish Certificate of Education **Highers**, which are more numerous and broader than the equivalents taken south of the border.

For many years, the pass rate of national exams kept increasing which led to critics declaring that the exams had become too easy – that they had been **dumbed down** – and that they were thus devalued. In 2012, the Conservative Secretary of State for Education, Michael Gove decided the exams should be made more difficult and the pass rate has since decreased. As a result, A Levels were changed in 2016-2017. There are mounting calls for less specialization at 14 and for **A Levels** to be replaced by a more general baccalaureate type of exam.

In the UK, some young people are defined as being **NEET** – Not in Education, Employment or Training. They tend to be teenagers who will go on to experience long-term unemployment and/or badly paid jobs. In a bid to reduce the number and proportion of **NEET**s, Gordon Brown introduced more vocational exams and apprenticeships. Moreover, the school-leaving age was raised to 17 in 2013, and 18 in 2015. There has been a continuing emphasis on the usefulness of apprenticeships for certain young people.

Il existe d'autres examens que l'on peut préparer en alternance, tel que le diplôme professionnel national général qui développe un savoir relatif au travail et aux aptitudes professionnelles (monde des affaires, loisirs et tourisme, industrie). Il existe aussi le diplôme professionnel national qui, comme son nom l'indique, concerne les élèves qui préparent un métier particulier.

En Écosse, les lycées d'État ne suivent pas le programme d'enseignement obligatoire de l'Angleterre et du pays de Galles, en raison de la décentralisation du pouvoir ; les élèves passent le diplôme national à la fin de l'année de leurs 16 ans. Les élèves écossais poursuivant des études passent le certificat écossais d'éducation, qui ouvre la porte des études supérieures. Les épreuves sont plus nombreuses et plus générales qu'en Angleterre et au pays de Galles.

Le taux de réussite aux examens n'a cessé d'augmenter pendant de nombreuses années. Cette hausse a suscité des critiques fondées sur l'idée que les examens étaient devenus plus faciles et que le diplôme avait perdu de sa valeur. En 2010, le ministre d'Éducation conservateur, Michael Gove, décida de rendre les examens plus difficiles à partir de 2016-2017 et le taux de réussite a baissé depuis. Il y a de plus en plus de gens qui militent pour un système d'examen moins spécialisé comme le Baccalauréat français.

Il existe des jeunes britanniques qui ne sont pas scolarisés, ne suivent pas de formation et qui n'ont pas d'emploi. Ils risquent d'être confrontés à un chômage durable et/ou à des emplois mal payés. Pour diminuer le nombre de jeunes dans cette situation, le Premier ministre travailliste Gordon Brown avait introduit davantage d'examens techniques et professionnels et plus d'apprentissages. Par ailleurs, l'âge de la scolarité obligatoire est passé à 17 ans en 2013 et à 18 ans en 2015. Les conservateurs continuent également à souligner la pertinence et l'utilité de la formation par apprentissage.

D. Higher education

Various options are open to young people who wish to go on to Further Education (FE) or **Higher Education** (HE). First, there are Colleges (or Institutes) of Further Education, most of which were created during the 1970s. These offer a wide variety of courses leading to a range of degrees, diplomas and certificates. Second, there are many different types of HE establishments offering specialist courses such as Music (e.g. Royal College of Music), Theatre (e.g. Royal Academy of Dramatic Arts), Art (e.g. Royal College of Art), Technology (e.g. Cranfield Institute of Technology), plus many Business Schools and Agricultural Colleges, etc.. Some of these have university status, others do not. Third, there are the Universities proper.

University entry

Students apply to universities almost a year before entering HE. They do this via **UCAS** (Universities and Colleges Admissions Service). Students apply to 5 universities anywhere in the UK. These decide whether to give the candidate a provisional or non-provisional offer of a place, or a refusal. The decision is based on a short letter of application and personal statement from the student, a schoolteacher's report that includes the school's projected **A Level** grades for the student and possibly an interview with the student. The candidates can only keep two offers. Students obtain their exam results mid-August and they can take up a place at the university of their choice, if they have achieved the required grades. If not, they must go through the clearing system that fills the remaining vacancies. A Clearing Entry Form is sent by **UCAS** to eligible applicants who then negotiate directly with the universities.

Students who do not wish to go straight from **secondary school** on to **higher education** may take a year out of their studies. In this case they ask for deferred entry. They might spend this **gap year** travelling, doing voluntary work or working in a remunerated job in order to help finance their future university studies.

Plusieurs options sont ouvertes aux jeunes qui souhaitent accéder à l'enseignement supérieur. D'abord, il existe les instituts d'enseignement supérieur, la plupart ont été créés dans les années 1970. Ils proposent une large gamme de cours menant à des diplômes très variés. Ensuite, de très nombreux types d'établissements différents proposent des enseignements supérieurs spécialisés, tels que la musique (*Royal College of Music*), le théâtre (*Royal Academy of Dramatic Arts*), les arts (*Royal College of Arts*), les technologies (*Cranfield Institute of Technology*), en plus il y a de très nombreuses écoles de commerce et d'agriculture. Enfin, il y a les universités.

L'admission à l'université

Un futur étudiant fait acte de candidature dans les universités presque un an avant le début de l'année universitaire. Il sélectionne 5 universités n'importe où au Royaume-Uni et pose sa candidature via le Service des admissions aux universités et aux établissements de l'enseignement supérieur, qui fonctionne au niveau national. Une université propose au candidat une place (conditionnelle ou non), ou le refuse sur la base d'une courte lettre de motivation, les prévisions d'un enseignant pour les résultats des examens que l'élève va passer en juin et éventuellement un entretien. L'élève garde 2 offres. Il reçoit ses résultats aux *A Levels* à la mi-août, et s'il a les notes requises, il peut prendre une place dans l'université de son choix, Sinon, il doit passer par un système de compensation qui répartit les places vacantes, juste avant la rentrée en passant par *UCAS* et il négocie directement avec les universités où il reste de la place.

Les étudiants qui ne souhaitent pas aller dans l'enseignement supérieur immédiatement après l'enseignement secondaire peuvent prendre une année de disponibilité. Dans ce cas, ils demandent une entrée différée. Ils peuvent passer cette année de coupure à voyager, faire du bénévolat ou exercer une activité afin de financer leurs études futures.

Universities

There are around 100 universities in the United Kingdom emanating from four different periods in history.

The first type are called 'Ancient Universities'. The very first university to be established in the UK was the University of Oxford. It is organized as a federation of 35 separate colleges that are governed by their own teaching staff known as '**Fellows**'. The oldest college, **University College**, was founded in 1249. Other well-known colleges include **All Souls** (1438), **Christ Church** (1546) and **Lady Margaret Hall** (1878), which was the first women's college.

The **University of Cambridge** is also organized as a federation of colleges; the oldest, **Peterhouse** dates back to 1284. The largest college, **Trinity**, was founded by King Henry VIII in 1546. Together, the prestigious (and some say elitist) Oxford and University of Cambridge are referred to as **Oxbridge**.

Scotland also boasts a number of long-established universities: **St Andrew's** (founded 1411), **Glasgow** (1451), **Aberdeen** (1495) and **Edinburgh** (1582). The **University of Wales** was founded in 1893. It consists of six colleges, the oldest one being **St David's University College** in Lampeter, founded in 1822. **Queen's University**, Belfast (**Northern Ireland**) was founded in 1845 and received its charter as a separate university in 1908.

Universities built at the end of the 19th century and the beginning of the 20th century are dubbed **civic** or '**red brick**' **universities.** This is because they are made out of brick (as opposed to the older more prestigious **Oxbridge** establishments made out of stone) and are situated within cities, which they originally served. Examples are the **University of Liverpool**, the **University of Manchester** and the **University of Sheffield**.

Les universités

Le Royaume-Uni compte environ 100 universités, fruits de quatre époques différentes.

Les « anciennes » sont le premier type d'université. La toute première université du Royaume-Uni est l'université d'Oxford. Elle est organisée comme une fédération de 35 collèges indépendants dirigés par leur propre équipe d'enseignants appelés « *Fellows* ». Le collège le plus ancien, *University College*, a été fondé en 1249. D'autres collèges bien connus incluent *All Souls* (1438), *Christ Church* (1546), et *Lady Margaret Hall* (1878), premier collège féminin.

L'*université de Cambridge* est également une fédération de collèges ; le plus ancien, *Peterhouse*, remonte à 1284. Le plus grand collège, *Trinity College*, a été fondé par le roi Henry VIII en 1546. Ensemble, les prestigieuses – d'aucuns disent élitistes – universités d'Oxford et de Cambridge sont connues sous le nom d'*Oxbridge*.

L'Écosse est également dotée d'un certain nombre d'universités très anciennes : *St Andrew's* (fondée en 1411), *Glasgow* (1451), *Aberdeen* (1495) et *Edimbourg* (1582). L'*université du pays de Galles* a été fondée en 1893. Elle est constituée de six collèges, le plus vieux, *St David's University College* à Lampeter, ayant été fondé en 1822. La *Queen's University* à Belfast (Irlande du Nord) a été fondée en 1845 ; elle reçut sa charte comme université souveraine en 1908.

Les universités nées à la fin du XIXe et au début du XXe siècles sont appelées « *universités municipales* » ou « *les briques rouges* », parce qu'elles sont faites de briques (à la différence des établissements plus anciens et prestigieux d'Oxbridge construits en pierre de taille) et elles sont principalement situées dans les grandes villes. À titre d'exemple, les *universités de Liverpool, de Manchester* ou *de Sheffield* sont construites sur ce modèle.

During the 1960s, many 'plate glass' universities were built to cater for the increasing number of students going on to **higher education**. These are mostly campuses built outside of towns.

Lastly, following the *Further and Higher Education Act*, 1992, 35 **polytechnics** and other higher educational establishments were upgraded and converted in '**new universities**', with the same status as all other universities.

The **Open University** was founded in 1969, in order to allow adults to study for a university degree from home. They do so via correspondence courses, books, radio and television lectures, residential summer schools and increasingly the Internet. It is the university with highest number of students.

There is just one private university: Buckingham University. All other universities are state-funded public universities, although the introduction of tuition fees put this concept into question.

UNIVERSITY QUALIFICATIONS

In England, Wales and Northern Ireland, **Bachelor** (first) **Degree** courses last three years (the Conservative Government would like to introduce some 2-year degrees), whereas in Scotland they last four years. Arts or humanities based studies lead to a **Bachelor of Arts** (**BA Degree**), whilst scientific centred studies lead to a **Bachelor of Science** (**BSc Degree**). There is also the **Bachelor of Education** (**Bed**) and the **Bachelor of Law** (**BL**). After a first degree, students may go on to take a 1-2-year **Master of Arts** (**MA Degree**) or **Master of Science** (**MSc Degree**). Doctoral studies then usually last 3 years and lead to a **Doctorate** (**PhD**).
Degree results are ranked in the following classes:
I **First** – 1st (excellent, about 5% of degrees);
Ili **Upper-Second** – 2:1 (very good, about 40% of degrees),
Iiii **Lower-Second** – 2:2 (good, about 40% of degrees),
III **Third** – 3rd (satisfactory, about 10% of degrees);
Pass (adequate, without honours, about 5% of degrees) and **Fail**.

Pendant les années 1960, de nombreuses universités construites avec du « verre à vitre » ont vu le jour pour faire face au nombre croissant d'étudiants poursuivant leurs études dans l'enseignement supérieur. Il s'agit surtout de campus construits en dehors des villes.

À la suite de la *Loi sur l'enseignement postscolaire et supérieur* de 1992, 35 IUT et d'autres établissements supérieurs d'éducation ont été convertis en « *nouvelles universités* » avec le même statut que toutes les autres universités.

L'université « ouverte » a été fondée en 1969, afin de permettre aux étudiants adultes de suivre un cursus universitaire de chez eux (comme le CNED). Il y a des cours par correspondance, des livres, des émissions, des universités d'été et des cours sur internet. C'est l'université qui compte le plus grand nombre d'étudiants.

Il y a une seule université privée : celle de Buckingham. Toutes les autres sont financées par l'État et publiques, mais l'introduction de frais de scolarité remet en question ce concept.

LES DIPLÔMES UNIVERSITAIRES

En Angleterre, au pays de Galles et en Irlande du Nord, le premier cycle dure 3 ans (le gouvernement conservateur aimerait introduire certaines licences de 2 ans seulement) et en Écosse, 4 ans. Les études littéraires, artistiques et de sciences sociales conduisent les étudiants à une licence en lettres, alors que des études centrées sur les sciences mènent à une licence en sciences. Il existe aussi une licence en sciences de l'éducation et une licence en droit. Après le premier cycle, les étudiants peuvent préparer en 1 ou 2 ans une maîtrise en lettres ou en sciences. Les études doctorales mènent au Doctorat et durent en général 3 ans.

Les résultats sont classés comme suit :

I Premier (excellent, environ 5 % des candidats),
IIi Second-supérieur (très bien, environ 40 % des étudiants) ;
IIii Second-inférieur (bien, environ 40 % des étudiants) ;
III Troisième niveau (satisfaisant, environ 10 % des étudiants) ;
Passable (suffisant, sans mention, environ 5 % des étudiants) et Échec.

The proportion of young people going on to **Higher Education** increased dramatically after 1997. In 1999, Labour Government said it hoped to see 50% of 18-30 year olds going into **Higher Education** by 2010. This was in order to widen participation of under-represented groups and improve the economy.

In 1998-1999, the **Labour** Government abolished student grants financed by the **Local Education Authorities** (**LEAs**) for students entering **higher education.** Part of this grant covered the university's inscription fees and was paid directly to the university. The rest went towards the student's maintenance costs (rent, transport and books, etc.). It was awarded via **means-testing** of the student's parent(s). The same year, New Labour introduced university **tuition fees** amongst much controversy. Students, except those from very poor families, had to pay £1,000 each year at the start of each academic year.

In 2006-2007, due to the *Higher Education Act*, 2004, maintenance grants were reintroduced and a new system of variable tuition fees launched. Each university decided on its own level of fees up to a cap set by the government (£3,290 for 2010-2011), with the most prestigious universities charging the most. These fees are no longer paid at the beginning of each academic year. Instead, students pay the fees incrementally after the completion of their studies, when their salary reaches a certain level set by the government (Income Contingent Repayment). The **Student Loans Company** administers government-funded loans and grants to students. Detractors say fees deter youngsters from under-privileged backgrounds.

The Conservative-Liberal Democrat Coalition raised the cap to £9,000 per year from 2012-2013, breaking a Lib Dem manifesto pledge to scrap university tuition fees. In 2012, Nick Clegg apologized for making the pledge (but not for breaking it). Most universities charge the full amount and the Conservative Party announced in 2015 that it planned to raise the cap above £9,000 and scrap grants, as from 2016-2017.

La proportion des jeunes accédant à l'enseignement supérieur a énormément augmenté au XXIe siècle. En 1999, le gouvernement de Tony Blair avait dit qu'il espérait voir 50 % des 18-30 ans dans le supérieur avant 2010, afin de donner plus de possibilités aux sections de la population sous-représentées et d'améliorer l'économie du pays.

Cependant, en 1998, le gouvernement travailliste a aboli les bourses d'étude financées par les autorités locales d'éducation à destination des jeunes entrant dans l'enseignement supérieur. Une partie de ces bourses couvrait les frais d'inscription et était versée directement à l'université. Le reste allait aux dépenses quotidiennes de l'étudiant et était calculée en fonction des ressources des parents. La même année, un nouveau système de paiement de frais de scolarité a été instauré, suscitant des controverses. Tous les étudiants, à l'exception de ceux issus de familles très pauvres, devaient payer des frais de scolarité de 1 000 livres sterling par an, au début de l'année universitaire.

Depuis 2006-2007, il y a un nouveau système de frais de scolarité et de prêts étudiants. Chaque université fixe le niveau de ses frais de scolarité avec une somme maximale établie par le gouvernement. De cette façon, les universités les plus prestigieuses exigent le plus. Ces frais ne doivent plus être payés au début de chaque année. Les étudiants les remboursent après la fin de leurs études et une fois que leur salaire a atteint un certain seuil. La *Société des prêts étudiants* gère les bourses et emprunts. Les critiques pensent que l'on dissuade ainsi les étudiants potentiels issus d'un milieu défavorisé.

La Coalition a augmenté le plafond des frais de scolarité à 9 000 livres sterling pour 2012-2013 et la majorité des universités exige le maximum. Les libéraux-démocrates ont donc trahi une de leurs promesses électorales. En 2012, Nick Clegg s'est excusé d'avoir fait cette promesse (mais pas de l'avoir trahie). En 2015, les conservateurs ont annoncé qu'ils allaient augmenter le plafond des frais de scolarité au-delà de 9 000 livres et supprimer les bourses d'étude à partir de 2016-2017.

According to official statistics, at the start of 2016, the total potential **workforce** (labour force) of the UK numbered over 32 million people, of whom 45% were women. The current work environment in the UK tends to favour the employer rather than the employee; it has become increasingly difficult and insecure for workers because **zero-hours**, short-term and temporary contracts are more prevalent, as is involuntary part-time work and the work place is ever more deregulated.

Conservative Prime Minister John Major opted out of signing the **Social Chapter** of the *Maastricht Treaty*, 1992 (of the European Union), which contained many rules on the working conditions of the workforce, especially working hours and the minimum wage. On coming to power, Tony Blair signed it immediately.

Consequently, the **European Union** ***Working Time Regulations*** are in force in the UK. This directive stipulates that the maximum working week should be 48 hours. In the UK, this has been applied as an average over 17 weeks (so it is possible to work many more hours one week and none at all another week). There are also derogations and the directive is not strictly applied. Thus, many people in the UK work many more hours.

New Labour also introduced the **Minimum Wage** in 1998. Controversially, there are different rates according to worker's age group.

Conservative Chancellor of the Exchequer George Osborne announced in 2015 that the government planned to introduce a **National Living Wage** for workers over the age of 24 at a higher rate than the national **Minimum Wage**. Trade unions criticize that he should have simply increased the national **Minimum Wage** and some employers say it will cost them too much money.

Selon les statistiques officielles, au début de 2016, le Royaume-Uni disposait d'une population active potentielle de plus de 32 millions de personnes, dont 45 % de femmes. L'environnement du travail actuel au Royaume-Uni a tendance à favoriser l'employeur et non l'employé ; il est devenu de plus en plus difficile en raison des contrats zéro heures, à durée déterminée et temporaires plus fréquents, ainsi que du travail à mi-temps non choisi, et d'un marché du travail très peu réglementé.

Le Premier ministre conservateur John Major n'a pas signé le contrat social du *Traité de Maastricht* de 1992 (de l'Union européenne) sur les conditions de travail de la main d'œuvre, notamment les heures de travail et le salaire minimum. En arrivant au pouvoir, Tony Blair a choisi de le signer tout de suite.

Par conséquent, depuis 1998, la *Réglementation sur les heures de travail* de l'Union européenne est en vigueur au Royaume-Uni. Elle établi le plafond réglementaire des heures travaillées à 48 heures par semaine, mais au RU il est appliqué sur 17 semaines. Par ailleurs, il existe de nombreuses dérogations et les règles ne sont pas strictement appliquées. Beaucoup de travailleurs dépassent ce seuil et la durée hebdomadaire moyenne du travail au RU est la plus longue de l'UE.

Tony Blair a également introduit la rémunération minimum horaire en 1998. De façon controversée, il y a des taux différents selon le groupe d'âge.

Le ministre des Finances George Osborne a annoncé en 2015 le lancement par le gouvernement conservateur d'un nouveau « tarif horaire viable » pour les travailleurs de plus de 24 ans à un taux plus élevé que la rémunération minimum horaire. Certains syndiqués pensent qu'il aurait dû augmenter la rémunération minimum horaire et certains employeurs craignent l'augmentation de la part patronale.

The **National Living Wage** was introduced in April 2016: £7.20 (workers aged 25 and over), £6.70 (21 to 24-year-olds), £5.30 (18 to 20 year-olds), £3.87 (under-18-year-olds), and £3.30 (apprentices). In April 2018, it was raised to £7.83 (25+), £7.38 (21-24), £5.90 (18-20), £4.20 (-18) and £3.70 (apprentices).

Since the Industrial Revolution, British society has been divided up according to social class: 1) the **upper class**, 2) the **middle class** and 3) the **working class.** These divisions are related to wealth, education and occupation.

After the Second World War, the UK underwent enormous changes, including greater levels of higher education attendance, the decline of traditional smokestack industries leading to fewer manual jobs, the growth of the tertiary sector, greater wealth and higher **living standards.** Consequently, people tended to be defined according to occupation and income.

The ABC scale, currently used by the government and marketing organizations, divides society into 6 categories:

A Higher managerial, administrative or professional;

B Intermediate managerial, administrative, or professional;

C1 Supervisory or clerical, junior managerial;

C2 Skilled manual workers;

D Semi-skilled and unskilled manual workers;

E Subsistence/Residual/Casual workers: dependent on long-term State aid.

Le « le salaire minimum vital national »(ou « le tarif horaire qui garantit un minimum vital ») a été lancé en avril 2016 : 7,20 livres sterling (pour les 25 ans et plus), 6,70 livres sterling (pour les 21-24 ans), 5,30 livres sterling (pour les 18-20 ans), 3,37 livres sterling (pour les moins de 18 ans) et 3,30 livres sterling pour les apprentis. Le tarif horaire a été augmenté en avril 2017 et en avril 2018.

Depuis la Révolution industrielle, la société britannique a été divisée en trois grandes classes sociales : la haute société, les classes moyennes et la classe ouvrière. Ces divisions sont liées aux revenus, au niveau d'études, au métier.

Le déclin des industries traditionnelles, après la Seconde Guerre mondiale, a engendré un moindre besoin de main d'œuvre manuelle, puis la mobilité sociale ascendante a permis un enrichissement et des niveaux de vie plus élevés. Les populations ont donc été définies selon leur emploi et leur revenu.

Le gouvernement et les agences d'étude de marché emploient l'échelle ABC pour diviser la société en 6 catégories :

A travailleurs des professions libérales, P-DGs ;

B cadres moyens ;

C1 cadres, employés de bureau ;

C2 travailleurs qualifiés manuels ;

D travailleurs semi qualifiés et travailleurs manuels non qualifiés ;

E travailleurs sans poste fixe, saisonniers, chômeurs de longue durée et dépendants à longue terme sur les allocations.

The Office for National Statistics (**ONS**) uses the following 8 classifications:

1. Higher professional and managerial workers;
2. Lower managerial and professional workers;
3. Intermediate occupations;
4. Small employers and non-professional self-employed;
5. Lower supervisory and technical;
6. Semi-Routine occupations;
7. Routine occupations;
8. Long-term unemployed.

New terms have emerged in recent years. First, **the underclass**, to define the very poor living below the **poverty line** who are often the long-term unemployed. Second, the **working poor** who have a low income despite being in employment.

Le *Bureau des statistiques nationales* emploie la classification suivante :

1. travailleurs professionnels et cadres niveaux supérieurs ;
2. travailleurs professionnels et cadres niveaux inférieurs ;
3. travailleurs niveaux intermédiaires ;
4. travailleurs indépendants non professionnels, propriétaires de petites entreprises ;
5. techniciens et les travailleurs niveaux inférieurs ;
6. travailleurs dans les emplois semi routine ;
7. travailleurs dans les emplois routine ;
8. chômeurs de longue durée.

De nouveaux termes se sont répandus ces dernières années. D'abord, le *sous-prolétariat*, le *quart-monde*, ou les *exclus* pour désigner les individus très pauvres, vivant sous le seuil de pauvreté. Ensuite les *travailleurs pauvres* avec des revenus minimes.

A. Employment and unemployment

After WWII, the size of the British labour force grew, but so did the **unemployment rate**. Through the decades, the number and proportion of jobless people rose. The number of unemployed persons (people **on the dole**) reached 1 million for the first time in 1975 and it continued to rise, mainly due to the poor economic state of the United Kingdom and the decline of manufacturing, which had provided many jobs.

During Margaret Thatcher's period in office, unemployment was at its highest level of the 20th century (in both numerical and percentage terms). In 1986, it hit an historical peak at nearly 3.5 million people, approximately 12% of the workforce.

COUNTING THE UNEMPLOYED

There are two main ways of measuring unemployment.
One is the ***Labour Force Survey*** produced by **International Labour Office (ILO)** of the United Nations (UN). It is a count of all the people officially unemployed. This is the official method used in the United Kingdom.
The other is the claimant count: the number of people out of work and claiming **unemployment benefit**.
Obviously, the latter provides lower unemployment rates.

However, from 1993 to 2001 the unemployment rate fell continuously, and so on average in 2001 it was at 3.2% of the workforce, considered by some economists to represent **full employment**. This drop was partially due to the development of the service (tertiary) sector, but also due to specific employment policies. However, the unemployment rate started to increase during 2002 and shot up during the economic crisis of 2008-2010.

It stood at 5% mid-2016 (representing around 1.67m unemployed people), a much lower rate than in France and the Eurozone average.

Après 1945, la main d'œuvre ouvrière a augmenté, mais le taux de chômage aussi. Au fil des décennies, le nombre et la proportion des sans-emploi a progressé. Le total des chômeurs a atteint un million pour la première fois en 1975 et a continué d'augmenter, en grande partie à cause des difficultés économiques du Royaume-Uni et du déclin des industries traditionnelles pourvoyeuses d'un grand nombre d'emplois.

Pendant le mandat de Margaret Thatcher, le chômage a atteint son plus haut niveau du XXe siècle (en termes de nombre et de pourcentage), avec son maximum historique en 1986 avec presque 3,5 millions de personnes, soit environ 12 % de la population active.

COMPTER LES CHÔMEURS

Il existe deux façons principales de recenser les chômeurs.
La première est l'Enquête sur la population active rédigée par l'Organisation internationale du Travail (OIT) de l'ONU. C'est un recensement de toutes les personnes officiellement au chômage. C'est la méthode employée officiellement au Royaume-Uni.
La seconde est le recensement du nombre de personnes au chômage qui bénéficient des allocations chômage.
Évidemment, la seconde façon donne des taux moins élevés.

Cependant, de 1993 jusque 2001, le taux de chômage a continuellement baissé, au point de tomber en 2001 à 3,2 % de la population active, taux que certains économistes considèrent comme le plein emploi. Cette chute s'explique en partie par le développement du secteur tertiaire, mais elle est également le résultat de politiques spécifiques de l'emploi. Toutefois, le taux de chômage a augmenté de nouveau à partir de 2002 et il est monté en flèche pendant la crise économique de 2008-2010.

Il se situait à 5 % mi-2016 (environ 1,67 millions de personnes), un taux, bien moins qu'en France et que la moyenne des pays de la zone euro.

Table 16. Unemployment rates since 1940, UK

Year	%	Year	%	Year	%	Year	%
1940	6.0	1960	1.7	1980	6.8	2000	5.5
1941	2.2	1961	1.6	1981	10.4	2001	4.8
1942	0.8	1962	2.1	1982	10.9	2002	5.2
1943	0.6	1963	2.6	1983	11.7	2003	5.0
1944	0.6	1964	1.7	1984	11.6	2004	4.8
1945	1.3	1965	1.5	1985	11.7	2005	4.7
1946	2.5	1966	1.6	1986	11.8	2006	5.6
1947	3.1	1967	2.5	1987	10.8	2007	5.4
1948	1.8	1968	2.5	1988	8.8	2008	5.7
1949	1.6	1969	2.5	1989	7.2	2009	7.8
1950	1.6	1970	2.7	1990	6.8	2010	7.9
1951	1.3	1971	3.5	1991	8.4	2011	8.4
1952	2.2	1972	3.8	1992	9.7	2012	7.1
1953	1.8	1973	2.7	1993	10.3	2013	7.6
1954	1.5	1974	2.6	1994	9.6	2014	6.0
1955	1.2	1975	4.2	1995	8.6	2015	5.5
1956	1.3	1976	5.7	1996	8.2	2016	4.9
1957	1.6	1977	6.2	1997	7.1	2017	4.3
1958	2.2	1978	6.1	1998	6.1	2018	4.0
1959	2.3	1979	5.3	1999	6.0	2019	–

Source: Office for National Statistics (ONS), *Labour Force Survey*, 'Labour Market Trends', October-December, seasonally adjusted.

Table 17. Private and public employment, UK

Year	Public sector %	Private sector %	Public sector no. ('000)	Private sector no. ('000)	Total no. ('000)
1999	20.1	79.9	5,446	21,669	27,115
2000	20.1	79.9	5,527	22,001	27,528
2001	20.3	79.7	5,620	22,079	27,699
2002	20.5	79.5	5,727	22,154	27,881
2003	20.9	79.1	5,890	22,304	28,194
2004	21.2	78.9	6,008	22,411	28,419
2005	21.2	78.8	5,527	22,668	28,776
2006	20.9	79.1	6,075	22,955	29,030
2007	20.6	79.4	6,020	23,185	29,205
2008	20.4	79.6	6,007	23,501	29,508
2009	21.9	78.1	6,304	22,527	28,831
2010	21.6	78.4	6,292	22,826	29,118
2011	20.9	79.1	6,084	23,046	29,130
2012	19.4	80.6	5,742	23,818	29,560
2013	19.0	81.0	5,665	24,171	29,836
2014	17.7	82.3	5,419	25,263	30,682
2015	17.3	82.7	5,372	25,681	31,053
2016	17.1	82.9	5,431	26,415	31,846
2017	17.1	82.9	5,492	26,588	32,080

Source: Office for National Statistics (ONS), *Labour Market Statistics*.

Trade unions became legal in the United Kingdom due to the *Trade Union Act*, 1871. Three decades later, in 1900, the **Labour Representation Committee** (**LRC**) was founded, in order to obtain **parliamentary** representation for the **trade unions** to defend the **working class.** In 1906, the **Labour Representation Committee** succeeded in getting 29 **MPs elected** to the **House of Commons** and changed its name to the **Labour Party. Trade union** membership steadily increased and the **working class** was better represented.

In May 1926, there was a 10-day General Strike called by the **Trade Union Congress** (**TUC**), mainly because of economic problems after World War I. The following year, the *Trade Disputes and Trade Unions Act*, 1927, introduced by the **Conservative** government led by Stanley Baldwin, restricted the political activities of **trade unions** and regulated the conduct of trade disputes. As a result, **trade union** membership started to shrink, despite the fact that the labour force was growing in size.

After World War II, **trade union** membership began to increase and it continued to do so through the 1960s and the 1970s, as did the power of the **trade unions.** Both the **Labour Prime Minister** Harold Wilson (Prime Minister 1964-1970 and 1974-1976) and the **Conservative Prime Minister** Edward Heath (Prime Minister 1970-1974) suffered at the hands of the unions.

Union membership reached its peak at the end of the 1970s, during the **Labour** Government of Jim Callaghan (Prime Minister 1976-1979). High membership (over 50% of the workforce), combined with strong links with the **Labour Party**, meant that the unions **wielded** much power. Indeed, it was said that the unions and not the **Cabinet** decided Labour Government **policy**.

Les syndicats ont été autorisés au Royaume-Uni par la *Loi sur les syndicats* de 1871. Quelques années plus tard, en 1900, le Comité de représentation du travail était fondé, en vue d'obtenir une représentation parlementaire pour les syndicats, afin de défendre la classe ouvrière. En 1906, le Comité de représentation du travail parvint à ses fins et obtint 29 sièges aux Communes ; il changea alors de nom et devint le Parti travailliste. Le taux de syndicalisation augmenta de façon continue et la classe ouvrière obtint davantage de représentation.

En mai 1926, la Confédération nationale des syndicats organisa une grève générale de dix jours, en raison essentiellement des problèmes économiques consécutifs à la Première Guerre mondiale. L'année suivante, en 1927, le gouvernement conservateur de Stanley Baldwin passa la *Loi sur les conflits dans l'industrie et les syndicats*. Celle-ci restreignit les activités politiques des syndicats et réglementa les conflits salariaux. En conséquence, le taux de syndicalisation commença à diminuer, bien que la population active ait été alors en augmentation.

Après 1945, le nombre de personnes syndiquées commença à augmenter et cette croissance se poursuivit pendant les années 1960 et 1970. Le pouvoir des syndicats s'est accru pendant cette période. Tant le Premier ministre travailliste Harold Wilson (Premier ministre de 1964 à 1970 et de 1974 à 1976) que son successeur conservateur Edward Heath (Premier ministre de 1970 à 1974) ont souffert des pressions des syndicats

Les effectifs des syndicats ont atteint leur plus haut niveau à la fin des années 1970, sous le gouvernement travailliste de Jim Callaghan (Premier ministre de 1974 à 1979). Le fort taux de syndicalisation (plus de 50 % de la population active), ainsi que les étroites relations avec le Parti travailliste ont permis aux syndicats de disposer d'une forte influence. En effet, on disait alors que c'étaient les syndicats et non le Cabinet qui décidait de la politique du gouvernement travailliste.

Events came to a head at the close of 1978, which was later called the '**Winter of Discontent**' (a line from *Richard III* by William Shakespeare). Due to the economic crisis, Jim Callaghan, the **Labour Prime Minister** wanted to impose a 5% limit on public sector pay increases (inflation was at 20%+). But the trade unions did not agree with such pay restraints (pay caps). Substantial industrial unrest ensued: hospital workers, teachers, railway workers, power supply workers and refuse collectors, etc. went on strike. In the end, Jim Callaghan capitulated and the '**Winter of Discontent**' contributed to the downfall of the Labour Government in the general election of 1979 and a considerable change of political direction.

Indeed, Margaret Thatcher won the 1979 **general election** and set about 'smashing the unions' (her own words), which she considered too powerful and dangerous for the British economy. An example of her willpower to do so was the long and often violent miners' strike. The **National Union of Mineworkers** (NUM), led by Arthur Scargill, was on strike from March 1984 to March 1985, due to **Conservative** plans to close nationalized coal pits (as portrayed in the film *Billy Elliot*) and curb highly unionized coalminers. The NUM lost, the coal pits were closed and Margaret Thatcher's determination to destroy the unions was redoubled.

Indeed, Margaret Thatcher gradually reduced the power of **trade unions** by passing 6 **Acts of Parliament** (laws or statutes) during the 1980s: the *Employment Act*, 1980, the *Employment Act*, 1982, the *Trade Union Act*, 1984, the *Employment Act*, 1988, the *Employment Act*, 1989 and the *Employment Act*, 1990. Her successor, John Major, continued in same vein with the *Trade Union Reform and Employment Rights Act*, 1993.

La situation a éclaté à la fin de l'année 1978, lors de « l'Hiver du mécontentement » (faisant allusion à des vers de *Richard III* de William Shakespeare). En raison de la crise économique, Jim Callaghan, le Premier ministre travailliste, tenta de limiter à 5 % la progression des salaires du secteur public (à l'époque l'inflation était de plus de 20 %). Mais les syndicats ne furent pas satisfaits de telles limites aux salaires et organisèrent plusieurs grandes grèves industrielles. Les employés des hôpitaux, les enseignants, les employés des chemins de fer, des centrales électriques, les éboueurs etc. se mirent en grève. Jim Callaghan dut finalement capituler et « l'Hiver du Mécontentement » fut partiellement responsable de la chute du gouvernement travailliste aux élections législatives de 1979 et d'un revirement politique dans le pays.

Margaret Thatcher remporta les élections législatives de 1979 et entreprit d'« écraser les syndicats » (pour reprendre ses mots) qu'elle considérait comme trop puissants et dangereux pour l'économie britannique. Un exemple de sa détermination fut la longue et souvent violente grève des mineurs. Les conservateurs voulaient fermer les mines de charbon nationalisées et freiner les mineurs très syndicalisés. Le syndicat national des mineurs, dirigé par Arthur Scargill, se mit en grève de mars 1984 à mars 1985 (voir le film *Billy Elliot*). Au terme d'une année de grève, le syndicat national des mineurs, perdant, capitula. Les mines furent fermées et la détermination de Margaret Thatcher en sortit renforcée.

En effet, Margaret Thatcher réduisit progressivement les pouvoirs des syndicats en faisant voter six lois parlementaires pendant les années 1980 : les *Lois sur l'emploi* de 1980 et 1982, la *Loi sur les syndicats* de 1984, les *Lois sur l'emploi* de 1988, de 1989 et de 1990. Son successeur au poste de Premier ministre John Major poursuivit sur cette voie avec le vote de la *Loi sur la réforme des syndicats et les droits du travail* en 1993.

Trade union membership has steadily decreased since its peak in 1979. There are many reasons for this including:

- anti-union legislation initiated by Margaret Thatcher;
- the decline of the traditional smokestack industries which were heavily unionized;
- the increase of the tertiary (service) sector, which tends to be less unionized than the public sector;
- more women entering the workforce (and women used to be less unionized than men);
- a more flexible labour market, with more part-time jobs and **employees** who tend to be less unionized;
- a loosening of **trade union** links with the **Labour Party**.

Today, women tend to be more unionized than men, older workers more than younger workers, UK-born employees more than non-UK born employees and public sector workers more than private sector workers Union membership has dropped to around 25% of the working population – but remains much higher than in France.

At the same time, the **Labour Party** has been further loosening its links with the trade unions (see Chapter 9). Following an incident in the constituency of Falkirk, **Labour Party** leader Ed Miliband announced in September 2013 that he wanted the relationship (funding and voting) between his party and the trade unions to be changed. The biggest trade union – Unison – declared it would be cutting considerably its donations to the **Labour Party**. This is all likely to reduce the income of the **Labour Party** considerably.

There were big public sector demonstrations in 2011 and 2012 due to funding cuts carried out by the Conservative-Liberal Democrat Coalition government in its 'austerity programme' and union membership increased slightly in 2013 for the first time in a long while.

Les effectifs des syndicats ont régulièrement baissé depuis le pic de 1979. Cela s'explique par diverses raisons, parmi lesquelles :

- la législation « antisyndicale » initiée par Margaret Thatcher ;
- le déclin de certaines industries traditionnelles fortement syndicalisées ;
- le développement du secteur tertiaire peu syndicalisé ;
- le développement du travail féminin (et les femmes étaient moins syndiquées que les hommes) ;
- le marché du travail devenu plus flexible, avec davantage d'emplois à temps partiel et des employés moins syndiqués ;
- le relâchement des liens entre les syndicats et le Parti travailliste.

Aujourd'hui, les femmes sont plus syndiquées que les hommes, les personnes âgées plus que les jeunes, les travailleurs nés au Royaume-Uni plus que ceux nés à l'étranger, les travailleurs dans le secteur public plus que ceux du secteur privés. Environ 25 % de la population active britannique sont affiliés à un syndicat, c'est moins qu'auparavant, mais bien plus qu'en France.

En même temps, le Parti travailliste a relâché ses liens avec les syndicats (voir le chapitre 9). À la suite d'un incident dans la circonscription de Falkirk, le chef du Parti travailliste, Ed Miliband, a annoncé en septembre 2013 qu'il souhaitait modifier les relations (au niveau du financement et des votes) entre son parti et les syndicats. Dans le même temps, le plus grand syndicat – Unison – a annoncé vouloir réduire très sensiblement sa donation au Parti travailliste. Cela va avoir un impact important sur l'état des finances du parti.

Il y a eu d'importantes manifestations dans le secteur public en 2011 et 2012 en raison des coupes budgétaires effectuées par le gouvernement de coalition des conservateurs et des libéraux-démocrates et l'adhésion aux syndicats a grimpé pour la première

However, George Osborne announced in 2015 that union members will have to opt in (rather than opt out as was the case hitherto) to giving a fee to the **Labour Party** in the future. Labour leader Jeremy Corbyn has close links to trade unions that support him fervently.

The TUC

The **Trades Union Congress** (**TUC**) is the organization that represents an overwhelming majority of the UK's trades unions. It 'campaigns for a fair deal at work and for social justice at home and abroad'. More than seventy unions, with a total of more than 7 million members, are affiliated to the **TUC**. The **TUC** was headed by a General Secretary – Brendan Barber 2003-2012 and since 2013 by Frances O'Grady. The **TUC** holds a four-day **annual conference** every September for **policy**-making purposes. Affiliated unions send delegates to Congress in relation to their size. At Congress, motions (resolutions for debate) are proposed and discussed. These form the basis of the **TUC**'s work for the following year.

Many unions have joined together (amalgamated) in recent years meaning that there are fewer but bigger unions. The top unions nowadays are UNITE, **UNISON**, TGWU (Transport and General Workers Union), AEEU (Amalgamated Engineering and Electrical Union), GMB (General Municipal Boilermakers) and USDAW (Union of Shop, Distributive and Allied Workers).

The CBI

The **Confederation of British Industry** (**CBI**) which calls itself 'the Voice of Britain' was founded in 1965. The **CBI** is the 'premier organization speaking for companies in the United Kingdom' as it represents firms from all sectors of the business community, acting as a lobbying organization. The **CBI**'s stated aim is 'to help create and sustain the conditions in which businesses in the United Kingdom can compete and prosper'. It is also a 'source of expert advice and information, and a forum for the generation of ideas, best practice

fois depuis longtemps. Le chef du Parti travailliste, Jeremy Corbyn a des liens étroits avec des syndicats qui lui soutiennent ardemment.

La confédération des syndicats britanniques

La confédération des syndicats britanniques est l'organisation qui représente la très grande majorité des syndicats du Royaume-Uni. Il « fait campagne pour des conditions de travail honorables et pour la justice sociale dans le pays et à l'étranger ». Plus de 70 syndicats, totalisant plus de 7 millions d'adhérents, sont affiliés à la confédération des syndicats britanniques. Celle-ci est dirigée par un(e) secrétaire général(e) élu(e) à vie : Brendan Barber de 2003 à 2012 et Frances O'Grady depuis 2013. La confédération des syndicats britanniques tient un congrès annuel de quatre jours en septembre pour décider des stratégies. Chaque syndicat affilié peut envoyer des délégués au congrès, leur nombre dépendant de son importance. Lors du congrès, des motions (résolutions à débattre) sont proposées et discutées. Elles forment la base de travail de la confédération des syndicats pour l'année à venir.

Beaucoup de syndicats ont fusionné ces dernières années ; ils sont désormais moins nombreux mais plus grands.

La Confédération de l'industrie britannique

La Confédération de l'industrie britannique, qui se désigne elle-même comme « la voix de la Grande-Bretagne », a été fondée en 1965 ; c'est l'équivalent du MEDEF en France. Elle est « la première organisation parlant au nom des entreprises au Royaume-Uni » en tant que représentante des entreprises de tous les secteurs du monde économique, agissant comme un groupe de pression. Son but officiel est « d'aider à créer et soutenir les conditions dans lesquelles les affaires peuvent se développer et prospérer au Royaume-Uni ». C'est également une « source de conseil en expertise et d'information, ainsi qu'un forum pour de nouvelles idées, la meilleure façon

exchange and high-powered networking'. In the past, the **CBI** was closely associated with the **Conservative Party**, but their ties have loosened in recent years and in 1999 Tony Blair became the first serving **Labour Prime Minister** to address a **CBI** conference.

Table 18. Trade union membership, UK, since 1900

1900	1,911,000
1905	1,967,000
1910	2,477,000
1915	4,145,000
1920	7,926,000
1925	5,544,000
1930	4,858,000
1935	4,590,000
1940	6,298,000
1945	8,087,000
1950	9,274,000
1955	9,556,000
1960	9,835,000
1965	10,325,000
1970	11,179,000
1975	12,184,000
1980	13,289,000
1985	10,994,000
1990	10,158,000
1995	8,278,000
2000	7,300,000
2005	6,390,000
2010	6,700,000
2015	6,446,000
2016	6,216,000
2016	6,235,00

Sources:
David BUTLER and Gareth BUTLER, *British Electoral Facts*, London, Macmillan, 1999.
Department for Business, Innovation and Skills (BIS), *Trade Union Membership, 2015 report*, June 2016.
Department for Business, Energy and Industrial Strategy, *Trade Union Membership, 2016 report*, May 2018.

de communiquer entre entreprises et un réseau efficace d'échange ». Par le passé, la Confédération de l'industrie britannique était très liée au Parti conservateur, mais ces liens se sont distendus ces dernières années. En 1999, Tony Blair est devenu le premier Premier ministre travailliste en exercice à faire un discours au congrès annuel de la *CBI*.

Table 19. Density of union membership in total labour force, (%), UK, since 1901

1901	12.6
1911	17.7
1920	45.2
1938	29.5
1951	44.1
1961	43.1
1970	47.7
1974	49.6
1981	43.7
1990	37.9
1995	32.4
2000	29.8
2005	28.6
2010	26.6
2012	26.1
2014	25.0
2015	24.7
2016	23.5
2017	23.2

Sources :
Official for National Statistics (ONS), *Labour Force Survey*.
Department for Business, Innovation and Skills (BIS), *Trade Union Membership, 2015 report*, June 2016.
Department for Business, Energy and Industrial Strategy, *Trade Union Membership, 2016 report*, May 2018.

16 THE MEDIA

The British media plays an important role in the country and is well-known internationally. The weekly news magazine, *The Economist* (founded in 1843), as well as the daily newspaper *The Times* (owned by the Australian press baron Rupert Murdoch) are world famous. Similarly, the **British Broadcasting Corporation (BBC)** is renowned around the globe, notably for its World Service radio and television broadcasts that are transmitted to all five continents, its film sponsorship as BBC FILMS, and its TV series, such as *Dr Who*, *Downton Abbey* and *Sherlock*.

THE BBC

The **BBC** is State-owned, and as a public service body, it is supposed to be politically neutral. It is run by a Board of Directors and headed by a Director-General. Since 1927, when it came into operation, the **BBC** has always been financed primarily by a **licence fee**. Originally, there was a separate radio **licence fee**, but nowadays it is included in the television **licence fee** (set at £150.50 a year for a colour TV in April 2017). Consequently, there are no advertisements between programmes, except on certain of its satellite and cable television channels, as well as its internet site: www.bbc.co.uk.

There is a long tradition of independent newspapers in the United Kingdom, e.g. *The Times* and *The Observer*, which were both founded back in the 18th century. The first radio programmes were transmitted in the United Kingdom in 1922 and in 1927 the **BBC** obtained the monopoly on radio broadcasting. This situation continued until 1973 when independent local radio stations started broadcasting. Television broadcasting was started by the **BBC** in the mid-1930s, but transmission was suspended during WWII. Television ownership really took off due to the televising of the **Coronation** of Queen Elizabeth II in June 1953, which was watched by over 20 million viewers in the United Kingdom alone. Two year later, a second channel was launched: the private **ITV**. Colour television began in 1967.

Les médias britanniques jouent un rôle important dans le pays et sont connus dans le monde entier. Le magazine hebdomadaire *The Economist* (fondé en 1843), le journal quotidien *The Times* (propriété du magnat australien de la presse Rupert Murdoch) ont une notoriété internationale. De même, la *BBC* est renommée dans le monde entier, en particulier pour son Service international de radio et ses programmes télévisés, tout comme pour son sponsoring du cinéma sous forme de BBC FILMS et ses séries télévisées : *Dr Who*, *Downton Abbey* et *Sherlock*.

LA BBC

La *BBC* appartient à l'État, et par son statut de service public, elle est censée être neutre politiquement. Elle est administrée par un Conseil des Directeurs et dirigée par un Directeur général. Depuis 1927, date de ses débuts, la *BBC* a toujours été financée en premier lieu par la redevance. À l'origine, il existait une redevance radio séparée, mais elle est à présent incluse dans la redevance pour l'audiovisuel. En conséquence, il n'y a aucune publicité entre les programmes, à l'exception de certaines de ses nouvelles chaînes satellites ou câblées et sur son site internet : www.bbc.co.uk.

Il existe une très ancienne tradition de la presse indépendante au Royaume-Uni ; par exemple *The Times* et *The Observer* ont été tous les deux fondés au XVIIIe siècle. Les premières émissions radiodiffusées ont été retransmises au Royaume-Uni en 1922. En 1927, la BBC a obtenu le monopole de la radiodiffusion. Cette situation s'est perpétuée jusque 1973, date à laquelle des radios locales indépendantes ont vu le jour. La télévision a commencé à émettre au milieu des années 1930 par l'intermédiaire de la BBC, mais les retransmissions ont été suspendues pendant la Seconde Guerre mondiale. La possession d'un poste de télévision s'est répandue lors de la retransmission du couronnement de la reine Élisabeth II en juin 1953, qui fut regardée par 20 millions de téléspectateurs dans le seul Royaume-Uni. Deux ans plus tard, *ITV*, la seconde chaîne, privée celle-là, était lancée. La télévision couleur vit le jour en 1967.

A. The press

The circulation figures of national **daily** and **weekly** (Sunday) publications are substantially higher in the UK than in France. Indeed, about two million copies of *The Sun* are sold every weekday. Newspapers are cheaper in the UK than in other European countries and there are often price wars between newspapers in order to increase sales, which are falling fast. *The Independent* had to end its print edition in 2016.

There are two main types of **daily** and weekly (Sunday) newspapers. On the one hand, there are the **broadsheets**, which constitute the '**quality press**'. They contain heavy-weight articles and editorials, as well as some lighter material.

On the other hand, there are the **tabloids**, also called '**red tops**' because some of them had or have their names printed on a red background on the front page. They are dubbed the '**gutter press**' due to their often insalubrious content. **Tabloids** have a reputation for running fewer articles about current affairs, than stories containing juicy details about the personal lives of celebrities and ordinary individuals, along with plenty of photos. They are often associated with 'cheque-book journalism' and 'door-stepping' to obtain what they say is 'information that should be in the public domain'. The *Daily Mail* and the *Daily Express*, former broadsheets, are middle-of-the-range **tabloids** and are considered to be less sensationalist.

The political tendencies of newspapers in the UK are obvious, which is thought to have an influence on the voting behaviour of their readers, e.g. the *Daily Mail* is fervently right wing.

The press in the United Kingdom is not controlled by an outside body; on the contrary, it is supposed to be self-regulating. However, the press industry is frequently criticized for being too intrusive and including too much sleaze. A judicial public

Les chiffres de diffusion des publications nationales quotidiennes et hebdomadaires sont nettement plus élevés au Royaume-Uni qu'en France. Par exemple, environ deux millions d'exemplaires de *The Sun* sont vendus chaque jour de la semaine. Les journaux coûtent moins cher au Royaume-Uni que dans n'importe quel autre pays de l'UE. Il existe une guerre des prix entre les journaux en vue d'augmenter les ventes qui connaissent une forte érosion. Par ailleurs, *The Independent* a dû mettre fin à son édition papier en 2016.

Il existe deux sortes de journaux au Royaume-Uni. D'une part, les journaux de grand format, qui constituent la presse dite « de qualité ». Ils contiennent principalement des articles de fond et des éditoriaux.

D'autre part, il y a la presse populaire, également appelée « les hauts rouges » parce que le nom du journal est imprimé sur fond rouge à la couverture. Cette presse est parfois qualifiée de « presse de caniveau », c'est-à-dire de presse à scandales, en raison de son contenu racoleur. En effet, les tabloïds ont la réputation de consacrer moins d'articles aux affaires courantes qu'aux histoires contenant des détails croustillants sur la vie privée des célébrités ou de gens ordinaires, agrémentés d'un grand nombre de photographies. Ils sont souvent associés au type de journalisme qui obtient des exclusivités en achetant les confidences de personnes impliquées dans des affaires, ainsi qu'à la pratique du démarchage en vue d'obtenir ce que cette presse désigne comme « l'information qui devrait être dans le domaine public ». Le *Daily Mail* et le *Daily Express* (anciens journaux « grand format » par le passé) sont considérés comme moins sensationnalistes.

Les tendances politiques des journaux sont transparentes et exercent une influence sur le comportement électoral de leurs lecteurs ; le *Daily Mail* est très énergiquement de droite.

La presse au Royaume-Uni n'est pas contrôlée par un organisme extérieur, au contraire elle est censée se réguler elle-même. Toutefois,

enquiry led to the ***Leveson Report*** (*The Report into the Culture, Practices and Ethics of the Press*) published in November 2012, which recommended statutory regulation.

Table 20. National daily newspaper circulation, weekdays, UK

Dailies	UK circ.	Launch year	Owner
The Sun	1,447,959	1964	News International Ltd
The Daily Mail	1,270,418	1896	Associated Newspapers Ltd
The Daily Mirror	558,457	1903	Trinity Mirror plc.
The Times	427,668	**1785**	News International Ltd
The Daily Telegraph	370,929	1855	Telegraph Media Group Ltd
The Daily Express	338,843	1900	Express Newspapers
The Financial Times	175,441	1888	Financial Times Ltd
The Guardian	134,943	1821	Guardian Newspapers Ltd
The Independent	print edition ended 2016	1986	Independent Newspapers (UK) Ltd
The Daily Record (Scotland)	126,800	1954	Scottish Daily Record
The Irish News (Northern Ireland)	33,647	1966	Irish News Ltd

TOTAL AVERAGE NET CIRCULATION, UK, MID-2018.
Source: Audit Bureau of Circulation (ABC), www.abc.org.uk

cette industrie est souvent critiquée pour son absence de respect de la vie privée et son contenu trop vulgaire. En 2012, le *Rapport Leveson* publié a recommandé la mise en place de contrôles législatifs.

Table 21. National newspaper circulation, Sundays, UK

Sundays	UK circ.	Launch year	Owner
*The Sun (on Sunday)**	1,233,369	2012	News International Ltd
The Mail on Sunday	1,065,958	1982	Associated Newspapers Ltd
The Sunday Times	722,197	1822	News International Ltd
The Sunday Mirror	465,811	1963	Trinity Mirror plc.
The Sunday Express	299,222	1918	Express Newspapers
The Sunday Telegraph	291,190	1961	Telegraph Group Ltd
The Sunday People	183,761	1881	Trinity Mirror plc.
The Observer	165,840	**1791**	Guardian Newspapers Ltd
Independent on Sunday	print edition ended 2016	1990	Independent Newspapers (UK) Ltd

TOTAL AVERAGE NET CIRCULATION, UK, MID-2018.

*The *News of the World* (NotW), owned by Rupert Murdoch (News International) was closed down in July 2011 following allegations of telephone hacking and other illegal practices. In 2010, it was selling 3 million copies every week. The Leveson public inquiry was then launched to discover what exactly happened. Meanwhile, in its place, the *Sun* (*on Sunday*) was launched by *News International*.

Le journal du dimanche le *News of the World* a été fermé en juillet 2011 en raison d'accusations d'écoutes téléphoniques et d'autres pratiques illégales.

B. Radio

The **BBC** is the main radio broadcaster in the UK. There are no adverts. There are various national **BBC** network radio services, each targeting a different type of audience (although there is some overlapping), which can be summed up as follows: Radio 1: chart music; Radio 2: light, popular music and chat shows; Radio 3: classical music and jazz; Radio 4: news, current affairs, consumer advice and drama; and Radio 5 Live: sport and news. There are many other **BBC** digital radio services: 1Xtra, 6 Music, Asian Network, Radio 4 extra, etc.

Radio 2 has the highest listening figures, with a daily average of 15 million listeners in 2013, according to **RAJAR** (Radio Joint Audience Research).

The **BBC** also has a whole host of local radio stations, for example, Radio Essex and Radio Cambridgeshire, as well as stations broadcasting on a regional basis such as BBC Radio Wales, BBC Radio Scotland and BBC London.

The **BBC** also runs the World Service, which transmits programmes in English, around the globe, 24 hours a day, as well as programmes in around 30 other languages.

Almost all BBC radio programmes can be (re)listened to via the Internet with the BBC i-player and podcasts : www.bbc.co.uk/radio.

However, the **BBC** faces stiff competition from a variety of commercial national and local radio stations, e.g. Classic FM, Virgin FM and Capital Radio. Figures published by RAJAR (Radio Joint Audience Research) showed that for the end of 2017, **BBC** network radio services had 52% of the market and commercial radio 45%, with 90% of the British population listening to BBC radio over the previous year.

La *BBC* est le diffuseur radiophonique le plus important au Royaume-Uni. Il n'y a pas de publicités. Il existe plusieurs stations radio du réseau national BBC, chacun visant un public particulier (bien qu'il y ait des chevauchements), qui peuvent être résumés comme suit : musique pop sur Radio 1 ; musique de variété et émissions de discussion sur Radio 2 ; musique classique et jazz sur Radio 3 ; informations, reportages, conseils aux consommateurs, théâtre sur Radio 4 ; sports et informations sur la Radio 5 Live. Par ailleurs, il existe de nombreuses services radio numériques (1Xtra, 6 Music, Asian Network, Radio 4 extra, etc.).

Les taux d'audience montrent que parmi ces cinq radios de la *BBC*, la plus écoutée est Radio 2 avec 15 millions d'auditeurs quotidiens en moyenne en 2013 d'après le *RAJAR* (Centre de mesure des audiences radio).

La *BBC* héberge également des radios locales, par exemple Radio Essex ou Radio Cambridgeshire, de même que des stations diffusant sur une base régionale comme radio BBC pays de Galles, radio BBC Écosse et BBC Londres.

La *BBC* dispose aussi d'un service international, qui diffuse des programmes en anglais partout dans le monde et dans environ 30 autres langues.

Presque toutes les émissions radiophoniques peuvent être (ré)écoutées par internet : www.bbc.co.uk/radio.

Cependant, la *BBC* doit affronter la concurrence féroce des radios commerciales nationales ou locales très variées, à savoir Classic FM, Virgin FM et Capital Radio. Les chiffres publiés par le *RAJAR* montrent que pour 2017, les services du réseau *BBC* occupaient 52 % du marché et les radios commerciales 45 % ; 90 % de la population britannique a écouté une station de radio de la *BBC* au cours de l'année 2017.

C. Television

There are five national 'terrestrial' television channels in the United Kingdom, although since 2012 they all broadcast only digitally. The two main channels are the public BBC1 which is the oldest having been created in 1937, and the private **ITV**, which started in 1955. Their **viewing figures** are very similar and they tend to broadcast the same type of programmes: a variety of news, current affairs, sport and light entertainment. The largest audiences are for **soap operas**, the most popular being Coronation Street (launched in 1960) on **ITV** and Eastenders (launched in 1985) on BBC1, which are continually battling against each other in the ratings war.

BBC2, which began in 1964, and Channel 4, which started in 1982, cater, in general, for a more highbrow audience. There are more educational programmes on BBC2 than on BBC1 and its viewing figures are considerably lower. Channel 4 has the reputation of being more innovative and daring than the other 'terrestrial' channels. It shows programmes of special interest aimed at minority groups, as well as quality American series. It is renowned for its sponsoring of independent filmmakers (Film4). Finally, 1997 saw the arrival of Channel 5 a light-weight channel often accused of '**dumbing down**' television, although this has been said of all television channels in recent years.

BBC1 and BBC2 are mainly financed by the television **licence fee** and contain no adverts, whereas **ITV**, Channel 4 and Channel 5 are private and are primarily financed by adverts.

Since the 1980s, a huge variety of cable and satellite television channels has developed and the end of the 20th century witnessed the start of digital television. The most popular of all these in terms of the numbers of subscribers is BSkyB (Sky News, Sky Movies, etc.) owned by Rupert Murdoch. The **BBC** has BBC3, BBC4, BBC News 24, BBC Parliament, CBBC and Cbeebies (funded by the **licence fee**), as well as BBC World, BBC Prime, BBC Choice, etc. (not funded by the **licence fee**).

Il existe cinq chaînes hertziennes de télévision nationales au RU (même si elles sont toutes diffusés en numérique depuis 2012). Les deux chaînes les plus importantes sont la chaîne publique BBC1, qui est la plus vieille puisque créée en 1937, et la chaîne privée *ITV*, qui a vu le jour en 1955. Leurs audimats sont équivalents et elles ont tendance à diffuser le même genre d'émissions sous forme variée : informations, sujets d'actualité, sport et variétés. Les plus fortes audiences sont atteintes par les feuilletons.

BBC2, qui fut lancée en 1964 et Channel 4, lancée en 1982, s'adressent en général à un public plus instruit. Il y a davantage de programmes éducatifs sur BBC2 que sur BBC1 et ses chiffres d'audience sont considérablement plus faibles. Channel 4 a la réputation d'être plus novatrice et audacieuse que les autres chaînes hertziennes. Elle diffuse des émissions spécialement destinées à des groupes minoritaires, ainsi que des séries américaines de qualité. Elle est renommée pour son soutien aux réalisateurs indépendants (propriétaire de la société de production cinématographique Film4). Enfin, l'année 1997 a vu l'arrivée de Channel 5, chaîne de divertissement souvent accusée de faire baisser le niveau de la télévision, bien que cette accusation ait concerné toutes les chaînes de télévision ces dernières années.

BBC1 et BBC2 sont essentiellement financées par la redevance de l'audiovisuel et ne comportent pas de publicité, alors qu'*ITV*, Channel 4 et Channel 5 sont privées et financées par la publicité.

Depuis les années 1980, une grande variété de chaînes câblées ou satellites s'est développée, et la fin du XXe siècle a vu les débuts de la télévision numérique. La plus populaire de toutes en termes de nombre d'abonnés est BskyB, appartenant à Rupert Murdoch. La *BBC* détient BBC3, BBC4, BBC News 24, BBC Parliament, CBBC et Cbeebies (financées grâce à la redevance de l'audiovisuel) de même que BBC World, BBC Prime, BBC Choice, etc. (sans soutien financier de la redevance).

17 RECENT GENERAL ELECTIONS
A. The 2010 general election

On 6 April 2010, the **Prime Minister**, Gordon Brown, went to Buckingham Palace to ask the Queen to dissolve Parliament. The date of the **general election** was thus set for one month later: Thursday, 6 May 2010. The election campaign then began in earnest without any party in the lead in the opinion polls.

The big novelty of the 2010 campaign were the three unprecedented leaders' debates, which were broadcast live on television, during the three weeks before polling day with Gordon Brown, David Cameron and Nick Clegg. They raised the profile of Nick Clegg, leading to 'Cleggmania' after the first debate.

Usually, during the night after **polling day** it becomes clear which party is going to win the general election. However, in 2010, this was not the case. As dawn broke, it was apparent that no party was going to win a majority of the 650 constituencies and thus become the legitimate winner of the election. With all the votes counted, the **Conservative Party** had won the most seats: 307 out of 650 seats, but not a majority of them (even though it had gained 97 more seats than in 2005). The **Labour Party** obtained 258 seats (losing 91 compared to 2005) and the **Liberal Democrats** 57 (5 fewer seats than in 2005). Thus, there was a **hung parliament**, a very uncommon situation in the UK.

Five days of intense talks and negotiations followed among the three main parties, with Nick Clegg becoming the kingmaker. He found himself in an awkward predicament, torn between head and heart. The **Liberal Democrats** tend to be politically closer to the **Labour** Party. However, it is well known that Nick Clegg did not get on with his **Labour** counterpart Gordon Brown. Moreover, 258 **Labour** seats + 57 **Liberal Democrat** seats = 315 seats, not enough to for a majority government. But the **Liberal Democrats** were not the natural political allies of the Conservatives who had won the most seats and so were in a more legitimate position to lead a coalition government.

Le 6 avril 2010, le chef du Parti travailliste et Premier ministre Gordon Brown se rend au Palais de Buckingham pour demander à la reine Élisabeth II de dissoudre le Parlement. La date de l'élection législative est fixée pour un mois plus tard : jeudi 6 mai 2010. La campagne électorale commence donc officiellement, sans qu'aucun parti politique ne soit en tête dans les sondages d'opinion.

La grande nouveauté de la campagne électorale de 2010, c'est la diffusion en direct de trois débats télévisés réunissant trois chefs de partis, au cours des trois semaines précédant le vote. Les débats ont augmenté la notoriété de Nick Clegg auprès des électeurs, le premier débat donnant naissance à la « Cleggmania ».

D'habitude, pendant la nuit après le vote une majorité se dégage. Cependant, en 2010, il n'en a pas été ainsi. À l'aube, aucun parti politique n'avait gagné une majorité des 650 circonscriptions pour devenir le gagnant légitime de l'élection. Une fois toutes les voix comptées, le Parti conservateur a le plus grand nombre de sièges 307 sur 650, mais n'obtient pas la majorité. Le Parti travailliste obtient 258 sièges et les libéraux-démocrates 57 sièges. Le pays a donc un parlement sans majorité, situation très rare.

Suivent cinq jours de discussions et négociations intenses entre les trois principaux partis politiques, Nick Clegg faisant office de faiseur de roi. Il est dans une situation très difficile, car il doit choisir entre le cœur et la raison. Les libéraux-démocrates sont traditionnellement plus proches du Parti travailliste, mais il est de notoriété publique que Nick Clegg ne s'entend pas avec Gordon Brown. De toute façon, 258 sièges travaillistes plus 57 sièges libéraux-démocrates ne font que 315 sièges, pas assez pour former un gouvernement. À l'inverse, les libéraux-démocrates ne sont pas d'un point de vue politique les alliés naturels des conservateurs qui avaient gagné les plus de sièges et qui étaient donc dans une position plus légitime pour former un gouvernement de coalition.

A. The 2010 general election

On 11 May 2010, Gordon Brown resigned as Labour leader, opening up the way for Nick Clegg to form a coalition with the **Labour Party**. However, David Cameron preferred to form a government with the third party, the **Liberal Democrats** and so they signed the ***Coalition Agreement***. He became Prime Minister and Nick Clegg the Deputy **Prime Minister** in a Conservative-Liberal Democrat coalition government.

The **Labour Party** held a vote to elect a new leader and the result was announced at the September 2010 **annual conference**. David Miliband was beaten by his younger and more left-wing brother **Ed Miliband** (born 1969) due to trade union support.

Five months after coming to power, **George Osborne**, the Conservative **Chancellor of the Exchequer**, outlined his Comprehensive Spending Review. He announced big austerity measures: very deep budget cuts, public sector job losses, pay freezes and tax rises.

Austerity measures characterized the entire five years of the Coalition government. Whilst reducing public spending is a typical Conservative policy, it is not usual **Liberal Democrat** ideology. Nick Clegg defended supporting **Conservative Party's** austerity measures by commenting that without the **Liberal Democrats**, the cuts would have been even worse and that the **Labour Party** had left an enormous budget deficit.

However, the **Liberal Democrat's** reputation and especially that of its leader were severely dented. Contrary to a pre-election pledge to scrap university tuition fees, Nick Clegg voted in favour of increasing the cap to £9,000 as of 2012-2013. Moreover, the **Liberal Democrats** were unsuccessful when in the Coalition at carrying out constitutional reform: the United Kingdom voted against changing the electoral system for general elections in a referendum in May 2011 and reform of the **House of Lords** was not carried out.

Le 11 mai 2010, Gordon Brown démissionne de son poste de chef de parti, afin de permettre à Nick Clegg de former une coalition avec les travaillistes. Mais David Cameron préfère former une coalition avec les libéraux-démocrates et ils signent l'*Accord du gouvernement de coalition*. Il devient Premier ministre et Nick Clegg vice-Premier ministre.

Ensuite, le Parti travailliste doit élire un nouveau chef et le résultat est annoncé lors du congrès annuel du parti en septembre 2010. David Miliband est battu par son frère cadet Ed Miliband (né en 1969), grâce à l'appui des syndicats.

Cinq mois après son arrivée au pouvoir, George Osborne, le ministre des Finances conservateur, présente son budget pour l'année à venir. Il annonce de sévères restrictions des dépenses, des coupes claires, des suppressions d'emplois dans le secteur public, le gel des salaires et l'augmentation des impôts.

Les cinq années de coalition ont été caractérisées par des mesures d'austérité profondes. Si la réduction des dépenses publiques est une politique conservatrice typique, elle ne fait pas habituellement partie de l'idéologie des libéraux-démocrates. Nick Clegg défend son soutien aux mesures d'austérité des conservateurs, en disant que les coupes auraient été encore plus sévères sans les libéraux-démocrates, et que le gouvernement travailliste avait laissé derrière lui un déficit immense.

Cependant, la réputation des libéraux-démocrates a été sévèrement entachée et surtout celle de leur chef, Nick Clegg. Ils sont très critiqués pour avoir manqué à leur promesse électorale d'abolir les frais de scolarité universitaires, en votant en faveur de l'augmentation du plafond à 9 000 livres sterling par an à partir de 2012-2013. Par ailleurs, les libéraux-démocrates n'ont pas réussi à faire passer des réformes constitutionnelles comme la réforme du mode de scrutin aux élections législatives et une réforme de la Chambre des lords.

B. The 2015 general election

Due to the *Fixed-Term Parliaments Act* 2011 enacted by the Conservative-Liberal Democrat coalition government, as part of the May 2010 *Coalition Agreement*, the United Kingdom knew there would be a **general election** exactly five years after the 2010 one. During the year prior to the 2015 general election, all the opinion polls put the **Conservative Party** and the **Labour Party** neck and neck. This inferred that the country was heading towards another **hung parliament** and another coalition government. The alternatives would be a minority government or a second general election.

Consequently, the electoral campaign was dominated by discussions on which party would form a coalition with whom. Would the **Liberal Democrats** be ready to work with the Conservatives again, or would they work with Labour? Would the **Conservative Party** form a coalition with **UKIP**? Would **UKIP** accept to be in a coalition government with any party at all? Would the **Labour Party** form a coalition with the **Scottish National Party** (SNP)? What about the political parties in Northern Ireland, including **Sinn Féin** that refuses to take up its seats at **Westminster**?

Another interesting aspect of the electoral campaign was participation in the multi-party televised debates. The 2015 live debates were organized differently to 2010, thus giving a voice and exposure to the smaller political parties. One of the debates featured the leaders of the seven main political parties: Natalie Bennett (**Green Party**), David Cameron (**Conservative Party**), Nick Clegg (**Liberal Democrats**), Nigel Farage (**UKIP**), Ed Miliband (**Labour Party**), Nicola Sturgeon (**Scottish National Party**) and Leanne Wood (**Plaid Cymru**). Strikingly, three of the seven leaders were women and they brought a different tone to the debates. Moreover, the new **SNP** leader, Nicola Sturgeon, was particularly well received, mainly due to her passion, commitment and eloquence.

En raison de la *Loi sur les Parlements fixes* de 2011, pour la première fois le Royaume-Uni savait à l'avance quand les prochaines élections allaient avoir lieu, c'est-à-dire 5 ans après celles de 2010. Tout au long de l'année les sondages d'opinion ont annoncé les conservateurs et les travaillistes au coude-à-coude. Ainsi on pensait que le pays allait vers un gouvernement sans majorité et donc une deuxième coalition. Les scénarios alternatifs prévoyaient un gouvernement minoritaire, ou de nouvelles élections.

Par conséquent, la campagne électorale a été marquée par des discussions pour savoir quel parti politique allait former une coalition avec quel autre. Les libéraux-démocrates accepteraient-ils de travailler de nouveau avec les conservateurs, ou bien de travailler avec les travaillistes ? Les conservateurs allaient-ils former une coalition avec l'*UKIP* ? Est-ce que l'*UKIP* serait prêt à former une coalition avec n'importe quel parti ? Les travaillistes seraient-ils prêts à faire une coalition avec le Parti nationaliste d'Écosse ? Enfin, quels rôles allaient jouer les partis politiques en l'Irlande du Nord ?

Un autre aspect intéressant de la campagne électorale a été la participation aux débats télévisés. Diffusés en directe, les débats ont été organisés différemment de ceux de 2010. Ils ont donné une voix et de la visibilité aux petits partis politiques. Les chefs des sept partis principaux ont participé à un des débats : Natalie Bennett (le Parti vert), David Cameron (le Parti conservateur), Nick Clegg (les libéraux-démocrates), Nigel Farage (*UKIP*), Ed Miliband (le Parti travailliste), Nicola Sturgeon (le Parti national d'Écosse) et Leanne Wood (*Plaid Cymru*, le Parti national du pays de Galles). De manière frappante, trois des sept chefs étaient des femmes, ce qui a changé l'ambiance des débats. Par ailleurs, Nicola Sturgeon qui venait de prendre la direction du *SNP*, a été très appréciée, principalement en raison de son engagement et de son éloquence lors des débats.

The personality of party leaders also featured prominently during the election campaign, as the country witnessed the presidentialization of British politics. For example, the dominant right-wing media suggested Ed Miliband was too nerdy, too intellectual, too left wing and too keen to work with the SNP. Conversely, Nigel Farage was portrayed in the media as a dangerous, far right leader inciting racial hatred.

Indeed, due to **UKIP**'s populist discourse and Conservative broken promises on the subject, the issue of immigration came to the fore during the election campaign; usually the subject does feature highly in the electorate's concerns. Other top issues were the **NHS** and the economy, and to a lesser extent the **European Union** (**EU**) with the Conservatives and **UKIP** promising a referendum.

The **Conservative Party** maintained throughout the election campaign that it was aiming to win an overall majority and form the next government on its own. However, most commentators, encouraged by numerous opinion polls, proclaimed that this would not happen.

When the **exit polls** were announced on the evening of 7 May 2015, the results came as a great surprise to many. The final outcome gave an even greater win to the **Conservative Party**, albeit with a very slim majority of 12 seats. The **Labour Party** came second with fewer seats than in 2010 and just one seat in Scotland. The **SNP**'s vote exploded in Scotland and it took an unprecedented 56 seats (out of 59). Conversely, the **Lib Dems** saw their votes disappear to just 8 seats (down from 57), as they paid the price for being in the coalition with the Conservatives and Nick Clegg's U-turn on university tuition fees. **UKIP** and the **Green Party** both won just one seat each and neither leader managed to be elected. Both parties were victims of the **First-Past-The-Post** electoral system, and would have obtained many more seats under proportional representation. Thus, the first Conservative majority government to be elected since 1992 entered office.

La personnalité des chefs de parti a également a été un élément prédominant pendant la campagne électorale, témoin de la présidentialisation du système politique britannique. Par exemple, Ed Miliband a été dépeint par les médias de droite (majoritaires) comme trop geek, trop intellectuel, trop à gauche et trop enthousiaste quant à la possibilité de former une coalition avec le Parti nationaliste d'Écosse. À l'inverse, Nigel Farage a été montré comme un homme d'extrême droite, dangereux, incitant au racisme.

En effet, à cause du discours populiste de l'*UKIP* et des promesses non tenues des conservateurs sur le sujet, l'immigration est devenue un sujet brûlant pendant la campagne électorale ; or d'habitude elle ne figure pas dans les priorités des électeurs. D'autres sujets importants ont été le Service national de santé et l'économie, puis à un moindre degré les liens entre les Royaume-Uni et l'UE, les conservateurs et l'*UKIP* promettant un référendum.

Le parti a insisté tout le temps de la campagne sur l'idée qu'il comptait gagner l'élection avec une majorité suffisamment large pour ne pas avoir à former de coalition. Pourtant, la grande majorité des experts, encouragés par les multiples sondages d'opinion, estimait que cela ne serait pas possible.

Le soir du 7 mai 2015, lorsque les résultats des sondages de sortie des urnes ont été dévoilés, presque tout le monde a été grandement surpris. Le score final de l'élection a donné aux conservateurs une majorité encore plus importante (bien que mince). Le Parti travailliste, en deuxième position, avait perdu des sièges par rapport à 2010 avec un seul siège en Écosse. Le Parti nationaliste d'Écosse a fait exploser les records avec 56 sièges sur 59. En revanche, les libéraux-démocrates ont subi une très lourde défaite et n'ont pu conserver que 8 sièges au Parlement. Enfin, victimes du mode de scrutin non proportionnel, l'*UKIP* et les Verts ont obtenu un siège chacun et aucun des deux chefs de parti n'a été élu. Le premier gouvernement entièrement conservateur depuis 1992 est entré au 10 Downing Street.

C. The 2017 general election

Theresa May became leader of the Conservative Party and Prime Minister following the resignation of David Cameron. Despite also being in favour of the UK remaining a member of the European Union, she was initially very popular among Conservative supporters and seen as a unifying force for the party. As the Conservative Party had only a small majority in the House of Commons and Theresa May was doing very well in opinion polls (especially compared to Jeremy Corbyn and the Labour Party), the Prime Minster decided to call a snap or early general election. Undoubtedly, she wanted to increase the number of Tory MPs during the Brexit talks and to give more legitimacy to her own leadership.

Due to the *Fixed-Term Parliaments Act* 2011, she needed to secure a two-thirds majority in a parliamentary vote for the general election to take place, which was obtained easily (522 MPs for 13 MPs against) on 19 April 2017. The general election was thus set for 8 June 2017. The Conservative electoral campaign was centred on Theresa May (as in a presidential campaign), rather than the party as a whole. But she came across as rather staid and unsympathetic, as she repeated the need for a 'strong and stable government' during the Brexit negotiations. She also refused to take part in televised leaders' debates and met with hostility for calling an unnecessary election. Conversely, the leader of the Opposition, Jeremy Corbyn, contrary to expectations, did well during the electoral campaign coming across as authentic supporter of traditional socialism with a hopeful message, especially for young people.

The result of the general election was as follows: Conservatives 318 seats, Labour 262, Liberal Democrats 12, Green Party 1, the SNP 35, Plaid Cymru 4, the DUP 10, Sinn Féin 7, and independent 1 seat (see page 179).

Theresa May est devenue chef du Parti conservateur et Premier ministre suite à la démission de David Cameron. Bien qu'en faveur du maintien du Royaume-Uni dans l'Union européenne, elle commence son mandat avec un capital sympathie auprès des conservateurs qui voient en elle une force unificatrice pour le parti. Puisque les conservateurs ne bénéficient que d'une courte majorité aux Communes et que les sondages d'opinion sont favorables (surtout par rapport à Jeremy Corbyn et au Parti travailliste), le Premier ministre décide d'organiser des élections législatives anticipées. Elle voulait sans doute augmenter le nombre de députés conservateurs pendant les négociations sur le Brexit et donner plus de légitimité à son propre mandat.

La loi sur les Parlement fixes de 2011 impose une majorité préalable des deux-tiers des députés avant l'organisation des élections anticipées, que Theresa May obtient aisément (522 pour, 13 contre). Les élections législatives sont donc prévues pour le 8 juin 2017. La campagne électorale des conservateurs est centrée sur May (comme s'il s'agissait une campagne présidentielle), au lieu du Parti conservateur. Mais May fait une mauvaise campagne donnant d'elle une image rigide et austère, en répétant le besoin d'un gouvernement « fort et stable ». Par ailleurs elle a refusé de participer aux débats télévisés entre les chefs de partis et s'est vu reprocher l'organisation d'élections anticipées, perçues comme inutiles. À l'inverse, Jeremy Corbyn, contre toute attente, fait une bonne campagne axée sur l'image d'un socialisme traditionnel porteur d'un message d'espoir, notamment à destination des jeunes.

Les résultats des élections sont : conservateurs 318 sièges, travaillistes 262, libéraux-démocrates 12, Parti vert 1, SNP 35, Parti nationaliste du pays de Galles 4, DUP 10, *Sinn Féin* 1 et un candidat indépendant 1 (voir page 179).

Notably, there was a return to support for the two main political parties in the UK (Conservatives and Labour) as opposed to smaller parties, the number of SNP seats decreased compared to 2015, **UKIP** won no seats at all, and most unexpectedly, the Conservative Party did not win a majority of the 650 seats. Theresa May decided to make a deal with the DUP in Northern Ireland who pledged to support the Conservative Party in key Commons votes, in exchange for substantial financial benefits. The outcome was that the UK has a minority government as opposed to a coalition government (2010-2015), making things very difficult for the Prime Minister as the country goes through crucial Brexit negotiations.

On observe notamment un retour vers les deux partis principaux, un nombre réduit de sièges SNP, aucun siège pour l'*UKIP*, et surtout les conservateurs n'ont pas obtenu la majorité des 650 sièges. Ainsi, May a décidé de conclure un accord avec le DUP d'Irlande du Nord, qui soutiendra le Parti conservateur aux votes clés parlementaires en échange d'une somme importante d'argent pour l'Irlande du Nord. Le Royaume-Uni a donc un gouvernement minoritaire et non pas un gouvernement de coalition comme en 2010-2015. Cette situation est difficile à gérer pour le Premier ministre, fragilisé au moment où le pays est engagé dans des négociations cruciales sur le Brexit.

1945 End of World War II.
UK became permanent member of the UN Security Council.
General election: **Labour** victory (393/640 seats).
Clement Attlee became PM.
1946 Start of nationalization: Bank of England nationalized.
National Insurance Act.
National Health Service Act created NHS.
1947 Coal nationalized.
Independence returned to India and Pakistan (partition).
1948 *National Assistance Act.*
National Health Service (NHS) launched.
Electricity nationalized.
Republic of Ireland Bill signed.
British Nationality Act.
The UK hosted the Olympic Games.
Birth of Prince Charles (the Prince of Wales).
1949 *Parliament Act* reduced power of the House of Lords.
Gas nationalized.
UK became a founder member of NATO.
Republic of Ireland created.
1950 **General election**: **Labour** victory (315/625 seats).
Clement Attlee remained PM.
1951 **General election**: **Conservative** victory (321/625 seats).
Winston Churchill became PM again.
1952 Death of King George VI, Princess Elizabeth became Queen.
1953 Coronation of Queen Elizabeth II.
1955 ITV television channel launched.
1955 Winston Churchill resigned as PM and replaced by Anthony Eden.
General election: **Conservative** victory (344/630 seats).
Anthony Eden remained PM.
1957 Anthony Eden resigned as PM and replaced by Harold Macmillan.
1959 **General election**: **Conservative** victory (365/630 seats).
Harold Macmillan remained PM.
1960 Harold Macmillan made «Winds of Change» speech.
1962 *Commonwealth Immigration Act.*
1963 British application to join the EEC vetoed by France.
Harold Macmillan resigned as PM and replaced by Alec Douglas-Home.
Peerage Act.
1964 **General election**: **Labour** victory (317/630 seats).
Harold Wilson became PM.
BBC2 television channel launched.
1966 **General election**: **Labour** victory (363/630 seats).
Harold Wilson remained PM.
England won the football World Cup at Wembley, London.
1967 *Abortion Act*
Sexual Offences Act decriminalized homosexuality.
Colour television began.

18 UK TIMELINE, 1968-1981

1968 NHS prescription charges reintroduced.
British entry to the EEC vetoed by France.
Violent disturbances in Northern Ireland began.
Second *Commonwealth Immigration Act.*
Enoch Powell made 'Rivers of Blood' speech.

1969 British troops sent to Northern Ireland.
Voting age lowered from 21 to 18.
Open University founded.

1970 **General election: Conservative** victory (330/630 seats).
Edward Heath became PM.

1971 Currency decimalized.
British Parliament voted to join the EEC.
Immigration Act tightened immigration laws.

1972 'Bloody Sunday' in Northern Ireland.
Direct rule by Westminster introduced in Northern Ireland.
European Communities Act

1973 *Treaty of Accession* signed, the UK joined the EEC.
Official school leaving age raised to 16.
Sunningdale Agreement in Northern Ireland.
Value Added tax (VAT) introduced.
Independent local radios launched.

1974 End of direct rule in Northern Ireland.
General election (Feb.): **Labour** victory (301/635 seats).
Harold Wilson became PM.
General election (Oct.): **Labour** victory (315/635 seats).
Harold Wilson remained PM.

1975 Margaret Thatcher became leader of the Conservative Party.
UK's EEC membership endorsed in national referendum.
North Sea oil began to be pumped ashore.

1976 Harold Wilson resigned as PM and replaced by Jim Callaghan.
Lord Hailsham made 'elective dictatorship' speech.

1977 Labour Government lost majority: Lib-Lab pact until 1978.

1978 'Winter of Discontent' began and went on to 1979.
Wales Act on devolution to Wales.
Scotland Act on devolution to Scotland.
Employment Protection Act.

1979 Referenda in Scotland and Wales rejected devolution.
General election: Conservative victory (339/635 seats).
Margaret Thatcher became PM in landslide win.

1980 Bombings and extreme violence in Northern Ireland.
Riots in Brixton, Tottenham and Toxteth (Liverpool).
Education Act.

1981 'Gang of Four' created Social Democratic Party (SDP).
Death of Bobby Sands in prison in IRA hunger strike.
Inner city riots and *Scarman Report.*
Prince Charles and Lady Diana Spencer married.
British Nationality Act on immigration.
Big privatization programme of state-run industries began.

UK TIMELINE, 1982-1992 18

1982 Unemployment reached 3 million (10.9%).
UK defeated Argentina in the Falklands War.
Greenham Common anti-nuclear protest by 30,000 women.
Prince William (Arthur, Philip, Louis) born.
Channel 4 television channel launched.

1983 **General election**: **Conservative** victory (397/650 seats).
Margaret Thatcher remained PM.

1984 National Coal Board (NCB) announced 21 pit closures.
One-year NUM miners' strike led by Arthur Scargill.
Immigration laws tightened.
IRA bombed senior Conservatives in a Brighton hotel.
British Telecom (BT) privatized.

1986 Margaret Thatcher signed the *Single European Act* (SEA).
Social Security Act.
Unemployment reached nearly 3.5 million (11.8%).

1987 **General election**: **Conservative** victory (376/650 seats).
Margaret Thatcher remained PM.
British Airways privatized.

1988 Liberal Party merged with Social Democratic Party (SDP) to form Liberal Democrats (Lib Dems).
British Steel privatized.
Immigration Act.
Education Reform Act.
GCSEs replaced O Levels and CSEs.
Charter88 pressure group created for constitutional change.
'Supplementary Benefits' became 'Income Support'.

1989 Poll Tax (Community Charge) introduced in Scotland.
Water industry privatized.
Liberal Democrats founded.

1990 Poll Tax (Community Charge) started in England and Wales.
Massive anti-Poll Tax demonstrations.
UK joined the European Monetary System (EMS).
Thatcher forced to resign as PM. John Major replaced her.
National Health Service and Community Care Act.
Internal NHS market created.

1991 IRA bombing in City of London.
Northern Ireland Peace Talks began.
Electricity privatized.
Substantial reforms of the NHS began.
The Patient's Charter launched by John Major.

1992 **General election**: **Conservative** victory (336/651 seats).
John Major remained PM with slim majority.
Intensification of mainland bombing by the IRA.
John Smith replaced Neil Kinnock as Labour Party leader.
Maastricht Treaty, *Treaty on European Union* (TEU) signed.
'Black Wednesday': the UK left the EMS.
Further and Higher Education Act. Polytechnics become universities.
Priority setting introduced in the NHS.
Separation of Prince Charles and Princess Diana.

18 UK TIMELINE, 1993-1997

1993 Unemployment reached 3 million again (10.3%).
Enormous IRA bomb in the City of London.
Council Tax replaced Poll Tax (Community Charge).
UK ratified the *Maastricht Treaty*, opting out of Social Chapter.
Labour adopted OMOV for candidate selection.
John Major launched 'Back to Basics' programme.
Anglo-Irish 'Downing Street Declaration'.
Workfare introduced.

1994 IRA and Loyalist cease-fires in Northem Ireland.
Homosexual age of consent reduced to 18 – Conservatives.
Ordination of woman priests approved by CofE.
British Rail privatization began.
Channel Tunnel opened by Elizabeth II and François Mitterrand.
John Smith, leader of the Labour Party died.
Tony Blair elected leader of the Labour Party.
Conservative 'Cash for Questions' scandal.
IRA cease-fire.
Nolan Committee established on standards in public life.
Criminal Justice Act came into force.

1995 Labour dropped the original Clause IV of its constitution.
Conservative Party continued to be linked to sleaze.
Direct talks between Sinn Féin and British Government.
PM John Major won vote of no confidence.
Labour Party reduced trade union proportion of votes to 50%.
MPs agreed to reveal outside earnings.
Job Seeker's Allowance introduced.
Agreement signed on weapons decommissioning in NI.
Conservative Party majority very small due to defections.

1996 IRA bombing of Canary Wharf, London ended cease-fire.
Conservative majority reduced to 1 following a by-election.
IRA bomb in Manchester injured 200 people.
Labour launched 'New Labour, New Life for Britain'.
Multi-party talks started again in Stormont, Northern Ireland.
Immigration and Asylum Act. Act toughened immigration laws.
BSE (mad cow disease) beef crisis.
Prince and Princess of Wales divorced.
Conservative majority reduced to 0 following a by-election.

1997 Situation in NI deteriorated, multi-party talks adjourned.
Worldwide ban on British beef introduced due to BSE.
Deep divisions in Conservative Party due to issue of Europe.
General election, **1 May**: **Labour** victory (419/659 seats).
Tony Blair became PM. First Labour PM for 18 years.
John Major resigned and replaced by William Hague.
Bank of England allowed to set interest rates.
UK signed up to the Social Chapter of the *Maastricht Treaty*.
Channel 5 television channel launched.
Death of Diana, Princess of Wales.
Scotland and Wales referenda approved devolution.

1998 Big Countryside Alliance march against fox hunting ban.
Good Friday Agreement signed following new IRA cease-fire.
Northern Ireland (Elections) Act.
Jenkins Report recommended PR for general elections.
Human Rights Act (European Convention on Human Rights).
Annual £1,000 university tuition fees introduced.
Government of Wales Act on devolution.
Scotland Act on devolution.
1999 Scottish Parliament (Edinburgh) created.
Welsh Assembly (Cardiff) created.
Northern Ireland Assembly (Belfast) created.
Charles Kennedy replaced Paddy Ashdown as Lib Dem leader.
Parliament voted in favour of abolishing hereditary peers.
Immigration and Asylum Bill.
Welfare Reform and Pensions Act.
Move away from social security benefits to tax credits.
Working Families Tax Credit (WFTC) replaced Family Credit.
New Deal introduced for jobless young people.
House of Lords Act.
Minimum wage introduced for the first time.
2000 Suspension of Northern Ireland Executive.
Ken Livingstone elected as the new Mayor of London.
Greater London Assembly (GLA) created.
The NHS Plan published: Labour's blueprint for the NHS.
Freedom of Information Act (effective 2005).
2001 Foot and mouth disease hits farms.
Census of Population: UK population was 58,789,194.
General election, June: **Labour** victory (413/659 seats).
Tony Blair remained PM in landslide win.
William Hague resigned, replaced by Iain Duncan Smith.
UK unemployment at its lowest rate for 25 years, 4.8%.
White Paper: *The House of Lords, Completing the Reform.*
2002 Children's Tax Credit (CTC) introduced.
Protection of Wild Mammals (Scotland) Act.
Golden Jubilee of Queen Elizabeth II.
Queen Mother and Princess Margaret died.
2003 Tony Blair suffered enormous rebel vote in House of Commons on going to war against Iraq with George Bush.
Indecisive vote in the Commons on House of Lords reform.
Foundation Hospitals bill.
London Congestion Charge introduced by Ken Livingstone.
Working Tax Credit introduced.
2004 *Butler Report* on pre-war intelligence on Iraq.
Lowest unemployment rate since 1975 (4.7%).
Longest period of low inflation since 1960s.
Higher Education Act on top up university tuition fees.
First Foundation Hospitals created.
PM Tony Blair became increasingly unpopular due to Iraq War.

18 UK TIMELINE, 2005-2010

2005 Ban on hunting with dogs came into force.
Prince Charles and Camilla Parker-Bowles married.
General election, 5 May: **Labour** victory (356/64 seats).
Reduced majority, Tony Blair remained PM.
London to host the 2012 Olympic and Paralympics Games.
London suffered UK's worst terrorist attack ever by 4 'home-grown' suicide bombers: large loss of life and casualties.
Labour Party experienced first ever House of Commons defeat.
David Cameron elected as Conservative Party leader at 39 years old after four years as an MP.

2006 Cash for Honours/Peerages scandal.
New University top-up/tuition fees up to £3,000 introduced.
Ming Campbell replaced Charles Kennedy as Liberal Democrat leader.

2007 Smoking ban introduced.
New Wembley Stadium opened in N/W London.
Power-sharing Northern Ireland Assembly opened; Ian Paisley (DUP) First Minister and Martin McGuinness (Sinn Féin) Deputy First Minister.
SNP won the Scottish Parliament election. Alex Salmond became first ever nationalist First Minister in Scotland.
Coalition government came to power in Welsh Assembly.
Tony Blair resigned as MP for Sedgefield, Labour Party leader and Prime Minister of the UK after 10 years in Downing Street.
Gordon Brown, Chancellor of the Exchequer since 1997, became Labour Party leader and PM without an election being held.
Farming hit by agricultural crisis.
Credit crunch.
Equality and Human Rights Commission replaced CRE.
Nick Clegg, aged 40, elected new leader of the Liberal Democrats.

2008 Credit crunch continued.
Points-based immigration system introduced.
Boris Johnson (Conservative) elected new Mayor of London.
Labour Party suffered heavy defeats in local elections.
Spate of fatal knife crimes.
Financial crisis hit the City.
SATs tests scrapped for 14-year-olds.
Economy worsened, the UK officially in a recession.

2009 MPs parliamentary expenses scandal.
In European Union elections, Labour Party suffered big losses.
Highest rate of unemployment for decades.
New Supreme Court replaced Court of Appeal in the House of Lords and Justices replaced Law Lords from the House of Lords.
Independent Parliamentary Standards Authority (IPSA) created to regulate MPs' pay.

2010 Parliament dissolved in April and general election date set.
Three leaders' debates broadcast live on television. 'Cleggmania' followed first debate. Gordon Brown triggered 'Bigotgate'.
General election, 6 May: **Conservative Party** won most seats (307/650), but did not obtain a majority, resulting in **hung parliament**.

Five days of negotiations among 3 main parties.
10 May, Gordon Brown resigned as party leader and PM.
Queen invited David Cameron to form a government.
Coalition Agreement led to Conservative-Liberal Democrat Coalition.
Comprehensive Spending Review: George Osborne, Chancellor of the Exchequer, announced spending squeeze and austerity programme: deep budget cuts, public sector job losses, pay freezes and tax rises.
Strong opposition to funding cuts to higher education and rise in the cap of university tuition fees. Nick Clegg and Lib Dems heavily criticized for breaking pre-election pledge.

2011 Census of Population: UK population was 63.2 million.
Economic crisis.
Royal Wedding of Prince William and Catherine Middleton.
Referendum on electoral reform rejected AV to keep FPTP.
The News of The World (NoTW) closed due to phone hacking scandal.
Riots and looting in London and other large English cities.
1 million unemployed 16 to 24-year-olds.
Changes to primogeniture.
Fixed-Term Parliaments Act.

2012 Queen Elizabeth II celebrated Diamond Jubilee (60 years on throne).
The Health and Social Care Act.
Welfare Reform Act.
The London Olympic and Paralympics Games.
House of Lords Reform Bill abandoned.
Andrew Mitchell involved in 'Plebgate'.
University tuition fees cap increased to £9,000.
Ed Miliband launched Labour's 'One Nation' vision.
Alex Salmond announced Scottish independence referendum in 2014.
Scandals at the BBC – Director-General resigned.
Leveson Report on the culture, practice & ethics of the press.

2013 Electoral boundary changes abandoned.
Considerable changes to welfare benefits initiated:
Child Benefit became means-tested.
Personal Independence Payment (PIP) introduced.
Universal Credit started in pilot areas of the UK.
Landmark speech by David Cameron on Britain and EU Prime Minster announced will be referendum by 2017 if still in power.
UKIP gained popularity.
Parliament voted in favour of same-sex marriage.
Prince George Alexander Louis born – 3rd in line to the throne.
Sovereign Support Grant replaced Civil List.
Ed Miliband announced reform of Labour's links to unions.
Bedroom Tax introduced (under-occupancy penalty).
Wales gained more devolution of power.
Rise in State pension age announced.
Succession to the Crown Act stopped primogeniture.

18 UK TIMELINE, 2014-2016

2014 Immigration limits removed for Romania and Bulgaria.
European Elections with big wins for UKIP.
'No' result in Scottish referendum on independence.
Nicola Sturgeon replaced Alex Salmond as SNP leader.
2 MP defections from the Conservative Party to UKIP.
IPSO – Independent Press Standards Organisation established.

2015 800th anniversary of the *Magna Carta*.
Princess Charlotte Elizabeth Diana born – 4th in line to throne.
Welfare Reform and Work Bill.
Conservative manifesto pledge to reduce constituencies to 600.
General election, **7 May**: **Conservative** victory (331/650 seats)
David Cameron remained PM now in majority government.
SNP won 56 seats. Crushing losses for Lib Dems.
Tim Farron replaced Nick Clegg as Liberal Democrats leader.
Housing Benefit for 18-21-year-olds to be scrapped.
David Cameron made speech on religious radicalization.
Controversy about immigrants attempting to get to UK via Calais.
HRH Queen Elizabeth II became longest-serving British monarch.
Hard left Jeremy Corbyn elected Labour Party with big majority.
George Osborne coined the phrase 'Northern Power House'.
Trade Union Bill.
Cap on welfare benefits to be introduced.
Further cuts made to BBC funding by Government.
Conservative Government continued to withdraw from Welfare State by reducing access to benefits, allowances and tax credits.
Chancellor announced introduction of National Living Wage.

2016 *Welfare Reform and Work Act.*
Child Benefit to end for new third children born after April.
HRH Queen Elizabeth's II 90th birthday.
Scottish Parliament elections, SNP lost majority but remained in power.
Welsh Assembly elections.
Northern Ireland Assembly elections.
London Mayor elections, Sadiq Khan (Labour) became mayor.
Junior doctor strikes.
Referendum (23 June) 'Should the United Kingdom remain a member of the European Union or leave the European Union?' Result: No: 51.9%, Yes 48.1% with big regional differences.
David Cameron resigned as Conservative Party leader, PM then MP.
Theresa May became Tory leader and PM when Andrea Leadsom dropped out.
UKIP leader Nigel Farage resigned and succeeded by Diane James.
Chilcot Report on Iraq War and Tony Blair published.
University tuition fees cap increased over £9,000 and student grants scrapped.
Green Party selected new joint leaders Caroline Lucas and Jonathan Bartley.
Theresa May announced major developments on Grammar Schools.
Jeremy Corbyn challenged as Labour leader by Angela Eagle and Owen Smith, but he was re-elected as leader with bigger majority.

2017 Martin McGuinness (Sinn Féin) resigned as Deputy First Minister of the Northern Ireland Assembly in protest against Arlene Foster (DUP) triggering a snap election. Sinn Féin did not nominate new Deputy First Minister. Executive powers of NI Assembly carried out by UK Secretary of State for NI.

Resignation of Diane James as UKIP leader, replaced by Paul Nuttall.

Article 50 of the *Lisbon Treaty* triggered in March, giving the UK two years to withdraw from the European Union.

Political landscape dominated by Brexit negotiations between Britain and the EU.

Conservative Party remained very divided over Brexit.

The *European Union (withdrawal) Bill* 2017-2019 (dubbed the 'Great Repeal Act') made its way through Parliament involving major constitutional changes.

Terrorist attacks in Manchester (22 May) and London Bridge (3 June).

Prime Minister Theresa May was initially very popular and called snap general election. **General election: 8 June**: **Conservative Party** won most seats (318/650), but did not obtain a **majority**, leading to a **hung parliament**. Conservative Party did deal with the Northern Irish **Democratic Unionist Party** (DUP) to form minority government depending DUP support in certain votes. **Labour Party** won 262 seats and Jeremy Corbyn's popularity increased.

Grenfell Tower fire in London (14 June), with over 70 dead.

Vince Cable became leader of the Liberal Democrats (July).

Henry Bolton became UKIP leader in September.

Theresa May had a terrible time during leader's speech at Conservative Party annual conference (October). It underlined her weak position that continued until the end of the year.

Brexit talks continued and dominated British news.

2018 Brexit negotiations to continue.

Prince William and wife had third child, Louis.

Local elections, 5 May.

Prince Harry married Meghan Markle on 19 May at Windsor Castle.

Henry Bolton forced to resign as UKIP leader. Gerard Batten became leader in April.

Prince Louis Arthur Charles born – 5th in line to the throne.

Caroline Lucas stepped down as joint leader of the Green Party of England as Wales with Siân Berry taking over the role.

Boundary Commission recommended reduction in number of constituencies from 650 to 600.

Calls for the number of peers in the House of Lords to be reduced.

NHS in growing financial difficulty.

Brexit negotiations continued.

The Conservative Party and the Labour Party both very divided on Brexit.

Increasing calls for another referendum on the EU dubbed the 'people's vote.'

The 'soft-Brexit' Chequers Deal led David Davis to resign as Secretary of State for Exiting the EU and Boris Johnson to resign as Foreign Secretary (July).

The type of border between Northern Ireland and Republic of Ireland after Brexit under discussion.
Vince Cable announced at Lib Dems annual conference he would step down as party leader.
Prince Charles turned 70 years old (November).
The prospect of a 'No Deal' at the end of Brexit negotiations loomed as year drew to a close.

2019 Brexit due by 29 March, two years after triggering of Article 50 of *Lisbon Treaty*.
2022 Next general election due unless there is another snap election.

NB. Most English words in bold in the book feature in the glossary below and in the index at the end of the book.

7/7	*le sept juillet 2005, jour des attentats suicidaires à Londres dans les transports en commun*
10 Downing Street	*résidence officielle à Londres du Premier ministre (***Prime Minister***)*
11 Downing Street	*résidence officielle à Londres du ministre des Finances (***Chancellor of the Exchequer***)*
11+	**Eleven Plus exam**
1922 Committee	*Conseil des députés du Parti conservateur, similaire au* **PLP** *du Parti travailliste*

A

A Level (Advanced Level)	*diplôme scolaire portant sur une seule discipline passé au terme du cycle d'études secondaires [équivalent approximatif du baccalauréat]. Jusqu'en 2016-2017, on passe d'abord l'***AS Level** *après une année d'études et ensuite l'***A2 Level** *après une deuxième année d'études*
Abdicate (to)	*abdiquer, renoncer au trône*
Abdication (an)	*abdication, renonciation au trône*
Accession to the throne	*accession au trône*
Accused (an/the)	*accusé(e), inculpé(e)*
Act of Parliament (an)	*loi adoptée par le Parlement* [voir aussi : **law, statute**]
Act of Settlement **(The)**	*loi de 1701 interdisant notamment aux catholiques l'accès au trône*
Act of Union **(The)**	*loi de 1707 qui unit l'Écosse, l'Angleterre et le pays de Galles créant la Grande-Bretagne*
Acting	*par intérim ; provisoire ; suppléant*
Activist (an)	*militant (par exemple, d'un groupe de pression ou d'un parti politique)*
Ad hoc committee	*commission parlementaire temporaire chargée d'étudier une question spécifique ; comité ad hoc*
Address (an)	*discours, allocution* ; **election address** : *profession de foi d'un(e) candidat(e)*
Adjourn a debate (to)	*suspendre ou reporter un débat*
Advisory Committee	*commission consultative ; comité de conseil*
Affluent society	*société d'abondance*
Ageing population	*population vieillissante*

Agenda (an)	*ordre du jour*
Allegiance (oath of)	*serment d'allégeance (à la Couronne)*
Alliance (The)	*alliance entre le* **Social Democrat Party (SDP)** *et le* **Liberal Party** *de 1981 à 1988*
Alternative Vote (AV)	*mode de scrutin majoritaire permettant aux électeurs de classer les candidats par ordre de préférence*
Amendment (an)	*amendement, modification*
Anglican (an)	*anglican, membre de l'Église réformée d'Angleterre protestante*
Anglican Church	*l'Église anglicane, Église réformée d'Angleterre protestante*
Anglo-Irish Agreement	*accord signé en 1985 entre les gouvernements britannique et irlandais qui donne à la République d'Irlande le droit d'être consultée sur la gestion des affaires de l'Irlande du Nord*
Anglo-Irish Treaty	*traité entre Angleterre et l'Irlande, signé en 1921*
Annual conference (an)	*congrès annuel à l'automne de chaque parti politique*
Another Place	*Chambre des communes ou la Chambre des lords ; par tradition, les membres d'une chambre ne nomment pas l'autre chambre, mais l'appelle « l'autre chambre »*
Anti-Social Behaviour	*comportement incivil, antisocial*
Appeal against (to)	*faire appel d'un jugement*
Appeal Court (an)	*cour d'appel*
Appoint someone (to)	*nommer quelqu'un (à une fonction)*
Aristocracy (the)	*l'aristocratie*
Armed Forces (The)	*les forces armées*
Army (The)	*l'armée de terre*
AS Level	*examen scolaire portant sur une seule discipline*
ASBO	**Anti-Social Behaviour Order**, *injonction en raison du comportement incivil, introduit par New Labour*
Ascend to the throne (to)	*accéder au trône, monter sur le trône*
Asylum seeker (an)	*demandeur d'asile*
Attorney General (The)	*haut fonctionnaire à la fois procureur général et conseiller de la Couronne*
AV	**Alternative Vote**
Ayes and noes (the)	*voix pour et contre dans les votes au Parlement*

B

BA	**Bachelor of Arts**
Baby boom	*explosion démographique*
Bachelor Degree	*diplôme de licence*

Bachelor of Arts (BA) *licence de lettres ou sciences humaines*

Bachelor of Education (BEd) *licence en sciences de l'éducation, pédagogie et didactique*

Bachelor of Law (BL) *licence de droit*

Bachelor of Science (BSc) *licence de sciences*

Back to Basics *slogan adopté par le Parti conservateur de John Major en 1993; appel à un retour aux valeurs traditionnelles*

Backbencher (a) *député de base (de la majorité ou de l'opposition) sans portefeuille ou fonction parlementaire particulière et qui siège en conséquence sur les bancs du fond de la Chambre des communes*

Bail (to be on/to receive) *mise en liberté provisoire sous caution (être en/obtenir une)*

Balance of power (the) *équilibre des forces (entre les différentes branches de pouvoir)*

Ballot (a) *scrutin, tour de scrutin* ; **second ballot** : *ballottage, deuxième tour de scrutin* ; **secret ballot** : *vote secret*

Ballot box (a) *urne électorale*

Ballot box stuffing *bourrage des urnes*

Ballot paper (a) *bulletin de vote*

Ballot rigging *fraude électorale, manipulation électorale*

Bank holiday (a) *jour férié* [voir aussi : **public holiday**]

Bank of England (The) *Banque centrale d'Angleterre et du pays de Galles fondée en 1694 à Londres*

Bar (The) *le barreau (des avocats)*

Barnett Formula *formule mathématique compliqué pour calculé les subventions allouée à l'Écosse du gouvernement britannique*

Barrister (a) *avocat* [voir aussi : **lawyer**]

BBC (The) **British Broadcasting Corporation**, *organisme public national créé en 1922 qui regroupe plusieurs chaînes de télévision et stations de radios, et d'un site d'internet ; financé principalement par une redevance*

BEd **Bachelor of Education**

Bedroom Tax *mesure du gouvernement de coalition sur les chambres à coucher non utilisées dans les logements sociaux* [*nom formel :* **Under-occupancy penalty**]

Bed shortage (a) *pénurie de lits à l'hôpital, manque de places disponibles*

Beefeater (a) *hallebardier, surnom des gardiens de la Tour de Londres (***Tower of London***). Noms officiels :* **Yeoman Warder at the Tower of London** *et* **Yeoman of the Guard**

***Belfast Agreement* (The)** — *Accord du vendredi Saint – accord de paix signé, le 10 avril 1998 par les huit principaux partis politiques d'Irlande du Nord et les gouvernements du Royaume-Uni et de la République d'Irlande, à la suite de longues négociations. Appelé aussi* **Good Friday Agreement (The)**

Benefit (a) — *allocation, prestation* ;
Child Benefit : *allocations familiales* ;
Maternity Benefit : *allocation de maternité* ;
Sickness Benefit : *prestations d'assurance maladie* ;
Unemployment Benefit : *allocation de chômage*

***Beveridge Report* (The)** — *Rapport Beveridge (1942), nom populaire pour le* **Report on Social Insurance and Allied Services** *sur l'Assurance sociale et la création d'un État-providence*

Bicameral system — *bicamérisme ou bicaméralisme, c'est-à-dire le pouvoir législatif à deux chambres, en l'occurrence la Chambre des communes et la Chambre des lords*

Big Ben — *nom donné à l'horloge et à la tour du Parlement de Westminster à Londres*

Bill (a) — *projet de loi discuté par le Parlement* ;
Government bill : *projet de loi proposé par un membre du gouvernement* ;
Private Member's bill : *projet de loi proposé par un député de la majorité ou de l'opposition*

***Bill of Rights* (The Act of the)** — *la « Déclaration des Droits » de 1689, loi qui réduit les pouvoirs du monarque en faveur du Parlement*

Binding force — *force obligatoire qui engage ; force contraignante*

Binge drinking — *la beuverie, la consommation d'une grande quantité d'alcool dans un lapse de temps très bref afin de s'enivrer*

Black Wednesday — *mercredi 16 septembre 1992, quand la livre sterling est retirée du Mécanisme de taux d'échange (en anglais* **ERM***)*

Blackleg (a) — *briseur de grève ; « jaune » (aussi :* **scab***)*

Blair's Babes — *surnom condescendant donné aux députés travaillistes femmes élues en 1997*

Blairism — *doctrine politique et socio-économique de Tony Blair du centre-gauche*

Blairite (a) — *« blairiste », supporter de Tony Blair*

Blitz (The) — *bombardement aérien de nuit des villes britanniques par la Luftwaffe allemande 1940-1941*

Block vote (a) — *vote groupé remplacé par les votes individuels* **OMOV** *au sein du Parti travailliste en 1993*

Block voting — *pratique du vote groupé*

Bloody Sunday — *le 30 janvier 1972 à Londonderry en Irlande du Nord, des parachutistes britanniques tirent sur la foule et tuent 14 civils non armés*

Blue collar worker (a) — *ouvrier, travailleur manuel (« col bleu »)*

BNP — **British National Party**

Boarder (a) — *interne d'une école (généralement privée) à l'opposé du* **day pupil**

Boarding school (a) — *école avec un internat (généralement privée)*

Bobby (a) — *policier [nom familier affectif pour* **police officer, policeman, policewoman***]*

Bonfire Night — *le soir du 5 novembre, commémoration de la « conspiration des poudres » (***Gunpowder Plot***); connue également sous le nom de* **Guy Fawkes Night**, *on tire des feux d'artifices et on brûle une effigie de Guy Fawkes*

Borough — *circonscription électorale urbaine*

Borstal (a) — *maison de correction pour délinquants*

Boundary (a) — *limites d'une circonscription électorale (***constituency***)*

Boundary changes (to make) — *effectuer un redécoupage électoral; modifier la forme d'une circonscription (qui peut être un acte politique)*

Boundary Commission (The) — *Commission parlementaire chargée de réviser le découpage des circonscriptions électorales*

BR — **British Rail**

Branch (a) — *division ou section locale d'un parti politique ou d'un syndicat*

Breach of the Peace (a) — *attentat à l'ordre public*

Britpop — *musique pop de la fin des années 1990, par exemple, Blur, Oasis, Pulp*

Britain — *abréviation pour Grande-Bretagne (***Great Britain***), réunissant l'Angleterre, l'Écosse et le pays de Galles sans l'Irlande du Nord [et non «* **the Britain** *»]*

Britannia — *symbole et personnification féminine de la GB surtout lors de l'Empire britannique*

British — *britannique [adjectif], [toujours avec une majuscule en anglais]*

British Asian — *personne avec des origines indiennes, pakistanaises ou bangladeshies née en Grande-Bretagne*

British Commonwealth (The) — *abréviation pour le Commonwealth (***Commonwealth of Nations***)*

British Council (The) — *organisme semi-public créé en 1934 pour promouvoir la langue et la culture britannique dans le monde*

British Crown (The)	*la Couronne britannique (pouvoir royal)*
British Embassy (a)	*ambassade de Grande-Bretagne*
British Empire (The)	*l'Empire britannique*
British Isles (The)	*les Iles britanniques :* **Great Britain, Ireland, Isle of Man, Isle of Wight, Orkneys, The Shetland Islands, The Channel Islands** *et plusieurs centaines d'autres îlots*
British Library	*bibliothèque nationale de la GB, autrefois située dans* **British Museum**, *désormais à côté de la gare de saint- Pancras à Londres*
British National Party (BNP)	*parti politique d'extrême droite*
British Rail (BR)	*chemin de fer national, privatisé en 1993 et divisé en de nombreuses sociétés*
Britisher (a)	*un Britannique (terme américain)*
Britishness	*la britannicité, les caractéristiques et l'identité nationales*
Briton (a)	*un Britannique (ou « **a British person** ») [« **a British** » n'existe pas, « **The British** » = les Britanniques]*
Broadband	*connexion internet haut débit*
Broadsheet (a)	*journal quotidien ou hebdomadaire de grand format a priori de qualité (**quality press**), par exemple,* The Guardian, *en opposition aux tabloïds*
Broken Britain	*« la Grande-Bretagne brisée », expression pour désigner le résultat des problèmes sociaux du pays au XXIe siècle*
Browne Report	*rapport officiel clé publié en 1997 sur l'enseignement supérieur qui déclenche l'introduction des frais de scolarité universitaires*
BSc	**Bachelor of Science**
Buckingham Palace	*résidence officielle du monarque britannique à Londres construite en 1703*
Bullington Club	*club élitiste de l'université d'Oxford fréquenté par D. Cameron et B. Johnson*
Burns Night	*fête écossaise, le 25 janvier*
Butler Act	*la Loi sur l'éducation de 1944*
Butskellism	*approche économique de 1951 aux années 1970 venant des noms de deux ministres des Finances de l'époque, Rab BUTler et Hugh GaitSKELL*
By(e)-election (a)	*élection partielle*
By(e)-law (a)	*arrêté municipal*

C

C of E	**Church of England (The)**
Cabinet (The)	*conseil restreint des ministres et des secrétaires d'État les plus importants du gouvernement (environ 20)*
Cabinet meeting (a)	*conseil des ministres du Cabinet*
Cabinet member (a)	*membre du Cabinet*
Cabinet minister (a)	*ministre siégeant au Cabinet*
Cabinet Office (CO)	*bureau du Cabinet ; département exécutif du gouvernement chargé de soutenir le Premier ministre et le Cabinet*
Cabinet reshuffle (a)	*remaniement ministériel du Cabinet*
Cabinet Room	*salle de réunion du Cabinet*
Candidate (a)	*candidat(e)*
Canvass for votes (to)	*faire du démarchage électoral en effectuant du porte-à-porte ; solliciter le soutien et le suffrage pendant une campagne électorale*
Canvassing	*démarchage électoral effectué par un(e) candidat(e) et ses partisans*
CAP	**Common Agricultural Policy**
Cap (on tuition fees)	*plafonnement établi par le gouvernement sur les frais de scolarité*
Capital punishment	*peine de mort, peine capitale*
Caretaker government (a)	*gouvernement intérimaire*
Case law	*droit jurisprudentiel, jurisprudence*
Cash for Questions	*série de scandales politico-financiers au milieu des années 1990 impliquant plusieurs députés conservateurs*
Cast a ballot/vote (to)	*voter, passer aux urnes*
Catch the Speaker's eye (to)	*demander la parole au Président de la Chambre des communes*
CBE	**Companion (of the Order) of the British Empire**, *ordre de chevalerie du système de distinctions honorifiques*
CBI	**Confederation of British Industry**, *organisme patronal le plus important fondé en 1965 [équivalent du MEDEF]*
CCHQ	**Conservative Campaign Headquarters**
CCO	**Conservative Central Office**
Censorship	*censure*
Census of Population	*recensement de la population tous les 10 ans, les derniers étant en 2011*

Central Government	*le gouvernement central à Westminster qui s'occupe des questions nationales (comme la fiscalité et la défense) par opposition aux collectivités locales*
Central Office	*ancien siège du Parti conservateur*
Centre left	*centre gauche sur l'échiquier politique, moins à gauche que le socialisme traditionnel*
Centre right	*centre droite sur l'échiquier politique, moins à droite que le conservatisme traditionnel*
Chairperson/Chair	*président(e) d'une commission, etc.*
Champagne socialist (a)	*travailliste issue de la classe moyenne [équivalent de la « Gauche caviar »]*
Chancellor of the Exchequer	*« Chancelier de l'Échiquier », ministre de l'Économie et des finances*
Changing of the Guard (the)	*relève de la garde devant le palais de Buckingham à Londres*
Channel (The)	*la Manche*
Channel Islands (The)	*les Iles anglo-normandes : Jersey, Guernesey, Sercq, etc.*
Channel Tunnel (The)	*tunnel sous la Manche inauguré en 1994*
Charter88	*mouvement, groupe de pression lancé en 1988 pour réclamer des réformes dans le système politique britannique, notamment des changements constitutionnels et électoraux*
Checks and balances	*« freins et contrepoids » ; l'équilibre entre pouvoir et contre-pouvoir ; mesures de contrôle ; mécanismes pour garantir la séparation des pouvoirs entre l'exécutif, le législatif et la judiciaire*
Chequers	*résidence secondaire officielle du Premier ministre à la campagne dans le Buckinghamshire*
Chief constable (a)	*directeur de police*
Chief Inspector of Schools (the)	*Inspecteur général de l'Éducation nationale* [voir aussi : **Ofsted**]
Chilcot enquiry	*enquête officielle sur le rôle du RU dans l'invasion de l'Irak en 2003*
Child Benefit	*allocations familiales*
Church of England (The)	*l'Église d'Angleterre (anglicane)*
Church of Scotland	*l'Église d'Écosse (presbytérienne)*
Citizen (a)	*citoyen*
Citizen's Charter (The)	*charte lancée par Premier ministre conservateur John Major en 1991 visant à améliorer la qualité des services publics*
City (The)	*la « Cité de Londres », centre financier du pays situé au nord de la Tamise. On y trouve la* **Bank of England** *et* **le Stock Exchange**, **Lloyds of London**, *etc.*

Civil disobedience *désobéissance civile ; résistance passive*

Civil liberties *les droits et les libertés civiques*

Civil List (The) *« liste » des membres de la famille royale auxquels le Parlement allouait une rente, dont il votait chaque année le montant ; supprimé en 2013*

Civil partnership *union civile pour couples homosexuels, statut introduit par la* ***Civil Partnership Act*** *de 2004 [équivalent du Pacs]*

Civil rights *les droits et les libertés civiques*

Civil servant (a) *fonctionnaire d'État*

Civil Service (The) *la fonction publique, l'Administration centralisée sur la rue de Whitehall à Londres*

Civil war (a) *guerre civile*

Class dealignement *changement dans l'orientation politique traditionnelle des groupes socio-économiques*

Class struggle, class war (the) *lutte des classes*

Clause IV *Article 4 des statuts du Parti travailliste de 1918 sur la nationalisation des moyens de production, de distribution et d'échange. Abrogé en 1995 à l'initiative de Tony Blair afin de moderniser le parti*

Clearing *système de compensation pour pourvoir les places d'université encore vacantes juste avant la rentrée universitaire*

Closed shop (a) *atelier, organisme ou entreprise où l'affiliation syndicale est obligatoire. Interdit en 1988 par Margaret Thatcher*

CND **Campaign for Nuclear Disarmement**

Coal miner *mineur de charbon*

Coal mining *exploitation du charbon*

Collective agreement (a) *convention collective*

Collective bargaining *négociations pour une convention collective de travail*

Collective responsibility *responsabilité collective, collégiale du Cabinet (Conseil des ministres)*

Commission for Racial Equality *organisme créé en 1976 chargé de promouvoir de meilleures relations entre les communautés et d'éliminer les pratiques discriminatoires ; remplacé en 2006 par l'***EHRC**

Committee (a) *commission ;*

Ad hoc committee : *Commission temporaire spécial ;*

Advisory committee : *Commission consultative ;*

Cabinet committee : *Comité du Cabinet ;*

Joint committee : *Commission inter-parlementaire ;*

Select committee : *Commission d'enquête parlementaire ;*

Standing committee : *Commission permanente ;*

Ways and Means Committee : *Commission des finances*

Common law — *droit coutumier, loi non écrite*

Commoner (a) — *roturier (-ière)*

Commons (The) — *Chambre des communes, abréviation pour* **House of Commons**

Commonwealth (The) — *abréviation pour* **British Commonwealth** *et* **Commonwealth of Nations**

Commonwealth of Nations — *nom officiel du Commonwealth : association volontaire comprenant le RU et la plupart de ses anciennes colonies, en tant qu'États souverains*

Community Charge (The) — *impôt local sous forme de capitation introduit en Écosse en 1989, puis en Angleterre et au pays de Galles en 1990. Connu plus familièrement sous le nom de* **Poll Tax**. *Remplacé en 1993 sous John Major par le* **Council Tax**

Comprehensive school (a) — *lycée d'État polyvalent (11-18 ans) sans sélection à l'entrée, contrairement aux* **Grammar Schools**

Consensus — *accord général entre les partis politiques sur les grandes lignes politiques*

Conservative and Unionist Party (The) — *nom officiel du Parti conservateur, on utilise plus souvent* **Conservative Party** *ou* **Tory Party**

Conservative Campaign Headquarters (CCHQ) — *siège du Parti conservateur qui a remplacé le* **CCO**

Conservative Central Office (CCO) — *ancien siège du Parti conservateur, remplacé par* **CCGQ**

Conservative Party (The) — *Parti conservateur, nom généralement employé au lieu de son nom officiel* **Conservative and Unionist Party**

Constituency (a) — *circonscription électorale*

Constituency party (a) — *section locale d'un parti politique au niveau d'une circonscription*

Constituent (a) — *électeur de la circonscription d'un député*

Constitutional Monarchy (a) — *monarchie constitutionnelle qui gouverne selon une constitution, laquelle limite et définit les pouvoirs (par opposition à la monarchie absolue)*

Consumer society — *société de consommation*

Contempt (a) (of court) — *outrage à la cour*

Contract out (to) — *sous-traiter*

Control freak (a) — *obsédé du contrôle et de l'autorité, quelqu'un qui veut tout réglementer, régenter [terme familier]*

Conventions — *usages et convenances qui font partie de la constitution britannique non-écrite*

Convict (to) — *déclarer, reconnaître coupable*

Cool Britannia — *expression née au début des années 1990 sur la renaissance de la culture populaire britannique soutenue par Tony Blair*

Core subjects — *les matières obligatoires dans le* **National Curriculum**

Coronation (a) — *couronnement d'un souverain*

Corporal punishment — *châtiment corporel*

Council estate (a) — *lotissement ou cité de logements sociaux*

Council flat/house (a) — *logement social [équivalent d'une HLM]* [voir aussi : **social housing**]

Council tax (The) — *impôt local basé sur la valeur du logement introduit en 1993 remplaçant le* **Community Charge/Poll Tax**

Count (a) (of votes) — *dépouillement (d'un scrutin)*

Country (to go to the) — *consulter le corps électoral par un vote*

County (a) — *comté ; division territoriale et administrative (département)*

County Council (a) — *conseil régional au niveau du comté*

County Court (a) — *tribunal civil, tribunal de grande instance*

Court of Appeal (a) — *cour d'appel*

Court of Justice/Law (a) — *palais de justice, tribunal*

Court order (a) — *décision judiciaire*

Court room (a) — *salle de tribunal d'audience*

Courthouse (a) — *palais de justice, tribunal*

CND — **Campaign for Nuclear Disarmament (CND),** *Mouvement pour le désarmment nucléaire ; groupe de pression fondé en 1957*

CRE — **Commission for Racial Equality**

Cross the floor (to) — *quand un député ou un pair change de parti politique (traverser la Chambre des communes ou des lords)*

Crossbencher (a) — *pair indépendant à la Chambre des lords (non inscrit à un parti politique)*

Crown (The) — *la Couronne (symbole monarchique de l'État britannique)*

Crown (to) — *couronner*

Crown Court (a) — *cour d'assises* [voir aussi : **Magistrates' court, Youth court**]

Crown Jewels (The) — *les joyaux de la couronne gardés au* **Tower of London**

Crown Prince (The) — *le Prince héritier*

CSE	**Certificate of Secondary Education**, *examen scolaire abandonné en 1988 [équivalent très approximatif du BEPC]*
Curfew (a)	*couvre feu*
Custody (to be held in)	*garde à vue (être en)*
Custom (a)	*droit coutumier, coutumes*
Customs	*douanes*

D

Day pupil (a)	*élève externe (généralement dans une école privée) à l'inverse d'un* **boarder**
Death grant (a)	*allocation de décès*
Death penalty (the) (to receive)	*peine de mort (être exécuté)* [voir aussi : **capital punishment**]
Death rate	*taux de mortalité*
Decommission (to)	*désarmement, mise hors service d'armes*
Decommissioning	*retrait des armes de la circulation, par exemple en Irlande du Nord*
Decree (a)	*(juridique) décision, arrêt, jugement ; (administratif) arrêté, décret, édit*
Defect (to)	*déserter, quitter un parti politique pour joindre un autre* [voir aussi : **cross the floor**]
Defendant (a)	*accusé, prévenu, défenseur*
Democracy (a)	*démocratie*
Democratic	*démocratique [adjectif]*
Democratic Unionist Party (DUP)	*parti démocratique unioniste d'Irlande du Nord, parti politique protestant extrémiste*
Demonstration (a)	*manifestation*
Department (a)	*ministère*
Department for Business, Innovation and Skills (BIS)	*ministère des Affaires, de l'innovation et des aptitudes*
Department for Culture, Media and Sport (DCMS)	*ministère de la Culture, des médias et du sport*
Department for Education	*ministère de l'Éducation*
Department for International Development	*ministère du Développement international*
Department for Work and Pensions	*ministère du Travail et des retraites (de la Sécurité sociale)*
Department of Health	*ministère de la Santé*
Department of Trade and Industry (DTI)	*ministère du Commerce et de l'industrie supprimé en 2007*
Deposit (a)	*caution électorale remboursée si le candidat obtient un certain pourcentage de voix*

Deputy (a)	*adjoint, suppléant [et non un député à la Chambre des communes]*
Devolution (of Power)	*décentralisation de certains pouvoirs du gouvernement central (l'Administration) vers les régions (pays de Galles, Écosse, Irlande du Nord, Londres), afin d'augmenter la démocratie et la représentativité des pouvoirs*
Direct Rule	*administration directe de l'Irlande du Nord par la Grande-Bretagne, par opposition à* **Home Rule**
Disenfranchise (to)	*priver du droit électoral*
Dispatch Box (The/a)	*tribune (deux boîtes en bois) de la Chambre des communes d'où parlent les chefs des partis ; valises officielles pour les documents gouvernementaux*
Dissolution (of Parliament) (the)	*dissolution du Parlement (avant élections législatives)*
Dole (the)	*allocations chômage [terme familier]* [voir aussi : **Job Seeker's Allowance ; New Deal ; Unemployment Benefit**]
Dole (to go on the/be on the)	*s'inscrire/être au chômage, recevoir les allocations, les indemnités de chômage [terme familier]*
Domesday/Doomsday Book	*recueil cadastral d'Angleterre établi en 1086 par Guillaume 1er dit le Conquérant (***William the Conqueror***)*
Domestic politics	*politique de l'intérieur, par opposition à la politique étrangère*
Downing Street (Number 10)	*résidence officielle du Premier ministre et lieu où se réunit le Cabinet*
Downing Street (Number 11)	*résidence officielle du ministre des Finances (***Chancellor of the Exchequer***)*
Draft (a)	*texte initial d'un projet ou d'une proposition de loi*
DTI	**Department of Trade and Industry**
Dumb down (to)	*vulgariser, rendre moins intellectuel ou sophistiqué, surtout pour plaire à un public de masse. Expression péjorative née au début des années 1990*
DUP	**Democratic Unionist Party**

E

Earl (an)	*comte*
Early Day Motion (EDM) (an)	*motion d'urgence au Parlement*
Easter Rising (The)	*soulèvement indépendantiste irlandais de Pâques 1916*
Economic migrant (an)	*migrant(e) économique*
Edinburgh	*Édimbourg (capitale de l'Écosse), lieu du Parlement écossais à Holyrood*

Eire	*Eire, République d'Irlande (« Irlande du Sud » en gaélique)*
Elect (to)	*élire*
Election address (an)	*discours, profession de foi d'un candidat pendant des élections*
Election campaign (an)	*campagne électorale*
Election expenses	*dépenses de campagne électorale*
Electioneering	*stratégie de campagne électorale*
Elective dictatorship	*expression péjorative pour désigner les pouvoirs excessifs du Premier ministre (qui est élu)*
Electoral registration (an)	*inscription électorale*
Electoral roll/list (the)	*liste des personnes inscrites dans une circonscription pour voter dans une élection*
Electoral system (an)	*mode de scrutin, par exemple,* **Alternative Vote (AV), First-Past-The-Post (FPTP), Proportional Representation (PR)**
Electorate (an)	*corps électoral, électeurs inscrits sur la liste électorale*
Eleven Plus (The) (11+)	*examen sélectif passé à la fin des études primaires, autour de l'âge d'onze ans pour entrer dans les* **Grammar Schools**
Empire (The)	*l'Empire colonial britannique*
Employee (an)	*salarié, employé*
Employer (an)	*employeur*
Enact a law (to)	*promulguer une loi, donner force de loi*
Enfranchisement	*admission au suffrage, accession au droit de vote*
English	*la langue anglaise [nom], anglais [adjectif], [toujours avec une majuscule]*
English Channel	*la Manche*
English Votes for English Laws (EVEL)	*proposition de changement constitutionnel où seuls les députés à Westminster des circonscriptions anglaises pourront voter sur les lois touchant seulement l'Angleterre (à l'exclusion des députés de l'Écosse, pays de Galles et l'Irlande du Nord)*
English (the)	*les Anglais, le peuple anglais*
English person (an)	*un Anglais [«* **an English** *» n'existe pas]*
Enquiry (an)	*enquête*
Enshrined in law (to be)	*être garanti par la loi ; inscrit dans la loi*
Entitled (to be)	*avoir droit à quelque chose, par exemple, une allocation*
Equality and Human Rights Commission (EHRC)	*Commission pour les droits de l'homme et l'égalité créée en 2007 pour remplacer la* **CRE**
ERM	**Exchange Rate Mechanism**

Establishment (The) — *les élites traditionnelles, les milieux dirigeants*
European Convention on Human Rights — *Convention européenne des droits de l'homme de 1999*
European Court of Human Rights (ECHR) — *Cour européenne des droits de l'homme*
Eurosceptic (a) — *quelqu'un qui ne veut pas la participation du Royaume-Uni à l'Union européenne*
EVEL — **English Votes for English Laws**
Evidence (some/a piece of) — *témoignage, preuve (en justice)*
Exchequer (The) — *le ministère des Finances, administration financière centrale (***Chancellor of the Exchequer***)*
Executive (The) — *le pouvoir exécutif : le gouvernement, le Cabinet et le Premier ministre*
Exit poll (an) — *sondage des électeurs à la sortie des urnes des bureaux de vote*
Extenuating circumstances — *circonstances atténuantes*

F

Fabian Society (the) — *association fabienne, groupe de réflexion socialiste fondé en 1884*
Faction (a) — *tendance, courant au sein d'un parti politique*
Falklands (The) — *les îles Malouines dans l'océan Atlantique sud près de l'Argentine*
Falklands War (the) — *la Guerre des Malouines entre le Royaume-Uni et l'Argentine en 1982*
Family allowance — *allocations familiales*
Family Credit — *complément familial qui a replacé* **Family Income Support**, *pour les familles aux revenus inférieurs à un certain seuil, remplacé en 1999*
Father of the House (the) — *doyen de la Chambre des communes, député qui siège de façon continue depuis le plus longtemps*
Fee (a) — *honoraires, frais, droits*
Figurehead (a) — *figure de proue*
Finance Bill (a) — *projet de loi de finances*
Financial year (a) — *année budgétaire (fiscale)*
Fine (a) — *amende*
First Lord of the Treasury — *« Premier lord du Trésor », un des titres attachés à la fonction de Premier ministre*
First-Past-The-Post (FPTP) — *mode de scrutin à un seul tour (uninominal) où une majorité simple suffit pour être élu, utilisé pour les élections législatives, par opposition à* **Proportion Representation (PR)**

Floating voter (a)	*électeur non fidèle à un seul parti ; électeur indécis (par conséquent très sollicité lors d'une élection par les partis politiques)*
Floor (a question from the)	*question d'un député aux Communes*
Foot and Mouth Disease	*fièvre aphteuse*
Foreign and Commonwealth Office (the)	*le ministère des Affaires étrangères et du Commonwealth*
Foreign Secretary (the)	*le ministre des Affaires étrangères*
Foundation Hospitals	*les hôpitaux « les plus efficaces » qui peuvent gérer eux-mêmes leurs budgets et attirer des fonds privés (depuis 2004)*
FPTP	**First-Past-The-Post**
Franchise (a)	*le droit de vote*
Free church	*ensemble des églises protestantes qui n'ont pas le statut d'Église d'État*
Free School	*école indépendante, école libre*
Free vote (a)	*vote sans discipline de parti à la Chambre des communes ; vote libre*
Freedom of Information	*liberté d'information*
Freedom of Speech	*liberté d'expression, de parole*
Friendly society (a)	*société de prévoyance, de mutualité, association de secours mutuel*
From cradle to grave	*« du berceau à la tombe », expression du* ***Beveridge Report*** *1942, sur la couverture sociale à vie par l'État-providence*
Frontbencher (a)	*ministre du Gouvernement ou membre du Cabinet fantôme (*__Shadow Cabinet__*) siégeant aux premiers rangs à la Chambre des communes, réservés aux députés les plus importants, par opposition au* **backbencher**
Fundamentalists	*intégristes religieux*
Fundholder (a)	*« détenteur de fonds publics »,* **GP** *bénéficiant du fonds publics, mais qui décide indépendamment comment les dépenser, système introduit à la fin des années 1980*

G

Gallery (The)	*tribune de la Chambre des communes pour la presse et le public, etc.*
Gang of Four (The)	*les 4 membres fondateurs du parti politique SDP en 1981 (ex-travaillistes)*
Gap year	*année sabbatique entre le lycée et l'université*
GCE	**General Certificate of Education**

GCSE	**General Certificate of Secondary Education**, *examen scolaire passé vers 16 ans qui a remplacé l'***O Level** *et le* **CSE** *en 1988*
Gender equality	*parité homme-femme*
Gender ratio	*proportion hommes-femmes*
General Election (a)	*les élections législatives [singulier en anglais car en un seul tour]*
General Practitioner (a) (**GP**)	*médecin généraliste*
Gentry (the)	*la petite noblesse*
Genuine asylum seeker	*demandeur d'asile légitime, par opposition au « demandeur d'asile illégitime » (***bogus asylum seeker***)*
Gerrymandering	*(re)découpage des circonscriptions électorales visant à favoriser un parti ; faire du charcutage électoral*
GLA	**Greater London Assembly**
GLC	**Greater London Council**
Glorious Revolution (The)	*révolution d'Angleterre de 1688 à 1689 : le roi James II est renversé à la demande du Parlement, William III et Mary II deviennent co-monarques et sans qu'il y ait de sang versé*
GNVQ	**General National Vocational Qualification**, *diplôme scolaire professionnel*
God Save the King/Queen	*nom de l'hymne national britannique (***national anthem***)*
Good Friday Agreement (The)	*accord de paix signé le vendredi Saint, 10 avril 1998 par les 8 principaux partis politiques d'Irlande du Nord et les gouvernements de Grande-Bretagne et la République d'Irlande à la suite de longues négociations (***Peace Process***), nommé aussi le* **Belfast Agreement** **Government** (a/the) *gouvernement*
Government Bill (a)	*projet de loi*
Government grant (a)	*subvention du gouvernement*
GP	**General Practitioner**
Grammar School (a)	*lycée classique d'État qui sélectionne ses élèves après le* **11+**
Grant (a)	*subvention, allocation, bourse*
Grant-in-Aid	*subvention d'État donnée au monarque*
Grant-maintained school (a)	*école subventionnée par l'État*
Great Britain	*GB, ensemble formé par l'Angleterre, l'Écosse et le pays de Galles (mais non pas l'Irlande du Nord) [sans article défini et sans trait d'union en anglais] par opposition aux* **British Isles**, **UK**
Greater London Assembly (**GLA**)	*Assemblée de Londres inaugurée en 2000 après un référendum*

Greater London Council (GLC)	*administration du grand Londres abolie en 1986, qui regroupait la* **City** *et 32 (autres)* **boroughs** *de Londres*
Green Paper (a)	*premier rapport pour lancer la discussion au Parlement qui devient ensuite un livre blanc (***White Paper***)*
Green Party (The)	*le Parti vert, parti politique formé en 1973*
Greenbelt (a)	*ceinture verte autour des agglomérations, pour préservée du développement urbain*
Guillotine a bill (to)	*imposer une limite de temps au débat lors de la discussion d'un projet de loi au Parlement*
Gunpowder Plot (The)	*la conspiration des poudres dirigée par Guy Fawkes pour faire sauter le Parlement en 1605 et tuer le roi Jacques 1er (***James I***), fêtée chaque année lors de* **Guy Fawkes Day** *le 5 novembre*
Gutter press (the)	*« presse de caniveau », presse populaire à scandales, par exemple, le quotidien press,* ***The Sun*** *de Rupert Murdoch. Nommé aussi les* **red tops**. *Par opposition à la presse de qualité (***broadsheets***)*
Guy Fawkes Night	*le 5 novembre au soir, fête avec feux d'artifice, connue aussi sous le nom de* **Bonfire Night**, *marquant l'anniversaire de la Conspiration des poudres (***Gunpowder Plot***) de 1605.*

H

H-Block	*prison en Irlande du Nord en forme de la lettre H*
Habeas Corpus	*texte de 1679 (qui devient loi) donnant le droit d'être jugé devant une cour et/ou un juge*
Hansard	*journal officiel britannique des débats parlementaires*
Head of Government (a)	*chef du gouvernement*
Head of State (a)	*chef d'État, en occurrence le monarque*
Headquarters (a) (HQ)	*siège d'un parti, d'un syndicat, etc., QG*
Heckler (a)	*perturbateur dans une réunion publique*
Heir to the throne (an/the)	*héritier du trône, de la couronne*
Hereditary monarchy (an)	*monarchie héréditaire*
Hereditary Peer (an)	*pair héréditaire à la Chambre des lords* [voir aussi : **Life Peer**]
Hereditary Peerage (an)	*pairie héréditaire à la Chambre des lords* [voir aussi : **Life Peerage**]
High Court of Justice (the)	*Haute cour de la justice*
High school (a)	*terme général pour un lycée (11-18 ans), [ne veut pas dire « grande école »]* [voir aussi : **grammar, secondary school**]

Highers (Scottish)	*diplôme de fin d'études secondaires en Écosse*
His/Her Majesty's Stationary Office (HMSO)	*organisme chargé de la rédaction et de la diffusion des publications officielles, [équivalent de l'Imprimerie nationale]*
His/Her Royal Highness (HRH)	*son Altesse Royale (le monarque)*
HMSO	**His/Her Majesty's Stationary Office**
Hogmanay	*fête écossaise le 31 décembre pour le réveillon*
Home Office (The)	*ministère de l'Intérieur*
Home Rule	*autonomie politique de l'Irlande, puis l'Irlande du Nord, par opposition à* **Direct Rule**
Home Secretary (The)	*ministre de l'Intérieur*
Honours List (Birthday) (the)	*liste de distinctions honorifiques conférées par le monarque à l'occasion de son anniversaire officiel*
Honours List (New Year) (the)	*liste de distinctions honorifiques conférées par le Premier ministre à l'occasion de la nouvelle année*
Hospital Trust (a)	*les agences hospitalières autonomes*
House of Commons (The)	*la Chambre des communes, nommée aussi* **Lower House**
House of Lords (The)	*la Chambre des lords, nommée aussi* **Upper House**
Household (a)	*foyer, ménage*
Houses of Parliament (The)	*le Parlement composé des deux Chambres situé à Westminster, Londres*
Housing (some)	*logement*
Housing Benefit	*allocation logement (privé/public)*
Housing Estate (a)	*cité, lotissement de maisons privé et/ou de logements sociaux*
HQ	**Headquarters**
HRH	**His/Her Royal Highness**
Human Rights	*les droits de l'homme*
Hung Parliament (a)	*quand aucun parti n'a la majorité absolue des sièges à la Chambre des communes après les élections législatives*
Hustings (a)	*réunions pendant une campagne électorale ; plate-forme électorale*

I

Income Support	*allocation pour les chômeurs et les ménages à faible revenu qui a remplacé le* **Supplementary Benefit** *en 1988 [équivalent approximatif du RMI]*
Income tax	*impôt sur le revenu*
Incomes policy (an)	*politique des revenus*

Independent Parliamentary Standards Authority (IPSA) — *organisme créé en 2011 pour gérer les notes de frais et les salaires des députés à la Chambre des communes après un scandale*

Independent Press Standards Organisation (IPSO) — *organisme indépendant fondé en 2014 pour régulariser les médias britanniques*

Independent school — *école privée payante qui n'est ni financée, ni contrôlée par l'État ou les autorités locales*

Independent Television (ITV) — *troisième chaîne de télévision jusqu'en 1990 (privée et indépendante)*

Industrial Revolution — *la révolution industrielle pendant les XVIII*e *et XIX*e *siècles qui a commencé en Grande-Bretagne*

Infant mortality — *mortalité infantile*

Infant school (an) — *école primaire (5-7 ans)* [voir aussi : **junior school, primary school**]

Inner Cabinet (the) — *Cabinet restreint des ministres les plus importants*

Inner city — *quartier de centre-ville souvent pauvre et délabré, délaissé par la bourgeoisie*

Inner city school (an) — *établissement scolaire en centre-ville, a priori dans un quartier défavorisé*

Inns of Court (the) — *les quatre écoles de droit londoniennes pour accéder au barreau*

Interregnum — *« Interrègne », intervalle entre deux règnes, au Royaume-Uni de 1649 à 1660*

IPSO — **Independent Press Standards Organisation**

IPSA — **Independent Parliamentary Standards Authority**

IRA — **Irish Republican Army**

Ireland — *l'île de l'Irlande qui est divisée politiquement en* **Northern Ireland** et **Republic of Ireland**

Irish — *irlandais(e) [adjectif, toujours avec majuscule en anglais]*

Irish (the) — *les Irlandais [«* **an Irish** *» n'existe pas, on dit «* **an Irish person** *»]*

Irish Republican Army (IRA) — *« Armée républicaine irlandaise » ; organisation paramilitaire/terroriste clandestine et catholique fondée en 1860, associée au parti politique* **Sinn Féin**

Irishman (an) — *un Irlandais (nom)*

Issue (an) — *enjeu, sujet de débat, problème*

J

Jail (a) — *prison, geôle*

Job Centre — *bureau public des emplois à pouvoir et de formation [équivalent du bureau de l'ANPE]*

Job seeker (a)	*« chercheur d'emploi » : personne au chômage qui doit prouver qu'elle recherche activement un emploi afin de recevoir des allocations : le* **Job Seekers' Allowance***, terme introduit en 1993*
Job seekers' allowance	*allocation chômage lancée par le Parti conservateur en 1993 conditionnée à la recherche active d'un emploi*
Joined-up government	*gouvernement où les différents ministères communiquent entre eux pour élaborer des politiques cohérentes (expression de la fin des années 1990)*
JP	**Justice of the Peace**
Judge (a)	*juge*
Judiciary (the)	*le pouvoir judiciaire*
Junior Minister (a)	*Sous-secrétaire d'État parlementaire* [voir aussi : **Parliamentary Secretary, Secretary of State**]
Junior school (a)	*école primaire (7-11 ans)* [voir aussi : **infant school, primary school**]
Jury (a)	*jury composé de jurés*
Justice (a)	*un des 12 juges supérieurs siégeant dans la nouvelle cour suprême depuis 2009*
Justice of the Peace (JP) (a)	*juge de paix siégeant dans une* **Magistrates' Court**
Juvenile (a)	*adolescent(e), jeune, mineur(e)*
Juvenile court (a)	*tribunal pour enfants/mineurs*
Juvenile delinquency	*délinquance (juvénile)*
Juvenile delinquent/offender	*delinquant(e)*

K

King (a/the)	*roi*
King's/Queen's Speech (The)	*discours du trône, allocution prononcée à la Chambre des lords par le monarque au début de chaque session parlementaire, dans lequel le gouvernement annonce son programme législatif*
Kingdom (a)	*royaume*
Knight (a)	*chevalier*
Knighthood	*titre honorifique de chevalier*
Knock up (to)	*« frapper aux portes » des électeurs le jour même d'une élection pour les encourager à aller voter*

L

Labour Party (The)	*le Parti travailliste fondé au début du XXe siècle* [voir aussi **New Labour**]
Labour supporter (a)	*travailliste [«* **a Labour** *» n'existe pas]*
Landmark event (a)	*événement clé, tournant*

Landslide election	*raz de marée électoral*
Landslide victory	*victoire écrasante*
Law (a/the)	*loi* [voir aussi : **Act, Statute**]
Law Lord (a)	*lord juge, magistrat siégeant à la Chambre des lords, position supprimée en 2009 avec l'ouverture du* **Supreme Court** *avec plusieurs* **Justices**
Lawyer (a)	*avocat, juriste, homme de loi, notaire (selon la situation)* [voir aussi : **barrister, solicitor**]
LCC	**London County Council**
LEA	**Local Education Authority**
Leader of the House (The)	*chef de la majorité ministérielle à la Chambre des communes, exerçant de ce fait la fonction de ministre chargé des relations avec la Chambre des communes*
Leader of the House of Lords	*chef de la Chambre des lords*
Leader of the Opposition	*chef du principal parti en opposition à la Chambre des communes*
Leaders debates	*débats télévisés des chefs de partis avant les élections législatives, commencés en 2010*
Leadership contest (a)	*lutte pour la direction d'un parti politique*
League table (a)	*classement sous forme d'un tableau de résultats (par exemple, palmarès des établissements scolaires)*
Leek (a)	*poireau, un des emblèmes nationaux du pays de Galles* [voir aussi : **daffodil**]
Left wing (to be)	*politiquement de gauche [adjectif], en opposition à* **right wing**
Legal aid	*aide juridictionnelle gratuite (très réduite par le Parti conservateur en 2015)*
Legislate (to)	*légiférer, faire des lois*
Legislature	*le pouvoir législatif*
Leveson Report (The)	*rapport officiel de 2012 sur les médias et la politique*
Lib Dems (The)	**Liberal Democrats**
Liberal Democrats (The)	*les libéraux-démocrates, formés en 1990*
Liberal Party (The)	*Parti libéral* [voir aussi : **Liberal Democrats**]
Licence fee (a)	*redevance*
Life expectancy	*espérance de vie*
Life imprisonment	*prison à vie, réclusion à perpétuité*
Life Peer (a)	*pair à vie à la Chambre des lords (nommé par le Premier ministre)* [voir aussi : **Hereditary Peer**]
Life Peerage (a)	*pairie à vie à la Chambre des lords* [voir aussi : **Hereditary Peerage**]
Life sentence (a)	*condamnation à perpétuité*

Living wage	*« salaire horaire viable » - taux horaire plus élevé que le « salaire horaire minimum » ; dispositif lancé par George Osborne en 2015*
Lloyds of London	*grand marché d'assurances situé dans la Cité de Londres*
Lobby (a/the)	*groupe de pression ; lieu de pointage lors du vote des députés ; vestibule à la Chambre des communes*
Lobby (to)	*faire pression sur*
Lobbying	*sollicitation d'un groupe de pression*
Local authority (a)	*collectivité locale*
Local councillor (a)	*conseiller local, élu local*
Local Education Authority	*administration locale responsable de l'éducation de la région*
Local election (a)	*élection municipale*
Local government (a)	*administration locale, collectivité locale* [voir aussi : **central government**]
London City Hall	*lieu de travail du* **Mayor of London**
London County Council (LCC)	*Conseil du comté de Londres aboli en 1963*
Lone-parent family	*famille monoparentale* [voir aussi : **one-parent family, single-parent family**]
Lord Chancellor (The)	*Président de la Chambre des lords, Grand Chancelier d'Angleterre, [équivalent du ministre de la Justice ou Garde des Sceaux en France]*
Lord Chief Justice (The)	*Président de la Haute Cour de Justice*
Lord Mayor of London	*lord-maire de la cité de Londres ; pas la même position que le* **Mayor of London** *qui est élu*
Lord Speaker	*président de la séance à la chambre lords ; position qui remplace le* **Lord Chancellor** *en 2005*
Lords Spiritual (The)	*pairs ecclésiastiques (de l'Église de l'Angleterre) à la Chambre des lords*
Lords Temporal (The)	*pairs laïques à la Chambre des lords*
Lower House (The)	*« la Chambre basse » ; la Chambre des communes où siègent les députés (MPs) en opposition à l'***Upper House**
Lower middle class (the)	*la classe moyenne, la petite bourgeoisie*
Lower-sixth	*« sixième-inférieure », terme ancien pour la première année (sur 2) de terminal au lycée, remplacé par le terme* **Year 12** [voir aussi : **upper-sixth**]
Loyalist (a)	*loyaliste : protestant en Irlande du Nord qui souhaite maintenir des liens avec la Grande-Bretagne, en opposition aux* **Republicans**

M

Maastricht Treaty **(The)**	*le Traité de Maastricht signé en 1992, nom officiel :* **Treaty on European Union (TEU)**
Mace (The Ceromonial)	*masse présente à la Chambre des communes et la Chambre des lords comme symbole de l'autorité du souverain*
Mad cow disease (BSE)	*la maladie de Creutzfeld-Jacob (ESB) maladie de la « vache folle » [nom familier]*
Magistrates' Court	*tribunal où débute une procédure pénale [voir aussi :* **Crown Court, Youth Court**]
Magna C(h)arta (The)	*la Grande Charte de 1215 accordée par le roi Jean (***King John***)*
Maiden speech (a)	*discours inaugural, premier discours d'un député à la Chambre des communes ou d'un Lord à la Chambre des lords*
Mainland (the)	*Europe continental*
Majority (a)	*majorité* **narrow** : *courte ;* **overall** : *absolue ;* **overwhelming** : *écrasante*
Majority rule	*gouvernement disposant de la majorité à la Chambre des communes*
Mandatory reselection (a)	*obligation (pour un député) de se soumettre à la reinvestiture par le parti pour chaque élection*
Manifesto (a)	*programme électoral, manifeste politique*
Marginal constituency (a)	*circonscription à faible majorité et donc très disputée entre les partis* [voir aussi : **safe seat, target seat**]
Marginal seat (a)	*circonscription à faible majorité et donc très disputée entre les partis* [voir aussi : **safe seat, target seat**]
Married Couple's Allowance	*allocation pour les couples mariés*
Master of the Rolls (the)	*premier président de la Cour de cassation*
Maternity benefit	*allocation de maternité*
Maternity leave	*congé de maternité*
Mayor (a)	*maire*
Mayor of London (the)	*maire de Londres élu par les londoniens ; fonction réapparue en 2000 dans la décentralisation du pouvoir [pas la même position que le* **Lord Mayor of London***]*
MBE	**Member of the Order of the British Empire**, *titre honorifique*
Means test (a)	*examen de ressources d'une personne qui demande une aide pécuniaire de l'État, avant d'accorder des prestations sociales*

Member of a party (a)	*adhérent d'un parti politique*
Member of Parliament (MP)	*député à la Chambre des communes*
Metropolitan Police Force (The Met)	*police de Londres, police urbaine dans les grandes villes*
Militant Tendency	*tendance trotskiste chez les travaillistes, aile d'extrême gauche pendant les années 1980*
Millbank	*siège du Parti travailliste de 1997 à 2002*
Millennium Dome (The)	*bâtiment construit à Londres pour fêter l'année 2000*
Ministry of Defence (the)	*le ministère de la Défense*
Minutes	*procès-verbal d'une réunion*
Miscarriage of justice (a)	*erreur judiciaire*
MoD	**Ministry of Defence**
Monarch (a)	*monarque*
Monarchist (a)	*monarchiste*
Monarchy (a/the)	*monarchie*
Money Bill (a)	*projet de loi de finances*
Moor, moorland	*lande, terrain tourbeux*
Move a resolution (to)	*déposer, proposer une motion* [voir aussi : **propose, second a motion**]
MP	**Member of Parliament**
Multiculturalism	*politique où diverses origines éthiques et religieuses vivent ensemble gardant leurs spécificités*
Muslim (a)	*un(e) musulman(e)*

N

Nanny state	*« État-nounou », gouvernement sur-protectionniste par son État-providence, voire envahissant ou trop autoritaire ; État paternaliste*
National Anthem (the)	*hymne national du Royaume-Uni* **God Save the King/Queen**
National Audit Office (the)	*Bureau national d'audit*
National Curriculum (the)	*programme d'enseignement obligatoire national introduit en 1992*
National Executive Committee (NEC) (The)	*comité exécutif du parti travailliste qui gère le parti*
National Front (The) (NF)	*Front national, parti politique d'extrême droite* [voir aussi : **British National Party (BNP)**]
National Health Service (NHS)	*Sécurité sociale, le Service national de santé, lancé en 1948*
National Insurance	*Sécurité sociale, assurance nationale fondée sur les contributions hebdomadaires versées par les employés et les employeurs*

National Insurance benefits	*prestations de la Sécurité sociale*
National Insurance number	*numéro de Sécurité sociale, essentiel pour travailler légalement*
National living wage	*« salaire horaire viable » – taux horaire plus élevé que le « salaire horaire minimum » ; dispositif lancé par George Osborne en 2015*
National Trust (The)	*Caisse nationale des monuments historiques et des sites*
National Vocational Qualification (NVQ)	*diplôme d'aptitude professionnelle sur plusieurs niveaux*
Navy (The)	*la Marine militaire, de guerre*
NEC	**National Executive Committee**
NEET	**Not in Education Employment or Training**, *terme pour les jeunes qui ne sont ni scolarisés, ni en formation, ni insérés dans le monde du travail*
Network Rail	*organisme qui a remplacé Railtrack en 2002* [voir aussi : **British Rail** (**BR**), **Railtrack**]
New Deal	*politique de lutte contre le chômage des jeunes lancée en 1999 par le* **New Labour** *; le chômeur doit obligatoirement suivre une formation, faire un stage en entreprise ou faire du bénévolat afin de recevoir une allocation de chômage. Élargi aux personnes d'autres groupes* [voir aussi : **the dole**]
New Labour	*nom officieux du Parti travailliste (***Labour Party***) pendant l'ère Blair, après son renouvellement commencé par Neil Kinnock dans les années 1980, poursuivi par John Smith, puis pleinement par Tony Blair dans un but de moderniser le parti*
NF	**National Front**
NHS	**National Health Service**
North Sea (The)	*la Mer du Nord*
Northern Ireland	*Irlande du Nord* [voir aussi : **Ulster**]
Northern Ireland Office	*ministère de l'Irlande du Nord*
North-South divide	*écart socio-économique entre le Nord et le Sud de l'Angleterre*
North-South drift	*« glissement de la population du Nord vers le Sud », migration interne du pays*
Nullify (to)	*invalider, infirmer*
NUM	**National Union of Mineworkers**
Number 10	*résidence officielle du Premier ministre à Londres,* **10 Downing Street**
Number 11	*résidence officielle du ministre des Finances à Londres,* **11 Downing Street**
NUPE	**National Union of Public Employees**
NUS	**National Union of Students**
NVQ	**National Vocational Qualification**

O

O Level	*examen scolaire passé vers 16 ans, remplacé en 1988 par le* **GCSE**
OAP	**Old Age Pension/Pensioner**
Oath of allegiance	*serment d'allégeance*
OBE	**Officer (of the Order) of the British Empire**
Ofcom	**Office of Communications**, *organisme régulateur des télécommunications*
Off/on message (to be)	*ne pas respecter/respecter la ligne officielle d'un parti politique lors d'un discours, entretien, etc. ; expression de la fin des années 1990 et* **New Labour**
Office for National Statistics	*Bureau des statistiques nationales ; organisme indépendant*
Office for Standards in Education	*Bureau national de l'inspection des écoles*
Officer (of the Order) of the British Empire	*ordre de chevalerie du système de distinctions honorifiques*
Official Secrets Act **(The)**	*Loi relative aux secrets d'État*
Ofsted	**Office for Standards in Education**
Old Age Pension (an)	*pension vieillesse de la Sécurité sociale*
Old Age Pensioner (OAP) (an)	*retraité* [voir aussi : **senior citizen**]
Old Bailey (The)	*Cour d'assises de Londres ; Cour principale de la Couronne*
Old Bill (the)	*terme familier pour la police*
Old boy network (the)	*réseau (de relations) des anciens élèves d'une école privée*
Old school tie (the)	*littéralement « cravate aux couleurs de son ancienne école », et par extension favoritisme entre anciens élèves d'une même école*
Ombudsman (an)	*médiateur ; protecteur du citoyen*
OMOV	**One Member One Vote**
On/off message (to be)	*respecter/ne pas respecter la ligne officielle d'un parti politique lors d'un discours, entretien, etc. ; expression de la fin des années 1990 et* **New Labour**
One Member One Vote (OMOV)	*« un membre une voix » : règle pour les scrutins du Parti travailliste, remplace en 1993 le* **block vote**
One nation conservatism	*philosophie politique de Benjamin Disraeli au* XIX*e siècle pour décrire une société où l'on doit s'entre aider, y compris les plus aisés envers les plus démunis*
One-parent family	*famille monoparentale* [voir aussi : **one-parent family, single-parent family**]
ONS	**Office for National Statistics**

Open government	*transparence gouvernementale*
Open University (the)	*université nationale d'enseignement à distance [équivalent du CNED]*
Opening and Dissolution of Parliament (the State)	*ouverture et clôture de la session parlementaire*
Opinion poll (an)	*sondage d'opinion*
Opposition (the)	*opposition officielle à la Chambre des communes, d'habitude le deuxième parti*
Opt in/out (to)	*choisir de participer/de ne pas participer (à une politique)*
Orange Day	*procession annuelle le 12 juillet des Orangistes d'Irlande du Nord*
Orange Order (the)	*Ordre des Orangistes, organisation protestante en Irlande du Nord*
Orangemen (the)	*les Orangistes, membres de l'organisation protestante l'***Orange Order** *en Irlande du Nord*
Order in Council (the)	*ordonnance ou décret pris en Conseil privé*
Order of the Garter (the)	*Ordre de la Jarretière, titre honorifique*
Order paper (an)	*ordre du jour parlementaire*
Out of wedlock (to be born)	*en dehors du mariage (être né), autrefois « naissance illégitime »*
Outgoing government (an)	*gouvernement sortant*
Outgoing MP (an)	*député sortant*
Out-patient (an)	*malade en consultation externe*

P

Pairing	*accord entre deux députés de deux partis opposés (approuvé par les* **whips***) pour neutraliser leurs votes afin de ne pas se rendre à la Chambre des communes*
Palace of Westminster (the)	*« palais de Westminster », siège du Parlement à Londres*
Parish (a)	*paroisse*
Parliament	*Parlement : la Chambre des communes et la Chambre des lords rassemblées*
Parliamentarian (a)	*membre du Parlement, parlementaire [nom]*
Parliamentary	*parlementaire [adjectif]*
Parliamentary committee (a)	*commission parlementaire*
Parliamentary debate (a)	*débat parlementaire*
Parliamentary democracy	*démocratie parlementaire*
Parliamentary immunity	*immunité parlementaire*
Parliamentary Labour Party	*Conseil des députés du Parti travailliste, similaire au* **1922 Committee** *du Parti conservateur*
Parliamentary majority (a)	*majorité parlementaire*

Parliamentary monarchy	*monarchie qui règne selon les lois parlementaire* [voir aussi : **constitutional monarchy**]
Parliamentary party (a)	*groupe parlementaire*
Parliamentary Private Secretary (PPS) (a)	*député élu à la Chambre des communes attaché à un ministre qui fait la liaison entre le ministre et les autres députés ; position inférieure à celle de* **Parliamentary Secretary**
Parliamentary privilege (a)	*privilège parlementaire, l'immunité parlementaire*
Parliamentary Secretary (a)	*parlementaire attaché à un ministère ; nom complet :* **Parliamentary Under Secretary of State**
Party election broadcast (PEB)	*courte émission officielle à la radio ou à la télévision d'un parti politique pendant la campagne électorale, spot radiophonique ou télévisuel, nommé aussi* **party political broadcast (a)**
Paternity leave	*congé de paternité*
Patient's Charter	*« Charte des patients » liste des droits des patients au sein du* **NHS**, *rédigé en 1991*
Peace Process	*processus de paix entre l'Irlande du Nord, la République de l'Irlande et la Grande-Bretagne lancé au début des années 1990* [voir aussi : **Belfast Agreement, Good Friday Agreement**]
Peaceful assembly	*rassemblement non violent et pacifique*
PEB	**Party election broadcast**
Peer (a)	*pair (du royaume) à la Chambre des lords ; noble* [voir aussi : **Hereditary Peer, Life Peer**]
Peerage (a)	*pairie à la Chambre des lords* [voir aussi : **Hereditary Peerage, Life Peerage**]
Peerage (to be given a)	*être anobli*
Peerages for cash scandal	*« scandale des titres contre de l'argent », la vente illégale des titres honorifiques de la Chambre des lords*
Pension (a)	*pension vieillesse de la Sécurité sociale*
Pension fund (a)	*fonds vieillesse, assurance vie*
Pension scheme (a)	*caisse de retraite*
Pensioner (a)	*retraité* [voir aussi : **OAP, senior citizen**]
Permanent Secretary (a)	*secrétaire général de ministère, le poste plus élevé dans un ministère*
Permissive society	*société de tolérance ; société permissive*
PhD	**Doctor of Philosophy**
PhD student	*doctorant(e)*
Picket (to)	*faire un piquet de grève*
Picket line (a)	*piquet de grève*
Plaid Cymru	*Parti nationaliste gallois (parti politique de gauche) [nom gaélique] en faveur de l'indépendance du pays de Galles*

Plead guilty/innocent (to)	*plaider coupable/innocent*
Pledge (to/a)	*s'engager à mener une politique particulière avant une élection (dans une manifeste) ; une promesse électorale*
PLP	**Parliamentary Labour Party**
PM	**Prime Minister**
PMQT	**Prime Minister's Question Time**
Police constable (a)	*agent de police*
Police officer (a)	*officier de police*
Policeman/Policewoman (a)	*policier*
Policy (a)	*une politique, ligne d'action politique*
Political asylum	*asile politique* [voir aussi : **asylum seeker, refugee**]
Political consensus	*accord général entre partis politiques sur les grandes lignes politiques*
Political levy (a)	*cotisation versée par un syndicat au Parti travailliste*
Political party (a)	*parti politique*
Politician (a)	*homme/femme politique, politicien(ne)*
Politics	*la politique, le jeu des forces politiques*
Poll (a)	*scrutin, sondage ; participation électorale*
Poll tax (the)	*nom familier pour un impôt local le* **Community Charge** *basé sur la capitation introduit par Margaret Thatcher en 1990 (1989 en Écosse) et remplacé en 1993 par John Major avec le* **Council Tax**
Polling booth (a)	*isoloir pour voter*
Polling card (a)	*carte d'électeur*
Polling day	*jour de scrutin*
Polling station (a)	*bureau de vote*
Pollster (a)	*sondeur, enquêteur*
Polytechnic (a)	*établissement d'enseignement supérieur, tous convertis en universités pendant les années 1990 [équivalent de l'IUT en France]*
Popular press (the)	*presse populaire, par exemple,* ***The Daily Mirror*** [voir aussi : **gutter press, quality press, red tops**]
Postal vote	*vote par correspondance*
Poverty line (the)	*seuil de pauvreté (60 % du salaire médian du pays)*
PPS	**Parliamentary Private Secretary**
Preparatory school (a)	*école primaire privée (5-11 ans)*
Prerogative powers	*pouvoirs prérogatifs du monarque*
Prescription (a)	*ordonnance médicale*
Prescription charge (a)	*montant forfaitaire sur des médicaments prescrits dans une ordonnance médicale*
Press gallery (the)	*tribune de presse à la Chambre des communes*

Pressure group (a)	*groupe de pression*
Primary school (a)	*école primaire (5-11 ans)* [voir aussi : **infant school, junior school**]
Prime Minister (PM) (a/the)	*Premier ministre*
Prime Minister's Question Time (PMQT)	*séance le mercredi matin réservée aux questions orales adressées au Premier ministre à la Chambre des communes*
Primogeniture	*primogéniture, priorité de la succession donnée au premier fils même si une fille est née avant, par exemple pour l'accession au trône ; supprimé au Royaume-Uni en 2013*
Principality	*un État souverain (pays de Galles 1216- 1542).*
Priority setting	*évaluation des priorités afin de faire un choix, par exemple, la répartition des fonds au sein d'un hôpital*
Private Member's Bill (a)	*proposition de loi émanant d'un simple député à la Chambre des communes*
Private school (a)	*école privée* [voir aussi : **independent school, public school, state school**]
Privy Council (The)	*conseil privé du souverain*
Privy Purse (the)	*cassette royale (argent attribué à la monarchie par le gouvernement)*
Probation (to be on)	*liberté surveillée (être en)*
Proportional Representation (PR)	*représentation proportionnelle (mode de scrutin)* [voir aussi : **Alternative Vote (AV), First-Past-The-Post (FPTP), Single Transferable Vote (STV)**]
Propose a motion (to)	*proposer, présenter, soumettre une motion*
Prospective candidate (a)	*futur candidat déjà investi par son parti mais ne pouvant devenir candidat qu'à l'ouverture de la campagne électorale*
Protest rally (a)	*rassemblement de protestation (une manifestation)*
Proxy (a) (to vote by)	*procuration (voter par)*
Psephology	*étude des élections*
Public holiday	*jour férié* [voir aussi : **bank holiday**]
Public prosecutor (a)	*procureur, magistrat du parquet*
Public school (a)	*école privée [ne pas confondre avec* **state school***]* [voir aussi : **independent school, private school, state school**]

Q

Quality Press	*presse de qualité, par exemple,* ***The Guardian****, terme générique synonyme de* **Broadsheets***, par opposition à* **gutter press, popular press, red tops**

Quango (a) — **Quasi-autonomous non-governmental organization**, *organisme semi-public nommé par le gouvernement financé par le contribuable*

Queen Elizabeth II — *la reine Élisabeth II [en anglais : «* **Elizabeth the Second** *», et non «* **the two** *»]*

Queen Mother (Mum) (the) — *reine mère*

Queen's/King's Speech (The) — *discours du trône, allocution prononcée à la Chambre des lords par le monarque au début de chaque session parlementaire, dans lequel le gouvernement annonce les grandes lignes de son programme législatif*

R

Race Relations Acts (The) — *lois sur les relations inter-raciales de 1965, 1968, 1976*

Race Relations Board (The) — *commission établie en 1966 chargée de lutter contre la discrimination raciale*

Rail Track — *organisme privé gérant les chemins de fer après leur privatisation ; remplacé en 2002 par* **Network Rail** [voir aussi : **British Rail (BR)**]

Rank and file (the) — *base d'un parti, d'un syndicat : les troupes*

Rapid rebuttal unit (the) — *élément des relations publiques du Parti travailliste sous Tony Blair pour agir rapidement aux événements ; appelé à partir de 2003 the* **Communications Unit**

Rate-capping — *plafonnement des ressources fiscales des collectivités locales et des impôts locaux*

Ratepayer — *contribuable payant des impôts locaux*

Rates — *impôts locaux remplacés par le* **Poll Tax/Community Charge** *et ensuite par le* **Council Tax**

Ratify (to) — *ratifier*

Reading (a) — *lecture d'un projet de loi ou d'une proposition de loi au Parlement*

Reception Class — *classes d'accueil (pour les 4 ans)*

Recess (a) — *vacances parlementaires*

Red brick university — *université construite en brique à la fin du XIXe siècle et au début du XXe siècle*

Red tops — *presse populaire, par exemple* **The Sun**, *terme générique, synonyme de* **gutter press, popular press, tabloids**, *par opposition à* **broadsheets, quality press**

Re-elect (to) — *réélire*

Refuguee — *réfugié politique*

Regulation (a) — *règlement*

Reign (to) — *régner*

Remembrance Sunday *le jour de l'Armistice, le 11 novembre*
Repeal (to) a law *abroger une loi*
Republic of Ireland *la République d'Irlande, pays du Eurozone qui ne fait pas parti du RU*
Resgin (to) *démissionner, céder*
Reshuffle (Cabinet) (a) *remaniement ministériel du Cabinet effectué par le Premier ministre*
Return to Parliament (to) *élire au Parlement (un député)*
Returning Officer (a) *responsable de l'organisation des scrutins au niveau de la circonscription*
Right wing *politiquement de droite [adjectif] en opposition à* **left wing**
Riot (a) *émeute*
Roll back the State *retrait de l'État dans le financement de la sécurité social et l'État-providence*
Royal Air Force (the) *l'Armée de l'air*
Royal Assent *assentiment royale aux projets de loi; sanction accordée par le souverain aux textes législatifs votés par le Parlement; la promulgation des lois*
Royal Commission (a) *commission d'enquête importante ordonnée par le gouvernement*
Royal Family (The) *la famille royale*
Royal Highness *altesse royale*
Royal Mail (The) *le service postale*
Royal Marines (The) *l'infanterie de marine*
Royal Mint (The) *l'Hôtel des monnaies*
Royal Navy (The) *la marine nationale*
Royal pardon (the) *grâce royale*
Royal prerogative (the) *prérogatives royales, droits (théoriques) du souverain*
Royal Ulster Constabulary *police d'Irlande du Nord*
Royals (the) *la famille royale*
Royalty *la royauté, monarchie*
RUC **Royal Ulster Constabulary**
Rule of Law (the) *état de droit, suprématie du droit, primauté du droit, un des piliers de la constitution*
Ruling class (the) *la classe dirigeante*

S

Safe constituency (a) *circonscription sûre ou « acquise »*
Safe seat (a) *circonscription qui a tendance à voter toujours pareil avec de grandes majorités; siège sûr, en opposition à un* **marginal seat**

Saint Andrew	*Saint-André, saint patron de l'Écosse*
Saint David	*Saint-David, saint patron du pays de Galles*
Saint George	*Saint-Georges, saint patron de l'Angleterre*
Saint Patrick	*Saint-Patrick, saint patron de l'Irlande*
SATs	**Standard Assessment Tests**
Scab (a)	*briseur de grève, « jaune »*
Scot (a) **Scotsman** (a)	*Écossais(e) un(e)*
Scots (the)	*les Écossais, le peuple écossais*
Scottish	*écossais(e) [adjectif, avec majuscule ; «* **a scottish** *» n'existe pas]*
Scottish National Party (SNP)	*Parti national écossais, parti politique de gauche favorable à l'indépendance*
SDLP	**Social Democratic and Labour Party**
SDP	**Social Democratic Party**
Seat (a)	*siège parlementaire, chacun représentant une circonscription et un député*
Sectarianism	*discrimination religieuse, violence en raison des différences religieuses*
Secondary school (a)	*terme générique pour lycée (11-18 ans)*
Secretary of State (a)	*ministre de rang le plus élevé [différent du Secrétaire d'État en France]*
Select committee (a)	*commission d'enquête parlementaire*
Self-employed worker (a)	*travailleur indépendant*
Self-governing	*autonome*
Senior citizen	*retraité* [voir aussi : **OAP**]
Sentence (a)	*condamnation, peine*
Separation of power	*séparation des pouvoirs entre les trois branches*
Shadow Cabinet (the)	*« Cabinet fantôme » ; Cabinet de l'Opposition à la Chambre des communes où chaque membre a un rôle homologue au Cabinet du gouvernement, par exemple,* **Shadow Minister for Education**
Shadow minister (a)	*membre du « Cabinet fantôme » de l'opposition à la Chambre des communes*
Shortage (a)	*pénurie, manque*
Show of hands (a)	*voter à main levée*
Sick leave	*arrêt maladie*
Sickness benefit	*prestations de l'assurance maladie, allocation maladie*
Signatory (a)	*signataire*
Single mother	*mère célibataire*
Single-parent family	*famille monoparentale* [voir aussi : **lone-parent family, one-parent family**]

Single Tansferable Vote (STV) *mode de scrutin fondé sur la représentation proportionnelle* [voir aussi : **Proportional Representation**]

Sink estate/school *une cité ou une école défavorisée, en perdition, souvent dans les* **inner cities**

Sinn Féin *parti politique républicain catholique en Irlande du Nord, officieusement associé à l'***Irish Republican Army** (**IRA**)

Sit (to) *siéger*

Sitting (parliamentary) (a) *séance (parlementaire)*

Sixth form *ancien nom des deux dernières années au lycée pour les 16-18 ans, divisées en* **lower-sixth** *et* **upper-sixth** *; appelées maintenant* **Year 12** *et* **Year 13**

Sleaze *scandales de tous types : corruption, histoires sordides, etc.*

Slum (a) *taudis, bas quartier*

snap election *élection anticipée*

SNP **Scottish National Party**

Soapbox (a) *littéralement caisse à savon, tribune improvisée en plein air pour un orateur*

Social and Liberal Democrats (SLD) *parti politique formé en 1988 à la suite d'une fusion entre le* **SDP** *et le* **Liberal Party**. *Il devient le* **Liberal Democrats** (**Lib Dems**) *en 1989*

Social Chapter *le chapitre social qui réglemente les droits des travailleurs du Traité de Maastricht (***Maastricht Treaty***), 1992; John Major ne l'a pas signé, contrairement à son successeur Tony Blair*

Social Democratic and Labour Party (SDLP) *Parti politique catholique modéré en Irlande du Nord*

Social housing *logements sociaux*

Social services (the) *les Services sociaux*

Social worker (a) *assistant social*

Socialism *socialisme, doctrine socialiste*

Socialist (a) *socialiste*

Solicitor (a) *notaire, avocat* [voir aussi : **barrister**, **lawyer**]

Sound bite (a) *brève expression ou phrase médiatique prononcée par un homme politique, afin d'être citée dans les médias et retenue par le publique*

Sovereign (a/the) *souverain*

Sovereign state (a) *État souverain*

Sovereign Support Grant *financement public de la monarchie qui en 2013 a remplacé la* **Civil List**

Speaker (of the House) (The) *président(e) des débats à la Chambre des communes qui vieille sur le respect des règles; équivalent du* **Lord Speaker** *à la Chambre des lords*

Specialist schools	*lycée avec un « statut de lycée spécialisé » dispensant un enseignement généraliste avec une spécialisation*
Speech from the throne (the)	*discours du trône, appelé aussi le* **King's/Queen's Speech**
Spin	*angle sous lequel une information est présentée*
Spin doctor (a)	*spécialiste en communication et relations publiques d'un parti politique chargé(e) de donner une bonne image du parti [terme péjoratif]*
Splinter group (a)	*groupe, fraction dissident(e) d'un parti*
Spokesperson (a)	*porte-parole*
Stakeholder society (a)	*société où chaque citoyen a un enjeu (droits et devoirs) dans la société ; terme utilisé par T. Blair*
Standard Assessment Tests (SATs)	*tests d'évaluation standards passés à 7, 11 et 14 ans, introduit en 1991, abandonnés pour les 14 ans en 2008*
Standing committee (a)	*Commission (parlementaire) permanente*
State Opening of Parliament	*ouverture solennelle de la session parlementaire*
State school (a)	*école d'État (gratuite) [ne pas confondre avec* **public school**] [voir aussi : **independent school, private school**]
Statement (a)	*déclaration*
Statesman/Stateswoman (a)	*homme/femme d'État ; diplomate*
Statute (a)	*loi* [voir aussi : **act of Parliament, law**]
Stealth tax (a)	*taxe dissimulée, impôt indirect « caché »*
Stormont	*siège du Parlement d'Irlande du Nord*
STV	**Single Transferable Vote**
Subcontract (to)	*sous-traiter*
Succeed to the throne (to)	*succéder au trône*
Sue (to) (someone)	*porter plainte contre quelqu'un, poursuivre quelqu'un en justice*
Suez Crisis	*la crise/Guerre du canal de Suez de 1956, à la suite de sa nationalisation par l'Égypte*
Suicide bomber	*auteur d'un attentat suicidaire*
Supplementary Benefit	*allocation supplémentaire d'aide sociale, lancée en 1996, remplacée en 1988 par l'***Income Support**
Supplementary Vote (SV)	*mode de scrutin fondé sur le vote par préférence*
Supreme Court (the)	*nouvelle Cour suprême à Londres, créée en 2009 par une loi de 2005, elle replace la* **Court of Appeal** *à la Chambre des lords*
Survey (a)	*enquête*
SV	**Supplementary Vote**
Swing (a)	*report des voix d'un parti sur un autre*

Swing of the pendulum (the) — *mouvement de pendule politique lors des élections, revirement ou changement d'opinion en faveur d'un autre parti*

T

Table an amendment (to) — *soumettre, présenter un amendement*

Tabloid (a) — *quotidien de format tabloïd, presse populaire, synonyme de* **gutter press, popular press, red tops,** *par exemple,* ***The Daily Mirror,*** *par opposition à la presse de qualité* **broadsheets, quality press**

Target seat — *siège cible, circonscription à faible majorité politique et d'une importance clé dans une élection*

Tax and spend — *imposer des impôts élevés pour dépenser davantage de fonds publics [expression souvent péjorative]; politique associée au Parti travailliste des années 1970*

Tax credits — *allocations liés à l'exercice d'une activité peu rémunérée introduites par* **New Labour**

Taxpayer (a) — *contribuable*

Teenage pregnancy — *conceptions chez les mineures ; grossesses chez les adolescentes*

Term of office (a) — *mandat, durée d'une fonction parlementaire*

Thames (The) — *la Tamise ; rivière qui traverse Londres*

Think tank (a) — *comité d'experts, cellule ou groupe de réflexion*

Third Way — *« troisième voie » : une politique entre socialisme et libéralisme, entre la gauche et la droite, politique du* **New Labour** *associée au* **Blairism**

Top-up fees — *frais de scolarité universitaire complémentaires de* **New Labour** *introduits en 2006-2007*

Tories (the) — *les conservateurs (***Conservatives***), nom familier pour les supporters ou membres du Parti conservateur*

Tory (a) — *un conservateur [nom familier]*

Tory Party (the) — *nom d'un parti politique de la fin du XVIIe siècle au début du XIXe siècle, dont est issue l'actuel Parti conservateur (***Conservative Party***)*

Town Hall (a) — *mairie, hôtel de ville*

Trade union (a) — *syndicat*

Trade unionism — *syndicalisme*

Trades Union Congress (TUC) — *la Confédération des syndicats, organisme syndical important qui regroupe la majorité des syndicats*

Treaties of Rome — *les Traités de Rome, 1957*

Treaty on European Union — *nom officiel du Traité de Maastricht signé en 1992*

Trial (a) — *procès*

Trial by Jury	*jugement par jury*
Trooping the Colour	*« le salut aux couleurs », présentation du drapeau devant Buckingham Palace le jour de l'anniversaire officiel de la Reine*
Troubles (The)	*période très violente, surtout pendant les années 1970, en Irlande du Nord, entre catholiques et protestants extrémistes*
Tube (the)	*le métro londonien, appelé aussi* **The Underground**
TUC	**Trades Union Congress**
Tuition fees	*frais d'inscription*
Turnout	*participation électorale*
Two-Party system	*bipartisme, système bipartite, où le pouvoir alterne entre deux partis politiques principaux*

U

UCAS	**Universities and Colleges Admissions Service** (**UCAS**) *service en ligne chargé de centraliser et de gérer les demandes d'admission dans les universités britanniques* [voir aussi : **Clearing**]
UDA	**Ulster Defence Association**
UDR	**Ulster Defence Regiment**
UKIP	**United Kingdom Independence Party**
Ulster Defence Association (UDA)	*organisation paramilitaire protestante en Irlande du Nord*
Ulster Defence Regiment (UDR)	*section de l'armée britannique en Irlande du Nord*
Ulster Unionist Party (UUP)	*parti unioniste protestant d'Irlande du Nord*
Ulster	*une des 4 anciennes provinces d'Irlande, composée de 9 comtés : 6 situés en Irlande du Nord (***Northern Ireland***) et 3 en la République d'Irlande (***Republic of Ireland***) ; le terme Ulster est parfois utilisé comme synonyme de l'Irlande du Nord*
Uncodified constitution	*constitution pas écrite dans un document unique*
Underground (the)	*le métro londonien, appelé aussi* **The Tube**
Under-occupancy penalty	*mesure du gouvernement de coalition sur les chambres à coucher non utilisées dans les logements sociaux [nom informel : «* **Bedroom Tax** *»]*
Underground (the)	*le métro londonien, appelé aussi* **The Tube**
Unemployment Benefit	*allocations (de) chômage* [voir aussi : **Dole, Job Seekers' Allowance**]
Union Flag	*autre nom de l'Union Jack*
Union Jack	*le drapeau du Royaume-Uni*
Unionist (a)	*unioniste, partisan du maintien de l'union entre l'Irlande et l'Irlande du Nord*

Unison	*syndicat du secteur public (après la fusion des syndicats* **Cohse, Nalgo, Nupe***)*
Unitary State/system	*le gouvernement central est le principal pouvoir qui gouverne sur l'ensemble du pays et peut donner du pouvoir aux régions*
United Kingdom (the)	*le Royaume-Uni [il faut inclure l'article en anglais]* [voir aussi : **Britain, British Isles, Great Britain, United Kingdom**]
Universities and Colleges Admissions Service (UCAS)	*service en ligne chargé de centraliser et de gérer les demandes d'admission dans les universités britanniques* [voir aussi : **Clearing**]
Unseat (to)	*infliger une défaite au député sortant ou invalider un député ; faire perdre son siège à un député*
Upper House (The)	*la Chambre des lords, en opposition à la* **Lower House**
Upper Middle Class (the)	*la bourgeoisie ; classe moyenne supérieure*
Upper-sixth	*« sixième-supérieure », ancienne dernière année (sur deux) de terminale, appelée désormais* **Year 13** [voir aussi : **lower-sixth**]
Usual Channels	*suivre la filière habituelle au parlement*
U-Turn (to make a)	*faire volte-face en politique (180°)*
UUP	**Ulster Unionist Party**

V

Value Added Tax (VAT)	*taxe sur la valeur ajoutée, TVA*
Veto (to)	*mettre son veto*
Vocational course (a)	*cours à orientation professionnelle*
Vote (a)	*voix dans une élection [et non «* a voice *»]*
Vote (to)	*voter*
Vote of no confidence (a)	*vote de censure; motion de censure, vote sur une motion proposée par l'opposition qui censure un aspect de la politique du gouvernement ; si la motion réussit le gouvernement doit démissionner*
Voter (a)	*électeur*
Votes cast (the)	*suffrages exprimés dans une élection*
Voucher (a)	*bon (d'achat), ticket*

W

Wage earner (a)	*salarié*
Waiting list (a)	*liste d'attente*
Walkabout (a)	*bain de foule*
Ward (a)	*circonscription électorale urbaine ou* **borough**

Wars of the Roses	*guerre civile des deux Roses, 1445 à 1485*
Watchdog (a)	*organisme de vigilance/contrôle*
Ways and Means committee (a)	*commission (parlementaire) des finances*
Welfare State (The)	*l'État-providence, protection sociale universelle*
Welfare to Work	*mesure pour encourager les chômeurs à trouver un emploi au lieu de compter sur les allocations, lancé par le* **New Labour**
Welsh	*la langue galloise ; gallois [adjectif]*
Welsh (the)	*les Gallois*
Welsh Assembly	*le parlement gallois depuis 1999*
Welshman/Welshwoman (a)	*un(e) Gallois(e)*
Westminster	*quartier de Londres où siège le Parlement britannique ; terme pour le Parlement lui-même*
Whig (a)	*libéral au XIXe siècle*
Whip (a)	*député dont la mission est d'assurer le respect de la discipline de vote dans son parti. Convocation d'un député à séance importante du Parlement ;* **Three-line whip** *: convocation impérative pour voter (soulignée 3 fois)*
White collar (worker) (a)	*col blanc, travailleur non manuel* [voir aussi : **blue collar worker**]
White Paper (a)	*livre blanc, proposition de réforme législative annoncée par le gouvernement, projet de loi*
Whitehall	*quartier de Londres où se trouvent les principaux ministères et le* **Civil Service** *; terme qui désigne l'Administration elle-même*
Winter of Discontent	*hiver de 1978-1979 marqué par multiples grèves*
Woolsack (The)	*« sac de laine », nom du siège du Lord Speaker à la Chambre des lords*
Workhouse (a)	*hospice victorienne pour indigents*
Working class (the)	*la classe ouvrière, en opposition à la classe moyenne (***middle class***)*
Working poor	*les travailleurs pauvres, ceux qui sont pauvres en raison des salaires maigres*
Working Families Tax Credit	*allocation de 1999 à 2003 pour les parents travaillant au moins 16 heures par semaine avec des revenus peu élevés*
Working Tax Credit (WFC)	*allocation introduite en 2003 pour les personnes qui travaillent au moins 16 heures par semaine avec des revenus peu élevés*

Y

Youth court *tribunal juvénile*
Youth crime *délinquance juvénile*
Youth vote *vote des jeunes*
Young wing *section jeune d'un parti politique*
Youthquake *expression pour décrire l'importante participation politique des jeunes en 2017 notamment en faveur de Jeremy Corbyn*

10 Downing Street : 149, 152, 216, 384, 386, 391, 403, 416
11 Downing Street : 391, 403, 416
11+ : 312, 391, 404, 407
1922 Committee : 391, 418

A

A Levels : 326, 328, 330, 392
ABC : voir *Audit Bureau of Circulation*
accession to the throne : 98, 117, 391
Act of Parliament : 78, 118, 144, 146, 280, 391
Act of Settlement (1701) : 84, 114, 391
Act of Union : 16
Act of Union (1707) : 84, 391
ad hoc committee : 152, 391, 399
Adams, Gerry : 254
affluent society : 391
ageing population : 50, 391
Alliance (The) : 177, 222, 392
Alternative Vote (AV) : 98, 164, 172, 224, 392, 404, 421
Anglican Church : 66, 68, 138, 392
Anglo-Irish Agreement (1985) : 252, 392
Anglo-Irish Treaty (1921) : 16, 246, 392
Annual conference : 212, 224, 252, 354, 370, 392
anti-social behaviour : 214, 308, 392
aristocracy : 222, 392
armed forces/army : 82, 106, 118, 160, 392
Article 50 : 389
ASBO : 214, 392
Ashdown, Paddy : 224, 385
Asians : 56, 60, 62, 72, 364, 395
Assembly for Wales : voir *Welsh Assembly*
Assembly Member (AM) : 164, 180, 236
asylum seeker : 58, 384-385, 392, 407, 420
Attlee, Clement : 162, 207, 262, 381
Attorney General : 392
Audit Bureau of Circulation : 362
austerity : 204, 276, 292, 306, 352, 370, 387
AV : voir *Alternative Vote*

B

baby boom : 392
Baby boom : 48
Bachelor Degree : 334, 392-393, 396
backbencher : 144, 150, 393, 406
ballot : 168, 188, 198, 218, 224, 393, 397
Bangladesh/Bangladeshis : 56, 58, 62, 66, 72, 284, 395
Bank of England : 268, 381, 384, 393, 398
Barnett formula : 240
Bartley, Jonathan : 232
Batten, Gerard : 226, 389
BBC : 126, 134, 160, 358, 364, 366, 387-388, 393
bedroom tax : 306, 387, 393, 428
Belfast : 14, 32, 94, 164, 184, 248, 254, 256, 332, 385, 394
Belfast Agreement (1998) : 254, 385, 394, 407, 419
benefit(s) (Welfare State) : 208, 288, 290, 292, 298, 300, 302, 306, 383, 385, 387-388, 394, 398, 403, 409, 414, 416, 424, 426, 428, 430
Benefit(s) (Welfare State) : 48
Bengali : 72
Bennett, Natalie : 179, 232, 372
Berry, Siân : 232
Beveridge Report : 288, 290, 394, 406
Beveridge, William : 288, 290, 292
Bicameral : 124, 394
Big Ben : 126, 394
Bill of Rights Act (1689) : 82, 394
binge drinking : 394
births outside marriage : 54
Black British : 56, 60, 62
Black Caribbean : 56, 60, 62
Black Wednesday : 268, 383, 394
Blairism : 214, 394, 427
Blairites : 214, 220, 394
Blair, Tony : 64, 94, 124, 140, 156, 172, 190, 210, 212, 214, 216, 218, 236, 270, 272, 300, 338, 356, 384-386, 388, 394, 399, 401, 416, 422, 425-426

block vote : 212, 218, 394, 417
Bloody Friday : 250
Bloody Sunday : 250, 382, 395
BNP : voir *British National Party*
boarding schools : 324, 395, 402
Bolton, Henry : 389
Boundary Commission : 98, 166, 387, 389, 395
Brexit : 88, 90, 98, 100, 122, 144, 154, 198, 218, 226, 274, 276, 376, 378, 389-390
British Commonwealth : 20, 56, 106, 154, 166, 168, 264, 278, 280, 282, 284-286, 381-382, 395, 400, 406
British Empire : 56, 110, 278, 280, 396-397, 404, 414, 417
British Isles : 16, 26, 396, 407, 429
British National Party (BNP) : 232, 395-396, 415
Britishness : 64, 396
broadsheets : 360, 396, 408, 422, 427
Broken Britain : 308, 396
Brown, Gordon : 124, 156, 212, 216, 272, 300, 328, 368, 370, 386-387
Bruges Speech : 266
Brussels : 266
Buckingham Palace : 108, 112, 368, 396, 428
Buddhists/Buddhism : 46, 66, 68, 70
Burns Night : 24, 396
Butler Act (1944) : 310, 312, 396
Butskellism : 396
by-election : 124, 164, 384

C

Cabinet : 76, 106, 130, 132, 148, 152, 154, 158, 160, 198, 202, 204, 218, 220, 268, 348, 397, 399, 403, 405-406, 410, 423-424
Cabinet Committee : 132, 152, 158, 399
Cabinet reshuffle : 152, 397, 423
Cabinet Room : 152, 397
Cable, Vincent : 224, 390
Callaghan : 208, 348, 350, 382
Cambridge University : 332
Cameron, David : 100, 124, 128, 154, 156, 172, 198, 204, 274, 276, 308, 312, 368, 370, 372, 376, 386-388, 396
Campbell, Alastair : 214
Campbell, Sir Menzies (Ming) : 224, 386
CAP : voir *Common Agricultural Policy*
Cardiff : 94, 164, 180, 236, 385
Caribbean : 56, 60, 62
Case Law : 80, 86, 88
Cash for honours/peerages : 214, 386, 419
Cash for Questions : 384, 397
Catholic : 18, 56, 66
Catholics/Catholic Church : 84, 230, 244, 246, 248, 250, 252, 254, 318
CBE : 110, 160, 397
CBI : voir *Confederation of British Industry*
Celts/Celtic : 72
Census of Population : 40, 42, 46, 60, 68, 70, 385, 387, 397
Chancellor of the Exchequer : 154, 268, 270, 272, 300, 306, 308, 338, 370, 386-387, 391, 398, 403, 405
Channel 4 : 366, 383
Channel Islands : 14, 16, 26, 396, 398
Channel Tunnel : 32, 384, 398
Charter88 : 94, 140, 383, 398
checks and balances : 90, 92, 398
Chequers Deal : 389
Child Tax Credit : 302, 385
Christians/Christianity : 24, 46, 66, 68, 70, 316
Church of England : 106, 138, 160, 397-398
Church of Scotland : 106, 398
Churchill, Winston : 162-163, 206, 262, 288, 292, 381
Church of England : 66, 68
Church of Scotland : 66
Civil List : 112, 387, 399, 425
civil rights/liberties : 82, 94, 250, 399
Civil Service/Servants : 146, 154, 158, 160, 399, 430
Clarendon Nine : 324

class struggle : 399
Clause IV : 210, 384, 399
Clegg, Nick : 98, 154, 224, 336, 368, 370, 372, 374, 386-388
climate : 34, 36
Coalition (Conservative-Liberal Democrat) : 84, 98, 124, 142, 184, 190, 306, 318, 320, 336, 352, 368, 370, 372, 374, 386-387, 393, 428
collective responsibility : 86, 152, 399
Collins, Michael : 246
colonies : 56, 64, 244, 278, 400
Commission for Racial Equality (CRE) : 399, 401
Common Agricultural Policy (CAP) : 266, 397
Common Law : 78, 80, 82, 86, 110, 400
Commons : voir *House of Commons*
Commonwealth of Nations : voir *British Commonwealth*
Communism : 56, 190, 232
Community Charge : 383-384, 400-401, 420, 422
Confederation of British Industry (CBI) : 354, 397
Congestion Charge : 260, 385
Conservative and Unionist Party : voir *Conservative Party*
Conservative Association : 196, 202
Conservative Party : 84, 94, 98, 100, 102, 124, 128, 140, 142, 156, 172, 174-180, 182, 188, 190, 192, 194, 196, 198, 200, 202, 204, 206, 212, 214, 216, 226, 228, 252, 260, 262, 264, 266, 270, 272, 274, 288, 292, 296, 300, 306, 308, 310, 312, 328, 334, 336, 338, 348, 350, 352, 356, 368, 370, 372, 374, 376, 378, 381-384, 386-389, 397, 400, 427
constituency : 100, 124, 128, 156, 166, 168, 170, 172, 180, 182, 188, 196, 200, 218, 224, 240, 260, 352, 368, 388, 395, 400, 414, 423
Constitution : 74-75, 78, 80, 90, 92, 94, 210, 238, 280, 384, 400-401, 423, 428
constitutional change : 92, 94, 96, 98, 100, 102, 180, 224, 383
Constitutional Monarchy : 78, 92, 104, 400, 419
Constitutional Reform Act (2005) : 76, 96, 138
consumer society : 400
control freakery : 214, 400
conventions : 78, 80, 86, 122, 152, 158, 401
convergence criteria : 272
Corbyn, Jeremy : 218, 220, 276, 354, 376, 388-389, 431
Coronation : 114, 117, 358, 381, 401
council housing/social housing : 196, 306, 401, 425
Court of Appeal : 76, 96, 136, 386, 401, 426
Courts : 74, 76, 80, 82, 86, 88, 90, 94, 96, 110, 136, 144, 272, 274, 386, 392, 400-401, 405, 408, 411-412, 414, 426, 431
cradle to grave : 290
CRE : voir *Commission for Racial Equality*
crime/criminality : 110, 136, 212, 214, 252, 254, 381, 384, 386, 431
Crown (the) : 14, 74, 78, 82, 86, 98, 104, 106, 112, 128, 132, 160, 244, 246, 248, 278, 280, 387, 396, 401, 414
custom(s) : 78, 80, 82, 86, 402
Cynulliad : voir *Welsh Assembly*

D

decolonization : 278, 280, 282, 284-286
decommissioning : 254, 256, 384, 402
Democratic Unionist Party (DUP) : 179, 184, 186, 230, 248, 256, 258, 274, 376, 378, 386, 389, 402-403
Deputy Prime Minister : 154, 224, 370
devolution : 74, 94, 100, 164, 180, 184, 214, 230, 234, 236, 238, 242, 244, 252, 254, 260, 314, 328, 382, 384-385, 387, 403

direct rule : 184, 250, 382, 403, 409
Dispatch Box : 128, 403
dissolution of Parliament : 86, 108, 124, 156, 166, 368, 386, 403, 418
Divine Right of Kings : 82
dole : 298, 302, 344, 403, 416, 430
dominions : 244, 246, 280
Downing Street : 152, 216, 384, 386, 391, 403, 416
Dublin : 14, 244, 246, 254
dumbing down : 328, 366, 403
Duncan Smith, Iain : 198, 206, 306, 385
DUP : voir *Democratic Unionist Party*

E

Easter Uprising : 244
ECB : voir *European Central Bank*
ECJ : voir *European Court of Justice*
economic migrant(s) : 58, 388, 403
ECSC : voir *European Court of Justice*
Edinburgh : 14, 36, 46, 94, 104, 112, 117-118, 164, 182, 238, 332, 385, 403
education : 40, 48, 132, 154, 196, 202, 214, 226, 236, 238, 290, 308, 310, 312, 314, 316, 318, 320, 322, 324, 326, 328, 330, 332, 334, 336, 340, 366, 382-383, 385, 387, 393, 397, 402, 406-407, 412-413, 416-418, 424, 426, 429
Education Act (1944) : 310, 312, 396
Education Reform Act (1988) : 320, 383
EEC : voir *European Economic Community*
EHRC : voir *Equality and Human Rights Commission*
Eire : 14, 246, 404
elections : 86, 90, 94, 96, 98, 104, 108, 124, 128, 130, 132, 138, 140, 150, 154, 156, 164, 166, 168, 170, 172, 174-175, 180, 182, 184, 188, 190, 192, 198, 200, 202, 204, 208, 210, 216, 218, 220, 224, 226, 228, 230, 232, 236, 238, 240, 254, 256, 260, 270, 272, 274, 292, 300, 306, 350, 368, 370, 372, 374, 376, 381-389, 391, 396, 404-405, 407, 412-413, 419-420, 428-429
elective dictatorship : 90, 92, 382, 404
Eleven Plus (11+) : 312, 391, 404
Elizabeth II : voir *Queen Elizabeth II*
employment : 88, 264, 270, 294, 328, 342, 344, 346-347, 350, 382-386, 416
Employment Acts : 350
England : 14, 16, 18, 20, 22, 24, 26, 28, 32, 34, 38, 40, 42, 44, 54, 56, 60, 62, 64, 68, 80, 84, 100, 122, 128, 136, 166, 180, 196, 202, 234, 236, 238, 240, 252, 260, 282, 310, 312, 314, 316, 320, 324, 328, 334, 381, 383
English Channel : 14, 16, 26, 28, 32, 384, 396, 398, 404
Equality and Human Rights Commission : 386, 399, 404
ERM : voir *Exchange Rate Mechanism*
ethnic minorities : 46, 50, 60, 64, 72
Eton : 204, 324
EU : voir *European Union*
EU Referendum : 88, 204, 218, 220, 226, 228, 242, 274, 276, 374, 387-388
Euratom : 262
European Central Bank : 266
European Convention on Human Rights : 84, 88, 94, 102, 272, 385
European Court of Human Rights (ECHR) : 88, 90, 272, 405
European Court of Justice (ECJ) : 88, 90, 144, 274
European Economic Community (EEC) : 74, 88, 262, 264, 266, 270, 282, 381-382
European elections : 164, 272, 388
European Parliament : 164, 226, 232, 274
European Union (EU) : 74, 80, 88, 90, 98, 100, 122, 155, 164, 196, 204, 224, 226, 242, 262, 270, 272, 274, 282, 338, 374, 376, 383, 386, 388-389, 414, 427
Eurosceptics/Europhobes : 226, 270, 274, 405

Eurotunnel : 32, 384, 398
Eurozone : 272, 344, 423
Exchange Rate Mechanism : 268, 394
executive power : 76, 90, 104, 106, 140, 148, 150, 152, 154, 156, 158, 160, 252, 254, 272, 274, 385-386

F

Fabian Society : 208, 405
faith schools : 68, 316
Falklands War : 202, 383, 405
Family Allowance Act : 292
family allowances : 290, 292, 405
Family Credit : 385, 405
Farage, Nigel : 179, 226, 228, 372, 374, 388
Father of the House : 134, 405
fertility rate : 48, 50, 54, 60
First Minister of Northern Ireland : 256, 386
First Minister of Scotland : 100, 182, 240, 386
First Minister of Wales : 180
First-Past-The-Post (FPTP) : 98, 164, 170, 172, 180, 182, 188, 190, 232, 374, 387, 404-406, 421
Five Giants : 290
Fixed-Term Parliaments Act (2011) : 98, 124
flags : 18, 20, 24, 240, 428
Floor of the House : 130, 401-402, 406
focus groups : 214
foundation hospitals : 300, 385, 406
FPTP : voir *First-Past-The-Post*
Freedom of Information Act (2000) : 94, 96, 385, 406
Free Schools : 320, 406
from the cradle to the grave : 290, 406
frontbenchers : 130, 150, 406
full employment : 294, 344
fundamentalists : 66, 406
fundholders/fundholding : 296, 406
Further and Higher Education Act (1992) : 334, 383

G

Gaelic : 72, 230, 246
Gang of Four : 222, 382, 406
gap year : 330, 406
GCE : voir *General Certificate of Education*
GCSE : voir *General Certificate of Secondary Education*
gender ratio : 407
General Certificate of Education (GCE) : 326, 406
General Certificate of Secondary Education (GCSE) : 326, 383, 407
general election : 86, 90, 94, 98, 108, 124, 128, 130, 132, 140, 150, 154, 156, 164, 166, 168, 170, 172, 174-175, 179-180, 182, 188, 190, 198, 202, 204, 208, 210, 216, 218, 224, 226, 228, 230, 232, 236, 270, 272, 274, 292, 300, 306, 350, 368, 370, 372, 376, 381-386, 388-389, 407
General National Vocational Qualification (GNVQ) : 328, 407
General Practitioner (GP) : 294, 296, 300, 306, 308, 407
George (Prince) : 104, 110, 114, 387
GLA : voir *Greater London Assembly*
Glorious Revolution : 82, 92, 104, 407
GNVQ : voir *General National Vocational Qualification*
God Save the King/Queen : 118, 407, 415
Good Friday Agreement (1998) : 186, 254, 258, 385, 394, 407, 419
Gove, Michael : 274, 328
Government of Ireland Act (1998) : 246
Government of Wales Act : 94, 96, 180, 236, 385
GP : voir *General Practitioner*
Grammar Schools : 312, 320, 388, 400, 404, 407
Greater London Assembly (GLA) : 164, 188, 260, 385, 407
Green Paper : 146, 408

Green Party : 172, 178-179, 182, 184, 186, 232, 274, 372, 374, 376, 388-389, 408
gutter press : 360, 408, 420-422, 427

H

Habeas Corpus : 82, 408
Habeas Corpus Act (1679) : 82
Hague, William : 198, 206, 384-385
Hansard : 134, 408
Hardie, Keir : 207-208
H-Blocks : 252
Health and Social Care Act (2012) : 306, 387
health care : 48, 50, 154, 208, 236, 238, 288, 290, 292, 294, 296, 298, 300, 302, 306, 308, 381, 383, 387, 402, 415-416
Heath, Edward : 163, 206, 264, 348, 382
hereditary peers : 96, 138, 140, 142, 385, 408
higher education : 48, 238, 330, 332, 334, 336, 340, 383, 385, 387
Highers : 328, 409
Hindus/Hinduism : 46, 66, 68, 70, 318
Hogmanay : 24, 409
Home Rule : 244, 248, 250, 403, 409
Honours List : 110, 160, 214, 386, 409
Hospital Trusts : 296, 409
House of Commons : 74, 76, 80, 86, 92, 94, 108, 120, 124, 126, 128, 130, 132, 134, 136, 138, 140, 142, 144, 146, 150, 152, 156, 160, 164, 166, 170, 172, 190, 230, 232, 248, 258, 348, 376, 385-386, 400, 409
House of Lords : 74, 76, 86, 92, 94, 96, 98, 102, 108, 120, 124, 128, 136, 138, 140, 142, 144, 146, 152, 155, 160, 166, 168, 202, 214, 226, 232, 370, 381, 385-387, 389, 409, 412
House of Lords Act (1999) : 96, 142, 385
House of Windsor : 104, 114, 116
Houses of Parliament : 126, 136, 214, 234, 258, 409
Houses of Tudor and Stuart : 116
housing : 196, 236, 238, 276, 290, 292, 306, 388, 401, 409, 425
Howard, Michael : 198, 206
Human Rights Act (1998) : 88, 94, 272, 385
Hume, John : 254
Hundred Years' War : 22
hung Parliament : 108, 170, 368, 372, 386, 389, 409
hunger strikes : 252, 382

I

immigration/immigrants : 56, 60, 64, 66, 226, 232, 238, 260, 276, 374, 382, 384, 386, 388
income support : 298, 383, 405, 409, 426
Independence of Scotland Referendum (2014) : 100, 182, 240, 387-388
Independent Parliamentary Standards Authority (IPSA) : 126, 386, 410
Independent Press Standards Organisation (IPSO) : 388, 410
independent schools : 324, 326, 410, 421, 426
India/Indians : 46, 56, 60, 62, 64, 72, 278, 282, 285, 381
inner cities : 46, 316, 382, 410, 425
internment : 250
interregnum : 78, 116, 410
IPSA : voir *Independent Parliamentary Standards Authority*
IPSO : voir *Independent Press Standards Organisation*
IRA : voir *Irish Republican Army*
Iraq : 216, 224, 385, 388
Ireland : 14, 16, 18, 20, 24, 26, 30, 32, 36, 38, 40, 56, 72, 74, 94, 100, 104, 122, 128, 136, 155, 164, 166, 168, 180, 184, 186, 214, 230, 234, 244, 246-248, 250, 252, 254, 256, 258, 264, 278, 287, 310, 314, 324, 332, 334, 362, 372, 378, 381-386, 388, 396, 410, 416, 423, 428

Irish Republican Army (IRA) : 230, 246, 248, 250, 252, 254, 256, 382-385, 410, 425
Islam : 46, 66, 68, 318

J

James, Diane : 226, 388-390
Jews/Judaism : 46, 56, 66, 70, 316, 318
job seekers : 302
Johnson, Boris : 188, 204, 260, 274, 386, 389, 396
Judicial power : 76, 82, 86, 90, 104, 136, 140, 144, 154, 238, 264, 360, 398, 411

K

Kennedy, Charles : 224, 385-386
Khan, Sadiq : 188, 260, 388
Kinnock, Neil : 207, 210, 383, 416
knighthoods : 110, 160

L

Labour Force Survey : 344
Labour Party (Labour) : 94, 140, 156, 172, 174-180, 182, 184, 188, 190, 192, 196, 207-208, 210, 212, 214, 216, 218, 220, 222, 226, 230, 236, 248, 260, 262, 264, 266, 270, 272, 274, 276, 288, 292, 294, 300, 302, 304, 336, 348, 350, 352, 354, 356, 368, 370, 372, 374, 376, 378, 381-389, 392, 411, 416-418, 420, 424, 427, 430
Labour Representation Committee (LRC) : 208, 348
land use : 32, 44
languages : 64, 72, 236, 238, 312, 314, 318, 320, 326, 364
law and order : 196, 212
Law Lords : 76, 96, 136, 386, 412
lawmaking : 144, 146
LEA : voir *Local Education Authority*
Leader of the House of Commons : 132
Leader of the House of Lords : 138, 155, 412
Leader of the Opposition : 132, 204, 412
Leadsom, Andrea : 388
league tables : 320, 412
legislative power : 16, 76, 86, 104, 120, 122, 124, 128, 130, 132, 134, 136, 138, 140, 142, 144, 146, 150, 254
Leveson Inquiry : 362-363, 387, 412
Lib Dems : voir *Liberal Democrats*
Liberal Democrats : 98, 140, 142, 163, 172, 179-180, 182, 190, 216, 222, 224, 274, 336, 368, 370, 372, 374, 376, 383, 385-388, 390, 412, 425
Liberal Party : 162, 174-177, 190, 208, 222, 288, 383, 392, 412, 425
licence fee : 358, 366, 412
life expectancy : 50, 54, 294, 412
Life Peers : 138, 142, 202, 408, 412, 419
living wage : 338, 340, 388, 413, 416
Livingstone, Ken : 188, 260, 385
Local Education Authority (LEA) : 310, 314, 336, 412-413
local elections : 164, 386
local government : 155, 164, 236, 413
London : 14, 26, 32, 34, 38, 42, 44, 46, 50, 60, 64, 68, 72, 74, 76, 96, 104, 118, 126, 164, 168, 180, 188, 202, 220, 234, 244, 248, 250, 254, 260, 266, 280, 364, 381, 383-389, 393, 398, 401, 407-408, 412-414
London Olympics : 381, 386-387
lone parents : 298, 304
Lord Chancellor : 96, 138, 152, 154, 413
Lord Hailsham : 92, 382
Lord Mayor : 413-414
Lords of Appeal : voir *Law Lords*
Lord Speaker : 138, 413, 425, 430
Lords Spiritual : 138, 413
Lords Temporal : 138, 413
Lower Chamber : voir *House of Commons*
Loyalists : 248, 250, 254, 384, 413

M

Maastricht Treaty : 88, 228, 270, 272, 338, 383-384, 414, 425
Mace : 128, 414
Macmillan, Harold : 163, 206, 264, 381
Magna Carta : 80, 92, 388, 414
Major, John : 124, 163, 198, 202, 206, 254, 270, 296, 338, 350, 383-384, 393, 398, 400, 420, 425
Mandelson, Peter : 214
Markle, Meghan : 389
Maternity Allowance/Grant : 290
Maternity benefit : 394, 414
Mauritius : 285
May, Theresa : 100, 124, 128, 148, 154, 156, 198, 204, 206, 276, 312, 376, 378, 388-389
Maze Prison : 252
MBE : 110, 414
McGuinness, Martin : 186, 256
means test/testing : 290, 298, 302, 306, 336, 387, 414
media : 90, 132, 154, 214, 220, 226, 276, 358, 360, 362-364, 366, 374, 393, 396, 402, 408, 410, 420-422, 427
Member of Parliament (MP) : 74, 90, 100, 102, 124, 126, 128, 130, 132, 134, 142, 144, 150, 158, 164, 166, 170, 180, 198, 200, 204, 214, 218, 220, 222, 226, 232, 234, 236, 238, 240, 252, 258, 264, 274, 348, 376, 384, 386, 388, 413, 415, 418
Member of the European Parliament (MEP) : 164, 226, 228, 232, 274
Member of the Legislative Assembly (MLA) : 256, 258
Member of the Scottish Parliament (MSP) : 164, 182, 238
MEP : voir *Member of the European Parliament*
middle class : 196, 222, 312, 340, 413, 430
Middleton, Catherine : 110, 114, 387
Miliband, Ed : 207, 212, 216, 352, 370, 372, 374, 387
miners' strike : 202, 350, 383
minimum wage : 214, 270, 338, 385
MLA : voir *Member of the Legislative Assembly*
modernisation/modernisers : 190, 198, 200, 210, 214, 218, 220, 352, 399, 416
monarch/monarchy : 16, 66, 74, 76, 78, 80, 82, 84, 92, 104, 106, 108, 110, 114, 117-118, 120, 124, 150, 156, 166, 168, 172, 278, 280, 388, 400, 408, 415, 419
MP : voir *Member of Parliament*
MSP : voir *Member of the Scottish Parliament*
multiculturalism : 60, 62, 64, 66, 68, 415
multifaith society : 66, 68, 70
Murdoch, Rupert : 358, 363, 366, 408
muslims : 46, 64, 66, 68, 70

N

Nanny state : 196, 415
National Anthem : 118, 407, 415
National Assembly for Wales : 94, 164, 180, 230, 236, 238, 240, 314, 385-386, 388, 430
National Assistance : 290, 292, 381
National Curriculum : 316, 320, 324, 328, 401, 415
National Front (NF) : 232, 415-416
National Health Service (NHS) : 196, 208, 214, 294, 296, 300, 306, 308, 374, 381-383, 385, 389, 415-416, 419
National Insurance : 290, 292, 381, 415-416
National Living Wage : 338, 340, 388, 416
National Union of Mineworkers (NUM) : 350, 416
nationalisation : 160, 194, 208, 210, 212, 350, 381, 399
NEET : 328, 416
New Deal : 302, 304, 385, 403, 416
New Labour : 64, 210, 212, 214, 272, 300, 302, 336, 338, 384, 392, 411, 416-417, 427, 430

newspapers : 358, 360, 362-363
NHS : voir *National Health Service*
North Sea : 14, 26, 32, 382, 416
Northern Ireland : 14, 16, 18, 26, 30, 32, 36, 38, 40, 56, 74, 94, 100, 104, 122, 128, 136, 155, 164, 166, 180, 184, 186, 214, 230, 234, 244, 246-248, 250, 252, 254, 256, 258, 278, 310, 314, 324, 332, 334, 362, 372, 378, 382-386, 388-390, 410, 416, 428
Northern Ireland Assembly : 94, 164, 184, 186, 252, 254, 256, 258, 385-386, 388-389
Northern Ireland (Elections) Act (1998) : 94, 254, 385
North-South drift : 42, 416
NUM : voir *National Union of Mineworkers*
Nuttal, Paul : 226, 389
NVQ : voir *National Vocational Qualification*

O

O Levels : 326, 383, 407, 417
OAP : voir *old age pensioner*
Oath of Allegiance : 106, 134, 278, 280, 392, 417
OBE : 110, 417
Observer (The) : 358, 363
Office for National Statistics (ONS) : 38, 40, 42, 54, 62, 70, 342, 346-347, 417
Ofsted : 316, 322, 398, 417
old age pensioner (OAP) : 50, 298, 308, 417, 419, 424
Old Labour : 214, 220
OMOV : voir *One Member One Vote*
One Member One Vote (OMOV) : 212, 218, 384, 394, 417
one-parent families : 298, 304
ONS : voir *Office for National Statistics*
Open University : 334, 382, 418
Opening of Parliament : 108, 124, 426
Opposition (the) : 90, 130, 132, 150, 204, 208, 216, 376, 393-394, 412, 418, 424
Osborne, George : 306, 308, 338, 354, 370, 387-388, 413, 416
Oxbridge : 332
Oxford University : 202, 204, 332, 396

P

Paisley, Ian : 186, 230, 256, 386
Pakistan/Pakistanis : 46, 56, 58, 60, 62, 66, 72, 260, 286, 381, 395
Palace of Westminster : 108, 120, 126, 164, 418
Parliament : 16, 74, 76, 78, 80, 82, 84, 86, 88, 90, 92, 94, 98, 100, 104, 108, 112, 118, 122, 124, 126, 128, 130, 134, 136, 142, 144, 148, 150, 156, 158, 160, 164, 166, 170, 172, 180, 182, 204, 208, 222, 226, 230, 232, 234, 236, 238, 240, 244, 248, 250, 274, 280, 306, 348, 350, 366, 368, 376, 381-382, 385-389, 391, 403, 409, 415, 418, 423, 425-426
Parliament Act (1911) : 86, 124, 136, 144, 381
Parliamentary Labour Party (PLP) : 218, 220, 391, 418, 420
parliamentary sovereignty : 74, 122, 266, 270, 276
partition : 16, 246, 381
party conferences : 212, 224, 252, 370, 392
party funding : 192, 216
Party of Wales : voir *Plaid Cymru*
Patient's Charter : 296, 383, 419
Peace Process : 214, 254, 256, 407, 419
peace talks : 254, 383
Peerage Act (1963) : 138, 381
Peerages for Cash : 214, 386, 419
peers/peeresses : 86, 96, 136, 138, 140, 142, 144, 202, 226, 232, 385
pensions : 52, 154, 290, 292, 298, 302, 306, 385, 387, 402, 417, 419
permissive society : 419

Personal Independence Payment (PIP) : 306, 387
Petition of Rights : 80
PIP : voir *Personal Independence Payment*
Plaid Cymru : 72, 179-180, 230, 234, 274, 372, 376, 419
PLP : voir *Parliamentary Labour Party*
PM : voir *Prime Minister*
PMQT : voir *Prime Minister's Question Time*
political parties : 90, 96, 130, 132, 144, 146, 150, 156, 166, 170, 172, 190, 192, 194, 196, 198, 206-208, 210, 212, 214, 216, 218, 222, 224, 226, 230, 232, 234, 246, 248, 254, 256, 262, 372, 378
Poll Tax : 202, 268, 383-384, 400-401, 420, 422
polytechnics : 334, 383, 420
Poor Laws : 292
population : 38-40, 42-44, 46, 48, 50, 52, 54-56, 58, 60, 62-64, 68, 70, 72
postal vote : 168, 224, 420
poverty : 46, 288, 290, 292, 298, 300, 308, 336, 342, 420, 430
PR : voir *Proportional Representation*
preparatory school : 324, 420
prescription charge : 308, 382, 420
Prevention of Terrorism Act (1971) : 250
primary education : 290, 310, 312, 314, 410-411, 421
Prime Minister (PM) : 64, 74, 76, 94, 106, 108, 110, 124, 130, 132, 134, 136, 138, 148, 150, 152, 154, 156, 158, 160, 166, 194, 198, 202, 204, 208, 216, 222, 224, 252, 254, 262, 264, 266, 268, 270, 272, 274, 276, 288, 296, 298, 300, 312, 338, 348, 350, 356, 368, 370, 376, 378, 381-389, 391, 420-421
Prime Minister's Question Time (PMQT) : 134, 156, 420-421
Prince Charles : 104, 112, 114, 117-118, 381-383, 386, 390
Prince George : 104, 110, 114, 387
Prince William : 110, 114, 383, 387
Princess Charlotte : 110, 114, 388
Prince Harry : 389
Prince Louis : 389
Princess Diana : 382-384
private health care : 296, 298
Private Members' Bills : 144, 394, 421
private schools : 204, 310, 324, 326, 421, 426
privatisation : 194, 212, 296, 306, 382-384, 396, 422
Privy Purse : 112, 421
proportional representation (PR) : 94, 98, 164, 172, 180, 182, 184, 188, 224, 226, 232, 256, 374, 404, 421, 425
Protestants : 18, 56, 66, 84, 140, 230, 244, 248, 250, 252, 318, 392, 402, 406, 413, 418, 428
public schools : 324, 421, 426
public transport : 64, 154, 236, 238, 336, 354
Punjabi : 72

Q

quality press : 360, 396, 420-422, 427
quango : 160, 422
Queen Elizabeth II : 32, 104, 106, 110, 114, 116-117, 258, 282, 358, 381, 384-385, 387-388, 422
Queen's Speech : 108, 124, 192, 411, 426

R

radio : 134, 334, 358, 364, 419
red tops : 360, 408, 420-422, 427
referendums : 16, 88, 96, 98, 100, 122, 172, 180, 182, 198, 204, 218, 220, 226, 228, 234, 236, 240, 242, 252, 254, 260, 264, 272, 274, 276, 370, 374, 382, 384, 387-389
regional assemblies : 94, 96, 122, 164, 180, 184, 230, 234, 236, 238, 240, 252, 254, 256, 314, 385-386, 388, 430

religion : 18, 46, 66, 68, 70-71, 230, 244, 246, 248, 250, 252, 256, 316, 318, 320, 388, 415, 424
Remembrance Sunday : 423
Report on Social Insurance and Allied Services : voir *Beveridge Report*
Representation of the People Act : 84
Republic of Ireland : 14, 56, 166, 168, 230, 246, 248, 252, 254, 264, 381, 390, 410, 423, 428
retirement : 164, 290, 292, 298, 302
rolling back the State : 194, 423
Royal Assent : 74, 86, 108, 144, 146, 423
Royal Family : 110, 112, 118, 423
Royal Pardon : 86, 110, 423
Royal Prerogative : 78, 80, 82, 86, 96, 110, 420, 423
Rule of Law : 74, 80, 122, 423

S

Salmond, Alex : 100, 182, 240, 386-388
Sands, Bobby : 252, 382
SATs : voir *Standard Assessment Tests*
Scargill, Arthur : 350, 383
school : 44, 64, 68, 72, 204, 300, 310, 312, 314, 316, 318, 320, 322, 324, 326, 328, 330, 334, 382, 388, 395, 400, 407-408, 410-411, 417, 420-421, 424-426
school-leaving age : 314, 328, 382
Scotland Act (1998) : 94, 182, 234, 238, 382, 385
Scottish Independence Referendum (2014) : 100, 182, 240, 387-388
Scottish National Party (SNP) : 100, 178-179, 182, 230, 234, 240, 274, 372, 374, 376, 378, 386, 388, 424-425
Scottish Parliament : 94, 100, 164, 182, 230, 236, 238, 240, 385-386, 388
SDLP : voir *Social Democratic and Labour Party*
secondary education : 290, 310, 312, 314, 316, 318, 320, 326, 328, 400, 407-408, 424
sectarianism : 250
senior citizens : voir *old age pensioner (OAP)*
separation of power : 76, 96, 140, 393, 424
Shadow Cabinet : 132, 204, 218, 220, 406, 424
Shakespeare, William : 22, 350
Sikhs/Sikhism : 66, 68, 70-71, 316, 318
Single European Act (1986) : 266, 383
single European currency : 268, 270
Single Market : 266
Single Transferable Vote (STV) : 164, 184, 421, 425-426
Sinn Féin : 100, 179, 184, 186, 230, 246, 248, 252, 254, 256, 258, 274, 372, 376, 384, 386, 389, 410, 425
sleaze : 360, 384, 425
Smith, John : 207, 210, 383-384, 416
snap election : 376, 389-390, 425
SNP : voir *Scottish National Party*
Social and Liberal Democrats (SLD) : 222, 224, 425
Social Chapter : 270, 272, 338, 384, 425
Social Democratic and Labour Party (SDLP) : 179, 184, 186, 230, 248, 252, 254, 258, 424-425
Social Democratic Party (SDP) : 222, 382-383, 392, 406, 424-425
social housing : 196, 306, 401, 425
social security : 52, 288, 290, 292, 298, 302, 383, 385, 394, 402, 406, 414-416, 419, 423
Social Security Act (1986) : 298, 383
sound bite : 214, 425
Sovereign : 78, 80, 82, 86, 114, 144, 146, 156, 425
Sovereign Support Grant : 387, 425
sovereignty : 74, 122, 226, 266, 270, 276
Speaker of the House of Commons : 130, 132, 397, 425
Spending Review : 370, 387
spin doctor : 214, 426
Standard Assessment Tests (SATs) : 320, 424, 426

Standing committee : 152, 400, 426
State Opening of Parliament : voir *Opening of Parliament*
State pension age : 290, 387
Statute Law : 74, 78, 80, 82, 84, 144, 158, 350, 391, 412, 426
Stormont : 94, 164, 184, 248, 250, 252, 254, 384, 426
Stormont Talks : 254
strikes/striking : 202, 348, 350, 382-383, 388
Student Loans Company : 336
Sturgeon, Nicola : 179, 182, 230, 240, 372, 388
STV : voir *Single Transferable Vote*
Succession to the Crown Act (2013) : 98, 387
succession to the throne : 84, 98, 114, 421, 426
Sunningdale Agreement : 252, 382
supplementary benefit : 290, 298, 383, 409
Supplementary Vote (SV) : 164, 188, 260, 426

T

tabloids : 360, 396, 422, 427
target seat : 414, 427
tax and spend : 212, 427
tax credits : 302, 385, 388, 427, 430
teenage pregnancy : 48, 54, 308, 427
television : 334, 358, 366, 368, 381, 383-384, 386, 410
Thames (the) : 26, 126, 427
Thatcher, Margaret : 94, 124, 172, 194, 196, 198, 202, 252, 266, 268, 296, 298, 344, 350, 352, 382-383, 399, 420
Third Way : 210, 427
Times (The) : 358, 362
Tories : voir *Conservative, Conservative Party*
Tory Party : voir *Conservative Party*
trade unions : 192, 208, 212, 216, 218, 338, 348, 350, 352, 354, 356-357, 370, 384, 388, 427
transport : 40, 64, 154, 236, 238, 336, 354
Treaties of Rome : 262, 266, 427
Treaty of Accession : 264, 382
Treaty on European Union (TEC) : 88, 98, 270, 383, 414, 427
Trooping of the Colour : 110, 428
Troubles (The) : 250, 252, 254, 428
TUC : voir *Trade Union Congress*
tuition fees : voir *University tuition fees*
turnout : 100, 170, 175-178, 180, 188, 234, 236, 240, 252, 260, 264, 276, 428
two-party system : 190, 428

U

UCAS : 330, 428-429
UKIP : voir *United Kingdom Independence Party*
Ulster : 14, 179, 230, 244, 246, 248, 250, 276, 416, 423, 426, 428
Ulster Defence Association (UDA) : 248, 428
Ulster Defence Regiment (UDR) : 250, 428
Ulster Unionist Party (UUP) : 179, 184, 186, 230, 248, 258, 274, 428-429
underclass : 342
under-occupancy penalty : 306, 387
unemployment/unemployed : 202, 276, 288, 290, 292, 298, 302, 304, 308, 328, 342, 344, 346, 383-387, 394, 403, 428
Union Jack (flag) : 18, 20, 240, 428
Unions : voir *Trade Unions*
Unitary State : 429
United Kingdom Independence Party : 172-173, 178-181, 226-229, 274-275, 372-375, 378-379, 387-389, 428
Universal Credit : 306, 387
Universities : 202, 204, 238, 326, 330, 332, 334, 336, 370, 374, 382-383, 385-388, 392, 418, 422, 428-429
university tuition fees : 238, 334, 336, 370, 374, 385-388, 396, 427-428
upper class : 196, 340

Upper House : voir *House of Lords*
UUP : voir *Ulster Unionist Party*

V

vote of no confidence : 200, 384, 429
voter apathy : 170
voter turnout : voir *turnout*

W

waiting lists : 296, 300, 302, 429
Wales/Welsh : 74, 84, 94, 96, 100, 112, 114, 117, 122, 128, 136, 155, 164, 166, 179-180, 230, 234, 236, 238, 240, 310, 314, 316, 320, 328, 332, 334, 364, 381-388, 430
Wales Act (1978) : 234, 382
Wales/Welsh : 14, 16, 18, 20, 24, 30, 32, 36, 38, 40, 54, 56, 60, 62, 68, 70, 72
Wars of the Roses : 22, 430
Welfare and Work Reform Bill (2015/16) : 388
Welfare Reform Act (2012) : 306, 387
Welfare Reform and Pensions Act (1999) : 302, 385
Welfare State : 48, 208, 288, 292, 298, 306, 388, 430
Welfare to Work : 302, 430
Welsh Assembly : voir *National Assembly for Wales*
West Indians : 56, 62
West Lothian question : 240
Westminster : 96, 100, 108, 120, 122, 124, 126, 164, 180, 184, 226, 230, 232, 234, 236, 238, 240, 244, 246, 250, 258, 280, 324, 372, 382, 394, 398, 404, 409, 418, 430
Whigs : 194, 222, 430
whips : 150, 160, 418, 430
White Paper : 142, 146, 385, 408, 430
Wilson, Harold : 163, 207-208, 264, 348, 381-382
Winter of Discontent : 208, 350, 382, 430
Woolsack : 138, 430
work environment : 264, 270, 288, 290, 298, 302, 304, 306, 308, 338, 340, 342, 344, 346-348, 350, 352, 354, 356, 384, 429-430
working class : 196, 208, 226, 310, 340, 348, 430
working poor : 308, 310, 328, 342, 430

Y

young people : 50, 54, 220, 302, 308, 328, 330, 336, 376, 385, 410-411, 427
youthquake : 431
youth vote : 220, 431
youth wing : 431

Imprimé en France par

Maury Imprimeur
à Malesherbes (Loiret)
en novembre 2018

POCKET – 12, avenue d'Italie – 75627 Paris Cedex 13

N° d'impression : 232022
S29559/01